戦国期奥羽の地域と大名・郡主

小林清治 著作集 2

岩田書院

刊行にあたって

本著作集は、福島大学名誉教授・東北学院大学教授で、戦国時代の伊達氏をはじめとする中近世東北史・戦国史研究に多大な足跡を残された小林清治氏の諸論考の中から、既刊の論文集には未収載のものをまとめたものである。

小林氏は生前、『秀吉権力の形成』（東京大学出版会）、『奥羽仕置と豊臣政権』・『奥羽仕置の構造』（ともに吉川弘文館）の三冊の論文集を上梓された。氏は戦国期伊達氏、伊達政宗研究、戦国奥羽史研究などを著書にまとめたいという思いをお持ちで（『奥羽小径―年譜・著作目録』）、自らの手で編むことは叶わなかったが、病床においてその構想を練られ、縁ある研究者たちに託されたという。そして『戦国大名伊達氏の研究』（高志書院）、『伊達政宗の研究』（吉川弘文館）の二冊の論文集が刊行された。しかしながら、小林氏が『福大史学』に投稿された諸論考など、高い評価を受けながら採録できなかったものが多数あることを惜しんだ伊藤喜良 福島大学名誉教授は、岩田書院の岩田博氏に新たな論文集の出版について可能性を探った。

一方、伊達氏重臣遠藤家文書の発見にともなうシンポジウムの関係者たちを中心に南奥羽戦国史研究会という不定期の勉強会が始まったが、回を重ねるにつれて、入手困難となりつつあった小林氏の諸論考を論文集のかたちで座右に置きたいという思いが自ずと高まっていった。メンバーの一人である阿部浩一が前任教員の伊藤氏から企画を引き継ぐかたちで、研究会の仲間を中心に編集委員会を組織し、ご遺族のご快諾と多大なご協力により、ここにようやく著作集刊行にこぎつけることができた次第である。

なお、小林清治著作集編集委員会の構成は次のとおりである（敬称略、五十音順）。

編集顧問　伊藤喜良（福島大学名誉教授）、入間田宣夫（東北大学名誉教授）、大石直正（東北学院大学名誉教授）

編集委員　阿部浩一（福島大学）、遠藤ゆり子（淑徳大学）、菅野正道（元仙台市史編さん室長）、佐々木徹（仙台市博物館）、佐々木倫朗（大正大学）、高橋充（福島県立博物館）、七海雅人（東北学院大学）、三宅正浩（京都大学、元福島大学）

本著作集はテーマ別に三巻に編成して収録したが、第二巻となる本巻には、戦国期の奥羽諸地域、とりわけ大名・郡主に関する諸論考を中心に採録した。第一部に総論となる三論文を配し、ついで北奥・浜通り・中通り・会津の各地域ごとに関連論文を収めた。小林氏の戦国奥羽史研究を集成した初めての論文集であり、これまでの伊達氏・奥羽仕置関連の著書と併せて読むことで、氏の戦国・織豊期研究の全体像がより鮮明になることであろう。

本巻の編集および校正などは、阿部浩一・遠藤ゆり子・佐々木倫朗・高橋充が担当した。

本書の刊行にあたっては、福島大学学術振興基金の出版助成を得た。記して感謝申し上げる。

小林清治著作集編集委員会

凡　例

一　本著作集には、著者の単著に含まれない主要な論文、研究ノート、回顧録などを選び、テーマ別に三巻に編成して収録した。
二　本文は原論文通りに組むことを原則とした。
1　明らかな誤字・誤植は訂正した。
2　漢字は原則として通行の字体に改め、原論文の振り仮名は適宜取捨を加えた。
3　図版・写真の再録については、必要不可欠なものに限った。
4　横組みの原稿は縦組にした。その際、数字は漢数字に訂正した。
5　著者により原論文に書き込まれていた校正・補注や、編集委員による注記は、〔　〕で示し、著者によるものは、〔小林：〕と記した。但し、本巻第一部第二章では、元原稿で本文中における参考文献を〔　〕と表示しているので、そのままにした。
6　著作集としての統一は必要最低限にとどめた。
①　注に引用されている論文が本書に収められている場合には、〔本巻所収〕と注記した。
②　論文、書籍、史料名に対する『　』「　」の使い分けは、原論文の表記のままとした。
③　蘆名氏のように、論文によって「芦」「葦」「蘆」を使い分けている場合も、原論文の表記のままとした。
④　同じ史料を指す場合でも、論文によって名称が異なる場合があるが、原論文に従った。

三　巻末に初出一覧を添えた。

四　最終巻に編集委員による解説を付し、年譜・著作目録を掲げた。

小林清治著作集2　戦国期奥羽の地域と大名・郡主　目次

第三部　浜通り

第四部　中通り

第五部　会　津

第一部　総論

第一章　東北の戦国時代

室町幕府―奥州探題秩序の解体

十四、五世紀の奥羽すなわち東北地方は、奥州探題大崎、羽州探題最上、とりわけ大崎氏を頂点とする政治秩序のもとにあった。余目氏旧記によれば、南部・葛西・伊達・留守・白川・葦名・相馬・田村の諸氏が、古川地域を本拠とする大崎氏のもとに出仕し、それぞれ座の序列も定まっていたという。

探題は諸氏の位官叙任を幕府に推薦し、また段銭（耕地税）を課徴して京進した。伊達・白川・小野寺など将軍家直参の京都御扶持衆とよばれる諸氏もいたが、「室町幕府―奥州探題―諸氏」がこの時代の秩序であった。

十六世紀に入るとこの秩序は動揺し解体に向う。永正十四年（一五一七）伊達稙宗《たねむね》は将軍足利義稙の一字を賜り、かつ左京大夫に任じられた。左京大夫はこれまで奥羽では探題大崎にのみ許される官であった。が、大永二年（一五二二）には葛西晴重と庄内の大宝寺（武藤）晴氏、天文十年（一五四一）岩城重隆と大宝寺晴時、翌年白川晴綱がいずれも従五位下左京大夫に叙任され、かれらのほとんどが将軍義晴の一字を許された。

大永二年、幕府は伊達稙宗を前例のない陸奥国守護に任命する。稙宗は探題より格が下の守護職に不満だったらしく正式に辞令を受けた形跡がみえない。しかし、彼が制定した塵芥集のなかでは自身を守護と位置づけている。稙宗が陸奥国守護の権威を掲げて権力の拡大をはかったことは明白である。

大崎氏左京大夫独占の解体と、伊達への陸奥守護任命伝達は、奥州における幕府―探題秩序の崩壊をつげる事件であったといえる。

かつて長享二年(一四八八)探題大崎義兼は内争を避けて女婿の伊達成宗のもとに亡命し、天文五年には大崎氏の内争に稙宗が援兵を出している。権威のみならず、大崎氏の実力もまた明瞭に弱体化していたのである。一方、山形城主最上氏は十五世紀後期には出羽一国に対する探題機能を失っていた。

稙宗たちの叙任を仲介したのは実は、京と奥州を上下する豪商坂東屋であった。のちには伊達晴宗も坂東屋の斡旋で奥州探題となるが、もはやその職は名目的なものにすぎなくなっていた。

探題制の崩壊は奥羽における室町幕府支配の解体でもあった。幕府からの位官叙任、将軍一字拝領を手段に利用して、独自の権力を保持する戦国大名が成立してきたからである。

戦国大名の成立

南奥州の会津では十五世紀後期のころ土地の売買に葦名氏の保証を受けることが行われ、十六世紀前期にはそれが制度化した。三春の田村領、寒河江の大江領でも天文年間(一五三二～五五)に例が現れる。伊達領では四五通にのぼる稙宗の買地安堵状(土地買得保証書)が確認される。このような方式を買地安堵制という。

十四、五世紀のころ、土地売買は国人一揆とよばれる在地領主(武士)連合がその保証に当たっていた。国人一揆は政治・軍事についての地縁的同盟体である。大名による買地安堵制の成立に伴って、在地の土地管理の秩序は国人一揆の手から大名権力のもとへ吸収されたのである。

さらに進むと、大名が国人たちの本領を安堵(公認)し、また功を賞して知行地を充行う(与える)ことが一般化し、国人は大名家臣へと編成される。大名家臣団の成立はすなわち大名権力の成立にほかならない。

天文五年（一五三六）塵芥集を制定して家臣たちの私成敗（私的刑罰権）を制限禁止し、裁判権を自身のもとに集中した伊達稙宗は、天文四年棟役《むねやく》日記、同七年段銭《たんせん》帳（段銭古帳）を作製した。棟役（家屋税）・段銭ともに元来は臨時に賦課され、課徴権は幕府にあったが、幕府の弱体化のなかで諸国守護さらに戦国大名が課徴権を掌握し、かつ恒常賦課へと変ったものである。塵芥集および棟役日記・段銭帳の作製は伊達氏が領国内の家と土地を把握し、また法と財政において幕府から独立したことを意味するといえる。

天文十七年より早いころ、宮城郡岩切城主留守氏は家臣一五〇名の分限帳（知行帳）を作製した。岩切城下に集住する「御館之人数」五九、在郷に屋敷を構える「里の人数」七二、塩竈神社の社人「宮うと《（人）》の人数」は一九。彼らの知行高は田は刈高、畠は貫高で整然と表示され、一貫文は五〇〇刈、平均知行高は七～八貫文となっている。

伊達氏もまた段銭古帳作製と関連して家臣たちの知行地を差出し（申告）に基づく検地によって貫高で把握し、この知行貫高を基準として家臣団の奉公＝軍役の統一的な体系を成立させた。戦国大名成立の指標ともいうべき貫高制が、少なくとも伊達・留守両氏においては天文年間に実現したのである。

奥羽、北と南

永禄六年（一五六三）の室町幕府の記録には、「大名」とよばれる島津・毛利・織田・松平（徳川）・今川・武田・上杉・北条など五〇余氏のなかに伊達・葦名両氏がみえる。これより格が下がる「関東衆」のなかに葛西・氏家・南部・九戸・最上・相馬・岩城の諸氏が並ぶ。大崎が現れず重臣氏家がみえるのに注目しよう。「南部修理亮」「九戸五郎」と記されたのは三戸の南部晴政とその一族九戸政実である。すでに三戸南部は宗家《そうけ》の地位を確立していたが、政実の実力には宗家をしのぐものがあった。両者拮抗の情況は、幕府もこれを無視できなかったのである。

出羽の雄安東氏では、蝦夷島に対する支配権を保持する檜山（能代市）の下国《しものくに》安東と、男鹿半島・秋田を押える湊安東とが併立していた。永禄十三年（一五七〇）ころに下国愛季《ちかすえ》が両安東を統一するが、愛季死後の天正十七年（一五八九）再び抗争がおきた。湊合戦である。大宝寺氏でもまた一族砂越が宗家を脅かした。同族並立はとくに北奥羽の武家の特徴といえるが、大名権力を確立するのにはこの状態を克服することが必要であった。

横手城主小野寺氏の場合はめだった同族対立はないが、「郡中」とよばれる国人一揆に悩まされた。南部領では「郡中」が一戸、四戸、八戸そして九戸など一族と重複しつつ、三戸宗家の権力を制約したのである。

白川と一族小峯との拮抗にみるように南奥羽でも同族並立は現象するが、ここではむしろ父子相克が特徴的である。葦名氏では十六世紀初め、四天宿老の対立から盛高・盛滋の父子抗争となり、盛高が伊達領に出奔する。最上氏では永禄末年に義守・義光《よしあき》の父子相克が老臣の諫言により漸く収ったが、義光の家督相続後に争いが再燃した。

伊達氏は、十五世紀末に成宗・尚宗父子抗争から尚宗が葦名領に走り、盛高の援兵で復帰した。天文十一年（一五四二）には稙宗が三男実元の越後守護上杉への入嗣を強行したのに反対する嫡子晴宗がこれを阻止したことから天文の乱（洞《うつろ》の乱）がおきた。抗争は伊達家中のみならず南奥の諸氏をまきこむ大乱に発展し、天文十七年に及んだ。乱に勝利した晴宗は和睦後、正式の家督となるが、のちに嫡子輝宗との間にも不和を来している。

戦国大名の家臣は、家の臣というよりは主君個人との主従制を重んじたから、家臣相互の権力闘争ともからんで父子相克は増大した。長子相続制もまだ確定しなかったので相続をめぐる内争が生じた。大名権力の確立過程には父子相克が起きやすかったのである。

戦国伊達氏三代―稙宗・晴宗・輝宗―

稙宗は正室葦名盛高娘のほか六人の「女房」との間に二一人の子女をもうけた。このうち男子が大崎・葛西に入嗣し、女子五人が相馬・葦名・二階堂・田村・相馬に嫁した。さらに男子二人が母方の実家である亘理に入嗣した。三男実元の越後守護上杉への入嗣計画が実現せずに終わったことは先にみた。

三十歳代から四十歳すぎのころ、稙宗は北の最上・大江両氏を攻め、長駆して葛西を侵し、南は田村に進攻し、岩城・白川と戦った。四十歳前後からは婚姻政策がめだってくる。外征とあわせて和平調停活動も盛んになる。外征と調停さらに政略結婚を織りまぜながら、奥州守護伊達稙宗の勢力拡大が進められた。

天文七年（一五三八）の段銭帳が示す伊達領国は、伊達・信夫・長井・屋代・刈田・柴田・名取・伊具・宇多など福島県北・山形県置賜郡・宮城県南部にわたり、松山庄（志田郡）・高城（宮城郡）などをも加えている。

しかし、度かさなる外征と内には諸税軍役の過重とによって、うっ積した家臣団の不満は天文の乱の基本的原因となった。後年、政宗は曽祖父稙宗について「日ごろ御てあて《（手当）》あし《（悪）》くして、家中ことごとくきうふ《（恐怖）》をもち、御うらみ申す人かぎりなし」と述べたという（小井川百合子編『木村宇右衛門覚書』）。

晴宗との和睦後、稙宗は伊具郡丸森に隠退し、永禄八年（一五六五）七十八歳で生涯をとじた。政宗誕生二年前のことである。

乱終結の天文十七年、晴宗はこれまでの伊達氏の居城桑折西山を廃し、米沢に居城を構える。江戸時代、仙台城下の大町・立町・南町・肴町・柳町・荒町の六町は「伊達御供の御譜代町」と称し、伊達郡―米沢―岩出山を経て仙台に引移ったといわれた。これら六町の形は晴宗期の米沢城下で成立し、事あれば町の衆は弓・槍・鉄砲で従軍するなど、伊達氏との深い結合を保つのである。すでに置賜地方は「九代政宗」のころから伊達領に収められており、米沢への本城移転に伴い、家臣たちの置賜への移住はさらに増加をみせる。

天文二十二年、晴宗は四〇〇に及ぶとみられる一家・一族・外様以下の知行侍全員に新たな花押（書き判）をすえて知行証状を発給し、従来の証状を無効とした。内争の総決算、伊達権力の再構築である。鮎貝盛宗・小梁川親宗・石母田光頼および中野宗時とその子牧野久仲ら七人はそれぞれの全領地に守護不入（警察権不入・諸税免許）の特権を与えられ、その他の功臣にも一定の特権が許された。晴宗政権は、なお中世固有の在地領主制に対して、一部に不入の許容という形で譲歩せざるをえなかったのである。

晴宗の宰臣は天文の乱に活動した中野宗時・牧野久仲父子であった。元亀元年（一五七〇）輝宗への謀反に敗れて領外に走った宗時らの後には遠藤基信が宰臣に確定し、天正元年（一五七三）奥羽の諸氏にさきがけて信長と交信するなど活発な外交活動を展開した。輝宗の軍事は何よりも、相馬に奪われた伊具郡東部の奪回にあった。世子政宗も参加した連戦のすえ、天正十二年の講和で丸森・金山両城を回復した。この年十月、葦名盛隆急死の直後、輝宗は政宗に家督を譲り隠退する。

稙宗は三条西実隆・冷泉為広に和歌の添削を受けた。晩年の花押は近衛稙家を模するなど、京都へのあつい憧憬を示した。晴宗もまた飛鳥井雅教父子を招き蹴鞠を直伝された。晴宗一家の厚遇のなかで半年余を米沢に過した雅教らは、松島を見物して帰洛する。

輝宗は京都建仁寺の鉄叟景秀に瓦硯記を依頼している。瓦硯は漢の未央宮の瓦で上杉定実から贈られたものである。鉄叟の瓦硯記には「伊達探題㆓于東奥五十四郡㆒」とあった。

政宗の並々ならぬ風雅は伊達中興の「九代政宗」以来の、とりわけ戦国三代の父祖の豊かな流れを汲んだものであった。輝宗が深く愛好した鷹狩も政宗に受けつがれた。

奥羽戦国の大詰め

天正十七年（一五八九）夏の磐梯山麓磨上原《すりあげがはら》（摺上原）の会戦は、奥州の両雄葦名義広と伊達政宗の決戦となった。その結果、南奥羽は伊達の勢力下に統一され、戦国情況は抑止された。

ただし、義広の背後にいた父佐竹義重は巻き返しをねらっていた。そもそも、十五世紀半ばころに奥州侵攻を開始した常陸佐竹氏は天正六年の講和で白川に義広を入嗣させ、さらに義広は天正十五年に会津葦名を嗣いだのであった。

会津を手中に収めた政宗は、十七年十月須賀川二階堂氏を滅亡させて佐竹の奥州基地を潰滅させた。いまや政宗の目標は、南奥に残る佐竹領、南郷（現東白川郡）をつぶして関東に進出し、小田原北条と連合して佐竹を挟撃することにしぼられる。

しかし、翌十八年秀吉の小田原攻めと惣無事＝参陣命令によって、政宗の図南の志は挫折し「馬上少年」の時代は終った。会津召上げを条件とする小田原出仕、その翌十九年には父祖以来の本領伊達・信夫・置賜などを召上げられて岩出山に居城を移す。家臣たちもまた本領を去り新しい知行地に移った。大名居城へ、さらに京都へと集中する秀吉体制が急激に創出されるなかで、中世在地領主制は解体する。

名門大崎・葛西両氏は小田原不参のかどで改易となり、いち早く秀吉に直結した津軽と蠣崎（松前）が南部・安東の麾下から大名に取立てられていた。

顧みれば、塔寺《とうでら》八幡宮長帳には十六世紀後半二〇年ほどの間に会津に六回の徳政（債務破棄）発令がみえ、伊達領・大江領でも徳政発令が想定される。戦国期の人々が天災と戦乱のために転落の危機に瀕していた様子をうかがうことができよう。その内戦は漸くここに終結した。が、秀吉宿願の「唐入り」（朝鮮出兵）が目前に迫っていたのである。

政宗が仙台を開くまでに、この後なお十年の激動の歴史が展開する。

第二章　南と北の戦国争乱

はじめに―南と北の大名・郡主―

応仁・文明の乱に始まるといわれる戦国争乱は、都に近い地方では永禄十一年(一五六八)将軍足利義昭を奉じた織田信長の入京によって終末に向いつつあった。しかし、奥羽すなわち陸奥・出羽地方の争乱は、むしろこのころから本格化する。

争乱を主導したのは、それぞれ数郡あるいは一郡の領土の主権を掌握するに至った大名・郡主であるが、争乱の過程でかれらはその権力構成を強化して戦国領主としての性格を明瞭にしてゆくのである。まず、戦国争乱始期、十六世紀前期における陸奥国の大名・郡主の顔ぶれを仙道(福島県中通り)からみることにしよう。

奥州の関門の地域を抑えた白川氏は、鎌倉期以来白河郡に地頭職をもち、南北朝期以後は諸郡検断奉行職によって広汎な勢力圏を擁し、高野郡(東白川郡)から依上保(茨城県大子町)に及ぶ所領をきずいた。

隣接する石川郡の領主石川氏は、十一世紀半ば以来の由緒を伝える(源流無尽)。岩瀬郡には須賀川城主二階堂氏が、鎌倉期以来地頭職を有し、十四世紀末までにこの地域に定着した。北接する安積郡には伊東安積氏が鎌倉期以来の由緒を保ち、郡内各地に一族が根を張ったが、十六世紀には蘆名以下諸氏の草刈場の様相を呈する。阿武隈山地の田村郡では、永正年間（一五〇四〜二一）に守山から三春に移ったという田村氏が一郡に支配を及ぼしていた。

その北に接する安達郡は、西安達＝二本松を畠山氏が支配した。南北朝期の観応の擾乱に同僚奥州管領吉良氏に敗れて、陸奥国府を落ちて二本松に移った名門である。東安達＝塩松では、かつて南北朝期に陸奥国大将［渡部　一九八九］として活躍した石橋氏に代わって永禄・元亀のころ麾下の大内氏が塩松の主となり、小浜城を居城とした。

安達郡に北接する伊達郡および信夫郡（信夫庄）は、伊達氏の分郡である。すでに天文七年（一五三八）の段銭帳に示されるように、伊達氏はこの両郡のほか置賜（長井〈上長井・下長井・北条・屋代〉）から刈田・伊具・柴田・名取の諸郡、さらに志田郡松山その他にわたる広大な領土を支配した。天文十一年から同十七年に及んだ伊達洞《うつろ》の乱（天文の乱）は、稙宗・晴宗父子の内争から広く奥羽の武士領主をまきこむ大乱となり、この地方に戦国争乱が開始される画期をなしたのである。

さて会津では鎌倉期以来の蘆名氏が、南北朝期の過程で会津守護として軍事指揮権を掌握し、十五世紀後半から十六世紀初めのころ国人一揆や直臣の下剋上を抑えながら、会津・耶麻・河沼の諸郡にわたる大名権力を形成させていた［大石　一九六九］。

海道（浜通り）では、南の岩城と北の相馬が対峙した。岩城氏は平安後期に常陸から本拠を移し、十五世紀なかば隆忠のころに岩城・岩崎両郡を統一支配し、さらに楢葉郡（双葉郡南部）を掌握した。十六世紀前期の重隆の世には菊多庄をも完全に支配下に収めて、最盛期を現出するに至った。行方郡小高城主相馬氏も鎌倉期以来の行方郡を中心に標葉郡（双葉郡北部）および宇多郡（宇多庄）を併せ、南の岩城、北は伊達に対抗した。相馬領の北境には亘理郡を本領とする亘理氏が、伊達の勢力下に編入されながらも郡主の地位を保持していた。

さらに伊達領の北には、宮城郡の南から西部にわたる国分庄を本領とする国分氏［菅野正　一九九三］と、北から東に及ぶ地域を抑える岩切城主(のち利府城主)留守氏がいた。国分氏には亘理・相馬と同族の千葉氏で常胤の五男胤通を祖とするという伝えがあり、留守氏は頼朝から陸奥国留守職に任じられた伊沢家景を祖とする。その両氏もまた、十六世紀前期までに伊達氏の強い影響下におかれることになる。

宮城郡の北隣、黒川郡の黒川氏は、隣接する大崎・伊達の影響をうけながらも独立の郡主の地位を保持していた。志田・遠田・加美・玉造・栗原、五郡の主大崎氏は、十五世紀以来、奥州探題として君臨したが、永禄二年[小林清　二〇〇一、黒嶋　二〇〇二]伊達晴宗の奥州探題補任に及んでその職を失った。大名としての大崎氏の家中支配は不安定であった。すでに長享二年(一四八八)義兼が伊達成宗のもとに亡命し、伊達方の援兵によって復帰していたが、天文五年にも義直が伊達稙宗のもとに亡命したのを稙宗がみずから出陣して義直を復帰させている(『伊達家文書』一三四号、伊達正統世次考)。その後も大崎家督の不安定は克服されなかった。

大崎領の北東には、鎌倉以来の名門葛西氏が北上川中下流域を中心に江刺・伊沢・岩井・気仙・牡鹿・登米・本吉、さらに桃生(北方)の諸郡を領土とし、天文年間に石巻から登米に居城を移していた。が、葛西氏もまた広大な領内における国人層の叛乱と内争に悩まされていた[石田　一九九二]。

葛西領の北、和賀・稗貫の両郡には、相互に一揆関係を結びながら、和賀・稗貫両氏が郡主として所在した。志和郡には、幕府管領斯波と同族の名門、高水寺城主斯波氏が、入嗣・婚姻などで近隣諸氏との関係を深めつつ鎌倉期以来の名字の地を領していた[菅野文　一九九九]。

さて奥州奥郡の雄南部氏は、建武新政に糠部郡奉行に任ぜられて以来、八戸南部氏が勢力をふるったが、十五世紀末以来三戸南部氏がこれにかわった。すなわち三戸氏は、延徳三年(一四九一)一族の久慈(大浦)光信を津軽大浦種里城に移し、文亀元年(一五〇一)には一戸氏を閉伊郡に入れるなど[入間田　一九九九、斉藤　二〇〇〇]、支配領域の拡大をはかり、十六世紀の天文から天正まで半世紀にわたる晴政の治世には五人の女子をそれぞれ田子信直、九戸実親（政実の弟）、東朝政、南秀氏、北秀愛に嫁し、三戸周辺の把握の強化を進めた（『南部史要』）。

天文八年、かれが将軍足利義晴の諱字を受け初名安政を晴政に改めたことによって、三戸氏の南部宗家の地位は堅められた［遠藤巌　一九九五］。翌九年には岩手郡の戸沢氏が巡検に応じぬのを攻め、戸沢政安を出羽角館に走らせた（『南部史要』）。

しかし、永禄六年の室町幕府の「諸役人付」には、南部晴政と九戸政実が「南部大膳亮」「九戸五郎」として併記されている。その政実は、二戸に進出して壮大な居城を築き、婚姻関係によって浄法寺・七戸、岩手郡の福士などの諸氏と結び、久慈氏とも緊密な関係を保つなど、三戸南部と拮抗したのである［菅野文　一九九九］。

永禄八年のころ、晴政は女婿田子（南部）信直を家督相続人と定めながら、のち晴継の誕生後は信直と不和となったが、天正十年（一五八二）晴政・晴継父子の死後、九戸政実を推す衆議を北信愛らが抑え、信直を護衛して三戸城に入り家督にすえた。こうして南部一族の緊張は、信直と政実の対立へと転換する。政実が岩手郡にわたる権力を握ったのに対し、信直は直接の一族たる北・南・東の諸氏を従え、八戸氏を緩やかな服属関係に編入し、鹿角・津軽をも掌握した。

以上のような奥州の大名・郡主には、南と北で違った型と様相が認められる。

南では、天文年間に伊達氏と留守氏が段銭帳・分限帳［大石　二〇〇〇］をそれぞれ作成し、検地を行い貫高制を成立させていた。さらに伊達氏の場合は、塵芥集の制定により家中国人の私闘を禁止し、領国の平和を追求していた［小林宏　一九七〇］。蘆名氏もまた、買地安堵制・段銭制の整備のもとで［小林清　一九六七］、貫高制を志向していたとみられる。貫高制に基づく数量把握によって領土把握と家中支配が強化されたのである。

他方、大崎・葛西あるいは和賀・稗貫および南部の諸氏にあっては、国人領主の一揆的結合あるいは同族一揆のために、貫高制はもとより、大名権力の樹立をも妨げられる傾向にあった。すなわち北の様相である。

南奥州では、大名権力の成立過程で蘆名・伊達にみられたようなきびしい父子相剋の時期を経過しながら、権力の集中が進められていった。これに対して北奥州では、本来の一揆関係が変容をみせながらもなお存続し、強剛国人連合、同族併立によって大名権力の発展が抑えられたといえよう。

一　戦国争乱の展開

(1)　争乱の展開

大永二年(一五二二)室町幕府による伊達郡梁川城主伊達稙宗の陸奥国守護補任決定を契機にゆらぎはじめた奥州における室町幕府―奥州探題大崎体制は、永禄二年大崎氏に代わって伊達晴宗が奥州探題に任命されるに至って解体した。この年、九州探題に任じられた大友義鎮(のち宗麟)のばあいと同じように、いまや伊達氏にとって奥州探題職は、将軍義輝の意図をよそに専らみずからの権力拡大の手段とされるにすぎなかった。これを奥州戦国時代の本格的な始期とみるゆえんである。以下、永禄・天正前期における争乱展開の情況をみることにしよう。

それは南奥州では、常陸太田城主佐竹義重の白川領高野郡南郷への侵攻、会津黒川城主蘆名盛氏の仙道進出、伊達氏の仙道諸氏への介入という大きな動きのなかで展開する。

佐竹氏はすでに天文十年高野郡南境を犯し、義昭の永禄四年ころには高野郡南郷の中枢、羽黒山城と寺山城を攻陥していたが(秋田藩家蔵文書八―四七号『茨城県史料』中世Ⅳ二五二頁)、永禄五年家督を相続した義重の世に白川・石川領侵略は決定的となるのである。永禄九年六月のころには、白川晴綱・隆綱連署状（八槻文書『白河市史』５八八三号）に「南郷本意候者（中略）猶以早々入手裏候様、祈念肝要候」とあるように、南郷一帯が佐竹の手に落ちていた。

天正二年には白川義親の弟善七郎が和田為昭（佐竹旧臣）以下を率いて佐竹方について義親に叛し、義親は居城を保つのみという大敗を喫した（同九一九号〔今泉　二〇〇一〕）。この年冬には義親・蘆名盛氏と佐竹義重との講和が成立し（白河証古文書『白河市史』５九二六号）、佐竹方に身柄を移されていたとみられる石川昭光も泉三蘆城に帰城した（輝宗日記『伊達家文書』二九二号）。義親は名を不説と改める。「敗軍の将、勇を言《と》くべからず」（史記）によることはいうまでもない。こうして、白川領は事実上佐竹の管理下に入った。以後、天正五年には田村・蘆名が佐竹勢を南郷に退け、義親が白川家の実権を回復したが（佐竹文書四二号『福島県史』７、佐竹家譜）、翌六年八月には佐竹義重次男義広が白川家督を相続し、義親はその後見となった（『白河市史』５九三七号）。直接は佐竹旧臣で白川家中の舟尾隆直・昭直父子の調停、大きくは白川の本宗たる常陸結城晴朝の調停による講和である。同時に石川領も佐竹から昭光に返還された。

会津では、蘆名氏が盛舜の子盛氏の世に全盛期を迎える。三十代はじめまでに止々斎の号を称したかれは、画僧雪村を招き、あるいは臨済・真言の僧らと交流するなど文雅を愛した〔高橋充　一九九五〕。その軍事、外交活動は、永禄六年四十三歳のころ子息盛興に家督を譲り、隠居して黒川城から向羽黒岩崎城に移って以後、かえってめざましいものとなった。

すでに会津盆地から小川庄（東蒲原郡）までを制圧した盛氏は、天文二十年にはかつて同盟した田村隆顕と戦い絶対優位のなかで講和し（白河証古文書『白河市史』５七九三〜四号）、安積郡を抑え（塔寺八幡宮長帳永禄二年）、永禄九年伊達輝宗と講和し、岩瀬郡西方を掌握した（『伊達家文書』二六六〜八号）。二階堂盛義の子盛隆を人質にとったのもこの年である［高橋明　二〇〇三］。元亀年間、盛氏の主敵は、白川・岩瀬侵攻を進める佐竹義重となる。おなじ伊達稙宗の婿同士の間に厳しい緊張が続く。元亀三年（一五七二）ころの盛氏と那須資胤との会盟も、佐竹を共同の敵とするものとみられる（那須文書九一『栃木県史』史料編中世2）。が、この緊張は、天正年間盛氏の最晩年に至って解消し、天正八年の盛氏死後は盛隆（盛興天正二年死去の後嗣）によって蘆名・佐竹連合が確立する［小林清　一九九〇ａ］。

さて伊達氏は、すでに稙宗の世に永正十一・十七年に最上、十八年寒河江、大永八年には当主死後まもない葛西を攻め、その一連の北攻には蘆名氏の支援があった［小林清　一九九七ｂ］。稙宗は蘆名盛高の娘を夫人とし、盛高は稙宗妹を継室としていたのである。天文十年ころまでに稙宗は、相馬顕胤・蘆名盛氏・二階堂輝行・田村隆顕に娘を嫁し、子息義宣を大崎に入嗣させ、同十年以後のころ晴胤に葛西家を嗣がせた。嫡子晴宗との洞の乱は、三男実元（時宗丸）の越後上杉氏への入嗣を強行したことが直接の発端である。乱後、稙宗隠居の後を嗣いだ晴宗は、居城を伊達郡から出羽置賜郡米沢に移し、知行制の全面的な整備（天文二十二年「采地下賜録」）を軸として家臣団支配を強化し、一門の懸田俊宗を滅亡させて権力集中をはかるなど、内政に専念した。

晴宗を嗣いだ輝宗は、晴宗の宰臣であった中野宗時・牧野宗仲父子の統御に苦しんだが、元亀元年その謀叛を契機にこれを駆逐した。天正四年以後は相馬を主敵とし、それまでに奪われていた伊具郡の小斎・金山・丸森の諸城を同十四年の講和で回復した。が、相馬との間は、奥羽仕置まで宿敵関係が続いた。

北にむけては、永禄十年弟政景を留守氏に入嗣させて元亀三年ころまでに留守家中を統一服属させ、国分氏に対しては元亀三年盛顕に国分名代を安堵し、天正五年弟政重（盛重）を入嗣させた。ただし、輝宗自身の子が生れたらこれに代える「当分ノ代官」であった［吉井宏　二〇〇〇］。最上氏とは天正二年岳父義守の要請によりその子義光（夫人の兄）と戦った。義光の勢力安定後もこれとの緊張は続いたが、天正十年田村清顕の調停でひとまず講和した（鈴木惣栄門文書『古川市史』７三六五号）。

南方では、永禄十一年に弟昭光を石川に入嗣させ［小林清　一九九一］、天正二年清顕の調停で二本松畠山義継と講和した。義継の軍役五〇騎勤仕という条件である（伊達輝宗日記『伊達家文書』二九二号）。天正七年には田村清顕の一人娘を嫡子政宗の夫人として迎えた。蘆名と田村を等距離にみた伊達の政治姿勢はここに、田村と連合し佐竹・蘆名に当たるという形に決定してゆくのである。

葛西氏に目を移せば、天文十年に入嗣した伊達稙宗の子息晴胤が、永禄末ころに及ぶその治世を葛西六郎・赤井備中守の反乱、あるいは領内伊沢郡の内乱に悩まされていた［石田　一九九二］。葛西七郡は国人領主あるいは郡主の連合体にとどまり、一つの大名領国の体を成すに至らなかったといえる［大石　二〇〇〇］。

大崎氏もまた氏家はじめ麾下の叛乱に苦しんだ。天文五年、新田・古川・高清水（高泉）・一迫らの叛に同調した氏家は、その後も執事（宰臣）の地位を保持していた［遠藤ゆ　二〇〇一ａｂ］。永禄六年の幕府「諸役人付」には「葛西奥州」と並んで「氏家修理亮奥州大崎」がみえるが、大崎氏はみえない。旧探題として別格とみる説もあるが、およそ大崎の名が掲げられぬのは、大崎氏の凋落と氏家の台頭を示すものであろう。

相互に「古敵」（江刺菊池文書『古川市史』７三五三号）である葛西と大崎は、葛西が伊達を頼り、大崎は天文期までの伊達への依存にもかからず、その後は同族最上と結ぶ傾向となる。黒川郡主黒川氏は大崎と近い関係を保った。

他方、南部氏をめぐる争乱は、津軽における大浦為信の活動によって展開する。すでに元亀二年三戸南部の要城たる津軽石川城を攻めて石川高信（南部晴政叔父。信直の父）を自害させたという大浦（津軽）為信は（『新編弘前市史』資料編１九八六号他）、天正四年には南部氏の拠点大光寺城を攻陥し（同一〇〇五号他）、さらに同六年波岡城を攻めて波岡御所北畠顕村（具愛）を自害に追いこんだ（同一〇一五号他）。これに対する牽制は、まず出羽檜山城主安東愛季によって行われたが(同一〇二六号他)、天正十年南部三戸の家督についた信直は、同年弟政信を津軽郡代として波岡城に入部させ、巻き返しを図った。大光寺城もまた奪回されたと伝える(同一〇四二号他)。津軽をめぐる信直と大浦為信の対立、糠部における信直と九戸政実の対立、為信と政実の連携、という構図が明瞭な姿をみせるに至った。

(2)　講和の様相

右にみた永禄から天正前期(天正十年まで)のころ、北奥では南部一族における同族並列の情況がなお続いていた。宗家である三戸南部氏は、八戸・七戸・九戸・久慈などの諸氏と並んで、「郡中」とよばれる領主連合の構成員であり、これを克服して「郡中」をみずからの家中に再編することに成功せぬままに奥羽仕置を迎えるのである[菅野文　一九九五・二〇〇二]。

南奥では、会津蘆名氏が父子相剋、直臣層の下剋上を抑えて、十六世紀前期の盛氏の天文期には領地支配、財政制度の面から戦国大名の体裁を整え、すでにふれたように十六世紀後半永禄期からは同じ盛氏の外征によって外延的発展を推進した。

伊達氏にあっては、成宗・尚宗間の父子内争が、稙宗による貫高制整備の矛盾のなかで稙宗・晴宗間の洞の乱(天文の乱)として大きく再発した[藤木　一九六六ａｂ]。晴宗の子輝宗の世には晴宗との不和のなかで中野・牧野父子の謀叛となったが、これを未発に排除し、宰臣遠藤基信の補佐のもと内政・外交に成果を挙げ、政宗時代飛躍の前提が整えられる。蘆名氏にもまさる長い内争と動揺の時期を経過して、伊達氏における大名権力の基礎は堅められた。

さて、天文後期とりわけ永禄から天正前期のころの講和＝「無事」の態様をみよう。天文十年四月、田村義顕・隆顕父子は相馬顕胤の調停によって、伊達への陣参、伊達の田村助勢を条件として伊達晴宗と講和した（『伊達家文書』一八一号）。ちなみに、顕胤の夫人は伊達稙宗の長女である。その翌五月、義顕・隆顕は稙宗・晴宗父子に対して、安積・田村間の停戦についての伊達方の調停を受け入れ、安積郡における田村方の失陥の地および前田沢を「御当方」に付けることを田村家中支配の保障を条件に受諾した（同一六三号）。「御当方」を伊達氏と解するならば、この講和は伊達の調停で安積と田村の間に結ばれる形式をとりながら、実は伊達・田村間の停戦であったことが明らかである。稙宗の娘が隆顕に嫁したのは、これからまもないころであろう。

天文二十年七月、隆顕は二本松畠山尚国・白川晴綱の調停により蘆名盛氏と講和した。条件は、安積郡郡山・前田沢など四郷を蘆名方に渡すこと、田村麾下で蘆名に降った者は蘆名麾下とする、名倉・荒井両地は蘆名に渡した上で蘆名から二階堂に渡すこと、安積の名跡を隆顕次男につけて田村方に渡し、安積の名代は蘆名方が設定することが決められた（白河証古文書『白河市史』5七九三・七九五号）。隆顕次男はおそらく田村方敗軍の結果蘆名方に取られていたのが、この年春以来の晴綱の斡旋によって返還されたのである（東京国立博物館文書、〔小林清　一九九八〕）。

永禄九年、蘆名盛氏は同七年以来岩瀬二階堂に荷担してきた伊達輝宗と講和し、輝宗妹が息女分として当主盛興に嫁し、岩瀬郡西方が蘆名領として確定した。調停に当たったのは岩城親隆（伊達正統世次考巻十下欠年八月二十日条）。輝宗の兄、盛氏夫人の甥で盛興とは従兄弟に当たる。

天正二年の伊達輝宗と畠山義継との講和（前述）は、義継の依頼を受けた田村清顕の再三の申し入れを輝宗が呑んだものであった。

南部氏にあっても、元亀二年以後の家督相続権をめぐる三戸南部晴政と信直の内争に対して、同族の一戸・久慈両氏が調停に立っていた（『遠野南部家文書』一〇五号）。また、天正元年、政実謀叛とのうわさから出た晴政と九戸政実の合戦は八戸政栄の調停で和議が成立したが、このとき政実の母と弟康実・政親が三戸に人質として出され、他方晴政の次女が三戸から政実の弟実親に嫁している（『南部史要』［菅野文 一九九五］）。

一般に調停者、仲裁人は中人《ちゅうにん》とよばれたが、戦国期諸国の情況と同様に陸奥国においても講和は中人を介して行われるのが通例であった。講和によって相互の所領が画定され、講和持続の保障として人質の差し出しあるいは交換が行われ、また盟約が行われた。すでにみられた入嫁の例もそれにほかならない。

ところで天正二年の伊達輝宗日記（『伊達家文書』二九二号）十月の条に「廿二日、いしかハへ御帰城目出度由申、もと駿《（木内駿河）》こし候、昭光へくろの馬こへ候、そめ物くゝ《（ママ）》したいのや《（対屋）》へ」とある。一定期間おそらく佐竹方に身柄を移されていた石川昭光が、許されて帰城したことが知られる。昭光はその後も居城を追われる悲運にさらされた（角田石川文書七〇『福島県史』7）。また佐竹から白川に入嗣し、さらに天正十五年蘆名に入嗣する義広は、某年石川の名跡を嗣いでいる（泉石川文書、［小豆畑 一九九七］）。

この段階における大名・郡主家は、その家督が本領を一時的に去っても容易に滅亡しなかったし、先祖以来の家の名跡は、名代とは別の独自性をもって存続したのである。麾下家中（在地領主）の存続がこれを支えたためと考えられるが、これとあわせて、国人一揆の系譜をひく郡主・大名連合が、すでにみたような調停機能をもって一定地域にわたる平和秩序を保持しようとしたためと考える。天文九年、三戸南部晴政方に攻められた岩手郡滴石城主戸沢政安が出羽に走り角館戸沢氏を開いたのは（『南部史要』）稀な例といえるが、戸沢氏自体は国人領主（仙北北浦郡主）として存続した。争乱が未だ最後的な決戦の様相を呈するに至らなかったのである。

二　争乱大詰と関白惣無事令

(1)　戦国争乱の大詰

天正十年をすぎるころから、陸奥の戦国争乱は大詰の時期を迎える。

北では、南部氏の南への勢力拡大と、大浦（津軽）為信の津軽地方掌握による南部氏からの独立が実現する。――天正十四年、斯波氏の女婿高田実連（九戸政実の弟）が南部信直に降った。信直はこれを中野と改姓し、斯波との境目を守備させた。高水寺城主斯波詮真がこれを怒り南部領岩手郡を侵攻したのに対し、実連と福士淡路が迎撃して斯波領の五村を攻め取り、信直は斯波さらに稗貫と講和盟約した。

同十六年、斯波の臣岩清水右京が信直に降ったことから詮真は南部領に侵攻した。信直が中野実連と右京に高水寺城を攻囲させんとするに及んで詮真は稲荷別当成就院に走り入り、この秋、斯波御所は滅亡した（盛岡南部文書他『新編弘前市史』資料編１一〇八四～五号）。信直は斯波領の仕置を行い、実連を高水寺城の城代にすえた。この時、郡名は志和と改められたという（『南部史要』）。

大浦為信は天正十三年、津軽外が浜油川城を攻略して外が浜一帯の領有化に着手した（『新編弘前市史』資料編１一〇五九～六一号）。天正十六年には、天正十年以来波岡城主にすえられてきた信直の弟政信が急死した。為信の毒殺との伝えがある（同一〇八〇号）。これを機に南部氏による津軽支配は大きく退潮に向った。

天正十八年の一月、秀吉はその朱印状に為信の鷹献上を賞し、「其元堺目等堅固申付由尤候」と述べた（津軽家文書同一一〇〇号）。ここに、為信の津軽支配は秀吉によって公認されたのである。前年十二月付の秀吉朱印状（同一〇九九号)に「南部右京亮とのへ」とあった宛所がここでは「津軽右京亮とのへ」と変わった。秀吉朱印状が届いた直後の十八年三月、津軽為信は出羽檜山城主安東実季の助勢のもとに波岡城を占拠し、津軽一円の領有を実現した(同一一〇四号)。報に接した南部信直は、直ちに出陣せんとしたが、九戸政実の出陣拒否により、また信直自身の小田原参候のこともあり、出馬延引のうちに波岡城は失陥したと伝える(同一一〇五〜六号)。

以上、北奥では斯波御所と波岡御所が滅亡し、新大名津軽氏が出現したのである。

他方、南奥では、二十歳そこそこの伊達政宗によって、わずか五年の間にほとんど一円的な統一情況が出現した。以下、その過程をみよう。

天正十二年十月六日の蘆名盛隆横死の跡は、伊達輝宗の工作をよそに、佐竹義重の思い通り盛隆の遺児亀若丸(数え二歳。一歳とも)が家督を相続した。輝宗の次男入嗣の望は絶たれたものとみられる。まだ四十一歳の輝宗が十八歳の嫡子政宗に家督を譲ったのは同じ十月中のことであった[小林清　一九九〇a]。

亀若丸の母盛隆夫人は、永禄九年蘆名・伊達の講和により伊達から盛興夫人として入嫁し、天正二年盛興の死後は盛隆と結婚していたが、再び夫に先立たれ、今や事実上の蘆名の当主となったのである(天正十六年死去)。

伊達と蘆名・佐竹との敵対の構図は確定した。政宗が蘆名領会津檜原に侵攻するのは翌十三年五月である。最上義光(政宗母の兄)の画策による最上・大崎・相馬・岩城・佐竹・白川・石川・蘆名の伊達包囲網[粟野　一九八五]が成立するのは、それからまもないころのことである(三坂文書二〇『福島県史』7)。天正十五年三月には、かつて同六年に白川に入嗣していた佐竹義重次男義広が会津蘆名に入り、盛隆娘(実は盛興の娘)と結婚して家督を相続した。佐竹と蘆名は不離同体の関係に入ったのである。

天正十六年六、七月、伊達政宗は安積郡の郡山窪田で佐竹・蘆名勢と戦ったのち岩城常隆の調停により講和した。

春以来の大崎・最上との抗争も母保春院(最上氏)の尽力によって和睦に至った[遠藤ゆ 二〇〇三]。諸氏ともに、関白秀吉の惣無事令(後述)に従ったのである。

しかし、翌十七年六月、政宗は磐梯山麓磨上原の会戦に蘆名義広を大敗させて会津蘆名氏を滅亡させ、十月には須賀川を攻めて二階堂・佐竹連合軍を破って岩瀬二階堂氏を滅亡させた。二階堂攻めと前後して、白川義親と石川昭光が政宗に服した(『仙台市史伊達政宗文書〈以下『政宗文書』と略称〉四七三～五、五四〇号)。二本松畠山氏はすでに天正十四年七月、二本松無血開城によって政宗に滅ぼされていた(伊達治家記録)。

以上、戦国の大詰の段階に至って、斯波、波岡北畠、二本松畠山、会津蘆名、岩瀬二階堂などの大名・郡主家の滅亡が全般的に出現した。地域の大名・国人連合による調停機能はもはや無効となった。他方、豊臣政権の支持を得た大浦(津軽)為信の津軽統一と南部からの独立による大名津軽氏の成立も、この段階の特徴である。

北奥では津軽と南部の二強が複雑な形で対峙し、最上と結ぶ大崎、伊達を頼る葛西、そして伊達・南部両勢力のはざまで和賀・稗貫が、それぞれに存在していた。

南奥では、亘理郡の亘理重宗、留守政景・国分盛重がすでに伊達家中となり、黒川郡の黒川晴氏も伊達に服属していた(『政宗文書』三八一号)。石川昭光は伊達家中の客将として遇され、三春城主田村宗顕は、清顕の甥であり、政宗・愛姫(清顕の一人娘)の子誕生までの田村の名代とされた(伊達治家記録、[小林清 一九九〇b])。白川義親は佐竹を離れて事実上伊達の軍事指揮下に入った(『政宗文書』四七三～五号)。岩城常隆もその政治行動に伊達の規制を受ける立場となった(長倉文書七『福島県史』7)。依然として伊達を宿敵とする相馬領と、なお佐竹義重・義宣父子の勢力下にある高野郡南郷を除けば、南奥州は出羽置賜郡と合わせて伊達政宗によって統一されたのである。

このような統一情況の創出にかかわる政宗の論理とその事実をみよう。――故戦を非とする中世社会、また戦乱の激化と逆比例して平和への気運が昂まった戦国末期の武将として、政宗にもまた自身の戦いは故戦に非ずとする思いと論理があった。会津攻滅についての秀吉の詰問に対する政宗の弁明は、父輝宗隠居の動機となった佐竹氏の蘆名家督相続干渉と、蘆名・佐竹以下の反伊達連合の破砕を親の仇討とあわせて要点とし、これを大きく包摂する名分は伊達が奥州探題家として奥州の諸事を申し付けるべき立場にある、という論理であった（『伊達家文書』四三一号）。

しかし、反伊達連合＝伊達包囲網、あるいは親の仇敵の破砕という理由は、実は結果論にすぎない。――家督相続後、政宗はいち早く天正十三年五月会津蘆名領に侵攻し、閏八月には安達郡小手盛城を攻略した。大内領＝塩松（東安達）の入手を決定したこの合戦の直後、政宗は最上義光あての書状に「此上者、須加河《（須賀川）》訖打出、関東中も手安候」（『政宗文書』二一号）と述べた。佐竹・蘆名を主敵とする政宗の南進策は、かれの治世の初発にすでに堅められていたのである。蘆名・佐竹による伊達領侵攻の例がないのに反して、政宗の戦はすべて伊達領を越えて敵方の領域で行われている。その政宗を義光は「無躰人」（無手人）と評した（松原氏文書）。

(2)　関白の惣無事令

奥州戦国の争乱は、天正十三年七月関白となった秀吉によって抑止されることとなる。この年九月、九州の島津・大友に停戦（十五年九州征伐）を令した彼は、翌十四年四月佐竹義重あてに蘆名と伊達の間を調停し、当知行に従って境目を画定すべきことを命じ（『上杉家文書』八三五号）、また五月には白川義親あてに関東静謐の使者を近日差遣する旨を報じ、停戦を令した（東京大学白川文書『白河市史』5九七一号）。佐竹あての秀吉直書の正文が上杉家文書に収められるのによれば、何らかの事情により上杉に止められ佐竹に伝達されなかったものとみられるが、白川あての直書は山上道牛によって七月下旬ころ義親に届けられたと推定される。秀吉の停戦令は、田村清顕などへも伝えられた

（青山文書四七『福島県史』7）。関白秀吉の停戦令は、かつて足利義輝が伊達稙宗・晴宗父子の内争について下した停戦令（『伊達家文書』一九二号他）などを遙かにこえて、争乱を一円に停止し裁定を強制するものであった。

その前年に始まった伊達政宗の二本松畠山攻撃は、この十四年五月までに相馬義胤らの調停工作が開始され、道牛の奥州入りに先だつ七月十六日、二本松無血開城による大名畠山氏の滅亡に結果していた［小林清二〇〇三b第一章］。

天正十六年夏秋のころ、金山宗洗が関東奥両国惣無事についての（天正十五年）十二月三日付の秀吉直書（白土文書九『福島県史』7、『伊達家文書』九八六号）を奥羽諸氏に伝達するに及んで、奥羽には惣和の機運が現われた。郡山合戦の停戦等がそれである。

しかし、天正十七年夏、惣無事令への反逆ともいうべき情況が奥羽に現出する。北出羽では安東実季と湊通季の間に月余にわたる湊合戦が戦わされ、その直後のころ、伊達政宗もまた惣無事令に背いて蘆名氏を滅亡させ、ついで二階堂氏を攻滅し、その後は豊臣方への弁明につとめながら、なお天正十四年春以来の小田原北条との同盟関係を継続した［小林清一九九七b］。

その政宗も、十八年三月に至って北条と絶ち、豊臣への出仕服属を決意するに至る。すでに十七年十一月、惣無事令違反として北条征伐宣言状を出した秀吉は、十八年三月京都を出陣、四月初めには小田原攻囲の態勢に入っていた。政宗の小田原参着は六月五日。会津召し上げを承服して出仕を許されたのは九日である。岩城常隆は六月十二日ころに出仕した。最上義光は二十日ころ参着、南部信直の小田原参着は七月六日であるが、いずれも即日出仕を許された。津軽為信は三月二十七日沼津で出仕とも、母が代って小田原に参候したとも伝える。小田原出仕を許された衆は本領安堵を諒解された。湊通季は小田原に参着したが出仕を許されなかった［小林清二〇〇三b］。

三　奥羽仕置―戦国の終幕―

(1)　奥羽仕置

天正十八年七月五日北条氏降伏。十三日小田原に入城した秀吉は、十七日会津に向けて小田原を進発した。途中、宇都宮に十日近く滞在して城破却など関東仕置を指令し、また伊達政宗・最上義光に陸奥・出羽仕置の補佐を命じた。南部信直らに本領安堵の覚書を与え、妻子差上げ、検地による大名蔵入強化と在京賄分確保、さらには家中の城々破却と大名居城への妻子集住を指令した(盛岡南部文書『岩手県中世文書』下九一号、戸沢文書)。小田原・宇都宮ともに参候しなかった大崎・葛西両氏の本領召し上げが決定し、安東(秋田)実季と相馬義胤は小田原に参候せず、宇都宮で出仕を許されて本領安堵を約束された[小林清 二〇〇〇、二〇〇三b第二章二]。宇都宮に宿老を参候させた大崎義隆は、その後十二月に本領石高三分の一を宛行う旨の秀吉朱印状を与えられたが、結局実現せずに終わる[小林 二〇〇三c第二編第三章]。

八月九日、秀吉会津黒川(会津若松市)到着。数日の滞在中に領土処分を決定し、仕置を指令した。伊達政宗から没収された会津・岩瀬・安積・二本松と白川・石川とが合せて蒲生氏郷に与えられた。白川義親・石川昭光が政宗に抑えられて小田原・宇都宮参候を果せず、所領召し上げとなったのである。同じように召し上げられた田村宗顕の田村郡(田村庄・小野保)は、政宗の宰臣片倉景綱に与えられたが、景綱の辞退により政宗の所領に落ち着いた。大崎・葛西の旧領は秀吉の臣木村吉清に与えられた。伊達・最上・南部以下、夫人を会津に差し上げて(ついで聚楽にのぼる)最終的に所領安堵が決定したのである。ちなみに、宇都宮で秀吉が家康あての七月二十八日の直書(士林証文)に、政宗も「足弱」を差し上げたと述べたのは、かれ一流の誇大宣伝であった。

会津で出された秀吉の仕置令は、検地条目と、刀狩および武家奉公人（侍・中間・小者など）・百姓の身分的画定に関する掟であった。城破却のことは、すでに宇都宮で伊達政宗・南部信直らに指令されていた。仕置の三本柱ともいうべき破城・刀狩・検地がそろって指令されたのは、奥羽仕置のみにみられる例である。天正十五年の九州征伐では破城のみが指令されて、刀狩は令せられず（全国令発令以前）、検地もまた行われなかった。宇都宮での関東仕置令では破城は指令されたが、検地は没収地に限られ、刀狩のことは明示的には現われない。

検地は、自分仕置を許された伊達・最上・南部の所領を除く、奥羽の全土に実施された。本領安堵地をも含めてこのような広域にわたる一斉検地は、豊臣政権にとってもこれが最初であった。検地は、検地条目に従って貫高による検地帳が村方で作製され、豊臣方の検地役人がこれを現地で確定するという手続で進められたとみられ、所領目録では石高に直された。それは緩い検地ではあったが、出目（出米）の可能性を保持する検地であり、単なる指出検地ではなかったと考える［小林清 二〇〇三c第一編第四章］。

十八年十二月聚楽において、相馬義胤は本領四万八千七百石を宛行う旨の秀吉領知朱印状を与えられた（相馬文書一三四『福島県史』7）。仕置の完了を示すものといえる。伊達・南部・岩城・津軽など奥州のほとんどの諸氏に秀吉領知朱印状を交付された形跡がみられないのは、伊達・南部領で検地が行われず、津軽・岩城領では未完だったためであろうか。出羽の諸氏が、自分仕置の最上を除き、いずれもが秀吉領知朱印状を交付されたのとは異なる結果をみせている。

(2) 一揆蜂起と奥羽再仕置

仕置が一段落した天正十八年十月、旧大崎・葛西領に一揆が蜂起し、木村吉清父子を佐沼城に包囲した。米沢城主伊達政宗と会津黒川城主蒲生氏郷が一揆鎮圧に出動し木村父子を救出するが、その過程で政宗・氏郷の間に不和が生じ、氏郷は大崎の名生城に籠城、政宗が伊達成実と国分盛重を人質に出して漸く出城帰還という一幕があった。この間、〝政宗謀叛〟の報を氏郷から受けた秀吉は、十二月家康と豊臣秀次に奥州出動を命じ、家康は岩槻、秀次は武蔵府中まで進んだところで氏郷出城の報に接し、十九年一月十日すぎに馬を返した(家忠日記)。石田三成は相馬領まで下って引返した。出羽仙北の一揆は早くに鎮圧されたが、大崎・葛西、和賀・稗貫そして出羽庄内の一揆は、蜂起を続けて年を越したのである。

天正十九年二月、政宗は秀吉の召喚状を受けて入京。氏郷もこれに先だち入京した。上洛まもなく政宗は、大崎・葛西領を下され会津近辺五・六郡を進上という領土処分案を下命されたが、進上の郡は未定のままに五月下旬帰着した[小林清 二〇〇三b第四章]。

六月半ば政宗は米沢を出馬、激戦ののち加美郡宮崎城、栗原郡佐沼城をあいついで攻陥、七月はじめ登米に入城した。一揆主導層の残党は桃生郡深谷に移されたのち、秀次の奥州下向をまち、その指令をうけた政宗によって皆殺しとされる。

これと前後して十九年六月、秀吉は秀次・家康以下に奥州奥郡への出動を指令した(尊経閣古文書)。春以来、南部領に蜂起していた九戸政実らの一揆の制圧が目的である。秀次・家康は八月上旬二本松に着き、ついで旧大崎領まで下った。九戸一揆は、蒲生氏郷、家康麾下堀直政、秀次麾下堀尾吉晴および浅野長吉・津軽為信・南部信直以下の大軍に九戸城(二戸)を囲まれ、謀計にかかり九月初め降服開城し、政実以下が殺された。

宇都宮に参候しながら本領召し上げとなった和賀・稗貫両氏の両郡に蜂起した一揆は、九戸討伐に先だって蒲生・浅野軍によって制圧された。

これらの一揆は、大崎・葛西一揆が城破却・検地・刀狩に抗した旧臣が主導する一揆、和賀・稗貫一揆が旧郡主以下の一揆であったのに対して、九戸一揆は仕置による信直の宗主権決定と城下集住とに抗する政実以下の抵抗であった。いずれも、奥羽仕置と「京儀」(反町色部文書『新潟県史』資料編2一一五八号)に抵抗する蜂起である。

一揆蜂起の結果として実施されることになった十九年仕置は、〝再仕置〟とも名づけられるが(『岩手県史』3)、一揆制圧後におけるその内容は伊達・蒲生の郡《くに》分け、南部領・伊達領(大崎・葛西)での城普請と伊達領検地などである。

郡分けによって、政宗が長井(置賜)・信夫・伊達・刈田など父祖以来の本領のほか塩松・田村の諸郡を失って五〇万四〇〇〇石から四九万石(推定)へと減封されたのに対し、氏郷は四二万石から七三万石へと著しい増封となった。本来、十八年大崎・葛西一揆制圧の行賞として、大崎・葛西一三郡三〇万石を石高で折半して両人に与える(大崎・葛西三〇万石を政宗に与え、一五万石分を会津領近接の伊達領の郡で氏郷に与える)という主旨に発したはずの郡分けは、大崎・葛西一三郡を伊達に与え、一三郡の半分の郡数に当たる六郡二保を伊達領から蒲生領に割譲するという、郡数における形式的平等によって、石高における極端な実質的不平等に帰結した。豊臣政権の政宗に対する一揆扇動嫌疑が、このような結着をつけたのである。

城普請は旧大崎領の岩出山・佐沼などが家康により、旧葛西領の柏山・水沢・江刺ほかの数城が上杉景勝・大谷吉継・石田三成らの手で、それぞれ普請が加えられて政宗に与えられ、天下＝豊臣政権の城を預けられた形が成立した。一揆勢が拠った城館の多くは破却された。検地は当初の石高基準による郡分けの前提として伊達領に行われ、石高斗代による検地帳が作成された[小林清 二〇〇三c第一編第四章]。

南部領における仕置は九戸合戦で遅れた。一揆制圧後、九戸城(福岡城)などの大改修が蒲生氏郷らの手で行われたが、諸城破却の一応の終了は天正二十年冬までずれこみ、検地・刀狩はさらに遅れた。しかし、奥羽仕置を契機として「郡中」の解体による南部信直の家中支配が漸く実現した。まさしく、南部信直は、「京儀」の仕置の力に助けられて、権力の集中を果たすことができたのである。

新領主が入部した蒲生領と、十九年国替えを受けた伊達領では、中世在地領主制が系譜的に断たれた。奥州全般でも、城破却と検地との実施のなかで在地領主制が変質をとげた。戦国の過程で進められていた大名権力の強化と在地領主制の変容が、奥羽仕置によって一挙に推進されたとみてよい。それは、豊臣政権＝聚楽への軍役勤仕・参勤を軸とする集中的封建制の成立にほかならない。陸奥の戦国期はここに終幕を迎える。天正十九年から二十年にわたる御前帳徴収と家数人数帳徴収に基づく日本全国の土地・人民把握による豊臣政権の主従制的支配と統治権的支配の完結は、奥羽仕置を前提として実現したのである[小林清 二〇〇三c 第一編第五章]。

ただし、わずか一年あまりにすぎぬ奥羽仕置が、この地方に未曾有の衝撃を与えながらも、奥羽社会の基底の変革にまで及びえなかったことはいうまでもない。検地についていえば、それは村落内の土地所有、地主・小作関係を変えることはなかった。十九年仕置の検地に採用された石高制も、伊達領の文禄検地では貫高制へと逆転をみせている。

顧みれば、奥羽仕置の中心は伊達政宗の処分にあった。そもそも政宗が、小田原に参候するか否かは、天下注視の的であった。尾張清須・星崎在番から秀吉によばれ小田原に移った小早川隆景は、六月二十四日薩摩の島津義弘あての書状に政宗の出仕を報じ「奥州伊達事も為御礼罷出、東口平均迄候」と述べた(薩藩旧記雑録後編巻二四)。政宗が小田原に参候するか否かは、まさに奥羽の向背の決定に関わるものとみられたのであった。

その政宗は、惣無事令、秀吉停戦令以前に講和開城によって入手した二本松領を十八年仕置で召し上げられ、また十九年再仕置では大崎・葛西旧領宛行の結果、逆に減封の憂き目をみた。他方、政宗小田原参候の留守中に伊達領北境を侵攻した相馬義胤は、いったんは政宗がその攻略を秀吉から許可されたにもかかわらず（『政宗文書』七一〇～四号）、宇都宮出仕によって本領を安堵された。政宗が嘆いたとおり、豊臣政権は相馬を伊達に対する「あハせ《（合》くさ《草）》」（『政宗文書』八七四号）、牽制手段としたのである。

さらに、宇都宮に参候しながら和賀・稗貫両氏は本領を没収され、十九年に両郡は南部領に編入された。奥羽仕置は、豊臣政権の不公正をはじめて露呈させるものとなったのである。朝鮮出兵はすでにその準備を開始していた。

引用文献

小豆畑毅　一九九七年「佐竹氏の南奥経略と佐竹義広」『戦国史研究』三三

粟野俊之　一九八五年「戦国末期南奥羽における伊達包囲網について」地方史研究協議会編『流域の地方史』雄山閣出版（のち粟野『織豊政権と東国大名』吉川弘文館二〇〇一に収録）

石田悦夫　一九九二年「戦国の争乱」『石巻市史』6第三章第二節

今泉　徹　二〇〇一年「白川天正の変再考」『戦国史研究』四一

入間田宣夫　一九九九年「糠部・閉伊・夷が島の海民集団と諸大名」入間田・小林真人・斉藤利男編『北の内海世界』山川出版社

遠藤　巌　一九八八年「九戸政実の乱」小林・米原正義編『戦乱の日本史8戦国の群雄西国・奥羽』第一法規

一九九五年「室町期三戸南部氏研究ノート」宮城教育大学社会科教育講座

二〇〇三年「奥州探題大崎氏の一面」伊藤信・小林・大石直正他『奥州探題大崎氏』高志書院
遠藤ゆり子　二〇〇一年a「戦国期大崎氏の基礎的研究」立教大学日本史研究会『日本史論集』八
二〇〇一年b「執事の機能からみた地域権力―奥州大崎氏における執事氏家氏の事例をめぐって―」立教大学史学会『史苑』六一の一〈通巻一六七〉
二〇〇三年「戦国期奥羽における保春院のはたらき―戦国時代の平和維持と女性」『日本史研究』四八六
大石直正　一九六九年「会津蘆名氏」『福島県史』7第三編第三章第二節一〇（のち小林編『東北大名の研究』吉川弘文館一九八四に収録）
二〇〇〇年「深まる戦乱」『仙台市史』通史編2第七章第一節
菅野文夫　一九九五年「三戸南部氏と糠部「郡中」」『岩手大学文化論叢』三
一九九九年「戦乱と新時代の模索」細井計・伊藤博幸・菅野・鈴木宏『岩手県の歴史』六章二　山川出版社
二〇〇一年「南部信直発給文書とその周辺―戦国末期武家文書の〝略押〟―」『岩手大学教育学部研究年報』六〇の二
菅野正道　一九九三年「「国分盛重」と国分氏の滅亡」『仙台郷土研究』復刊一八の二〈通巻二四七〉
一九九七年「天正十七年の伊達氏の正月行事―「茶湯客座亭座人数書」と「矢日記」「玉日記」の再検討―」『仙台市博物館調査研究報告』一七
黒嶋　敏　二〇〇二年「はるかなる伊達晴宗―同時代史料と近世家譜の懸隔」『青山史学』二〇
小林清治　一九六七年「奥州における戦国大名の成立と守護職」『歴史』三四（のち『論集日本歴史5室町幕府』有精堂一九七五に収録）

小林清治　一九七八年「大名権力の形成」小林・大石直正編『中世奥羽の世界』東京大学出版会〔著作集第一巻所収〕
一九九〇年a「奥羽仕置の歴史的性格」福島県立博物館企画展図録『秀吉・氏郷・政宗』
一九九〇年b「奥羽仕置と田村領の帰属」『福大史学』五〇
一九九一年「戦国期の石川氏」『石川史談』五〔本巻所収〕
一九九六年「奥羽仕置と領土処分」『福島県歴史資料館紀要』一八（のち小林二〇〇三cに収録）
一九九七年a「九戸合戦―中世糠部郡の終末―」青森県六戸町編大石直正監修『北辺の中世史―戸のまちの起源を探る―』名著出版〔本巻所収〕
一九九七年b「戦国大名伊達氏」『米沢市史』通史原始古代中世編第四章第一節
一九九八年「戦国期の田村氏と三春」三春町歴史民俗資料館特別展図録『三春城と城下町』〔本巻所収〕
二〇〇〇年「宇都宮で逢った秋田実季と相馬義胤」『日本歴史』六二〇
二〇〇一年「戦国期南奥の武士と芸能」小林編『中世南奥の地域権力と社会』岩田書院〔本巻所収〕
二〇〇三年a「戦国期における大崎氏と伊達氏」伊藤信・小林・大石直正他『奥州探題大崎氏』高志書院〔本巻所収〕
二〇〇三年b『奥羽仕置と豊臣政権』吉川弘文館
二〇〇三年c『奥羽仕置の構造―破城・刀狩・検地―』吉川弘文館
小林　宏　一九七〇年『伊達家塵芥集の研究』創文社
斉藤利男　二〇〇〇年「北奥の戦国動乱とその終焉」長谷川成一・村越潔・小口雅史・斉藤・小岩信竹『青森県の歴史』山川出版社

高橋　明　二〇〇三年「室町戦国時代の岩瀬村」『岩瀬村史』1第四編第三章
高橋　充　一九九五年「葦名盛氏の「止々斎」号」『福島県立博物館紀要』九
藤木久志　一九六六年a「戦国大名制下における買地安堵制―永正～天文期の伊達氏について」『地方史研究』八〇
一九六六年b「戦国大名制下の守護職と段銭―永正～天文期の伊達氏について」『歴史』三二、ともに藤木『戦国社会史論』東京大学出版会、一九七四年（各論Ⅲ）に収録
吉井功兒　一九八七年「中世南部氏の世界」『地方史研究』二〇五
吉井　宏　二〇〇〇年「伊達一統の世」『仙台市史』通史編2第七章第二節四
渡部正俊　一九八九年「南北朝の動乱」『岩代町史』1第四章第二節

第三章　戦国期南奥の武士と芸能

はじめに

小稿にいう「南奥」は、おおむね宮城県黒川・宮城郡以南と福島県、および山形県置賜諸郡を含む地域をさす。黒川・宮城郡以南および福島県の地は、かつて十六世紀のころ、陸奥国（奥州）の南部という意味で、以北の「奥州奥郡」に対して「奥州口郡」とよばれた[1]。他方、山形県置賜諸郡すなわち出羽国置賜郡の地は、元来は信夫・刈田郡方面から大和国家・律令国家の支配が伸びて陸奥国に属したのが、八世紀初頭の出羽国建置に伴って出羽国に編入された地域である。

伊達氏は天文十七年（一五四八）晴宗の世に、伊達郡から出羽置賜郡（長井庄）米沢に居城を移したが、その後かれは奥州探題に任じられ（小稿第一節3）、晴宗の孫で同じく米沢城主の政宗は、ひところ羽柴陸奥侍従ともよばれたことがある（『伊達家文書』五九二号）。戦国期の置賜郡は伊達領として、陸奥国に準じて扱われたのである。以上のような意味から、これらの地域をあわせて便宜、南奥とよぶこととしたい。

戦国期の南奥には、米沢城主伊達、会津黒川城主蘆名を両雄として、白河城主白川、平大館城主岩城、小高城主相馬、さらに岩瀬須賀川城主二階堂、三春城主田村、石川泉城主石川、二本松城主畠山および亘理城主亘理《わたり》、さらに黒川郡主黒川氏、宮城郡の留守氏などの大名・城主が割拠した。十六世紀末には、亘理・留守を包摂する伊達と、蘆名・白川以下の諸氏連合との対決となるが、連合がわを主導したのは常陸から進出した佐竹であった。天正十七年（一五八九）の決戦によって南奥の覇権は伊達氏の手に掌握されたが、早くもその翌年には秀吉の天下支配に呑みこまれるに至る。

小稿は、そのような政治過程に直接ふれることはせず、南奥世界における蹴鞠・連歌・能（乱舞）・茶の湯などの芸能を対象としてとりあげる。蹴鞠を別として、これらの芸能は、いずれも地下＝民衆の大きなエネルギーに支えられてはじめて育ち、上流との接触のなかで洗練され完成をみたものといえる。戦国期地方の文化と芸能は、遍歴する地下芸能者と、下向する公家・上流とによって触発され、また伝えられた。

ところで、かつて西行・一遍らの足跡が北奥にまで及んだのに反して、中世後期、上流の奥州下向は南奥で終わるのが普通であった。例えば、南北朝期の宗久（大友頼資）の「都のつと」（『群書類従』紀行部）、および十五世紀後期文明年間（一四六九〜八七）の聖護院門跡道興の「廻国雑記」（同上）は、ともに松島で終わっている。戦国期、醍醐三宝院門跡堯雅の天文・永禄・元亀・天正、四度の下向も、相馬歓喜寺と松島か、それ以南を北限とする（堯雅関東下向記録、三宝院文書）。

このような傾向は、南奥と北奥における文化、とりわけ具体的な形をとる芸能の受容のあり方に、少なからぬ影響を与えることが想定される。ただし小稿は、とくに北奥との対比をするのではなく、これまで必ずしも明らかでなかった戦国期南奥の武士における芸能の諸相を検証し、これと政治・外交との相互作用を考えることにとどまる。

一　蹴　鞠

1　亘理

仙台藩伊達家の一門として遠田郡涌谷要害に住した伊達氏は、中世には武石のち亘理氏を称し、亘理郡の郡地頭、郡主であった。その伝来文書に収める「亘理氏先祖覚書写」[2]に、つぎのような記載がある。

　「（端裏書）大立目杢丞所有をうつし置」
　天文廿一年元宗上洛之砌、将軍家、興源院（足利義輝）様奉拝謁、時服数重拝受之、元宗所ョリ銀子五十枚献上之、其刻、甲斐国信虎（武田）公、菊亭（公彦）殿ニ御座、元宗旅宿へ入御、々対顔之上承聞、貴方蹴鞠之達者、於于禁中有其聞、互ニ遠国之者、田舎之誉何事加之、向後昵近可申験トテ御太刀綱広賜之■《奉》謁飛鳥井殿、黄金壱牧（枚カ）献上之、葛袴御免被成下、
　同廿二年三月廿五日飛鳥井殿、曰理江御下向、為御土産、猩々皮卅間賜之、於曰理城中、鞠興行、七五三之為饗応、御帰洛之節、馬一疋黄金百両、元宗ョリ献上之、

天文二十一年（一五五二）、亘理元宗は上洛して将軍足利義輝に謁したが、そのおり菊亭家に寓していた武田信虎（子息信玄により追放）が元宗の旅宿に来訪し、元宗の蹴鞠の達者なことが禁中にも聞こえている旨を伝え、昵近《じっこん》のしるしにと太刀を賜わった。ついで飛鳥井雅綱に謁して黄金一枚を献じ、葛袴[3]を免許された。翌二十二年三月二十五日、飛鳥井は亘理に下向し、猩々皮三〇間をみやげとして元宗に与えた。元宗は亘理城において蹴鞠を興行し、七五三[4]の膳を以て饗し、帰洛に際しては馬一疋と黄金一〇〇両を献じた、というのである。

端裏書によれば、この所伝は本来亘理氏に伝わったものではなく、大立目杢丞（未考）の所有の記録を写したものと

いう。内容の信憑性はかえって高いといえよう。因みに、武田信虎の娘は、永禄三年（一五六〇）菊亭晴季に嫁しているから（『史料綜覧』）、天文二十一年の信虎の菊亭家寄寓のことも事実と認めてよかろう。

『伊達世臣家譜』（一門四伊達）によれば、亘理氏の祖は平姓千葉常胤の三男、武石三郎胤盛である。建治元年（一二七五）の京都六条八幡宮造営注文には、「鎌倉中」とされる上級御家人のなかに「武石入道跡　二十五貫文」がみえる。(5)その貫文高から考えれば、武石が亘理一郡の地頭職を保持していたことはまず確実といえる。『世臣家譜』は、宗胤の乾元年中（一三〇二〜〇三）はじめて奥州に移り亘理城に住し、広胤の暦応二年（一三三九）はじめて亘理氏を称したと記している。

元宗は伊達稙宗の子。亘理に入嗣した兄綱宗が天文十四年に戦死したために、さらに元宗の入嗣となった。上洛とされる天文二十一年には二十三歳であった。亘理氏はすでに伊達の礼聘下にあり、その座席もきまっていたが（天文十六年二月二十日伊達晴宗証状　桑折文書）、幕府とは独自の関係を保持していたのである。

御来翰示被下候、祝着無極候、抑去夏致上路（洛カ）候之処ニ、種々御懇切、快然此事候、就中、稽古等御免許、内外本望不過之候、雖散々候、任出馬一疋、栗毛令進上之候、諸曲富松四郎左衛門尉可申理候間、令存略候、恐々謹言、

三月七日　　兵庫頭元宗（花押）

謹上　伊勢守殿（伊勢貞孝）

御報

（『大日本古文書　蜷川家文書』五〇八）

室町幕府政所執事伊勢貞孝にあてた元宗のこの書状には、去年上洛の際に貞孝からうけた「種々御懇切」、とりわけ「稽古等御免許」についての謝辞がみえる。同日付で政所代蜷川親俊に呈した同主旨の書状（同五〇九）にも「殊更御□故、伊勢守殿御懇意稽古内□等、畢竟御調法、於于今難忘被存候」とみえる。

伊勢氏は故実家として代々、武家故実に詳しかった。北奥の郡主・国人のなかには、貞孝から故実を伝授されるものもあった（同六九五・六九一〜六九二）。ただし、元宗書状にみえる「稽古」は、武家故実に関するものではなく、おそらく蹴鞠稽古のことであり、これを飛鳥井から受けるについて貞孝の「御調法」にあずかったことを謝したものと解される。飛鳥井は歌・鞠の師範家、とりわけ蹴鞠道家として独占的な地歩を堅めていた。

元宗上洛については、伊達世臣家譜にも「天文二十一年正月保山公（晴宗）時、元宗詣熊野社、遅留于京師、始謁于足利将軍義輝、拝賜時服」と記し、これを天文二十一年とする。ところで飛鳥井雅綱（正二位前権大納言、六十四歳―『公卿補任』）は、天文二十一年六月二十八日、子息最勝院空雅を伴い京都から周防に向かい、翌二十二年三月には豊前に滞在している(6)。したがって、天文二十一年の六月までに元宗が飛鳥井雅綱から免許を受けることは可能であるが、二十二年三月二十五日に雅綱が亘理に下向することはありえない。

天文二十二年三月の飛鳥井亘理下向が正しいとすれば、それは雅綱の嫡子雅教であろう。この年、雅教は三十四歳、正三位参議、左衛門督の位官にあり（『公卿補任』）、すでに父に代わっての伝授をも行っていた(7)。雅教の下向による伝授は、十分にありえよう。

七五三の饗応もさることながら、帰洛に際しての黄金一〇〇両の進献が事実とすれば、これと前後するころの伊達稙宗・晴宗の左京大夫への推挙についての将軍への御礼、また晴宗の奥州探題補任についての将軍への御礼が、いずれも黄金三〇両であったのに比較して（『伊達家文書』六九・二二三・二一九）、並なみのものでないことが知られる。さきの伊勢・蜷川あての両書状に「兵庫頭元宗」と署名するのによれば、この兵庫頭は従五位相当の正規の官途に違いない。あるいは前年、上洛の折に補任されたものであろうか。

飛鳥井雅教を亘理に迎えたことは、誇り高き平姓千葉亘理氏にふさわしい壮挙であった。

なお雅教は、のち伊達氏に招かれて米沢に下った帰途の松島一見の途中、永禄五年六月ころ十年ぶりに亘理を訪れたとみられる（伊達正統世次考　永禄五年五月二十八日条　按文）。

2　白川

亘理氏より数年くだって弘治二年（一五五六）、白川隆綱が飛鳥井家から蹴鞠の伝を受けた。

八境　（図を省略）
両分　（図を省略）　以墨為正分 以朱為次分
対縮　（図を省略）
以家説授白川七郎隆綱訖
弘治二年廿六日
正二位（花押）（飛鳥井雅綱）

（東京大学白川文書『白河市史』5　一〇九〇）

「弘治二年廿六日」とあって、月は定かでない。

八境《はっけい》図は、鞠場における鞠足（プレイヤー）の自他の分を地域的に示すもの。両分《りょうぶん》図は、鞠の飛行線を基準に自他の分を示した図。対縮《むかいづめ》図は、飛ぶ鞠について鞠足が移動すべき三種類の隊形の第一を示した図。いずれも鞠会における重要な作法として、伝授の対象となったものである[8]。

伝授状の発給者として「正二位（花押）」と署判するのは、飛鳥井雅綱である。

さらにもう一通の免許状が伝存する。

就蹴鞠之儀、十骨ゑリ骨扇事、聊爾ニ雖無免除候、別而御執心之条、令口伝免許候也、恐々謹言、

九月五日　（飛鳥井雅綱）（花押）

白川七郎殿

（東京大学白川文書『白河市史』5　八六九）

「口伝免許」とあるのをみれば、この十骨扇を白川隆綱は、飛鳥井雅綱から面授されたのが明らかである。おそらくは、ともに弘治二年のことと推定される。のちにみる伊達晴宗に対する伝授の序列をみれば、八境図等三図の伝授が十骨扇のさきであるから、その月はあるいは八月かとも臆測される。

　この面授が、雅綱の白河下向によることをにわかに否定する確証はない。が、すでにこの年かれは六十八歳になっていた。白河下向は困難と考えてよい。他方、このころ奥羽の国人たちの上洛が盛んに行われていた[9]。この年、隆綱は十六歳。将来の雄飛を期して、かれが上洛したことは十分に想定できる。ちなみに、のちに義親を名のる隆綱が、会津の雄蘆名盛氏の娘（妹とも）と結婚したのは、この前年の暮であった（『白河市史』5　八二二～八二三）。

　永禄五年（一五六二）の奥書のある白川氏年中行事（『白河市史』5　八七〇）に「十二月みそかに、せきのはくより、まりの庭へすなをおき候、是ハいわゐ之事候間、毎年無失念可申付候」とある。白川城中に鞠の庭が造られてあり、毎年大晦日に関和久の人々が砂を置く慣習であった。隆綱（義親）の蹴鞠伝授は、この七年前にすぎない。白川氏の文化伝統の深さを思えば、鞠庭の設置と毎年の砂置の行事のおこりは、隆綱の伝授以前にさかのぼることが考えられる。

3　伊達

(1) 飛鳥井雅教父子の米沢下向

永禄四年六月七日、将軍足利義輝は米沢城主伊達晴宗に、つぎのような御内書を下した。

至其国、飛鳥井中納言父子下向之由候、自然之儀、入魂可然候也、

六月七日　(花押)

伊達左京大夫とのへ

(『大日本古文書　伊達家文書』三二四九)

飛鳥井雅教・雅敦父子の米沢下向をつげ、「入魂《じっこん》」を命じる文書である。

その前々月、四月二十一日付で政所執事伊勢貞孝が雅教父子の下向をつげ、「諸事御入魂之儀」を要望する晴宗あての書状(同二三六)がみえる。雅教はおそらく、義輝御教書と貞孝書状をあわせ携えて、米沢に向かったものであろう。父子下向の予定は四月二十日ころまでに決定しながら、京都出発は六月七日すぎとなったのである。

雅教の米沢到着の日は定かでない。永禄四年十二月五日付でかれが八境図などの家説を晴宗に伝授しているのによれば、それが十二月五日以前であることだけは確かである。

伝存する文書によれば、雅教は滞在中につぎのような伝授免許を行っている。

永禄四年十二月五日	八境・両分・対縮図	伊達晴宗	(『伊達家文書』三二五七)
十二月五日	葛袴并鴨沓之事	〃	(同三二六五)
正月七日	錦革之事	〃	(同三二五九)
正月十一日	筋之紋之事	〃	(同三二六〇)
正月十五日	菊之紋之事	〃	(同三二六一)
三月二十二日	萌黄葛袴之事	〃	(同三二六二)
三月日	十骨之事	伊達長鶴	(同三二六三)
卯月日	香之上之事	伊達晴宗	(同三二六四)

永禄五年五月二十八日　蹴鞠之条々　〃　（同三二五八）

葛袴幷鴨沓之事以下、香之上之事までには年付がないが、永禄四年十二月から同五年四月までのものであることは間違いない。

八境・両分・対縮三図は、さきの白川隆綱に伝授されたものと同一であるが、その終わりには「以家説、奉授伊達左京大夫晴宗訖」とあって、奉の文字が加えられ、晴宗の実名は小さく記されており、敬意のあつさが示される。差出書は「従二位雅教（花押）」と雅教の実名が記され、丁重である。

長鶴は定かでないが、輝宗の弟政景の幼名であろうか[10]。輝宗への伝授がみえないのは、文書が伝存せぬためか。葛袴以下は蹴鞠装束に関する伝授である。

さて、雅教父子は、少なくとも永禄四年十二月初めから翌年五月末ころまでの間、半年以上を米沢にすごした。下向のとき、雅教は従二位中納言、四十二歳。子息雅敦は十五歳である。歴とした公卿の訪問滞在は、奥州の名門伊達家にとっても、まさしくまれびとの到来であった。晴宗は一家をあげて、この賓客を歓待した。

天文の洞《うつろ》の乱の余波も収まり、晴宗は弘治元年左京大夫となり、その後伊達家宿願の奥州探題となっていた。雅教来訪のとき、四十三歳。将軍義輝の一字を戴いた嫡子輝宗は十八歳であった。のちの厳しい父子緊張は未だ生ぜず、伊達家が最も安定し、かつ高揚した一時期であった。

先日御懇ニ承候条、参候処、種々御馳走、殊内鞠、難忘存候、誠以祝着之余、事外之沈酔、無正躰候ける（中略）殊更一折、見事さ、于今詠入計候、於京都候ても、みなれぬすかた（姿）、程ちかき事候ハ丶、大樹（将軍義輝）けさんにも入候へき物をと申事候、将又承候ハ、わかき御かた〳〵御ありき（歩）の由、御浦山しく候ハぬ歟、左京兆（晴宗）申合、我々様なるとしより共も、何方へそ罷出度候、如何、於御同心者、常陸介（中野宗時）可申聞候哉、但さ丶の風なとのやうに、留かけ

の儀者、中〳〵今よりいこむ《（以後）》やくに候まゝ、御分別肝要候、おかしく存候、軈而も以一札可令申心中候つれハ、
以外相煩、今日やう〳〵本腹《（ママ）》候間、馳筆候、いまた不可有正躰候、やかて火中〳〵、かしく、
左京《（晴宗）》兆へ
申給へ　　　教《（雅教）》

（『大日本古文書　伊達家文書』三二五〇）

月日未詳ながら、この晴宗あて雅教消息は、永禄五年三月前後のころのものであろう。晴宗のもとに招かれ、馳走とみやげにあずかったことについての礼状である。

初めの部分に「殊内鞠、難忘存候」云々とある。まず内鞠を行ったうえで、酒宴に入ったのである。内鞠《うちまり》とは蹴鞠練習法の一つであり、室内や垣壁の囲いのあるところで、低い天井や壁に強く鞠を当て、はね返る鞠を処理する練習法。高度な技の練習に適するという(11)。帰洛後の雅敦書状（『伊達家文書』三二五三）にも「殊更蹴鞠無比類候」と褒めているが、晴宗の技が相当のところに達したことが知られる。

雅教消息の中段部分に「殊更一折、見事さ」云々というくだりがある。「一折」の内容は明らかでないが、帰宿後もなお眺め入るばかり、京都でも見られぬすがたで、将軍義輝にも見せたいほどの見事さ、と褒め讃えている。後段では若い人々の「御ありき《（歩）》」を羨しいとして、晴宗に遊山を誘いながら、ただし泊まりがけは無用と述べる。同じ年ごろの晴宗と雅教の親交がうかがわれる。末尾に「やがて火中〳〵」とあるのも、通常をこえてうちとけすぎた文言に遠慮してのことか。

米沢滞在中の「馬遊」の思い出も、帰洛後の雅敦の書状に記されている（同三二五三）。

雅教父子が米沢を離れたのは、永禄五年六月初めであろうか。同月とみられる五日付の書状（同三二五一）で雅教は、今度の下向で門弟の契約を結び、入魂《じっこん》馳走にあずかったことなどを謝し、「松島見物候ハヽ、急可罷上候」と述

べている。十月十七日付の晴宗にあてた雅敦の礼状（同三三五三）、十月十九日付の晴宗・輝宗にあてた雅教の各礼状（同三三五四～五）によれば、父子の帰洛は同年十月なかごろであろう。(12)

(2)　香之上と大友・伊達

実は飛鳥井雅教は米沢下向の前年、豊後大友氏のもとに下向していた。「お湯殿の上の日記」永禄三年六月十三日条の末尾に「さゑもんのかみまさのり。ふんこ（豊後）への御いとま（暇）の事。なかはしまて申さる丶」とみえる。左衛門督飛鳥井雅教が豊後に下向するお暇の件である。翌年、権中納言に進む雅教は、このとき左衛門督であった。つぎにみる足利義輝御内書は、雅教の豊後下向の事由を示す。

鞠別而数寄之由、飛鳥井物語之条、香之上遣之候也、

六月七日　（花押）（足利義輝）

大友左衛門督とのへ

（大友文書『大分県先哲叢書大友宗麟資料集』2　六五七）

雅教の下向は、将軍足利義輝の命をうけて大友義鎮のもとに香之上をもたらす目的によるものであった。(13)

香之上《こうのかみ》は蹴鞠装束の上着である水干の色目のひとつ。丁子の実の汁で染めた暗黄赤色を呈する香之上は、近世には極色とされ、とくに蹴鞠の技量のすぐれた者にのみ着用を許されたといわれる。(14)当然ながら香之上は、蹴鞠道家の飛鳥井が免許すべきものである。すでにみたごとく、伊達晴宗はほかならぬ雅教からこれを免許された（『伊達家文書』三二六四）。義鎮のばあいも、「飛鳥井物語之条」という文言によれば、雅教の免許が前提となっているとみてよいが、義輝が香之上の装束を与えるという手続は、義鎮に対する義輝の期待が絶大であることを示している。

すでに天文十九年、大友の家督相続と共に豊後・筑後・肥後三国の守護職を継承した義鎮は、同二十三年に肥前、永禄二年六月に豊前・筑前の各国守護に補任されて六国の守護となり、(15)さらに同年十一月には「九州探題職并大内家

督事、任先例不可有別儀候」という足利義輝御内書（大友文書『大友宗麟資料集』六二四）によって九州探題に任命されていた。これらの官職は、将軍はじめ幕府要路への種々の運動によって実現したものであった[16]。永禄三年春には義輝御殿の殿料三〇万疋すなわち銭三万貫、および種ヶ島銃を進上する（同六四五・六五二）。九州探題任命の謝礼の意もこめられたものか。

義鎮に対する義輝の期待の高まるなかで、義輝を擁立する関白近衛前嗣（前久）も、この永禄三年六月のころ、越後上杉への下向（実現は九月）を前にしながら、むしろ豊前に下向も、と述べていた（大友家文書録2一五一九『大分県史料』26）。

香之上に関する御内書の数日前の六月三日付で、義輝は久我宗入（晴通、前権大納言右大将正二位）の下向を義鎮に伝える御内書を発給している（『大友宗麟資料集』六五六）。「為其国見物、下向之由候」とあるが、宗入は義鎮の九州探題就任の斡旋に関わったともみられる人物であり（同六三六）、のちに義輝の意を体して大友と毛利の間の調停に当たった[17]。その豊後下向が義輝の使命を帯びてのものであったことは、容易に察せられる。

香之上の免許と贈遺に関わる飛鳥井雅教の豊後下向は、以上のごとき将軍義輝と大友義鎮の関係の深まりのなかで進められたのである。義鎮ときに三十一歳。入道して宗麟と号する二年前のことであった。

さて、永禄四年の暮れから翌年五月にわたった雅教の伊達晴宗に対する免許伝授のことは、蹴鞠を行う第一条件というべき鞠庭の八境図等三図および葛袴・鴨沓の伝授免許にはじまり、順序をへて香之上、そして蹴鞠条々に至った。半年の間に、いわば初伝から奥伝に到達したのである。

弘治元年に左京大夫を許された晴宗は[18]、永禄二年秋に奥州探題に任じられていた[19]。晴宗のこれらの官途を斡旋した豪商坂東屋富松は、永禄四年の雅教の下向についても、伊達方と義輝・雅教との間を斡旋したものと推測される。

永禄五年十月に帰洛した雅教の晴宗あて礼状には、朝廷・幕府への下向報告として「公武御上左《おうわさ》中候儀共候」（『伊達家文書』三三五四）と記すにとどまる。伊達のもとへの下向が、大友への下向ほどの重みをもたなかったことは否定できない。しかし、雅教に随行して上洛したとみられる中野親時および歌人（連歌師か）宝一が翌年まで在京し、宝一は細川藤孝の取次で義輝に謁して一句を披露している（同三三八・三三五五〜三三五六）。義輝御内書を以て行われた飛鳥井雅教の下向が、義輝権力と奥州探題伊達氏との関係強化をはかる役割を担ったことは確実であろう。

(3)　政宗初上洛と蹴鞠

天正十九年（一五九一）二月四日、秀吉の命をうけて伊達政宗は上洛した。はじめてみる京都である。羽柴侍従を許される同月十二日には（『晴豊記』他）、大崎葛西一二郡を給し本領五、六郡を召上げとの領土処分の方針がすでにきまっていた（二月九日政宗書状『仙台市史』伊達政宗文書八一九）。

四月下旬の離洛（『伊達家文書』五八五）までの間、領土問題対策のために秀吉方の要人に接触する他方で、秀吉の聚楽第の山里の茶屋に招かれ、あるいはこれに随行して宇治に遊び（同五八八・『伊達政宗文書』八二八）、また宿所妙覚寺の塔頭の竹藪に茶室を設けて秀吉側近を招くなど（同八二八）の日々を送ったが、三月七日には聖護院門跡道澄に招かれている。

午前、七五三の豪華な膳を正賓として饗された。相伴に列したのは、正二位権大納言勧修寺晴豊（四十八歳）、従三位西洞院時慶（四十歳）、正二位権大納言中山親綱（四十八歳）、正二位権大納言烏丸光宣（四十三歳）で、まさに公卿の歴々である。政宗の向かいの座の末席には、秀吉側近の施薬院全宗（六十六歳）が祗候した。

宴おわって蹴鞠が行われた。参加者（鞠足《まりあし》）は、舟橋大納言・烏丸・五辻・飛鳥井・新宮・一条内基（従一位前関白、四十四歳）・阿野・細川幽斎の八人である。島津義弘と近衛信輔（従一位右大臣、二十七歳、のち信尹）がしのびで見物に加わった。勧修寺・西洞院・近衛は、これをそれぞれ日記に記している[20]（晴豊記・時慶卿記・三藐院記）。政宗入洛一〇日前まで、「逆意」の彼の上洛はありえぬと信じていた義弘にとって（薩藩旧記雑録）、また信輔にとっても、政宗の姿はぜひ一見したいものであった。錚々たる人々との交流からみても、政宗の名声は隠れのないものであったことが知られよう。蹴足として参加はしなかったが、その心得は晴宗・輝宗をへて政宗に伝えられていたに違いない。

この会を主催した道澄は天正七年、伊達輝宗のもとを訪れて米沢に「数日滞留」して懇ろな歓待をうけていた[21]。当時十三歳であった嫡子政宗にも会っていたとすれば、このたびの饗宴と鞠会は、十数年ぶりに再会する政宗に対する返礼の意をもこめたものであったであろう。

かつて政宗の祖父晴宗の世に米沢を訪れた飛鳥井雅教は雅春と名のり、七十二歳になっていた（文禄三年〈一五九四〉死去）。その子雅敦は、天正六年に三十一歳で死去していた。この鞠会に参加した飛鳥井中将は、雅敦の後嗣たる雅枝（二十三歳）とみられる。

4　蘆名

蹴鞠為門弟、錦革之事御懇望候、此儀者条々雖有子細之儀、別而御執心之間、免之候、御着用、尤規模不可過之候、恐々謹言、

六月五日　雅枝

蘆名平四郎殿

（蘆名家古文書、内閣文庫蔵）

錦革は、かつて伊達晴宗が葛袴・鴨沓について免許されていた。ふつう鴨沓のたてあげ（筒）は藍白地であるが、その上の級が錦革すなわち錦の文様に染めた革を用いたものである[22]。

飛鳥井雅枝は慶長二年（一五九七）従三位（のち従二位権大納言）、同六年に雅庸に改めているから（『公卿補任』）、この文書は慶長六年以前である。さきにみた雅春─雅敦─雅枝の年齢関係および没年を考えると、これは天正十六年雅枝二十歳以後のものであろう。とすれば、蘆名平四郎は義広（のち盛重）である。天正十七年六月までの会津時代の文書である可能性もあるが、あるいは義広が常陸に移っていた時期のものであることも考えられる。かりに常陸時代のものであったとしても、この免許は中世会津蘆名氏の蹴鞠の由緒を推測させるものと評価してよかろう。

5　蹴鞠の広がり

天正十九年とみられる六月六日、出羽仙北小野寺氏の一族西馬音内茂道が、越後上杉の宰臣直江兼続にあてた書状（秋田藩家蔵文書32『秋田県史』資料古代中世編）には、このたび兼続の庄内下向により藤島一揆が早々静謐とされ、庄内各地の仕置を仰せつけられたことを慶し、また十八年から十九年春にかけての京都滞在中の懇切、帰国の折の越後領中における伝馬の世話を謝し、小野寺への懇意を願っている。その本文の袖に、つぎの追而書がみえる。

追而申宣候、一儀乍ニ熊皮二枚令進之候、表寸志迄ニ候、其元にて御鞠細々《ママ》御興行之由、想像申計候、異例故不参、無念千万候（下略）

庄内に下向した直江兼続がその地で鞠会を再三催している様子をしのび、自身の病気による不参を無念千万と述べているのである。

この場合の鞠人は、主として兼続以下、庄内在駐また在住の諸士であろう。上杉家中における蹴鞠の普及の程がうかがわれる。それは、少なくとも鴨沓・葛袴免許によるものであったと想定される。出羽仙北の西馬音内茂道が、鞠会参加を切望していることも注目に値する。茂道の蹴鞠習得が、天正十八、九年の滞京か、あるいはそれ以前かについては定かでないが、書状の文面からは滞京中に蹴鞠を行った様子も感じられる。天文二年（一五三三）に尾張織田の家臣たちは、下向した飛鳥井雅綱から蹴鞠門弟を許されていたが、[23]以後半世紀の間にこの芸能は東国とさらに周辺の武士たちに浸透したものとみられる。戦国情況の深まりのなかで武家層の天下統一志向と京都憧憬が強まったこと、あるいは統一政権成立に伴う諸士上洛と京文化の普及のことを象徴的に示しているように思われる。

二　連　歌

1　白川

文明十三年（一四八一）三月二十三日、白河鹿島社の神前に一日一万句の法楽連歌が興行された。白川家の当主弾正大弼政朝、その父修理大夫直朝（道朝）が、家臣らと共に一座五人からなる二〇の座を構えての歌会である（伊勢結城文書『福島県史』7）。伝えられるのは百句（百韻）であるが、二〇人の連衆によって百組一万句がこの一日で巻かれたのであろう。

世を照す花や御心神の春　　政朝
時しるや鼓にひらく春の花　　道朝

このころ、白川結城氏の勢力は南奥から北関東を席巻して頂点に達した。鹿島神前一日一万句連歌は、まさに白川のわが世の春を謳歌するものであった。

すでに応仁二年（一四六八）、白河の関を訪れて百韻をのこした宗祇は、直朝の連歌会に参加し「木枯におもふ宮こ《（都）》の青葉かな」（宇良葉）の句をよんでいる。[24]つぎにみる兼載は、明応八年（一四九九）と某年に白河を訪れ、後者では小峰朝脩の家での千句連歌に加わっている（園塵四）。

歌枕「白河の関」を擁する白河地方に、連歌、和歌が盛んなのは当然であった。

2　蘆名

連歌師最高の名誉とされる北野連歌会所奉行となり、飯尾宗祇を助けて新撰菟玖波集を編んだ猪苗代兼載は、会津の人である。猪苗代小平潟の村主石部丹後の娘が、天神に祈って誕生したという伝説がある（会津旧事雑考）。会津黒川の自在院に僧となったのち上洛して活躍し、前将軍足利義政に伝授し、後土御門・後柏原院の連歌に批点し（本朝遯史）、「連歌の古き姿、新しき様」を説き、「器用を地盤として、数寄を第一とすべし」と説いた（若草山・兼載雑談）。

晩年、関東に移った兼載は、その句集「園塵」によれば、永正二年（一五〇五）餓死三千人という大飢饉のなかでおきた蘆名盛高・盛滋父子の内争（塔寺八幡宮長帳）の鎮静を祈って百句一巻を詠み、これと前後して盛高・盛滋の館や、宿老佐瀬・平田・富田などのもとを訪れて連歌を行っている。(25)

なお「宗長日記」（後述）には、享禄三年（一五三〇）会津の和田図書助から千句興行の発句を所望され「しのぶ山おく見まほしきかすみ哉」の句を送ったことがみえる。和田については未詳ながら、蘆名家臣であろう。蘆名家中における連歌の盛行がしのばれる。このころの当主は盛滋の弟、蘆名盛舜であった。

蘆名家中興の祖、盛氏の治世における連歌の様子は多くを知られない。天文十二年二月、大沼郡中地村天神社で法楽の千句連歌が興行され、盛氏以下が参加している（会津旧事雑考）。

3　岩城

海道の岩城地方も海陸から関東と交流があり、岩城氏は文雅にすぐれていた。猪苗代兼載は明応八年五月に岩城を訪れ、下総守常隆をはじめ白土摂津守・志賀備中守・塩左馬助などと会席を重ねたことがあった（園塵四）。文亀元年（一五〇一）春ころまで在京したかれは、その後関東に移るが、同年七月のころまず身を寄せたのは岩城氏のもとであった。平大館の城西寺の菅公廟は、兼載がその「草庵」の地に創立したものと伝える。岩城由隆との交渉も明らかである（磐城誌料）。

兼載が養子とした兼純は、その甥あるいは従弟で岩城の住人という。[26]兼載と岩城との縁の深さが知られよう。岩城由隆は、連歌師宗長とも多年音信をかわし、宗長のもとから多くの連歌座頭を招いている（宗長手記）。柴屋軒宗長は駿河の人。長享二年（一四八八）宗祇・肖柏と共に水無瀬三吟百韻を奉納した。

享禄三年の宗長日記には、この十か年音信のある岩城由隆から春以来三度の書状があった。去年は岩城へ下向の迎えとして馬二疋を送られたが、一疋は北条氏綱（早雲の子）の所望で小田原に下したとある。大永六年（一五二六）には宗長の弟子の青蓮院坊官泰昭が白川に下り、さらに由隆のもとで越年した。が、宗長自身は由隆の願にもかかわらず、岩城を訪れぬままで享禄五年、八十五歳の生涯を終わる。

4　伊達

(1)　稙宗の文雅

猪苗代兼載と伊達氏との直接の関わりは明らかでない。かれの晩年の「園塵」四に、伊達家臣高成田盛宗の所望による連歌三句がみえるのみである。『伊達世臣家譜』（巻六の二六）によれば、兼載の養子月喬斎兼純は古今伝授を兼載から受け、兼載最晩年のころ伊達稙宗に召し抱えられ、評定衆に列した。兼純のあとは伴鷗斎長珊―半醒斎（また万年斎）宗悦（長悦）―是斎兼如―看松斎兼与と続き、それぞれ父から古今伝授を受け（兼如は例外）、かつ伊達家評定衆に列した。天文五年稙宗が制定した伊達氏御成敗式目塵芥集の奥に連署する一一名の評定衆のなかに「万年斎沙弥長悦」の名がみえる。

宗悦の子是斎兼如は、細川玄旨（幽斎）から古今伝授を受け、以後、猪苗代歴代は法橋に叙せられ、古今伝授を受け、和歌の家として着坐の家格を保持した。宗悦の弟千佐は相馬家に仕え、以後連歌の家として歴任した。千佐は伊達稙宗・晴宗父子の内争の終息に当たり、天文十八年四月、稙宗に和歌を進献している（『伊達家文書』一九一）。

すでに小林宏氏が明らかにされたごとく、猪苗代兼純および伊達稙宗は、風雅の道において三条西実隆と交流している。永正十六年のころにも上洛した兼純は、大永三年七月に永珊を伴って上洛、実隆から源氏物語の講釈を受けて源氏和歌抄を作った。帰国を控えた同四年五月九日、実隆は甘露寺元長・中山康親・三条西公条（実隆の子）・冷泉為和ほかの公家・僧侶を招き、訣別の歌会を張行している（実隆公記）。正二位前内大臣実隆は、ときに七十歳であった。

その在京中の三月二十四日、兼純は伊達稙宗の詠草三〇首の合点を、また四月には「伊達所望色紙三十六枚」をそれぞれ依頼し、実隆はこれにこたえている[27]。この年、稙宗は三十七歳。前年春には陸奥国守護職任命の幕府の通知が届けられていた（『伊達家文書』一〇一～一〇二）。その文雅は、のちに後嗣晴宗との抗争に敗れて伊具郡丸森に退き、七十八年の生涯を閉じるまで続いた。最晩年の十年余り用いられたかれの花押は、近衛稙家の花押に酷示している。

(2)　遠藤基信と連歌

天正二年の伊達輝宗日記（『伊達家文書』二九二）には、米沢城中また家臣の屋敷で数回の連歌張行のことがみえる（二月二日・四月二十七日・八月十四日・十月二十八日）。天正五年の正月七日には、対相馬戦で伊具郡に在陣中の輝宗が晴宗の杉目城に赴いて連歌の会を催している。伊達家佳例の七種《ななくさ》連歌は、すでに定着していたものとみえる。

輝宗の宰臣遠藤基信は、連歌の上手であった。そもそも、中野宗時の臣すなわち伊達の陪臣であった基信が、輝宗に取り立てられる契機となったのは、かれのすぐれた連歌の嗜であったという（伊達治家記録）。

年未詳（天正五年以前）八月十二日付で基信にあてた飛鳥井雅敦書状（明石治郎「「遠藤山城文書」について」五号文書『仙台市博物館調査研究報告』13）には、基信の書状を披見したこと、「去年之一巻」がそちらに参着の由満足であること、万事御多用のなかでの「御作意」（作歌）奇特の由を朝晩里村紹巴とおうわさしていること、今度の独吟百韻は発句がとくにすぐれているように拝見した、これについては紹巴が合点を致すこと、追って、今度当方へ送られた一巻に愚筆を染めよとのこと、遠慮至極ながら書いてお届けすべきこと、またこの詠歌大概は悪筆を顧みず書写したこと、おついでの折に輝宗に宜しくお伝え願いたいこと、などが記されている。(28)

これによれば、基信は再三にわたり雅敦また紹巴に連歌の批点を仰ぎ、また教本類の書写を依頼していたことが知られる。飛鳥井は、蹴鞠とあわせて和歌をも家道とする家であった。雅敦は、すでにふれたごとく、かつて永禄四年父雅教に随って伊達氏のもとに下り、新年を米沢に迎えたことがあった。

聖護院門跡道澄は、天正七年のころ米沢に数日滞在し、輝宗・基信の接待を受けた（前掲遠藤山城文書六号）。基信は天正十二年、道澄に連歌新式の書写を依頼し、道澄は返信して「乍斟酌、応命染悪筆候」とこれを受諾している（同七号）。連歌新式は明応元年、猪苗代兼載作の連歌本式に対して新たに作られた連歌の作法書である（『群書類従』連歌部）。基信の連歌への傾倒とその嗜みの深さがうかがわれる。

このときの道澄の書状には「近衛殿江輝宗御懇意之通、慥申届候」と、輝宗の意を「近衛殿」に伝えた旨が記されている。道澄の兄・前太政大臣近衛前久（前嗣）は当時隠棲していたから、これは前久の子で当時正二位内大臣の信輔

（二十歳）であろう。信輔（信尹）は三藐院《さんみゃくいん》と号して和歌・連歌をよくし、能書家として顕れ、その書風は三藐院流とよばれ影響を及ぼした。その信尹の養子関白近衛信尋は、猪苗代兼与から古今伝授を受けている（本源自性院記）。

(3)　伊東重信追善の連歌

天正十二年の暮れ、隠居してまもない輝宗が当主政宗に与えた「正月仕置之事」（『伊達家文書』三一九）に「七日れんが」がみえる。あるいは稙宗以来の佳例かとみえる七種連歌は、政宗の天正年間にも毎年行われていた模様が『治家記録』にうかがわれる。以後、伊達家正月佳例の行事のひとつとして江戸幕末に及んだ。

天正十六年七月四日、前月来の佐竹勢との安積郡郡山対陣のなかで伊東重信が戦死した（治家記録）。志賀甘釣斎玄湖の主唱によって、重信追善の連歌の会が催されたのは、(29)それからまもないころのことであろう。

消還《きえかえ》り置《おく》はあだなる露もなし　　猪苗代兼如

兼如の発句に続いて、浜田伊豆景隆、甘釣斎玄湖、長安、兼如の子恕仙、大和田筑後忠清、志賀左衛門盛清、志賀右衛門武清が句を供した。景隆は伊達家臣。甘釣斎玄湖は岩城の重臣、武清はその嫡子。盛清も玄湖の子弟であろう。長安は未詳。「伊達武徳遺聞録」に「太田筑後忠清」と記すのは、大和田筑後であろう。大和田筑後は、『伊達世臣家譜』（巻九）にみえる筑後清高のあるいは別名か。その父重則が「保山公（晴宗）親迎之日、来於岩城而仕当家」とあるのによれば、元来は岩城の臣で晴宗夫人岩城氏の入輿に従って伊達の臣となった家すじである。このころ岩城への使いをも勤めていた（伊達治家記録七月五日条他）。兼如は「浪散岩城」（世臣家譜巻六）の時期であろうか。

志賀玄湖は七月二日、その子武清はあたかも重信戦死の四日、講和の使節として伊達方の陣に来訪し、十九日ころまで福原に旅宿して岩城に還った。十二日には、玄湖・武清父子らが政宗に料理・乱舞を以て饗応され、馬以下をそれぞれ賜っている（治家記録）。重信追善の連歌はそのころに行われたものであろうが、一座とみられる人々が浜田景

隆以外いずれも岩城方であることについては、種々疑問がのこる。あるいは、これが岩城で行われたことも考えられる。(30)

それはさておき、岩城・伊達家中、惣じて戦国期南奥における連歌の深まりを示すものとして注目される。

(4)　政宗と連歌

曾祖父稙宗以来の伊達家の文雅の風のなかに育まれた政宗は、とりわけ和歌・連歌にすぐれていた。

　　暮わかぬ月になる夜の道すがら

天正五年正月の七種連歌にみえる政宗の句である。十一歳、元服前、知られる政宗最初の句である。

文禄三年(一五九四)二月、秀吉主催の吉野山の歌会には、秀吉・秀次・今出川晴季・徳川家康・宇喜多秀家・前田利家・飛鳥井雅枝・聖護院道澄・細川玄旨・里村紹巴ら二〇名の会衆に伍して、位官年齢ともに低い政宗が、五首ともに優れて格調高い詠を示す。辺境の生まれに似ず巧みなりと、秀吉がこれを激賞した。(31)

　　むかしたれ　ふかきこゝろのねさしにて

　　　　この神かきの花をうへけん

そのなかの一首である。

初めて上洛した天正十九年以後は、道澄・玄旨・紹巴などとの交流のなかで、政宗の風雅は一段と洗練されたに違いない。天文の乱後の情況のなかで伊達家を離れた猪苗代兼如も、のちに召し抱えられて政宗歌道の師友となる。(32)

なお、天正十五年から十八年三月までの伊達家の日記(十五年十月〜十二月、十七年一月〜二月二十五日欠)には、七種連歌を除いて、①十五年八月二十一日、②十六年閏五月十八日、③十七年三月二十八日の三度に俳諧が現れるにとどまる。(33)②は小手森攻陥後の野陣において小梁川泥蟠ら四人と、③は置賜小野川温泉での療養中に家中一〇人ほどと行ったものである。十六年十月二十八日の政宗夢想披きの連歌があるが、この時期の日記にみるかぎり政宗の日常は、晩年とは異なり連歌と無縁であった。俳諧も能・乱舞、茶の湯とは違って、家臣団の結束を強化するという機能を果たすものではなかったといえる。

三　能・乱舞

1　伊達成宗と薪能

文明十六年(一四八四)二月十二日、奥州伊達郡梁川城主伊達成宗は、奈良興福寺の薪能を見物した。観世・金春・宝生・金剛四座の大夫による七ヶ日の能興行は、この日の大門能で打上げである。興福寺別当大乗院門跡尋尊大僧正は、その日の日記に「東国之タテ《伊達》、於大門西之壇上、見物之云々」と記した(『大乗院寺社雑事記』)。成宗が南大門の西の壇上で、薪能を見物したというのである。

十五日には所々見物のうえ、大乗院を訪れた。『雑事記』には「今日、伊達所々見之、此門跡ニ来、一見了、上下二、三十人在之」とみえる。

前年の十月十日に京着した伊達成宗は、「東山御所」前将軍足利義政、「若君様」将軍義尚、「小河御所」日野富子に出仕、その他幕府要路と交流し、京都見物ののち十一月十七日すぎのころ、京都をたった。奈良・長谷寺および伊勢参宮などが旅の予定である(伊達成宗上洛日記『伊達家文書』四七)。

成宗は京都滞在中に、積善尊雅の興行する飛鳥井らの公家蹴鞠を観た。また、観世大夫(之重か)には馬一疋を与えていた。ただし、観能の様子は成宗日記には現れない。

成宗自身における能の嗜みの程は、もとより明らかでない。およそ奥州武家に能が現実に行われていることを知らせる史料としては、弘治年中とみられる大崎家宰の氏家高継書状（『蜷川家文書』六九四）に、大崎義直が近習を乱舞すなわち能の稽古のために上洛させていることを記すのが早い例であろう。大崎氏は旧奥州探題家であるが、おそくも十六世紀に入れば奥州武家の間にも能・乱舞は広まったものと推測される。

2　蘆名盛隆の太鼓稽古、付 石川昭光と能

会津の蘆名盛氏は、天正四年とみられる九月十三日付の書状（『伊達家文書』二九九）に「然者、加納弥兵衛自去年逗留申候、内々御当方為御届、近日可罷立之由申候、雖然、隆盛太鞁之稽古、一向不罷成候、当春中より秋迄、徒ニ送数日候、当冬中為致稽古、来春二三月之時分、必々返可申候間、御暇給候ハヽ、可為祝着候、盛隆稽古申候間、如斯申候」と述べている。天正二年六月、実子盛興の急死によって急遽家督を継がせた盛隆は、天正四年には二十六歳（葦名由緒考証）。少壮血気、戦闘に多忙で、せっかく前年伊達家から加納弥兵衛という太鼓の名手を迎えたにもかかわらず、一向に稽古が進まぬままに日がすぎていた。この冬中の稽古を期して、来春二、三月まで弥兵衛の還りを猶予願いたいというのが、止々斎盛氏の要望であった。

書状の文面には、三十歳台はじめまでに止々斎の雅号を名のった文雅の人盛氏の、名門蘆名の当主たる者は能・大鼓の嗜みが必要なりとする気持ちが溢れているようにみえる。[34]

二年後の天正六年にも、盛氏は越後新発田長敦に「盛隆鼓数奇と申候、此口皮払底候、可然皮一枚可給候」（浜崎文書『会津若松史』8）と鼓皮を所望している。盛隆の太鼓が上達している様子がうかがわれる。

なお、石川泉の石川昭光は、年未詳小春（十月）十三日書状（根本重信所蔵文書『いわき市史』8一六〇頁）で、大塚与

次郎あてに、借用した能道具を返却する旨を伝えている。昭光は伊達輝宗の弟で、石川晴光を嗣いだ人。書状の時期は特定できぬが、花押型からみて天正末ころのものか[35]。石川氏にあっても当然ながら能が行われたこと、ただし道具を十分には整備していなかった情況が知られる。

3　輝宗・政宗と能・乱舞

天正十二年十二月の伊達輝宗「正月仕置之事」(『伊達家文書』三一九)には、十四日に「らんふはしめ」がみえる。乱舞始めである。乱舞は速度の速い舞、また一節を謡い奏しての舞をいう(『日本国語大辞典』)。仙台藩近世伊達家では、能楽衆のことを正規に乱舞役また乱舞方と称した(旧『仙台市史』1一〇七頁)。天正十七年にすでに「御らんぶ衆」がみえる(七月六日・九月三日日記)。「乱舞」の語は、当時全国的に行われていた(薩藩旧記雑録後編天正十八年御日記、他)。

天正初年に蘆名氏が太鼓の名手を伊達から派遣されているのを想えば、新年佳例の乱舞始めは輝宗さらに晴宗以前にさかのぼるかもしれない。

天正二年の伊達輝宗日記(『伊達家文書』二九二)には、十数回の能・はやしがみえる。その六回まで、輝宗が遠藤内匠(のち山城守)基信の邸に赴いてこれを行っている。輝宗は戦国武将の例に洩れず、鷹狩に熱中したが、能はまた別であった。輝宗・基信、君臣の風流と親昵がうかがわれる。当時、能は八番が通例であった。

表1　日記にみえる伊達輝宗・政宗と能

〔輝宗〕	
天正2年2月22日	はやし
24日	能(内匠)
4月9日	はやし
13日	〃(内匠)
15日	〃
5月1日	能八番(内匠)
28日	はやし
6月17日	はやし(内匠)
7月1日	〃(内匠)
14日	能七番
15日	〃八番
9月21日	能。〃稽古(内匠)

四月、七月、九月には、各二日の勧進能が米沢明神(白子神社)前で興行され、一日八番の能が演じられた。天正二年七月の場合、勧進の銭八貫文余、輝宗から二貫文、計一一貫文が大夫に納められている。

天正十一年秋から翌年夏のころ、米原入道という人物が「笛修行のため」奥州に下向し、聖護院道澄の紹介によって輝宗・基信の「別而懇情」にあずかったことが道澄の書状に知られる(前掲明石「遠藤山城文書」四八頁　八号)。芸能者の東下りは、戦国期には少なくなかったことであろう。

さて、政宗は川漁と鷹狩を好んだが、能に凝った様子も表1に明らかである。天正十五年の一月十五日には弟小次郎に太鼓を教えているが、五月十七日に矢内和泉の所で稽古を始めてから、能・乱舞・はやし(拍子)・謡が日常化する。軍事・外交に多忙であった天正十六年にも、それは二〇回に及ぶ。

葛西・田村・岩城などの使者の饗応には、必ず乱舞が行われた。十六年、郡山合戦の停戦が決まった七月十五日には窪田の陣所ではやしが行われ、その後、八月から九月にわたる田村仕置の三春滞在中にも乱舞・はやし・謡などが六回ほどみえる。十七年五月、相馬領宇多郡の二城を攻陥した直後、相馬の海に遊んだ二十三日には初めての海舟

	12月8日	はやし
〔政宗〕		
天正15年	1月14日	乱舞始
	15日	小次郎に太鼓教える
	2月9日	乱舞
	4月3日	能、はやし
	5月17日	能の稽古初
	28日	能十番(明神堂)
	6月1日	はやし
	13日	乱舞五番
	15日	乱舞、能三番(小十郎)
	7月16日	はやし
	8月5日	太鼓
天正16年	1月14日	能、太鼓(自)
	17日	はやし、太鼓
	21日	能六番、太鼓(小十郎)
	4月24日	能
	7月15日	はやし
	8月13日	謡
	15日	謡稽古
	26日	謡
	9月1日	乱舞
	11日	はやし
	12日	はやし

遊びの後、磯山で乱舞が行われた。二十五日に戻った伊具郡金山城では川狩と鷹野。その夜、乱舞があり、政宗は太鼓を打った。

御馬金山へおさめさせられ候、かハかり《（川狩）》させられ、あゆさいけん《（際限）》なくとらせられ候、かハら《（河原）》に御かりや《（仮屋）》つくり申され、いせの守《（金山城主中島伊勢）》御めし上被申候、その、ち御たか《（鷹）》野へ御いて《（出）》キ、うつら・きちこ《（雉子）》廿あまりあハせさせられ、御かへり也、御風呂へすく《（直）》と、いらせられ候、その、ち夜入、御らんふ《（乱舞）》御さ候、上意様《（政宗）》御太鼓二、三番あそはされ候、善五郎ニたかさこ《（高砂）》まハせられ候、

二十三歳の政宗の、陣中での一日である（伊達天正日記）。

かつて越前の朝倉孝景（一四二八～八一）は、晩年の壁書「孝景条々」（敏景十七箇条）のなかで、四座の猿楽を折々よんで見物するよりは、その費用で国の器用な者を上洛させて仕舞を習わせるがよいと述べていたが、政宗はのちに桜井八右衛門を今春安照（禅曲）に入門させて一流の能楽師に育てた。しかも政宗は、その名人八右衛門に対して細々《こまごま》と注意を与えるほどに能に通暁していた（旧『仙台市史』5四七頁）。文禄・慶長以後の政宗と能については、一編の専論が必要であるが、それはもはや小稿の対象ではない。

	10月1日	乱舞
	11月17日	〃　八番（少納言）
	26日	祝言、乱舞
	12月10日	乱舞
	13日	〃
	16日	〃
	19日	〃
	23日	〃　太鼓
	28日	〃　（小十郎）
天正17年	3月28日	能
	5月23日	乱舞
	25日	〃　太鼓
	7月6日	乱舞
	8月19日	乱舞
	9月3日	はやし
天正18年	3月15日	はやし

〔備考〕　輝宗日記（天正二年伊達輝宗日記）、政宗日記（伊達天正日記。天正15～18年3月。うち15年10～12月、17年1～2月25日欠）に現れた能関係すべてを掲げる（勧進能を除く）。（内匠）は遠藤内匠基信邸、（小十郎）は片倉小十郎景綱邸、（少納言）は景綱姉少納言喜多子邸で行われたもの。

4　白土隆貞の願い

岩城の宰臣白土摂津守隆貞は、奥羽仕置のなかで幼君能化丸(貞隆)を擁して上洛し、老病の体に鞭うって主家のために奔走した。その事情を報じたかたわら、子息与五郎に笛を、弥四郎には鞁を習わせているが、さらに弥四郎を細川玄旨に弟子入りさせることが「朝夕念願ばかりにて候」と国もとの嫡子右馬助隆康に書き送っている(白土文書一六『福島県史』7)。

隆貞はかつて天正二、三年の上洛の際、羽柴藤吉郎秀吉の世話をうけた因縁を有し、[36] 岩城家中でも最も上方の風に通じた人であった。しかも岩城宰臣の立場にある人物の言葉として、注目してよいであろう。

四　茶の湯

1　天正年間、政宗の茶事

天正十二年十二月の伊達輝宗「正月仕置之事」(『伊達家文書』三二九)には、四日に「ちや(茶)のひきそめ、おとしおとこ(年男)が申候」とあって、輝宗の治世に抹茶を喫することが行われたのは明らかである。天正二年の伊達輝宗日記(同二九二)には、茶事は全く記載されていない。ただし、政宗の言行を記録した「木村宇右衛門覚書」には、輝宗の宰臣遠藤山城基信が自家製の茶釜を進

表2　日記にみえる政宗と茶の湯

天正15年	
1月9日	鷹屋にて御茶会
2月3日	高野方にて御茶
6月9日	東昌寺へ御茶湯
9月20日	朝3人(硯斎、浜伊、松雲。)
21日	3人(七伯、以休、旧拙。)
23日	朝(則休、芦舟、伊肥。)
	晩3人(富近、伊肥、朽木民部。)

上したのに対して、織田信長はその実直さを愛でてこれに「遠山《えんざん》」と名づけて秘蔵ななめならず「天下の名物になるといひつたへたり」という、政宗の語りを伝えている。これによれば、輝宗の世にも茶の湯は伊達家中で流行していたことが知られよう（小井川百合子編『伊達政宗言行録』一一三頁）。

　政宗の天正十五年正月から十八年三月にかけての、「伊達天正日記」（十五年十月〜十二月、十七年一月〜二月二十五日を欠く）に現れる茶事を概観しよう（表2参照）。

　正月九日「御茶会」、二月三日「高野壱岐守御茶湯にて被御申請候」、六月九日「東昌寺へちさん（ママ）御茶湯に申請候、御出にて候」とあり、九月二十日には「硯斎・浜伊・松雲斎、御茶湯にて御客人、御すき（数奇）の座罷出候はしめにて候」と記される。はじめて米沢城中に茶室が新造されての茶会に、伊達宗澄・浜田伊豆景隆・松井松雲斎が招かれた。

　以後二十一日、二十三日朝・晩、二十六日と茶湯の会が催され、七宮伯耆・片倉以休・原田旧拙・伊東肥前ほ

	26日	晩3人（晴親、大枝越、三坂。）
天正16年	1月13日	4人（大条。松雲、浄庵、七宮）
	8月1日	6人（元安、成実、雪斎。他）
	20日	夕8人（元安、石川右衛門、藤田。他）
	10月4日	夜3人（桑幡。守伊、原左）
	5日	晩3人（日傾。伯蔵、高野）
	12日	朝3人（泥蟠。則休、不入）
	14日	夜3人（覚範寺。伯蔵、浜田）
	25日	朝3人（白石。松雲、旧拙）
	11月1日	朝2人（白石。伯蔵）
	5日	朝3人（石母田。伯蔵、原左）
	6日	朝3人（東昌寺。三如坊、原左）
	9日	朝3人（万好。松雲、以休）
	11日	夜2人（富塚、原左）
	12日	晩守屋方3人（守屋四、盛重、伯蔵）
	15日	朝1人（大内）
	19日	朝1人（高野）
		晩3人（瀬上。浜田、守伊）
	25日	朝3人（泥蟠。伯蔵、大枝越）
	28日	朝、原左方8人廻り炭（原左、旧拙、布備他）
	12月18日	朝、泥蟠方3人（泥蟠、日傾、原左）
	20日	朝、道有方2人（道有、原左）

かが参加した。おそらく十五年十月から暮にかけては、日記の欠如のために不明であるが、新しい茶室において頻繁に茶湯が催されたに違いない。

天正十六年には、二〇回をこえる茶会が開かれた。八月二十日には三春城中で、亘理郡から参上した亘理元安斎元宗（晴宗の弟）・石川右衛門・藤田晴親を客人に、片倉小十郎景綱・浜田景隆ら五人が相伴して夕食、のち茶湯を行っている。終わって謡があった。

米沢に帰還して以後の十月、十一月には、一五、六度も茶湯が催されている。十一月二十八日には原田宗時の邸で、政宗以下九人による廻《まわ》り炭《ずみ》があった。炭点前《てまえ》の練習として、炉に炭を代わるがわるにつぐ式である（『日本国語大辞典』）。

天気雪ふり申候、朝ニ原田左馬助（宗時）へ御茶之湯にて御出被成候、御相伴旧拙斎（原田）参被申候、御まハりすミ（廻炭）おかせられ候。布備（布施備後）・旧拙斎（原田）・五十嵐豊前守・大越（大条越前）・内能（内馬場能登）・中丹（中津川丹波）・道有（坂東屋）・原左（原田左馬助）、とめ（留）を上意様（政宗）おかせられ候、

（伊達天正日記天正十六年十一月二十八日条）

上方からの使として下った坂東屋道有も参加している。布施備後から始めて、道有・左馬助宗時そして政宗が留めを置いた。

十二月二十日には、坂東屋道有が米沢に与えられた亭に政宗を招き、茶湯を行った。相伴は原田宗時である。九月に金山宗洗によって関白秀吉の惣無事令が伝達されて以後、平穏と緊張が交錯する一時期であった。

天正十七年の日記に茶事は皆無。十八年春の日記には、一月十七日に少納言喜多子（小十郎景綱姉、政宗の乳人）の邸

天正17年	ナシ
天正18年 1月17日	少納言方8人（少納言、伯蔵、松雲、叶安他）

〔備考〕「伊達天正日記」天正15～18年3月（15年10～12月、17年1～2月25日を欠く）に現れる茶湯関係を掲げる。人数は政宗を除く。○でとめた者は主客となった者、以下は相伴衆。

において、亭主少納言、客政宗、相伴伯蔵軒・松雲軒・叶庵斎・遠藤宗信(基信の子)・原田宗時・守屋守柏斎・片倉以休斎の九人で饗宴ののち茶湯があったことがみえるのみである。

政宗の天正十七年は、二月下旬落馬骨折、四月米沢出陣、五月安積郡・宇多郡出撃、六月蘆名との磨上《すりあげ》原決戦と会津入部、十月須賀川二階堂攻滅。この間に、四周との軍事・外交、秀吉権力への対応と、全く寧日のなかった政宗に茶湯の閑暇が許されなかったのは当然であったといえる。

政宗がともに好いた茶湯と能・乱舞の開催を「日記」によって比較しよう。天正十五年は、八月初めまで一〇度ほど現れた能・乱舞等は、その後みえなくなる。これに反して、九月の茶室新造以後しばらくの間、政宗の興味は専ら茶湯に移ったかのようである。十月以降の日記は欠けて不明であるが、おそらく年末まで頻りに茶会が催されたことであろう。天正十六年は能・乱舞等と茶湯がそれぞれ二〇度ほどであるが、茶湯が米沢帰還以後の十月、十一月に集中しているのに対して、能・乱舞等は十一月までは比較的平均しており、十二月に乱舞が集中して現れる。天正十七年には、激減はしながらもなお能・乱舞は戦勝・講和等の節目に行われた。

開催の時と参加者などからみれば、能・乱舞は公式的行事、茶湯は非公式的行事という傾向をうかがうことができよう。ただし、非公式とみえる茶湯には、上方使節たる坂東屋道有との茶事、微妙な外交が織り込まれていた。形式が非公式的であっても、その実質は私的な閑雅にとどまらなかったのである。

能・乱舞の催しにしばしば現れた片倉景綱は、茶事では天正十六年八月二十日の相伴衆に加わった一度がみられるのみである。対して、近侍した奉行原田宗時(十六年二十四歳)は七度の参加がみえ、三、四回に一度は宗時が加わったことになる。

能・乱舞と茶湯は、右にみた一定の相違を超えて、ともに伊達家中の結束強化に機能した。能・乱舞は謡はやしの音声と舞に志気を昂め、茶湯は静寂のなかで英気を養いつつ、いずれも家中の結合を緊密なものとしたのである。

2　政宗と利休

天正十八年六月十日、政宗は利休の小田原の宿所を訪れ、太刀一腰・黄金一〇両を贈った。利休はこれに対し、政宗の小指南(『伊達家文書』六七五)であった木村吉久(吉清)に即日、つぎのような書状を出している。

政宗公唯今御尋之事、外聞忝次第候、抑御太刀一腰、馬代金拾両拝悦、是又過分、尤唯今為御礼可令伺候処に、養生刻、関白様御成之時も、不可罷出御法度蒙仰之条、乍恐御礼令不参候、御存旨、貴所政宗様へ被仰上候者、可為本望候、拙者相似自由、令迷惑候、恐々謹言、

六月十日　　利休 宗易(花押)

木村弥一右衛門尉殿御陣所

(『大日本古文書 伊達家文書』九八四)

目下病気療養中で関白様御成りの時も罷出ぬよう厳命を頂いたほどなので、御礼には参上せぬ、勝手ながら政宗様に宜しく伝言願いたい、という御礼の主旨である。おそらく、利休は政宗の訪問を受けながらこれに会わなかったものとみてよい。

前日、はじめて秀吉に出仕を許された政宗は、この日、秀吉の茶湯に招かれた。利休訪問と秀吉への参候との時間的前後は明らかでないが、この訪問が単に茶事の教えを乞うのみでなく、利休の取り成しによって秀吉の覚えを少しでもめでたくしようとする意図から出たことは疑いない。

この年とみられる十月十二日付の政宗にあてた羽柴秀長書状(『伊達家文書』九八三)には、「遠路之使者、喜悦之至

候、殊馬一疋、令祝着候、連々御懇意之旨、御上洛砌可申述候、謹言」とある。秀長は大和大納言、いうまでもなく秀吉の異父弟。「公儀之事」は秀長、「内々之事」は宗易（利休）といわれた（天正十四年四月大友義鎮書状『大友宗麟文書』八七〇）このふたりに対して、政宗は十八年六月から十月の間に好誼を通じているのである。秀長の文言によれば、これよりもさらに早く好みを通じていたものとみえる。

利休に対しても、政宗が小田原以前に秀吉への取り成しを依頼した可能性はありえよう（桑田忠親『定本千利休の書翰』五四八頁）。ただし、利休が小田原で政宗のために斡旋した形跡は必ずしも認め難い。政宗は利休訪問の前日九日に、秀吉への出仕をとげていた。その出仕の前提条件は会津召上げの承服であったが、それは七日までに行われていたのである（六月七日秀吉朱印直書『神奈川県史』九八〇二）。六月十四日、政宗は小田原をたち帰国した。小田原での利休との面会はないままに終わったとみられる。

ふたりが初めてあい会するのは翌天正十九年二月四日、政宗上洛の日である。秀吉の上洛指令に接して初上洛した政宗を、利休は洛東白河に迎える。

「（端裏書）古織公まいる人々御中　　利」
伊達政宗公上洛間、白河迄、今参候、頓《やがて》帰可参候、皆々御隙入候へハ、夜ニ入尤ニ候、かしく、
四日
（小松茂美『利休の手紙』一五二、小学館、一九八五年）

古田織部（重然）に政宗出迎えのことを告げた書状である。

少なくとも小田原以後これまでに、政宗と利休の間には音信が交わされていた。十八年とみられる十一月一日付で政宗の使僧にあてた利休の書状（前掲『利休の手紙』八七）には、先日の政宗書状の持参と、使僧のみやげとに礼を述べて、近日に政宗への返事を差し上げる旨が書かれている。

ところで、政宗上洛にさきだつ閏正月二十日ころから、都では紫野大徳寺山門の二階に安置された利休木像が問題となっていた。大徳寺に参る人々は、高貴の人も利休像の下を通ることになるというのである。

政宗上洛から十日目の二月十三日、利休は秀吉の命令によって堺に追放された。二十五日、利休は辞世の偈と和歌を書く。同じ日、問題の木像が〝磔〟にされた。翌日、京都屋敷に戻され、二十八日自刃。七十歳の生涯をとじる。

一方、妙覚寺に宿をとった政宗は、六日秀吉に謁見、十二日参内、従五位下侍従に叙任。翌十三日、御礼のため再び参内している。九日までには、葛西・大崎諸郡を与えられ代わりに会津近辺の五郡ほどを進上、という所領問題の大すじが決まったが(『伊達家文書』五八五)[37]、その後は事態好転のための運動を展開する。聚楽の前田屋敷において、利家により前田玄以・細川忠興・佐竹義宣ら立合いのもとに政宗と蒲生氏郷の和解調停が行われたのも[38]、同じころであろう。

このようにみれば、二月四日の上洛から十三日の利休追放までの間に、政宗が利休と会う余裕はなかったとみられる。かりに寸暇があったにせよ、すでに秀吉の処分が噂されている利休は、もはや政宗にとって無用の存在であった。政宗と利休の出会いは、二月四日の白河でのその一度で終わったものと推測される。

利休自刃翌日の二月二十九日、政宗の臣鈴木新兵衛は、京都での政宗の消息を国もとに報じる書状のなかで「茶湯天下一宗易、無道之刷《あつかい》年月連続之上、御追放」と記し、その木像が聚楽の大門の一条戻り橋に張付《はりつけ》にかけられたとして「木像之八付《はつつけ》、誠々前代未聞之由、於京中申事に候、見物之貴賤無際限候、右八付之脇ニ色々ノ科共被遊、御札ヲ被相立候、おもしろき御文言、不可勝計候」と述べている(同五八七)。

政宗に随行上洛した新兵衛の書状には、利休に対する一片の同情もうかがわれない。主人政宗の気持ちがこれに遠いものでなかったことは、容易に推察されよう。

この年正月二日、利休は奥州二本松の浅野長吉（長政）のもとにある松井康之からの十二月十日付の書状に対して、つぎのような返状を出している。康之は細川家の臣であるが、秀吉からも知行を受けているから、この二本松滞在は秀吉の命に基づくものであろう。

（上略）
一奥州一揆蜂起之事、偏ニ政宗謀叛之段、無紛様ニ　上様御耳へも入申候、
一羽忠（蒲生氏郷）を政宗武略之覚悟、羽忠油断之様ニ被思食候、就其、去廿八日以両使、中様（羽柴秀次）・家康様御両所へ折紙被進候、
定而弾様（弾正長吉）へも可為同前候、
（中略）
一政宗去四日ニ黒川へ陣替候て、会津・二本松無通路様ニ候、於無紛謀叛、菟角羽忠会津へ無帰城候へハ、政宗何事を被申候ても、皆表裏と被　仰出候、
（中略）
一上様、来三月朔日、可被出御馬ニ相定候、（中略）
正月二日（天正十九年）　宗易（花押）
松井佐渡守殿
回鳳

（小松茂美『利休の手紙』四七、小学館、一九八五年）

書状の背景にふれるならば、十八年の奥羽仕置直後の十月におきた大崎葛西一揆は、伊達政宗と会津の新領主蒲生氏郷ふたりの手で一応鎮められたが、その間に生じた政宗と氏郷の確執のなかで、氏郷は大崎の名生に籠城してしまった。利休書状は、このような情況に対して出されたものである。実は正月元日、政宗方からの証人に接した氏郷

は名生城を出て、ついで本拠会津に帰還した。のち政宗・氏郷は、奥羽諸大名に遅れて上洛し、浅野長吉はひとり二本松に在留、奥州留守をつとめることとなる。氏郷の会津帰城により、政宗に対する秀吉の疑念はひとまず解け、上洛後の位官叙任などの処遇が行われたのであった。

この利休書状は、氏郷会津帰還のことを知らぬ正月二日現在の京都の情況を報じたものであるが、記されるのは専ら政宗謀叛のことであり、利休自身も康之からの書状によりそれを秀吉の耳に入れた旨が述べられている。氏郷・康之ともに利休茶湯の弟子である。利休書状の調子が、親氏郷、反政宗の傾向を帯びるのは当然であるが、その立場を差し引いても、利休の政宗非難は厳しいとせざるをえない。

利休木像事件に対する伊達方の態度、大崎葛西一揆における政宗に対する利休の姿勢、これらを併せ考えるならば、政宗と利休との間には十八年六月以来あるいはその以前から、政宗方からする贈進、音信を通じて好誼が保たれていたにせよ、それは秀吉の意向と態度次第で一挙に崩れ去る体のものにすぎなかった。元来、秀吉への親近好誼を願う政宗の意図から発した利休への接近であれば、それは当然の成り行きであったといえる。

利休の死は、正月二十二日秀長死去という局面に乗じて権力を独占せんとする石田三成らの策謀によるものであり、その背後には三成・上杉景勝ら強硬派と、秀次・家康ら宥和派との東国政策をめぐる対立があったとするのは妥当な説であろう(39)。ただし、政宗に関する限り、利休の死との直接の関係は認め難いと考える(40)。

政宗の茶湯・侘茶への嗜好は深かったが、利休との関わりは政治外交の手段としての性格を超えることがないばかりか、その事実は右のようなものであった。

3　貞隆と岩城文琳

岩城氏の文雅と風流は、戦国期を通じて白川・伊達・蘆名の諸家に勝るとも劣らぬものがあったとみられるが、茶湯については詳らかでない。

天正十八年、岩城常陸は小田原からの帰途死去した。その跡を継いだ佐竹義重三男の貞隆（能化丸）は、ことに茶数奇であった。

年未詳八月の数通の書状には、武具の手入れの心得とあわせて茶湯の釜は再々湯を湧かしてさびぬよう心がけよ、という指示が幾度かみえる（岩城文書九二〜九五『福島県史』7）。あるいは、慶長五年以後、岩城領を去って後の文書かとも思われるが、貞隆の茶数奇のほどがうかがわれる。

貞隆愛用の唐物の茶入は「岩城文琳」とよばれて名物とされたが、いつのころか伊達家の有に帰した。[41]

おわりに

文禄二年正月、肥前名護屋に在陣する常陸の佐竹義宣は、国もとの和田安房守あての書状[42]で、「中のぼり」すなわち資金補給を命じ、あわせてつぎのように述べている。――例の大鼓・小鼓の胴、小鼓の皮と例の笛を送れ、太閤様は毎日能をやるので、陣中には乱舞がはやり、としよりは狂言をやっている。お前も狂言の稽古をするがよい。唐に渡り無事帰国できたなら、国もとでも能を興行するのが念願だ。陣中では茶湯のはやること大抵ではない。太閤様は城に落ち付かず毎日方々へお成りだ。自分も数奇に出かけ壺などを見、また稽古もしている。今や、関東一の数奇者になっているはずだ。

義宣は義重の嫡子で貞隆の兄、数年前までは南奥の戦場で幾度か伊達政宗の軍と戦を交じえていた。母は伊達晴宗の娘で、政宗と従兄弟の間柄である。

義宣が書状に述べたように、渡海を待機する名護屋陣中における秀吉以下の諸将は、能・乱舞・狂言および茶湯に日をすごし、その芸能の交流が何よりの外交の場となっていた。

出陣中のその書状に芸能のことは記されないが、政宗もまたこの期間に風流・数奇の道を深めたことは明らかである。「於朝鮮梁山書之、文禄二年五月二日」の奥書と自署のある政宗筆の「東北」の謡本（福岡市　磯野七平氏旧蔵）は、その一端を示す。

名護屋陣はもとより、聚楽あるいは伏見での在京生活は、諸大名の風雅芸能の交流を介しながらの虚々実々の外交の場であった。そのなかで奥羽の大名武士が受けた刺戟は、はかりしれぬものがあったに違いない。南部信直・最上義光らの書状（盛岡南部文書・『伊達家文書』）に、太閤の専制ぶりや上方衆の「なぶり心」を記し、また故郷懐かしさを歎く傾向が強いのに反して、義宣や政宗には新しい環境にいち早く馴染み、上方の文物を積極的に接取する意気込みがうかがわれる。

文禄二年現在、信直・義光はすでに同じく四十七歳、対して政宗二十七歳、義宣は二十四歳である。天下人と上方の文物に対するかれらの対応の相違は、おそらく年齢の隔たりの所為であろう。が、あるいは南奥さらに北関東と、北奥との、戦国以来の一定の違いがその原因となる一面もあったたか。

ともあれ、天下人のもとへの在京あるいは参勤体制の成立のなかで、南奥武士の芸能のあり方は、戦国のあり様を激しく転換して行くこととなるのである。

註

（1）（天正十九年）八月七日浅野正勝書状（『大日本古文書　伊達家文書』（以下『伊達家文書』と表記）六〇九号、天正十九年六月二十日豊臣秀吉条書奥州奥郡仕置人数道行之次第（尊経閣文庫所蔵文書）。

（2）宮城県図書館蔵「涌谷伊達家文書」。横田信義・岡田清一・吉井宏・花井滋春「宮城県図書館蔵涌谷伊達家文書について（一）─翻刻と解題─」（『東北福祉大学紀要』二〇、一九九六年）。

（3）葛袴、くずばかま。葛の繊維を使った袴。蹴鞠の正装とされた（渡辺融・桑山浩然『蹴鞠の研究』、東京大学出版会、一九九四年　索引）。

（4）七五三の膳。七つあるいは三つの膳をととのえ、一つには七つ、一つには五つ、一つには三つの料理を出してある、豪華な宴（『日葡辞書』、『日本国語大辞典』）。

（5）海老名尚・福田豊彦「田中穣氏旧蔵典籍古文書「六条八幡宮造営注文」について」（『国立歴史民俗博物館研究報告』四五、一九九六年）。

（6）『言継卿記』天文二十一年六月二十七日条に「飛鳥井乍父子、明日防州へ下向」とある。翌二十二年四月初め、雅綱とその子最勝院空雅が豊前宇佐八幡宮に詣っていることは、宇佐大宮司到津文書の「卯月三日乙卯酉時、在飛鳥井殿御参詣、（中略）六日（中略）和哥、正二位藤原雅縄《ママ》」の記録に明白である（安田晃子「豊後国における蹴鞠の展開」『大分県先哲史料館研究紀要』四、一九九九年）。なお稲垣弘明「蹴鞠における家元制度成立の前提」（『年報三田中世史研究』一、一九九四年）を参照。

（7）天文二十年五月二十一日、雅教は細川氏に「蹴鞠条々」を伝授している（桑山浩然『蹴鞠技術変遷の研究』平成三年度科学研究費補助金研究成果報告書所収、渡辺融・桑山浩然「大津平野神社所蔵難波家旧蔵蹴鞠書略分類目録」二一一頁）。これについては渡辺融氏の御教示をいただいた。なお、雅教は弟最勝院空雅の廻国しての歌鞠伝授（門弟取り）を不当として後奈良天皇から勅許を仰いでおり、これは天文二十一年～二十二年の雅綱・空雅の西国下向に対するものとされる(前掲稲垣論文)。

(8)　前掲渡辺融・桑山浩然『蹴鞠の研究』索引他。

(9)　小稿「坂東屋富松と奥州大名・補考」(『福大史学』四四、一九八七年)。

(10)　晴宗の嫡子はすでに弘治元年(一五五五)三月十九日、義輝の諱字を受けて輝宗と名のっていた(『伊達家文書』二一〇・二一四)。その弟政景は永禄四年現在で十三歳となる(伊達家系譜)。

(11)　註(8)に同じ。

(12)　「伊達正統世次考」巻十下、永禄五年五月二十八日条の按文は、米沢を離れた雅教父子が亘理に越え、松島を観、他家を経歴して京都に還ったと記す。ちなみに、永禄五年八月二十一日現在、雅教・雅敦は越前朝倉氏のもとに滞在している(米原正義『戦国武士と文芸の研究』、桜楓社、一九七六年、二九九頁。永禄五年曲小宴詩歌『続群書類従』15下。明石由美子氏の御教示による)。雅教父子は松島からの帰途、米沢の近くを通り(『伊達家文書』三二五二)、北陸を経由して帰国したのである。なお、晴宗が飛鳥井雅教から蹴鞠を伝授されたことは、小著『伊達政宗』(吉川弘文館、一九五九年、一九二頁)にもふれている。

(13)　香之上と義鎮については、前掲安田晃子「豊後国における蹴鞠の展開」にすぐれた考察がある。

(14)　前掲安田論文。

(15)　三重野誠「大友氏の守護職に関する一試論」(『大分県地方史研究』一五〇、一九九三年)、『大友宗麟資料集』三三八・五八四～五八六。

(16)　外山幹夫『大友宗麟』(吉川弘文館、一九七五年)、前掲安田論文。

(17)　『大友宗麟資料集』八五六、前掲安田論文。

(18)『伊達家文書』二〇八、「伊達正統世次考」巻十上　天文二十四年三月十九日条、前掲註(9)小稿。

(19)九月二十四日足利義輝御内書(『伊達家文書』二一九)、九月二十四日大館晴光奉書(同二二〇)。『大日本古文書　伊達家文書』はこれらに推定年を施さず、また「伊達正統世次考」巻十下も「欠年月、補奥州探題職」とする。ところで、この御内書にすえる義輝の花押は、天文期のものでなく弘治・永禄期のそれである。またこの晴光奉書にみえる「陸奥守晴光」の官途陸奥守は、永禄二年四月一日の補任である(歴名土代)。永禄二年の九月二十二日付で好間兵部大夫・白川晴綱ら少なくとも四人にあてて幕府政所代蜷川親俊書状が発給されている(『大日本古文書　蜷川家文書』六八六〜六八八、白河証古文書。無年号のこれら書状は永禄二年と推断―前掲小稿)。九月二十二日書状の日付と御内書・奉書の九月二十四日との近さによって、御内書・奉書とも永禄二年と推定される。御内書は使節孝阿、蜷川書状は竹鼻某および坂東屋富松によって奥州にもたらされるが、一行は一緒であり、事実上は富松が引率したと考えられる。

(20)これに関する「時慶卿記」「三藐院記」の記事は『伊達政宗卿伝記史料』(藩祖伊達政宗公顕彰会、一九三八年、編纂担当鈴木節夫)による。

(21)天正七年とされる六月二十四日遠藤基信あて道澄書状に「今度者、数日令滞留、細々遂面談、本懐此事候、種々以取成之故、輝宗万々御懇意候」とある(明石治郎「財団法人斎藤報恩会所蔵「遠藤山城文書」について」『仙台市博物館調査研究報告』一三、一九九六年)。

(22)註(6)稲垣論文。

(23)『言継卿記』天文二年七、八月条。今谷明『言継卿記』(そしえて、一九八〇年)、前掲稲垣論文。

(24)宗祇『白河紀行』で白河関から下野横岡に引き返したように述べるのは、作品の末尾を飾るための虚構とされる(『白河市史』10二一九頁、金子誠三氏稿)。

(25)「園塵」四、『会津若松史』8、『大日本史料』九編二―七〇五頁。兼載は永正七年(一五一〇)六月六日古河で死去。

没年五十九歳という。兼載については金子金治郎『猪苗代兼載伝考』（桜楓社、一九六二年）の詳細な研究がある。

(26) 前註金子著書一六八頁。

(27) 『実隆公記』、小林宏『伊達家塵芥集の研究』（創文社、一九七〇年）第一編三章。

(28) 飛鳥井雅敦は天正六年七月に死去するから、この書状は同五年以前である。中野宗時の元亀の叛が終わって輝宗・基信の身辺の安定する時期を考えると、天正元年以後のものであろうか。

(29) 「伊達武徳遺聞録」『仙台叢書』10。「遺聞録」に収めるこの追善連歌のことは、綿貫豊昭『近世前期猪苗代家の研究』（新典社、一九九八年）に述べられている。

(30) 重信戦死のことは伊達治家記録に記されるのみで、それまでしばしば彼がみえていた「伊達天正日記」にも全く記載がなく、七月四日・八日の中島宗求・後藤信康あての政宗書状（『伊達政宗文書』二九八・参考二九）などにもふれるところがない。講和後の七月二十六日、浜田伊豆・大和田筑後は使節として岩城に赴き、八月十二日に三春の政宗のもとに戻っているから（治家記録）、追善連歌が岩城で行われることは不可能でない。

(31) 「前田創業録」岩沢愿彦『前田利家』（吉川弘文館、一九六六年）二〇七頁。

(32) 前掲綿貫豊昭『近世前期猪苗代家の研究』第二章。同じく兼如については、上野敬二『法橋猪苗代兼如』（私家版、一九六二年）がある。兼如の「浪散」の事情については、前掲小林宏『伊達家塵芥集の研究』四八頁参照。

(33) ①②③とも「はいかい」と記されている。「御連歌之後はいかい廿句」（十五年一月七日）、「御れんかすき（過）申候て御はいかい」（十六年一月七日）と連歌と俳諧は区別されているので、その表現にしたがって掲げる。

(34) 高橋充「葦名盛氏の「止々斎」号」（『福島県立博物館紀要』九、一九九五年）。

(35) 大塚与五郎は未詳。昭光の女婿が「支族大塚摂津守隆重」とされるのによれば（『石川一千年史』九六頁）、これと関係する人物か。大塚は元来佐竹の族、永正二年（一五〇五）のころ佐竹に背き、白川に属して高野郡羽黒城主となったが、永禄・元亀のころ佐竹義重に攻陥された(『塙町史』1一七九頁、小林稿)。その後、石川の客将となったものか。石川昭光書状については、小豆畑毅氏の御教示をうけた。また渡辺一雄氏提供の写真により、その花押を確認しえた(昭光花押については小稿「戦国期の石川氏」『石川史談』5一九九一年［本巻所収］を参照)。

(36) 白土文書六～八『福島県史』7。小著『秀吉権力の形成』(東京大学出版会、一九九六年)七～八頁。

(37) 従四位下との説もあるが(『史料綜覧』十二)、従五位下が正しい(駒井日記文禄二年閏九月晦日条)。政宗が従四位下にのぼるのは慶長二年である(寛政重修伊達家譜)。なお、小稿「政宗上洛と秀吉の「人質」」(『日本歴史』六三二)を参照。

(38) 前掲岩沢『前田利家』一八六頁。

(39) 朝尾直弘「豊臣政権論」(『岩波講座　日本歴史』9、一九六三年、のち朝尾『将軍権力の創出』〈岩波書店、一九九四年〉収録)。利休については芳賀幸四郎『千利休』(吉川弘文館、一九六三年)を参照。

(40) 前掲朝尾論文は、利休の死がかれと政宗との関係に一定の関連ありとしている。とりわけ小松茂美『利休の死』(中央公論社、一九八八年)は、これをほとんど決定的な原因とする立場にたっているが、論証が成功しているとは認め難い。

(41) 岩城文琳は大正五年の売立てで伊達家の手を離れるが、落札価格は五万六千円であったという(「売立てからみた伊達家の道具類」小林清治・金沢規雄・浅野晃編『伊達政宗―文化とその遺産―』所収、里文出版、一九八七年)。なお『いわき市史』1一九八六年、七二〇頁を参照。

(42) 阿保文書六二『茨城県史料』中世編Ⅳ。なおこの義宣書状は、二木謙一『戦国武将の手紙を読む』(角川選書、一九九一年)にも取り上げられているが、解釈に異なる部分がある。

(二〇〇〇・八・三　成稿)

第二部　北奥

第一章　中世の安東(安藤)秋田氏

一　研究史の概観

一九一九年、喜田貞吉(京都大学講師)は「日の本将軍」という論文において、秋田氏の系図をとりあげ、ひとり秋田家が神武東征以前よりの豪族であり、かつ長髄彦《ながすねひこ》の兄安日《あび》の子孫と公称することを「史上稀に見るの尊敬すべき態度」と称揚し、次いで「保暦間記」・「諏訪大明神絵詞」などによって鎌倉期に安東(安藤)氏が津軽を掌握していた事実を述べ、また「羽賀寺縁起」によって「日之本将軍」安倍康季が若狭《わかさ》羽賀寺の堂舎を再建した事実などを紹介した。喜田の一文は、安藤秋田の系譜と動向にはじめて注目した業績であり、これに紹介された文献は、以後の研究における基礎的な史料となった。ここで喜田は、「日之本」とは東方日出所の意味で奥羽に対する称であると記している。

なおこれより先、吉田東伍『大日本地名辞書』(一九〇六)は、津軽十三湊《とさみなと》および安藤氏にふれ、「諏訪大明神絵詞」等を紹介している。

一九三九年、当時東北大学講師となっていた喜田の尽力によって秋田家文書をはじめとする文献・器物が秋田家から東北大学法文学部奥羽史料調査部に寄託された。『秋田家蔵品展観目録並解説』(大島正隆)はその翌年に行なわれた展観にかかわる資料である。

安東（安藤）氏の本拠である十三湊に関しては、一九五六年に古田良一「津軽十三湊の研究」が発表された。古田は地元の豊島勝蔵・加藤鉄三郎らの研究の継承と批判のもとに、十三湊の起源を平泉藤原時代とし、最盛期を室町時代と説き、「十三湊新城記」はいわゆる興国元（一三四〇）年の海嘯《つなみ》以前の成立、「十三往来」を以後の成立とした。

同じころ、江上波夫・関野雄・桜井清彦らは十三湖畔の福島城跡その他についての考古学的調査を行なった。一九五七年には『館址』が公刊され、面積六二万平方メートルに及ぶ福島城の規模が明らかにされた。これと前後するころから桜井は青森県から北海道にわたる調査研究を進め、のち桜井・藤本強らによって、八世紀奈良から十四世紀南北朝にわたる時期の青森県と北海道が擦文《さつもん》土器文化とよばれる一つの文化圏を構成したことが解明された（藤本『擦文文化』一九八二）。桜井『アイヌ秘史』（一九六七）は津軽および安藤氏についても貴重な内容を含んでいる。

豊田氏「安東氏と北条氏」（一九六二）は、安藤（安東）氏の交易と権力に初めてふれた業績といえる。安東氏が鎌倉末まで藤崎（弘前市）［藤崎町］と深い関係を保ったこと、やがて十三湊を根拠に日本海交易に活躍するが、他方安東氏は鎌倉期すでに小鹿島《おがしま》（男鹿半島）にも勢力を伸ばしたこと、また北条氏の被官として「関東御免の津軽船」を支配して北条得宗領の津軽・若狭間の海運を掌握し、さらには瀬戸内・琵琶湖の舟運にも関係したことを紹介した。宮崎道生も同様の立場からこれをあとづけた（「中世史上の安東氏」一九七七）。

東北大学に寄託された秋田家文書は文禄・慶長期の豊臣政権と秋田氏の関係を示す多くの文書を収めるが、これよりさき大島正隆は「秋田家文書」（一九四二）・「秋田家文書による文禄慶長初期北国海運の成立」（一九四二、古田の署名で発表）により文書の全面的な紹介とすぐれた分析を行ない、戦後に至り、山口啓二「豊臣政権の成立と領主経済の構造」（一九六五）、渡辺信夫「豊臣期の流通構造」（一九六六）が発表され、問題が一層深められた。

一九七〇年代以降、津軽および安東(安藤)氏研究は画期的な進展をみる。平山久夫「安東氏を中心とした津軽中世史序説」・「安東氏関係年表」(ともに一九七四)は、安東氏を北条近侍の被官とした豊田説に対してこれを津軽土着の豪族とし、古田説に対しては平泉藤原期に十三湊繁栄の物的証拠なしと説く。安東＝安藤の氏称については、鎌倉〜室町期は安藤が一般的で、安東は戦国期秋田系の称とする。「関東御免の津軽船」および瀬戸内海運への関与説などについては高瀬重雄「放生津・三国両湊の争論をめぐる考察」(一九六七)などに基づいて豊田説を批判しながらも、鎌倉期十三湊と北陸の流通を認め、南北朝以降安藤氏が交易を掌握したと述べている。

遠藤巌「中世国家の東夷成敗権について」(一九七六)は、鎌倉幕府の東夷成敗権にふれながら「蝦夷」―安藤蜂起が幕府に重大な意義と影響を及ぼしたこと、また夷島流刑と夷島・奥羽の非農業的特殊産物(金・馬・鷹羽等)調達とそのための現地支配の頂点に立った平泉藤原氏の実態を継承したものが鎌倉幕府の東夷成敗権であり、安藤氏の蝦夷沙汰代官職はこれと深く関連することを論じた。また系譜関係については平山説を訂して、鎌倉末・南北朝段階の安藤五郎三郎を宗季とし、これが又太郎季長没落後に又太郎宗季を名乗って安藤一族の中枢的位置を占めるとする。

大石直正「外ヶ浜・夷島考」(一九八〇)は、遠藤論文を受けてさらに整理発展させた業績である。大石は、日本中世国家の東西の境を軍事的にきわめることによって全国政権としての鎌倉幕府が成立したとする入間田宣夫「鎌倉幕府と奥羽両国」(一九七八)を引用しつつ、夷島と鬼界島という東西の流刑地はこれが日本国の境外であり、農業から疎外され殺生を業とする蝦夷＝鬼のすむところと観念され強制された。また、日蓮上人遺文を紹介しつつ「安藤氏の乱」が文永五(一二六八)年の蝦夷蜂起を前提としており、乱は安藤に対する蝦夷の反乱として始まり、次いで安藤一族の対立から幕府＝北条の介入による蝦夷管領(代官)改替へと展開したと説く。そして日本国家の東の境界が外ヶ浜、その外側が流刑地夷島という形は、平泉藤原期に原型が決まり、鎌倉幕府成立の時期に確定したとする。

他方、高橋公明「夷千島王遐叉の朝鮮遣使について」(一九八二)は李朝実録により、文明十四(一四八二)年「夷千島王遐叉」が朝鮮に使を派遣したことを紹介し、これを受けた海保嶺夫「「中世」北方史よりみた「夷千島王」の朝鮮遣使」(一九八二)は遣使の主体を津軽から北海道に逐われた安東政季かとする。なおこの遣使については、室町幕府の作為の可能性ありとする入間田の見解もある。

同じころ桜井清彦らにより発掘が行なわれた中世安東(安藤)氏の一拠点である尻八館(青森市)出土の陶磁器などからは北アジア・内陸アジアとの深いつながりが指摘され(『尻八館調査報告書』一九八一)、また新野直吉は奈良平安を下らぬ古代からの日本海をめぐる北方交易における津軽・出羽地方の高い地位を説き、安倍安東氏発展の歴史的前提に注目している(「蝦夷豪族と安倍安東(藤)氏」一九八四)。

こうして、中世国家史さらには環日本海文化圏という大きな展望が開けるなかで、平山久夫は「津軽安藤氏の成立と背景」(一九八二)を発表し、文治の平泉藤原追討にもなお鎌倉に対して独立的であった津軽安藤氏が北条御内人に組織され、夷地に対する獄長の役割を果たすに至って、津軽は中世国家支配の真只中に突入したと説く。また外山至生「中世「蝦夷支配」の変遷と津軽安藤氏の展開」(一九八二)は、鎌倉前期征夷大将軍の東夷成敗権と深くかかわった安藤氏の「蝦夷管領」職は後期十三世紀後半以降北条代官としての経済的側面が強大となったと述べ、津軽下国《しものくに》安藤氏の滅亡後、秋田安東氏は南部氏に対抗して自らの津軽・外浜・夷島支配の正統性の主張と権威づけのために安東(東ヲ安ンズル)の名にこだわり、安倍氏との関係を強調したと説いている。

一九八二年、加藤孝・新野直吉・坂田泉らにより福島城跡北二・五キロメートルの山王坊跡の発掘調査が行なわれ、中世安藤(安東)氏の宗教の実態と勢威の一端が実証された(加藤「津軽安東氏「山王坊跡」の調査」一九八四)。他方、海保嶺夫『中世蝦夷史料』(一九八三)、榎森進「中世の松前」(一九八四)など、北海道側からする安藤氏研究も着実に進められている。

二　安東(安藤)秋田氏の成立と展開

秋田氏の祖安藤氏は、鎌倉初期大河兼任《かねとう》の乱後幕府から蝦夷管領に任命された。養老四(七二〇)年「渡嶋津軽津司従七位上諸君鞍男」らの靺鞨《まつかつ》国派遣(「日本書紀」)にみられるように、津軽には古くから北方大陸との交渉が開けていたとみられる。また、八世紀から十四世紀まで続く擦文土器文化が青森県と北海道にまたがる事実に明らかなように、津軽・下北は北海道と一体としてひとつの文化圏を構成し、そのなかで津軽は鉄器生産を媒介として主導的地位を占めたと考えられる。安藤氏はそのような津軽を基盤として勢力を蓄積拡大したのである。安藤氏は文治の平泉追討にも投降しなかったふしがあり、大河兼任の乱はむしろ津軽安藤の独立性に誘発されたものと推測される。

鎌倉初期までに「夷地」(北海道)は国境の外なる流刑地として位置づけられ、あわせて鮭・昆布・鷹羽・毛皮など北方的生産物の供給地として交易が重要視された。蝦夷管領(代官)安藤氏の役割はこの二点にあったが、鎌倉後期には後者の比重が大となった。若狭《わかさ》(福井県)から十三湊、さらに夷島を結ぶ日本海航路には北条支配下の「関東御免の津軽船」と称する交易船が多数往来した。十三湊は日本海交易の中心地となり、安藤氏がこれを管掌して大きな収益を得たことはいうまでもない。安藤氏が最初の根拠地とされる藤崎城(弘前市)〔藤崎町〕を去り、福島城(市浦《しうら》村)を築いて十三湊に移ったのは鎌倉末期のころとみられる。

文永年間におきた「蝦夷蜂起」は、蒙古襲来とあわせて、鎌倉幕府を揺がす〝国難〟となったが、それは右にみた蝦夷支配の政治的経済的矛盾が暴発したものと考えることができる。この乱の過程で正中二(一三二五)年安藤家督の又太郎季長が蝦夷管領＝代官職を罷免され、五郎三郎宗季（季久）が任命されたが、これを不服とする季長と宗季との内争として「蝦夷蜂起」は展開した。嘉暦三（一三二八）年和談により収拾されたとはいえ、この乱は幕府倒壊の遠因となったのである。

乱後宗季系は、十三湊を本拠に津軽半島から下北（宇曽利郷）までの所領とあわせて、「蝦夷の沙汰」権を従来通り認められ、下国《しものくに》の号を称する。他方、季長系は、すでに鎌倉期以来小鹿島《おがしま》（男鹿半島）を中心に安藤氏が勢力を扶植しつつあった秋田地方に移ったかと想定される。

南北朝期の安藤氏はおおむね北党として経過したとみられるが、暦応二（一三三九）年には安藤四郎なる人物が尻八館（青森市）に足利方の曽我氏と戦っている例もある。

下国安藤氏は「蝦夷の沙汰」の職権によって南北朝期以降日本海貿易の主導権を掌握し、特産物を上方に送り、米・鉄製品・陶磁器・漆などを津軽・夷島にもたらした。さらには沿海州・朝鮮との交易も想定される。十四～五世紀の交、十三湊は最盛期を迎える。

興国元（一三四〇）年の海嘯《つなみ》によって十三湊は大災害を被ったと伝える。が、「奥州十三湊日之本将軍安倍城介康季」が後花園天皇の命をうけて永享八（一四三六）年若狭小浜の羽賀寺《はがじ》の再建を行っていることは、明らかに十三湊と安藤氏の健在をうかがわせる（文安四年落成）。しかし、永享四（一四三二）年南部氏の攻撃により一時十三湊を逐われた安藤氏は、嘉吉三（一四四三）年に至り夷島に走った。

一方、康永三（興国五＝一三四四）年には「島郡（小鹿島）地頭安倍兼季」の名で秋田安東氏が現われる（小鹿島北浦日吉神社棟札）。他方「新羅《しんら》之記録」（正保三年成立）によれば、嘉吉三年十三湊盛季は狄（夷）島に移ったが三代で滅びた。盛季弟安東道貞の孫の政季が八戸を経て狄島に渡り、盛季弟鹿季の孫で出羽湯河湊の堯季《たかすえ》の援助のもとに、明応四（一四九五)年檜山《ひやま》(能代市)に移ったと伝える。なおこの段階にあっても、十三湊下国の系譜をひく檜山《ひやま》安藤(安東)は東蝦夷、秋田(湊)安東は西蝦夷という管轄により、安藤氏の蝦夷地支配は保持されたといわれる(遠藤巌「北羽群雄の盛衰」一九八四)。

湊安東に入嗣して湊・下国の両家を合一したと伝える愛季《ちかすえ》が天正十五(一五八七)年死去し、十二歳で嗣いだ実季は、十七年従兄弟の湊豊島道季との湊合戦に勝利して湊城(秋田市)に移った。天正十九年正月、豊臣秀吉から秋田・檜山二郡五万二千石を安堵され、収公された豊島郡二万六千石を蔵入地として預けられた。しかし、蝦夷地支配権は安東氏の代官蠣崎《かきざき》(松前)に与えられた。同じころから、実季は秋田氏を称する。

関ヶ原合戦後の慶長七(一六〇二)年実季は常陸宍戸《ししど》五万石に移され、同十六年秋田城介となる。神武により外ヶ浜に追放されたという安日《あび》を遠祖として安倍貞任につながる安東秋田氏の系譜が、寛永のころに確定する。名族秋田氏が三春五万五千石に入部したのは実季の子俊季の代、正保二(一六四五)年である。

第二章　戦国期における大崎氏と伊達氏

一　前　史―南北朝・室町期―

最初に、戦国期以前の状況について少し触れておきたいと思います。古川市柏崎に興聖山安国寺というお寺があります。安国寺とは、足利尊氏と直義の兄弟が夢窓国師の勧めによって後醍醐天皇を初めとする元弘以来の戦没者の霊を慰めるために、また国土の安全を祈るために全国六十六カ国、壱岐・対馬の二島、六十八カ国それぞれに設置した寺です。

室町時代には、京都・鎌倉の臨済の五山、それに次ぐ十刹、そして諸国には諸山という、寺々の制が整えられました。それらが幕府により官寺として認定されていたわけです。陸奥国では、「扶桑五山記」によると、東禅々寺、安国禅寺、圓福禅寺、東昌寺の四寺が陸奥国の諸山に列するものとして挙げられています。東禅々寺は岩手県遠野市にあり、安国禅寺が古川市の興聖山安国寺であると認められます。円福禅寺は瑞巌寺の前身で、東昌寺は福島県伊達郡にあった伊達氏の菩提寺の一つです。

ところで、南北朝時代の貞和四年（一三四八）ころに当時奥州管領の一人であった吉良貞家が幕府に出した書状（『改訂新編相州古文書』一三〇九、鎌倉市立図書館蔵）の中に「奥州伊達郡東昌寺、今は安国寺」とみえます。十四世紀前期、全国的に安国寺が設定された当初の陸奥安国寺は、実は伊達氏の菩提寺である東昌寺がこれに認定、設定されたということがこの文書によって明らかです。東昌寺は、鎌倉時代以来、鎌倉幕府の認めたところの諸山に列した。正慶二年（一三三三）閏二月三日付関東御教書にも、「陸奥国伊達郡東昌寺住持職事」とありますので、東昌寺は鎌倉幕府がその住持職を任命する名刹であり、この東昌寺がまずは陸奥安国寺に認定されたわけです。

しかしながら、その後になれば、「扶桑五山記」にあるように東昌寺はもはや安国寺ではなく、単に東昌寺となっています。そして、これとは別に安国禅寺がみえてくるのです。そういうわけで、当初は伊達氏の菩提寺が安国寺になり、しかし間もなく十四世紀の末から十五世紀のころに、古川地方に安国寺が設定されたということになります。それは大崎氏の権威と権力とに深く関連しながら設置されたものであり、あわせてその時期までに大崎氏が古川地方に本拠を定めていたことを示すものであります。

この安国寺はその後衰えて常楽寺という小さな寺になっていたのを、江戸時代に政宗の息子の二代藩主忠宗が再び安国寺として再興した。雲居禅師を中興として再興したということは「風土記書出」（興聖山安国寺風土記御用書出、『宮城県史』二五）に「義山（忠宗）様御鷹野之節当寺之義被相尋候、（中略）往古之通安国寺と称可申由被仰出、追而雲居和尚住職被仰付」とあるとおりです。そういうことで、南北朝時代から、大崎氏は奥州管領、のちに奥州探題として大きな権威を持ち、他方、伊達氏は伊達郡地方のみならずその周囲を押さえる強豪地頭あるいは強豪国人として、実力の点で大崎氏に迫ろうとする勢いを持っていた。そういう点で両氏は、相拮抗する存在であったと見ることができると思います。その大崎・伊達はこの南北朝から室町の時期、つまり十四世紀の半ばから十五世紀のころ、比較的友好な関係にあったと見ることができます。

つぎの史料①は十四世紀末の明徳二年（一三九一）、幕府の管領細川頼元が将軍足利義満の命を奉じて葛西氏に出した文書です。

史料①　足利義満御教書（伊達家文書三二）

陸奥国賀美郡事、畠山修理大夫国詮分郡也、而左京大夫（斯波詮持）抑留云々、緯絶常篇歟、同国黒河郡者、国詮恩賞之地也、同前、早伊達大膳大夫（政宗）相共、莅彼所、可被沙汰付国詮代、就彼左右為有沙汰、可被注申之状、依仰就達如件、

明徳二年六月廿七日　　右京大夫（細川頼元）（花押）

葛西陸奥守（満良カ）殿

どういう内容かというと、陸奥国賀美郡（加美郡）はもともと畠山氏の分郡（所領）である。それを、左京大夫という人物が年貢を抑留している、つまり所領を押領している。黒川郡もまた畠山氏に恩賞として与えられた郡であるにもかかわらず、左京大夫によって同様の状況にある。したがって早く伊達大膳大夫政宗と協力して、その抑留をとどめ、畠山の代官にこの二つの郡を与えるように、という命令です。

　この左京大夫とは、大崎氏三代の斯波詮持ですが、この文書は、大崎氏が次第に加美郡・黒川郡地方に勢力を伸ばしていたことを示すものです。そのことは、当然ながら大崎氏がすでに古川地方あたりに本拠を置いて、その地に根をおろしていたことを示すものであろうと思われます。三代目の詮持のころに、そのように志田を中心として加美、黒川、あるいはその他に勢力を伸ばし始めたと見られる。そうした意味において、初めは奥州管領として、あるいは一四〇〇年のころから奥州探題として、大きな権威を持つようになりますが、その以前のころに陸奥国府である多賀城のあたりから本拠を移し、志田郡からその周辺に勢力を伸ばすようになったと見られます。斯波氏が大崎氏を称するのは五代満詮の世といわれますが、この大崎地方を押さえて大崎氏が事実上誕生するのは、すでに十四世紀末のこ

ろであると思うのです。

話は変わりますが、古川地方というのは、茨城県の古河とまことに似ているという感じを常々抱いています。古河というところは利根川の支流が集まるところで、ちょうど武蔵国(東京都、埼玉県)、上野国(群馬県)、下野国(栃木県)、常陸国(茨城県)、そして下総国(千葉県)、五つの国の境界がおよそ古河あたりに集中するわけです。一四五〇年ごろに足利成氏が鎌倉から移って古河に拠点を置いて関東の支配を進めようとする。古河公方です。これに対して古川地方は、発音は違いますが、地理的現象は非常に似ている。鳴瀬川と江合川のそれぞれの支流はやはり古川あたりに大体集まって、志田郡と加美郡・玉造郡・栗原郡、さらに遠田郡は、一応離れているようですけれども、巨視的に見れば古川の近辺で五郡の境界が集中するという形勢であると思うのです。大崎氏が古川の拠点を押さえたのは、奥州管領そして奥州探題として奥州の重要地域であるこの大崎地方をまずは押さえて、そして五郡に大きな勢力を張っていこうという意図を持って、古川の地域に拠点を定めたと見ることができるのではなかろうか。古河公方の古河と大崎管領、探題の古川を比較すると、非常に興味深いものがあるように私は思っています。

それはさておき、南北朝時代から室町時代における大崎と伊達は大体において友好関係にあると、先ほど述べました。史料①では、室町幕府が大崎氏の横領行為を伊達・葛西両氏にとどめさせるという命令を出しているわけですが、これはあくまでも幕府の命令にすぎないわけで、実態としての大崎氏と伊達氏は事実上は友好関係にあったと見ることができます。伊藤信さんが本書の中ですでに指摘されているとおり、応永六、七年のころには大崎詮持と伊達大膳大夫政宗が連合して鎌倉公方と対抗関係に入っています。鎌倉公方と幕府との間が緊張関係に入って、伊達・大崎は幕府と結びながら鎌倉公方に対抗しているわけです。

少し下って応永二十年(一四一三)には、政宗から二代後の伊達持宗の反乱を大崎四代目の満持が援助しています。

これも伊藤さんがすでに指摘されています。それから四十年ほど下った宝徳四年（一四五二）には、大崎氏の黄金時代を築き上げた大崎七代教兼の娘が伊達十二代成宗のもとに嫁しています。宝徳四年とすることについての詳しい考証は省略し、結論だけ述べておきます。

さらに、十五世紀の末の長享二年（一四八八）には、大崎九代の義兼が成宗のもとに亡命しています。佐沼城主の反乱という内争を避けて、伊達氏の城下である簗川に亡命した。伊達氏は三百騎の兵を出して義兼を復帰させたということが「伊達正統世次考」等に出ています。

簗川は福島県の伊達郡、阿武隈川の東岸に位置しますが、その簗川の中心部から北方数キロの山舟生というところに小屋館という館跡が残っています。小屋館は大崎義兼の居館の跡と伝えられており、そのふもとには義兼の夫人が寵愛の衰えたために石に化してしまった化石（ばけいし）と称する石が現在も残っています。それ自体は伝説にすぎないわけですが、義兼が簗川に亡命したことは間違いのない事実と考えてよいと思います。

以上のように南北朝時代から十五世紀、室町期にかけては、大崎と伊達はまずは友好、あるいは連合の関係にあったと考えることができます。

二　大崎・伊達の盛衰と奥州探題職──戦国期──

それでは、戦国期、すなわち十六世紀では大崎・伊達の関係はどうなるのでしょうか。伊達と大崎の友好関係は必ずしも変わりません。遠交近攻という言葉がありますが、伊達と大崎もこの段階ではまだ直接境を接しないという傾向にありますから、友好関係はまずは保たれたわけです。

しかしながら、探題大崎の権威は戦国時代になると次第に衰えるようになってきた。それに対して伊達の実力は伸びて、さらには奥州探題にまでなって、形勢が逆転するということになる。先ほどふれた大崎教兼のころには、奥州探題大崎氏は大きな権限を奥州の武家たちに対して持っていた。第一に軍勢催促権といいます。戦のときに侍たちに参陣を命じ、軍事指揮をするという権限です。つぎには、官職や位を幕府に推薦するという官途推挙権を行使しています（叙任権は朝廷）。そして、経済的には朝廷の御所造営あるいは伊勢神宮の造営の場合の臨時課税、これを田の反別に割り当てる段銭課徴権を行使する。教兼のころにはそういう状況が見られます。戦国期になると、そうした権限が次第に発揮できないようになる。そしてついには奥州探題の職を伊達氏に取って代わられるという状況があらわれています。

第一に、大永二年（一五二二）十二月七日、十六世紀の早いころに伊達氏の十四代稙宗が陸奥の守護に任命されることになります。

史料②　寺町通隆奉書（伊達家文書一〇二）

（折封ウワ書）
「　　寺　町
　　石見守通隆　」
謹上伊達左京大夫殿

就当国守護職之儀、御申旨致披露、被達　上聞候之処、被成御意得之由　上意候、勢州（伊勢貞忠カ）書状為御披見、下進入候、御面目之至、不可過之候、来春中急度御礼御申候而、御判等可有御頂戴事候、御延引候てハ不可然候、京都之時宜、随分致馳走候、可被御心得分事専一候、猶資福寺江申候間、令省略候、此等之趣、可得御意候、恐々謹言、

（大永二年）十二月七日　　石見守通隆（花押）

謹上　伊達（稙宗）左京大夫殿

陸奥守護職というのは従来なかった官職です。奥州探題はあったが、陸奥国守護はなかった。幕府は大崎氏に遠慮して伊達氏を奥州探題に任命する代わりに陸奥国守護職を新設して、これに伊達氏を任命しようとしたものと考えられます。[1]伊達氏はそれに対しては不満であったらしく、それを受けるというしるしのお礼をしないでしまったのです。この点は、すでに大石直正さんが指摘したところです。[2]この史料では来春中にはきっと御礼を申し、そして正式辞令であるところの御判、将軍家の判物を与えられるようにとある。大体このころの守護補任の御礼の相場は、黄金三十両ですが、それを進上しないでしまったようです。三年後の大永五年にも幕府から催促が出されますが、結果的に伊達が御礼をしたという形跡は見られない。しかし、その後伊達氏は、稙宗が制定した「塵芥集」などに守護を自称しているわけで、守護職に任命されたという形をとりながら勢力を伸ばしていった、権威を発揮していったということが言えるだろうと思います。

正式に実現したか否かということは別として、幕府が伊達稙宗を陸奥守護に補任しようとしたことは、大崎氏の権威を危うくする一つの事件であったといえます。しかもこの伊達氏の陸奥守護申請の取次ぎ、すなわち官途推挙権は、大崎探題が握っていたというかつての形が崩れて、板東屋富松という豪商、そして和泉守とも言う武士でもあり、幕府と深い関係を持ち、奥州の武士たちとりわけ伊達氏と深い関係を持つ人物が仲立ちをすることになった。大崎氏の官途推挙権はもはや解体しているわけです。

そのころからまた大崎氏の権威を脅かすような状況があらわれます。それまでは大崎氏は陸奥国では左京大夫という官名を独占していた。大崎教兼が左衛門佐であった以外は歴代の大崎氏はいずれも左京大夫です。ところが、「歴名土代」などを見ると、まず伊達稙宗が永正十五年（一五一八）に従五位下左京大夫に叙任されます。間もなく四年後の大永二年には葛西氏、当時石巻の城主であった葛西晴重が左京大夫に任命される。そして同じ年に庄内の大宝寺春氏がやはり左京大夫。続いて天文十年（一五四一）には、福島県浜通りの岩城重隆、また大宝寺晴時、翌年には白河晴綱と、左京大夫に任命されるようになった。伊達氏は稙宗以後政宗に至る四代が左京大夫となる。このことは大崎氏の権威の失墜を招かざるを得ないことになったと見てよいと思います。

天文五年には大崎義直が伊達稙宗のもとに亡命するという状況があらわれます。稙宗がみずから出陣し大崎義直と一緒に戦って、彼を復帰させるのです。これはやはり、大崎氏の内争が原因です。岩出山町の泉沢の城主新田安芸守頼遠がまず反乱を起こし、氏家、古川、高清水あるいは一迫、そういう家臣たちがこれに同調して義直に反抗するという状況になった。そこで義直は伊達氏のもとに亡命して援助を請うことになったわけです。伊達稙宗は大崎氏でいえば教兼に当たるような伊達氏の勢力を大きく伸ばした有力者です。戦国の分国法の中でも有名な塵芥集を制定したのは天文五年四月のことですが、その翌月に稙宗は義直を助けて大崎に兵を出したのです。

「伊達正統世次考」（巻之八下）によると、義直は古川城の東の台から攻め、稙宗は南門を攻める。そして、稙宗の宿老牧野安芸と浜田伊豆、いずれも塵芥集に署名をした面々ですが、この二人は古川城の西門と北門からそれぞれ攻めます。六月二十一日に至り、古川城主父子は城南の大門において切腹、古川は落城となります。さらに古川落城に続いて九月には岩出山（岩手沢）城を攻めます。当時の岩手沢で城主は氏家氏です。大崎探題の執事で第一の重臣であった氏家氏が代々岩出山の城主であった。その岩出山城を攻めて、そこに氏家と共に拠っていた反乱の張本人新田氏をともに降伏させ、新田氏を最上に走らせる。氏家直継はそのまま岩手沢城にいてよいという条件で講話を行い、大崎義直を本領に復帰させて大崎出兵のことは終わったのです。

古川城を落城させた段階で伊達稙宗が大崎領の北に位置する江刺左衛門督に出した手紙（伊達稙宗書状〈天文五年〉六

月廿五日付、伊達家文書一三四）によると、古川城を落とし、主なる者四十四人を切腹させ、討ち捨てなで切りは五百余人にのぼる大勝利をおさめたというようなことを記し、これからは岩手沢城に陣を進めると述べています。戦の中間段階の書状です。

史料③　足利義輝御内書（伊達家文書二一九）

「（折封ウワ書）
　伊達左京大夫とのへ」

就奥州探題職儀、為礼大鷹一本、馬一疋雲雀毛、黄金卅両到来、目出候、猶晴光（大館）可申候、為其差下孝阿（文次斎）候也、

九月廿四日　（足利義輝）（花押）

伊達左京大夫とのへ

これは永禄二年（一五五九）に将軍足利義輝の出した御内書です[3]。奥州探題職の儀につき、礼として大鷹一本、奥州は鷹の名産地です。雲雀毛の馬一疋、そして補任の相場であるところの「黄金卅両到来、目出候」云々ということで、この文書は奥州探題に任命された伊達左京大夫晴宗が御礼として鷹と馬と黄金三十両を進上したことに対する答書です。晴宗はこうして正式に奥州探題になった。伊達稙宗が陸奥国守護になって以後も、大崎氏は奥州探題と幕府から呼ばれていたのですが、この永禄二年（一五五九）を境として、そのことはなくなります。

さらに大崎氏の凋落を示す一つの史料として、永禄六年の室町幕府諸役人付（群書類従・雑部）があります。当時、幕府が外様衆かつ大名衆として認定した有力な群雄は全国で六十名前後あって、その中に北条氏政・今川氏真・織田信長、あるいは島津氏・毛利氏などの名がみえ、上杉弾正少弼輝虎（謙信）等々に伍して伊達次郎晴宗が奥州の武士としてみえています。もう一人奥州からは会津の蘆名修理大夫がみえます。この二人が奥州における大名衆として認定された家です。

それに対して一つ下がった形で関東衆があって、そのトップには当然ながら古河公方の足利義氏がみえ、その一番の重臣である簗田中務大輔が出ていますが、それに次いで氏家修理亮という名前がみえ、奥州大崎という注がありま す。言うまでもなく岩出山(岩手沢)の氏家です。続いて三戸の南部大膳亮と南部の同族である有力者九戸五郎、あるいは大崎氏から分かれて出羽の探題となった最上出羽守、それから相馬や岩城がみえておりますが、大崎氏の名は出ていません。これは大崎氏の凋落を示すものと言わざるを得ないと思います。大崎は別格だから出ないという説もありますが、私はそうではないと考えています。氏家氏の実力の上昇と大崎氏の凋落、下剋上現象をここに見ることができると思います。

三　大崎義隆・反義隆派・伊達政宗――戦国の大詰――

戦国の末になると、氏家氏と大崎義隆との対抗関係の中で政宗が大崎氏に介入していくという状況が出てきます。十六世紀の終わり、すなわち戦国の大詰めの時期の現象ですが、この中で最も注目すべき事件は天正十六年(一五八八)、政宗による大崎出兵とその敗戦ということです。ただし、政宗自身は大崎には出陣しません。この段階における政宗の主要な戦線は、先ほど言いました会津の蘆名氏と、常陸(茨城県)から福島県の中通りに進出してきた佐竹氏、これらに付随する諸氏の連合軍との戦線、それから伊達領の北の最上氏、すなわち政宗の母の兄に当たる最上義光との北西部戦線、そして伊達の宿敵である相馬氏との東部戦線であり、それらに張りつけられていたために政宗は大崎にみずから出陣することはできなかったわけです。

そもそも天正十六年の大崎出兵の契機は、氏家弾正の出兵依頼にあった。大崎家中で孤立することになった弾正吉継は天正十四年に政宗のもとに援助を請うてきた。しかし、政宗には直ちにそれに応じる余裕がなく、ようやく天正十六年になってから出兵することになったわけです。このあたりの状況については、元禄年間に編さんされた伊達氏の正史「伊達治家記録」に記されていますので、以下、それにしたがってみてみましょう。

天正十六年正月十七日、氏家弾正吉継に加勢のため、陣代（名代）として浜田伊豆景隆を大将に、留守上野介政景（宮城郡利府城主、政宗の父輝宗の弟）および泉田安芸重光（岩沼城主）、戦奉行には小山田筑前、目付には小成田総右衛門重長等を命じ、深谷播磨守晴清入道月鑑斎（桃生郡北方の深谷領主）、田手宗実以下の大軍を繰り出すことになった。予定によれば、正月二十五日には氏家の岩手沢に着陣をするはずであった。

ところが、二月八日には陣代の浜田伊豆景隆より使いとして遠藤玄蕃が参着した。「味方敗軍に及び敵地志田郡新沼城に引きこもるの由委曲言上す」という敗報が政宗のもとに届いたのです。そのいきさつを「伊達家治家記録」では次のように記しています。そもそも大崎表の討手の両将留守政景と泉田安芸が諸勢を率いて正月下旬に志田郡の松山から出陣しようとした。黒川郡を飛び越えた志田郡の松山は伊達の所領になっており、遠藤出羽が城主です。そこに集結して出陣しようとしたわけです。

遠藤出羽が進み出て言うには、新沼の城主上野甲斐は自分の姉婿であるから自分に味方をしてくれるであろう、新沼を通って中新田を攻めることに問題はないであろうという作戦を出した。これに対して政景が、中新田までは遠過ぎる、無理ではないかという慎重意見を述べた。ところが泉田重光はそれに対して、遠藤出羽の言うところはまことにもっともであると賛同した。その結果、積極意見が大半の賛成を得て、中新田城を攻めようということになった。

二月二日に松山城を諸勢が出発して川を越え、師山城の前を打ち通って、そして新沼にかかり、さらに中新田城を攻めようとした。ところで師山城には古川弾正以下が、川南の桑折城には黒川月舟斎がたてこもり、両場で伊達軍の背後を突くおそれがあったので、師山を押さえるために留守政景・濱田景隆・田手助三郎等々が四百余騎で師山の南の広い畑に陣をしきます。一方、遠藤出羽その他の勢は中新田の町構などを一たんは攻めます。しかし、あまり深く入っては背後が気遣いだというわけで小山田筑前が指揮して総軍を退こうとした。

そもそもこの出兵を要請したところの当の本人であった氏家弾正は、まさか伊達勢が中新田まで侵攻してくるとは思いもかけずに、ただ岩手沢の近辺だけで軍事行動をして引き揚げてしまった。中新田表まで攻めかけた人数は引き返そうとしたけれども、旧暦の二月初めの深雪と一すじ道のためになかなか思うようにならない。

他方、政景と景隆の方は師山の南の原から引き揚げた。そこで師山城の大崎軍が打ち出て、用水堀の橋を引いてしまった。中新田表からの遠藤出羽らの勢は通ることができず、新沼に引き返そうとした。そうこうするうちに小山田筑前が討死をし、多数戦死者がでた。ついに遠藤出羽・泉田重光・長江月鑑等の人数五千が新沼城に籠城せざるを得ないことになった。他方、政景と景隆は松山に引き揚げようとしたが、黒川晴氏月舟斎が志田郡桑折城を押さえて通させないかまえであった。ところが、黒川月舟は留守政景の舅であるので、留守政景が月舟斎に懇願した結果、月舟斎もこれを許さざるを得ないことになり、政景と景隆たちの軍勢は松山城に無事に入ることができた。しかし問題は、泉田あるいは長江等々の軍勢五千が新沼に籠城するに至ったということです。敗報として二月八日に入ったのはそういうものでした。「伊達治家記録」には次のようにあります。

史料④　「伊達治家記録」天正十六年二月二十九日条

新沼籠城ノ輩出城ノ由、註進到来ス、抑新沼ニハ去ル比ヨリ泉田、長江、高城、宮沢、遠藤ヲ始メ、都合人数五千許リ引籠ル、地形狭ク大勢籠リ迷惑シ、且ツ食乏クシテ餓死ニ及ハントス、(中略)事調ヒ、去ル廿三日安芸、月鑑斎両人、新沼ヨリ同郡蟻袋ヘ人質トシテ移シ居ル、高城、宮沢、遠藤等ヲ始メトシテ諸勢ハ悉ク新沼ヲ出テ

引退ク、

二月下旬のころになると、新沼に籠城した人々はもはや二十日ほどたったわけですから、五千の軍勢が入るには何とも窮屈であり、また食糧も次第に欠乏して、餓死に及ぶ状態になってきた。何とかして大崎義隆と講和をしようということになり、泉田重光と長江月鑑の二人を人質として義隆側に出すという条件によって五千人は解放されるということになる。二十三日に条件が整いようやく松山に引き揚げることができた。泉田安芸と長江月鑑は大崎領の蟻袋に人質としてとられることになったというのです。

ところで、長江月鑑は四月初めころに許されて本領の深谷に戻ることができた。泉田重光は残されたばかりか、最上に連れてゆかれることになる。実は、大崎義隆を背後から指導していたのは例の最上義光です。この最上の人質になってしまったという形です。数カ月たって天正十六年七月に至り、泉田安芸は最上から帰ることができた。「治家記録」天正十六年七月二十三日条に「今日泉田安芸重光最上ヨリ帰着ス、公、中途マデ迎トシテ御出アリ」とある。公とは政宗ですが、政宗としては異例のことです。これはどういう状況であったかというと、実は政宗の母親の保春院の働きによって、最上と伊達の講和が実現し、それに伴って泉田安芸が帰ることができたということです。同時に大崎・黒川と伊達との講和もひとまずでき上がった。泉田が最上から帰ったということは、最上・大崎・黒川と伊達政宗との講和がひとまず実現した、そのことの結果であります(4)。

伊達政宗の周辺状況を見ると、安積郡の郡山で六月以来政宗と会津蘆名・佐竹、この両者の合戦が二カ月にわたって続いていた。その戦も七月下旬ころに講和に到達します。一斉に伊達の周辺の戦闘状況は全部講和状況に切りかわったわけです。これは偶然ではありません。実はこの年に秀吉からの使者金山宗洗が奥州に下向して相馬、岩城その他を巡って最上に入り、九月には伊達氏の本拠米沢にまでやって来ます。米沢に入る前にこの使いの趣旨は奥羽の諸侍に伝えられるようになっていた。その趣旨は「惣無事令(5)」というものです。「惣無事令」とは、戦をすべてやめ、紛争裁定を秀吉に仰ぐことを命じるもので、ひいては上洛して秀吉に従えという命令です。この「惣無事令」の効果がひとまず現れて、一時的に平和状況が実現した。最上と伊達、大崎と伊達の講和もその一環とみることができるのです。

こうして一たんの和睦は外からの秀吉の圧力によって出てきたわけですから、それが長続きするはずはないのです。次の史料は、天正十六年四月十五日に政宗が長江月鑑斎にあてた五か条の書出しです。

史料⑤　長江播磨守宛伊達政宗朱印書出（伊達家文書一〇三五）

　書出し

一大洞中ニ、当方可被相憑族候者、所領之義、望次第ニ可有之事、
一当方被憑候共、此口陣参之事者、可為赦免事、
一大名（大崎）跡ニ、従当方不可有違乱事、
一金子抔之用立義候者、可被申越事、
一氏家方へ一統之事、

　　以上

（天正十六年）四月十五日　政宗（朱印）

　長江（勝景）播磨守殿

第一条「大洞中ニ」とある「大」は大崎、「洞中」（うつろうち）は家中という意味です。「当方」とは伊達方です。
「大崎家中に伊達を相頼まるべきやから候わば、所領の義、望み次第にこれあるべきこと」。大崎家中で伊達に味方す

るという者がいたならば所領は望み次第にくれる。第二条、「当方たのまれ候共、此口陣参のことは赦免たるべきこと」。伊達の方に内通しても、大崎との合戦には陣参の義務を免除する。伊達の方に従うという意思表示をしたならば、所領は望み次第にくれる。しかも対大崎の戦に参加しないでよろしい。まことにいい条件です。そして第四条には、「金子などの用立ての義候わば申し越さるべきこと」。これは直接長江月鑑に述べたことでしょうが、間接的には大崎の家中にも内通する者には金子を用立てようということだろうと思います。こういう条件を出して政宗は十六年四月、つまり七月講和の前段階で大崎家中の内応を企図していたのです。

　ところで、大崎と伊達の講和が具体的な条件を明確にしてあらわしてくるのは、天正十七年（一五八九）の夏のことです。

史料⑥　中島伊勢宛伊達政宗書状（伊達家文書四一二）

（上略）次大崎無事、去十六日落着候、題目之事、一大崎向後者ハ、伊達馬打同前之事、一山形へ之縁辺被相切、当方へ縁約之事、一氏（氏家）一統ニ向後も不可有違乱事、如此之題目、何も調候而成就候、定而可為満足候、残吉重而、恐々謹言

　追而、自新地之到来ニ付而、返々不可有油断候〳〵、何事モ重而、以上

（天正十七年）卯月十八日戌刻　　政宗（花押）

中伊（中島宗求）

大崎との停戦講和のことは去る十六日に落着した。その条件というのは、「一大崎領は今後伊達の兵馬の入るところと同じ扱いとされる」、つまり大崎領は伊達氏の軍事指揮下(6)に入るということです。そして「一山形への縁辺を相切られ、当方へ縁約の事」、つまり大崎義隆は山形との縁辺を切って伊達と関係を結ぶようにせよ。しかも「氏家一

統に向後も違乱あるべからざること」。氏家吉継一統に対して違乱をしてはならない、という条件です。この三カ条をもって講和が整ったことを政宗はこの手紙の中で言っています。

ただし、直ちに講和は実現できなかった。この場合の大崎方の条件は、氏家吉継と富沢日向守貞連についての問題です。富沢は、本来は隣の葛西氏の一族で三迫城主です。室町時代以来、大崎探題に抵抗するような有力豪族の家柄だったのですが、この富沢日向守が氏家と一緒の行動をして大崎義隆に抵抗していた。その氏家と富沢が義隆に服属するという形を血判の起請文、誓約書を出して整えない限り、政宗と大崎義隆との正式の講和も成立しないという約束であった。ですから、政宗は富沢と氏家に対して、義隆への血判誓詞を出して服属するようにと勧めていた。それがようやく六月になって実現したことが「伊達治家記録」天正十七年六月此月条に出てきます。そこで初めて六月十三日に大崎義隆は血判誓詞を政宗に出すことになったのです。同条には「起請文の事、承り候ごとく雪斎と月舟の籌策に任せ一和の義落着の上、向後において互いに入魂あるべきの旨もっともに候」云々とある。当然、政宗も義隆にこのような起請文を出したはずです。こうして講和が実現します。

しかし、氏家、富沢その他のように大崎義隆に心底からは従わない者がいる限りは、そして政宗がそれを操ろうとする限りは、大崎氏と伊達氏との講和が本当の意味で実現するはずはありません。政宗はその他の大崎家臣に対しても史料⑥で見たような切り崩しを進めています。例えば大崎家臣の湯山修理隆信に出した政宗の知行宛行判物があります。

史料⑦　湯山修理亮宛伊達政宗知行宛行判物写（伊達治家記録『引証記』十二）

氏家弾正忠令一味、無二於奉公ハ、弓箭本意之上、一栗一跡慥ニ其方へ可宛行候、永代不可有相違候、仍為後日証文如件、

天正十七己丑年霜月十七日　政宗御書判
湯目（山）（隆信）修理亮殿

氏家吉継に一味して無二奉公においては「弓矢本意の上」すなわち大崎氏との戦が勝利に帰した折には、一栗氏の名跡と所領を「慥にその方へあてがうべく候」と、そういう恩賞を約束しているわけです。また大崎氏の重臣中目兵庫頭あてにも「大崎弓矢本意にとりなし候わば、四日市場あてがうべく候。永代相違あるべからざるものなり、よって証文くだんの如し」という約束をしています（中目家文書『仙台市史伊達政宗文書』一―五七九）。四日市場は中新田のすぐ近くです。こうした内通を誘う文書を大崎氏の家臣たちに何通も出している。

しかし、大崎氏と伊達氏の合戦は、天正十六年以後、明瞭な形では実現しないで終わってしまった。政宗は秀吉の「惣無事令」にもかかわらず、天正十七年六月には会津蘆名氏を滅亡させて会津を手に入れ、さらに同年十月末には須賀川の二階堂氏を攻めて滅亡させていますが、大崎氏と戦をするまでの余裕はなかった。政宗の攻める戦線は南の佐竹氏との戦が本命でしたから、緊張関係を保ちながらも義隆との戦は明瞭な形で顕現しないままに、天正十八年の秀吉の奥羽仕置を迎えることになった。

四　奥羽仕置と大崎一揆

最後の奥羽仕置の話に移ります。秀吉は天正十八年（一五九〇）四月から七月まで小田原の北条氏を攻囲し、ついに滅亡させます。その小田原攻めの陣中に奥羽の武士たちを全部出仕させようとする。参陣しない者は所領没収であるということです。北条氏が七月に滅亡すると、引き続いて秀吉は会津に下ってくる。八月九日に会津に着き、数日間の滞在中に「奥羽仕置」を令達します。奥羽の領土処分と大名夫人の京上、検地・刀狩・破城、そして身分制の画定などがその内容です。小田原と会津下向途中の宇都宮で出仕した者は原則として本領安堵、両方どちらにも来ない者は領地召上げということになります。その条件にさらされたのが大崎氏と葛西氏です(7)。奉行の浅野長吉あるいは石田三成が、伊達政宗を指揮して大崎・葛西両氏の所領の接収を行うことになる。天正十八年八月十八日ころ、まずは大崎氏の居城であった中新田を接収する。八月二十三日のころには葛西氏の居城であった登米城を接収する。その後に新しい領主として、木村吉清という小身であった秀吉家臣がにわかに三十万石の大大名に取り立てられることになる。破城・検地・刀狩も急速に進められたとみえます。これが大崎・葛西の仕置というものであった。

ところが、ひとまずこの奥羽仕置が終わって、浅野長吉などが引き揚げたその直後の十月中頃に、大崎・葛西の一揆が起きた。大崎・葛西の一揆の発端は、南部信直の手紙などによると、岩出山から起きたと書かれています。その他の説もありますが、一つ岩出山が台風の目であったことは確かです。岩出山の城主であった荻田三右衛門に対して大崎の旧臣たちが立ち上がってこれを討ち殺し、岩出山城を乗っ取り、さらには古川城に向かった。そしてたちまちにして大崎領あるいは葛西領に一揆が広がったということが伝えられています(治家記録)。

それに対して、伊達政宗と会津の新領主蒲生氏郷が出動して一揆を鎮圧しようとします。この時点では、浅野長吉は京都に戻る途中で駿府まで上っていた。そこで一揆蜂起のことを聞いて引き返す。江戸で家康と打ち合わせをして、二本松に戻ってくるのは十二月です。その間に大体政宗と氏郷でこの一揆を抑える。このときに政宗と氏郷の間にいろいろと悶着があったことは周知のとおりです。

ところで、この第一次の天正十八年の一揆鎮圧の方針は、いわば無事主義であった。攻撃を強行することをしないで、交渉・折衝主義で一揆を抑えようという建前であったようです。また実際問題として、政宗の軍あるいは氏郷の軍が出かけると、一揆勢は戦わずして退散したということであって、強硬な抵抗があったのは名生城だけであった。名生城だけが蒲生氏郷に対して激しい抵抗をしたというのが「蒲生氏郷記」などの記すところです。その他のところはほとんど抵抗らしい抵抗をしないで第一次の一揆制圧は終わった。しかしながら、この十八年の冬の段階で、重要な城としては大崎領の宮崎城と、それからこれも広い意味では大崎領とされる佐沼城、この二つの城は牙城とし、また政宗・氏郷が引き揚げた後には、その他にも多くの一揆の城々が再生したものとみえます。

他方、登米城と、宮沢元実が在番する名生城、小成田惣右衛門・富沢貞連が守る岩出山(岩手沢)城の三つは伊達軍が抑えます。天正十八年冬から十九年の春・夏にかけては、登米・名生と岩出山を伊達勢が抑え、宮崎城と佐沼城などに一揆勢力がたてこもるという対立状況が続いたということになる。その間に伊達政宗と蒲生氏郷は上洛させられる。そもそもこの段階で、奥州の本領安堵をうけた武士たちは全部が上洛させられていたわけです。そして多くの者が領知朱印状を与えられる。奥州大名で上洛しなかったのは、ただ一人南部信直だけです。南部信直は九戸氏などの反乱のために上洛の余裕がなかった。改易になった葛西晴信は上りませんが、大崎義隆は天正十八年八月末の段階で上洛しています。天正十九年正月ころ奥州の留守番をしたのは、二本松に残った浅野長吉です。

さて、伊達政宗はかつて小田原では秀吉に会って会津を召し上げられたのではなくて、会津召し上げを了承して初めて秀吉からお目通りを許されたわけですが、今度の上洛では大崎・葛西を与えるがそのかわりに六郡ほどを召し上げ、大崎・葛西の一揆を徹底的に制圧することを命じられます。天正十九年五月に京都から戻ると、翌六月には米沢から出陣をして大崎・葛西一揆の徹底的な制圧となる。十九年の一揆再征は、十八年とは違って非常に厳しい合戦によって制圧が強行されることになります。その焦点になったのが宮崎城と佐沼城であったことは周知のとおりです。

次の史料は、七月三日佐沼城を陥落させた直後に政宗が京都に出した注進状です。

史料⑧　木下半介・山中橘内宛伊達政宗書状（『豊臣記』『伊達政宗文書』一―八四三）

早速雖可及御注進、無一廉候テハ如何ト存、令延引候、

一去月十四日、在城罷立、同廿一日ニ大崎境目へ令着候キ、拙者下前、大崎中過半城々逃明候内、小池之郡号宮崎依名地、一揆共籠居、堅固ニ相抱候間、廿四日ニ彼地へ押寄、其儘取巻、次ノ日卯ノ刻攻破、数百人及撫（ママ）薙切ノ事、

一佐沼ノ城主去春令進首候キ、其子彦九郎取籠佐沼候故、大崎・葛西残党等悉ク及助力、手堅ク相抱候ヘトモ、従宮崎直ニ押、頬ニ取拵、昨二日以来取付、今三日寅ノ刻ニ打破、二千余人討捕、其外伐捨不知其数候、大崎中残処一ケ処モ無之候、葛西過半城々開逃仕候間、不可有幾程候歟、殊更明日葛西へ陣替仕、吉左右トモ追テ可申上候、

（天正十九年）七月三日　正宗（ママ）

木下半介（吉隆）殿

山中橘内（長俊）殿

六月十四日に「在城（米沢）まかり立ち、同二十一日に大崎境目へ着かしめ候き。拙者下る前に大崎中、過半の城々逃げ明け候うち、小池の郡、宮崎と号するは名地たるにより（地とは城という意味、別の文書では大崎一の城だとある）、一揆どもこもりおり、堅固に相い抱え候間、二十四日にかの地へ押し寄せ、そのまま取り巻き、次の日の卯の刻（午前六時）攻め破り、数百人なで斬りに及ぶのこと」とあります。つぎに、佐沼の城主については今年の春にその首を岩沼でとって、京都に進上した。その子の彦九郎が佐沼に立てこもり、大崎と葛西の残党がことごとくたてこもって堅守していたが、宮崎から直ちに攻め寄せ、いろいろと作戦を練って昨二日以来取りつけて、きょう三日の寅の刻

（午前四時）に打ち破った。二千余人を打ちとり、そのほか切り捨てにした者の数はわからない（二千余人は首を挙げたけれども、なで斬りにした数は到底数えきれない）。大崎領中にはもはや残るところ一城もない。葛西領も過半の城々は開け逃げたということで、間もなく完全に制圧されるであろうというのです。この七月三日の注進状は、七月二十日に京都に着き、秀吉は即日政宗あてに感状（『伊達家文書』六〇三）を出します。「去ぬる三日の注進状、今日二十日到来、披見を加え候。下着以来余日なきのところ、早々大崎表に至って相働き、宮崎の城攻め崩し、その陣より佐沼へ押し詰め、すなわち攻め崩し、物主彦九郎はじめ二千余討ち取るの義、神妙に思し召し候。天下の外聞その方のためもっともに候」云々という感状です。

以上をみれば、大崎一揆の中核は義隆派の城主クラスであり、少なくとも十九年には政宗と一揆の間に妥協はありえなかったことが明らかです。

つぎの史料は、総奉行浅野長吉が東海道掛川の領主山内一豊に出した手紙です。

史料⑨　浅野長吉書状（山内家文書、御手許文書）

熊申入候、大崎之一揆共、令成敗付而、此首鼻共京都江上せ申候、路次通町送ニ被仰付、被相越候而可賜候、恐惶謹言

浅野弾正少弼

（天正十九年）
七月八日　　長吉（花押）

掛川

山内対馬守御宿所

後に土佐の殿様になる一豊は、当時掛川の領主です。「わざと申入れ候、大崎一揆ども成敗せしむるについて、こ

の首鼻とも京都へ上せ申候、路次通り町送りに仰せつけられ、相越され候て賜うべく候、恐惶謹言」、つまり大崎一揆の首鼻を京都に上せる伝馬宿送を願ったものです。たまたま一通だけが山内家の史料に残っているのですが、道すじ要所要所の大名たちに浅野長吉がこの手紙を出していることは明らかです。(8)

要するに伊達氏と大崎氏は、権威の大崎氏に対して実力の伊達氏が、はじめ一歩あるいは数歩ゆずるというのが、ついに戦国に至ってその形勢関係は完全に逆転するに至った。その場合における台風の目は、常に岩出山(岩手沢)の氏家氏であり、その岩出山のために大崎氏はつぶれざるを得なかった。(9)古河に似た底地帯で諸郡境界地帯の古川地方に拠った大崎氏に対する、高燥の岩出山に拠った家宰氏家氏ら在地領主＝城主層の下剋上が、戦国大崎氏の歴史を動かした感があります。そして、天正十九年、米沢・伊達・信夫などの本領を召し上げられ、政宗が葛西・大崎領を与えられて入った居城は岩出山でした。

註

(1)　これについて黒嶋敏「奥州探題考―奥州国家と陸奥国」(『日本歴史』六二三、二〇〇〇年)は、大崎氏の奥州探題職を継続しながら、伊達稙宗を大名とするために幕府がうった奇策、と評する。妥当な見解であろう。

(2)　大石直正「戦国期伊達氏の花押について―伊達稙宗を中心に―」(『東北学院大学東北文化研究所紀要』二〇、一九八八年)

(3)　晴宗の奥州探題補任を永禄二年とする説については、小稿「戦国期南奥の武士と芸能」註19(小編『中世南奥の地域権力と社会』岩田書院、二〇〇一年)。および黒嶋敏「はるかなる伊達晴宗―同時代史料と近世家譜の懸隔」(『青山史学』二〇、二〇〇二年)を参照。

（4）遠藤ゆり子「執事の機能からみた戦国期地域権力―奥州大崎氏における執事氏家氏の事例をめぐって―」（立教大学史学会『史苑』六二の一、二〇〇一年）、同「戦国期地域権力の歴史的性格に関する一考察」（『地方史研究』二九六、二〇〇二年）は、「「大崎合戦」は、大崎「家」内の紛争解決のために、執事氏家吉継・当主義隆それぞれが伊達・最上両氏を呼び出した結果、戦国大名間の戦争へと展開していくという経過を辿った」とする理解を提示する。が、当主義隆と吉継における「「家」内の紛争」とは、他ならぬ両者を当事者とする紛争だったのではないか。個別実証に誤解が多く、説得的とは言いがたい。ただし、「「憑」み関係の追究」という姿勢による、戦国大名の一方的侵略という理解に対する批判は貴重であり、「平和維持を目的とする地域権力間の恒常的結びつきの重視」など重要な論点が提起されていることを評価したい。

（5）藤木久志『豊臣平和令と戦国社会』（東京大学出版会、一九八五年）第一章

（6）（天正十七年）二月十二日最上義光書状（『伊達家文書』三三八）によれば、義光娘の大崎入嫁の約束が知られる。大崎の「山形へ之縁約」は、これをさすものであろう。

（7）和賀・稗貫両氏は宇都宮に参候したが、出仕を許されなかったものとみられる。南部信直がこれに対する宗主権を主張し、伊達政宗が信直と競合した結果であろうか。なお、小稿「秀吉の宇都宮仕置―関東仕置と奥羽仕置―」（『栃木県立文書館研究紀要』六、二〇〇二年）を参照。

（8）小稿「葛西大崎一揆の背景」（『佐沼開町四〇〇年記念シンポジウム全記録』一九九一年）

（9）小稿「奥羽仕置と大崎義隆」（『福島県歴史資料館研究紀要』二四、二〇〇二年）参照。

第三章　葛西晴信黒印状について

1

かつて私は、葛西「晴信の文書はいわゆる香炉印文書にも問題があるので注意検討が必要であろう」と述べながら（小林編『東北大名の研究』一九八四年、四四九頁）、単なる指摘に止まった。小稿は、その具体的な根拠を示そうとするものである。

さきに伊東信雄先生は御所蔵の葛西氏発給文書一巻（一一通。受領者はすべて熊谷氏であるので、以下これを熊谷文書とよぶ）について私に意見を求められ、これに対して私見を申しあげたことがあった。『東北大名の研究』において行った右の指摘は、この熊谷文書についての後述のような所見に基づくものであった。一昨年十一月、先生は改めて私に熊谷文書のいわば真偽確認のことを託された。その際の先生の御言葉は、〝自分もこの文書については疑問を抱いているが、率直に意見を述べてくれ〟というものであった。私の意見はすでに一度申しあげたのであったが、その場でにわかにこれを繰り返すこともはばかられて、〝承知いたしました〟と申しあげて辞去した。これについての意見を申しあげる機会を得られぬままに、昨年四月先生の思いがけぬ御逝去に逢う結果となった。ここに怠慢をおわびしつつ、先生に対する御報告をあらためて申しあげることとしたい。

2

熊谷文書一一通は、既刊の『岩手県中世文書』および『岩手県戦国期文書』Ⅱ（ともに岩手県教育委員会刊。前者は森嘉兵衛氏、後者は森ノブ氏編）に収められているが、この文書は次のような順序で一巻に軸装されている。

1天文十三年八月七日　葛西高信黒印状　熊谷又次郎あて
2永禄十二年三月十日　葛西晴信黒印状　熊谷伊勢守あて
3元亀二年七月二日　同　右　熊谷図書助あて
4元亀二年七月三日　同　右　熊谷図書あて
5天正七年三月二十八日　同　右　熊谷菊之進あて
6天正十八年一月十二日　同　右　熊谷掃部頭あて
7天正十六年五月二十日　同　右　熊谷掃部頭あて
8九月二日　同　右　熊谷掃部頭あて
9九月十七日　同　右　熊谷掃部頭あて
10天正十八年十二月二十九日　同　右　（宛名欠）
11十月五日　同　右　熊谷河内守あて

なお巻子の袖近くの裏には「潢装古損セシ為メ明治四十一年修装セリ」とある。一見して明らかなように、一一通すべてが黒印状である（無年号の三通は書状）。一〇通までを占める葛西晴信黒印状の黒印は同一のものと認められる。

このうち、10の晴信黒印状の内容は次の通りである。

関白秀吉公小田原北条父子御誅罰之節／不参者之領地被召上候、然所ニ我々事領地被／召上、大谷ニ住居、失本
意候処ニ、此度浅野長政（ママ）／申越候者、小田原御在陣之節延引之品、免（カ）／々申分候者、本領有相違間敷旨内意ニ候
／間、近日可打立ト存候得共、上府如何ニ候間、其方／為代官指越候条　関白御承引本領於無相／違者、元良郡
之内十五ヶ村宛行、葛西家可／為惣簱頭、若令違者、
梵天帝釈四大天王、惣而日本六拾余州大小之／神祇、殊八幡大菩薩、部類眷属、神罰冥罰各／可蒙者也、
天正拾八年十二月廿九日晴信（黒印）

この文書にみえる史実の検討はさておき、文言のうちにみえる「浅野長政」の名と、また起請文の形を採りながら印判を用いるという形式とに注目しよう。

まず、天正十八年と推定される十二月十七日付（『伊達家文書』二―五六〇号）、十二月二十五日付（同五六三号）および天正十九年と推定される正月九日付（同五七三号）の各浅野長吉（長政）書状には、いずれも「浅野弾正少弼長吉」という署名が行われている。したがって、天正十八年十二月二十九日現在では「長政」の実名はまだ用いられていないことが確実である。つぎに、起請文という神仏への誓約に基づく文書は、その重要性のゆえに、花押をすえられるのが通例である。さらに血判をすることさえ多い起請文に対して、印判を捺すという例は、まずありえないと断定できる。

このような理由によって、10の文書は疑わしいとせざるをえない。とすれば、この10すなわち天正十八年十二月二十九日葛西晴信黒印状に捺された黒印は、当然疑わしきものとなる。他の九通の熊谷氏あて晴信黒印状に捺された黒印も10のそれと同一である。したがって、2～11の一〇通の葛西晴信黒印状は、すべて疑わしいものとなろう。

なお、10の天正十八年十二月二十九日晴信黒印状は、宛所を具備すべき内容形式を採りながら、しかも充所を欠い

ている。その筆蹟は5の天正七年三月二十八日晴信黒印状と同一である。おそらく、一〇通の晴信黒印状はほとんど同時に作成されたものとみられるが、少なくとも10と5は同時に作成されたものであろう。したがって10の宛所欠如は、他氏あての部分を切除したりした、すなわち欠損、ではなしに、本来宛所を欠く文書として作成されたものと推測される。このこともまた、文書の疑わしさを補強するものとなろう。

3

熊谷文書に用いられた葛西晴信の黒印が疑わしいとすれば、これと同じ形状の黒印が捺された文書は、当然疑わしいこととなる。かつて『岩手県中世文書』に部分的に収録された葛西関係文書は、『岩手県戦国期文書』Ⅱに集大成され、多くの写真版をも附載して、我々に提示されるに至った。さしあたり、この写真を便りとして、葛西晴信黒印状を一見しよう。それによれば、『岩手県戦国期文書』Ⅱに収める数多い葛西晴信黒印状のうち、写真の掲出を伴う二一通の一七通までが、熊谷文書のものと同一の黒印を用いているように認められる。すなわち、二二・二三・二六・四一・四二・四三・四八・五三・五七・五八・七五・七八・八一・八七・九五・一〇四・一二七の各号がそれである。

黒印が疑わしい故をもって、直ちにそれらの文書の内容までをも疑うことは、さし控えるべきことであろう。すなわち、正文の写しに模造印を捺す場合を想定することが可能だからである。しかし、一〇四号がまたしても黒印起請文であること、およびさきの熊谷文書のあり方などを考えれば、この想定は成立困難のように思われる。右に掲げた一七通についても、内容的に疑わしいと考える。すなわち、これらに用いられた黒印(熊谷文書と同一)は、模造印ではなく偽造印とみられるべきものと思う。

さて仙台市博物館所蔵の伊達家文書に収める十一月十三日付の葛西晴信書状（『伊達家文書』一―二八四号）は、その内容形式や伝来のあり方から、[註]正文とみてよいと考えるが、これに捺すところの黒印は、しっかりとした格調を帯びている。疑わしいとされた黒印と比較すれば、鼎の蓋、耳、そして腹部の印文の「榮」の字の形などに、明らかな相違がみられる。但し、双方はともに竪六センチで、大きさは等しい（なお、蓋・耳・脚などの典型的な形状からみて、この印は鼎形印とよばれるのがふさわしいと考える）。

『岩手県戦国期文書』Ⅱの五二・九四・一〇七の各号、そしておそらく一〇一号も、伊達家の晴信黒印状のそれと同じ黒印を捺したものと認められる。したがって、葛西晴信黒印状の正文と推察する。筆跡もしっかりとしている。

以上は、さしあたり写真図録による黒印に基づく推察に止まる。しかし、おそらく大過はないであろう。今後なお、料紙・筆跡さらに内容に関する検討が当然必要である。

念のために記すならば、『岩手県戦国期文書』は、偽文書をも今後の研究のために収録するという編集方針を採っ

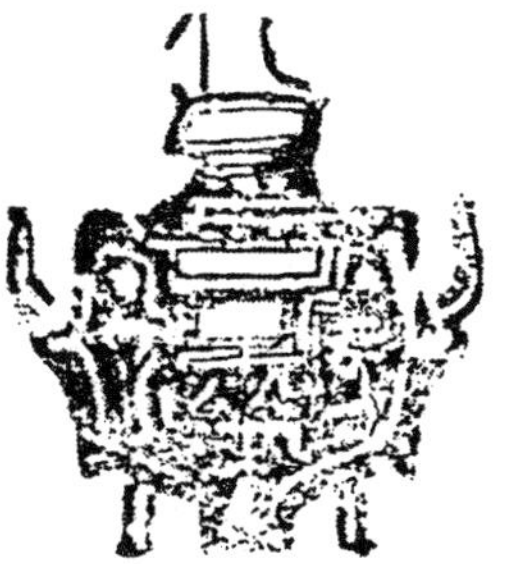

A．熊谷文書の葛西晴信黒印
（10号文書の黒印は不鮮明なので６号文書のものを用いた）

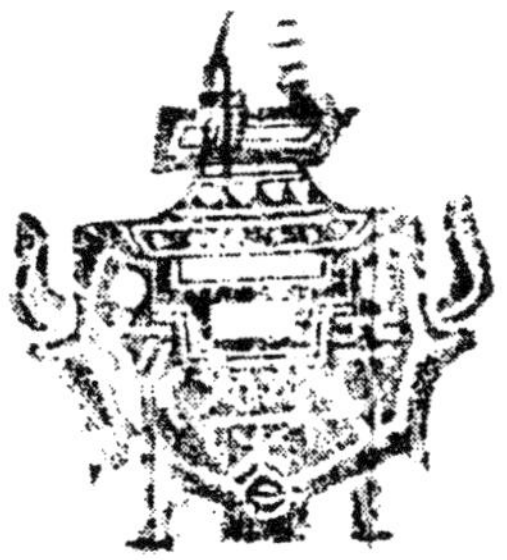

B．伊達家文書（1－284号）の葛西晴信黒印

ておられる。したがって、右に述べた晴信黒印状の問題が、この文書集の価値に何らの影響をも及ぼすものでないことはいうまでもない。多くの写真版を掲載することによって、後学にその検討の道を開いたその功績は大きい。

なお、熊谷文書の10天正十八年十二月二十九日葛西晴信黒印状は、今次の『岩手県戦国期文書』Ⅱ（一九八七）に収録されるに当って、「浅野長政」に（ママ）と傍注し、また（宛名欠）の注記を施されている。したがって、この二点に関する限り、私の指摘はすでに事新しいものではなくなっている。ただし、私が一九八四年に「晴信の文書はいわゆる香炉印文書にも問題がある」（前掲『東北大名の研究』）としたその意見が、まさに天正十八年十二月二十九日葛西晴信黒印状の「浅野長政」、宛所を欠くこと、および印判状起請文という三点の疑問を前提とするものであったことは、冒頭にもふれたとおりである。

（註）　天和三年落合藤九郎覚書によればこの書状は延宝七年牢人田口六兵衛が伊達家に指上げたもので裏打を施してある。この書状と同じ筆跡で花押を備えた晴信書状（伊達家文書三〇三号）は、貼紙によれば同じ頃登米郡の百姓からの召上げで、その貼紙は裏打紙の上にある。したがって共に裏打は延宝～元禄頃とみてよい。筆跡・裏打などを綜合して共に正文と折断される。

第四章　葛西大崎一揆の背景

ご紹介いただきました小林でございます。私は近年、いまから四〇〇年前におこなわれました奥羽仕置のことを調べております。それで今日は、佐沼城をめぐる葛西大崎一揆の背景といった話をさせていただきたいと存じます。

葛西氏につきましては、私はまったく不勉強であります。実は昨年の暮れの頃に『葛西史研究』を編集・刊行の西田耕三さんから頂戴いたしまして、それによってこの葛西氏に関するいろいろと立派な研究が、近ごろ特に地元の皆様によってなされているということをはじめて知った次第でございます。そういうわけで、今日は「葛西大崎一揆の背景」という話をさせていただきますけれども、むしろあとで皆様からいろいろと教えていただきたいというつもりで参りました。どうかよろしくお願い申し上げます。

プリントをお手許に差し上げてありますけれども、それに添ってお話し申し上げたいと存じます。最初に「奥羽仕置の概観」についてお話ししたいと思います。

一　奥羽仕置の概観

奥羽仕置というのは天正十八年（一五九〇）からその翌年の、まさに四〇〇年前の天正十九年（一五九一）にかけて、いわば強行的におこなわれた東北地方に対する豊臣秀吉による中央集権的な封建制の創出という事業であった。一言でいえば、そういうことであろうと思います。ところでその前提には、小田原の北条氏を攻め滅ぼすという戦いがありました。天正十八年の三月一日に、秀吉は京都を出発し、秀吉の軍は小田原北条氏の一番の頼りとする守りであった山中城（静岡県）を三月二十九日一気に落としまして、小田原城を包囲するわけであります。そして、七月十一日には、小田原落城ということになります。

その攻囲の最中の五月一日、秀吉が母親の大政所に出した手紙には「小田原のことは関東日之本迄のおきめにて候」ということが書かれております。つまり小田原攻めというのは、ひとり小田原だけを攻め滅ぼすということではなくて、関東はもとより東北地方、さらには日之本（今の青森県から北海道南部にかけての地域）といった、いわば奥羽を含め北日本全域を支配することにほかならないのだということを言っております。まさにその通りで小田原攻めの秀吉の陣に奥羽の武将たちが、参陣を命令される。参陣し秀吉に従うということが、一つの基準になって、いままで数百年間続いて来た奥羽の各武家たちが本領を安堵されて継続できるか、あるいは所領を没収されて断絶するかが決定されたのであります。伊達政宗以下の奥州武士は、この段階では、まだ秀吉と主従関係は結んでおりません。主従関係のない者たちに対して小田原不参を理由に所領を没収する、というのはまことに理不尽なことである。主従関係を結んでいるからこそ、その主従制にもとづく奉公、すなわち参陣をしなければ所領没収であるというのであれば、それは封建的な主従制の当然の論理であるわけですけれども、秀吉とまだ正式の主従制は結んでいないにもかかわらず、参陣しないから所領没収だというのは、まさに東北の武士にとってみれば、まったく理不尽なことでありました。また事実の問題としても、これまでの征夷大将軍――幕府の将軍たちは、そういうことをおこなったことはなかったわけで、まことに空前のやり方であったといえるわけです。そういうことをあえておこなった秀吉の論理は、

「自分は関白である。すべての権限を天皇から委任されている。だから関白の下に従うのは当然である」というものであって、その「関白の論理」と奥羽の武将たちの従来の論理との違いがまず根本にあったということが言えると思います。

さて七月十一日に小田原城を陥落させた秀吉は、八月九日に会津に下って来ました。そしてそこで奥羽の仕置の大方針を提示し、その実施を命令するということになるわけです。そこで、まず領土問題が最終的に決着するということになります。いうまでもなく政宗が蘆名氏から攻め取った会津を召し上げられ、また事実上政宗に服属していた石川、白川、田村などという福島県地方の大名たちもまた領土を没収されることになりました。そして、葛西、大崎の両氏も小田原にやってこなかったという理由のもとに領土を没収、改易という処分を受けることになったわけでありますす。こういうことが会津において最終的に決定したのであります。しかしながら、政宗が六月九日に秀吉の下に出仕を許され、謁見を許されるその前提条件には政宗が会津召し上げを承知するということがあった。政宗が秀吉に会った時に会津は差し上げますと言ったのではなく、会津召し上げということを承知したので、秀吉は政宗に謁見を許しているわけです。そういうわけで、小田原でそれは既に決まっていたのです。

ところで大崎、葛西のことはどうであったかというと、これも秀吉が会津黒川に下って来る前に、宇都宮で七月の末から八月の初めまで滞在していた時期までに、大崎、葛西の領地召し上げのことは決まっていたとみております。そのことは大崎・葛西を与えられた木村吉清が、秀吉が宇都宮から白川に八月六日に着きますと、秀吉より前に会津に下っておりました木村吉清が、会津から白川に戻ってきまして秀吉に会っている。それから彼は秀吉の奉行である浅野長吉といっしょに白川から大崎・葛西領に下っているわけです。したがって、大崎・葛西領没収とこれを木村吉清に与えるということは、秀吉が宇都宮に着いて北関東の仕置のことを指令するころには、すでに決まっていたであろうと思います。これに対して、会津を蒲生氏郷に与えることがきまるのは宇都宮到着以後です。ちなみに、この天正十八年七月末から八月にかけてのころには、関東そしておそらく奥羽地方もたいへんな長雨が続いたらしく、伊達政宗は宇都宮の秀吉に呼ばれましてやって来ましたが、増水した川をようやく渡り、すんでのところで命を落とすところだったという手紙を書いております。その手紙の中で、自分はまあ助かったけれども、浅野長吉の手紙を託された葛西にむけての使者は溺れて死んだ。したがって葛西宛の手紙の内容も実行、実現できなくなったということが、書かれています。このことから考えますと、政宗は、葛西晴信のために一定の折衝を浅野にして、秀吉に葛西氏の所領安堵を働きかけてもらったということも考えられるわけです。しかしながら、宇都宮の段階までに、大崎・葛西の領土没収と木村吉清への充行は決まったとみられるのであります。

木村吉清というのはこれまで木村弥一右衛尉と名乗っていたが、ちょうどその大崎・葛西領を与えられたとき、あるいはその直後から名前を「伊勢守吉清」と改めます。弥一右衛門尉という名は、その息子が名乗るようになる。伊勢守を許されると共に、おそらく秀吉の「吉」の字を賜って「吉清」を名乗ったものと、私は推測しております。

さて、秀吉が会津に下りまして、奥羽の仕置の大方針を発令し、実施して参りますが、その大綱というのは、実は、この宇都宮で秀吉が南部大膳大夫信直に与えた朱印状の中に、明瞭にうかがうことができます。天正十八年七月二十七日付で、秀吉が南部信直に与えた朱印状は、五カ条から成っております。まず第一には、南部七郡を信直に与える、安堵するということ、二番目に信直の妻子は、人質として京都に差し出させるということ、第三番は南部領の検地をしっかりとやって財源を確保し、その確保された財源によって京都に滞在して秀吉に奉公するための賄いを持続できるようにせよということです。そして、第四には信直の家臣たちの抱えている城は、すべてことごとく破却せよ、家臣たちの妻子は信直の本城である三戸に全部移住させるということが指令されています。最後の第五カ条目は、以上の個条を守らない者は成敗するということで、事実上は四カ条です。翌日秀吉は、出羽の角館城主である戸沢光盛に対しても同じような趣旨の朱印状を出している。これはまさに、秀吉が奥羽の諸大名領における仕置の方針を示したものと言えるわけであります。つまり、まずは本領を安堵するとすれば、それとセットの条件として、妻子は人質として差し出させる。次に、検地というものは秀吉にとってみれば、その大名が秀吉のために京都に参勤するための財源とさせるためのものである、という論理であった。それから在地の家臣団たちが村々に構えていた城々は全部壊して、家臣たちを基本的には大名の本城に集め、とりわけ妻子を大名の本城の膝下に集めるということがありました。こういうことを考えれば、近世江戸時代の一般の大名領の在り方、すなわち一国一城制によって本城のほかに城は認めず、家臣たちは大名城下町に集住するという在り方が、秀吉によってすでに天正十八年に示されているということが明らかです。そして、大名の妻子を京都に集めるということは、参勤交代制が事実上ここで実現させられているということでもあります。これは従来の、中世の長い間——鎌倉時代以来体制として認められて来た在地領主制＝村落に地頭領主たちが館を構えて農民たちを支配して行くという在り方が、ここで大きく否定されたことを意味するわけであります。一言でいえば、中央集権あるいは集権的な封建制を作り上げようということにほかならないのであります。

八月十日に会津において秀吉が、石田三成その他の奉行たちに下した朱印状には、武士と農民という身分的区分を明確にする。はっきりと区分するという趣旨の法令がだされています。厳しく刀狩りをおこなうということも書かれています。自分の村から他所へ去った農民たちは、元の村へ戻すようにという農民の還住の政策が打ち出されています。

大名領ごとに言えば大名領主制という形の封建制、その大名領を超えた社会体制として考えれば兵農の明確な分離と農民には武器を持たせないという体制が打ち出されたわけです。これが奥羽仕置の大方針であったということができます。しかもこれは奥羽仕置で始まったことではなく、秀吉が自分の権力を樹立し強化するこれまでの過程でとられてきた方針であったのです。それが、日本国土の最後に残された奥羽において施行される段階では、最も強力に徹底して、関係法令が出され、かつ強力に実施されるということになったのであります。

その実施の分担は、会津地方は豊臣秀次（翌年の暮には関白となった）が担当、白川の近辺は宇喜多秀家、白川以北の仙道（中通り地方）は浅野長吉、海道（浜通り）は石田三成、出羽は越後の領主であった上杉景勝、秀吉の奉行である大谷吉継と前田利家が担当するということになった。

この大崎葛西地方の接収（領土没収）は、ひとつの戦を予想しながら軍兵を繰り出して行くことになる。この接収については、あとでも触れますが、簡単に申しますと八月十八日に伊達政宗が先導して浅野長吉などが、加美郡の城生に着く、同じ頃に会津城主蒲生氏郷は中新田の城――大崎氏の本拠でありました中新田城の接収に当たったといわれております。元禄十六年（一七〇三）成立の『伊達治家記録』は『真山記』（これは岩出山の近くの真山の在地領主であった真山継重が、のち政宗に従ったが、その継重の息子とみられる真山正兵衛が書いた記録）というものを一つの種本（典拠資料）にしまして天正末年ころのことを書いております。また『治家記録』は伊達成実が書いた『成実記』に基づいて編まれております。もちろんその他の古文書も基礎にしながら編纂されておりますが、その『伊達治家記録』によれば、八月十八日の頃に政宗と浅野長吉が加美郡の城生にやって来たとあり、他方おなじ頃氏郷も中新田城を接収したということがわかります。

それから、やや不確定でありますが、八月二十二日の前後の頃に、浅野長吉と石田三成が登米の寺池城の仕置に当たったということであります。この日がはっきりいたしませんが、そして、その後のことはわかりませんが、今大阪城天守閣に残っております秀吉の朱印状の中に、浅野長吉が九月十三日に平泉に入ったということが書いてある。ただし、それまでの間のことはいっこうに判らないのです。

「仕置」の重要な内容をなすのは検地でありますが、現在仙台市博物館に所蔵されております伊達家文書の中に黒川郡の検地帳が七冊あります。天正十八年九月十七日から二十二日にかけておこなわれた黒川郡の七つの郷村の検地帳であります。このことから、黒川郡の検地は九月十七日から二十二日のころにおこなわれたことが確実です。こういうことで、おそらく九月の末から十月初めの頃には、ひとまず奥羽の仕置は終了したとみられるわけです。城々の破却、刀狩り及び検地、そして在地領主の妻子を城下町に集めるなど、そういうやり方が、ひとまず九月末―十月初に終了し、大崎葛西地方の領地の接収はひとまず終了したとみられます。というのは、九月二十八日に政宗は米沢城に帰着しております。浅野長吉もまた十月七、八日の頃には信夫郡の大森（現福島市）に到着します。そして帰洛の途をたどります。

なお〈資料1〉は、天正十八年九月二十八日に浅野長吉が三ケ尻加賀という人物に与えました証状でありますが、三ケ尻というのは現在の金ヶ崎町のうちですから、九月末頃までは、浅野長吉はこの辺にいたものとみえます。ついでに申しておきますと、この加賀はもと三ケ尻城の城主であったともいわれ、公事を免許されて「如先々問屋以下可致其沙汰候」として問屋役を認められています。問屋役というのは検断と共に宿駅の采配をする役職ですが、これを認められています。旧城主の身分を否定されて野に下ったが、やはり三ケ尻宿の支配者としての地位を認められたということであろうと思われます。

仕置直後の大崎・葛西の旧家臣の在り方（比較的優遇されたケースですが）をうかがわせる一例かと思います。

こういうわけで、仕置は九月末―十月初にかけて一応終了したとみてよいかと思います。それをうけて、奥羽仕置の決着というものが、ひとまずつけられるのは、天正十八年の暮れから翌十九年正月にかけて京都の聚楽第に奥羽の武士たちを集めて行われた、領知朱印状授与のセレモニーによってであります。現在残っている秀吉の領知朱印状は天正十八年十二月七日付の相馬義胤宛の朱印状、それから十二月二十四日付では出羽由利郡の数人の領主たちに領地の朱印状が与えられております。その中には、わずか百七十五石などという朱印状もあり、ごく小さな領主まで直接に把握していたことが知られます。それから天正十九年一月十七日付では、やはり出羽の六郷、戸沢、また横手城主小野寺、そして秋田湊の安東太郎といった人たちが領知朱印状を与えられております。

それから伊達政宗と最上義光の二人にあてた領知朱印状は現在残っておりません。与えられなかったのではないかという説があります。ただ、この二人も上洛しておりました。伊達政宗は奥州探題の家柄で、最上義光も羽州探題の家すじであります。奥州探題は以前は大崎氏でありましたけれども、政宗の曾祖父稙宗の代に奥州守護・探題職に任命されたのです。この奥羽の両探題家が「羽柴」の姓を与えられ、そして「侍従」という職に任じられ、政宗は「羽柴伊達侍従」あるいは「羽柴長井侍従」と呼ばれるようになりました。このように、原則として奥羽の武将たちは、天正十八年から十九年二、三月の頃にかけて上洛の命令を受けたと思われます。しかしながら南部信直は上洛した形跡がないどころか、むしろ自領にいたことを明瞭に示す手紙が残っておりまして、信直は上洛していないことがわかります。二月末に信直が上杉の家臣色部長真にあてたこの手紙には、去年の冬以来、自分の領内には一揆がおきている、そして今年の春には同苗の二、三人が逆心した――つまり自分の一族の二、三人が反逆した――いうまでもなく九戸政実の乱を指しているわけです。二月二十八日付の手紙にそういうことが書かれております。

ここでひとつ注目されますことは、〈資料4〉の大崎氏宛の秀吉の朱印状であります。「其方本地分内検地之上三分壱宛行《あてがい》訖《おわんぬ》、全《まったく》可領知候也」という文言であります。大崎左衛門佐は、いうまでもなく大崎義隆であります。義隆に対し、検地をした上で、本領の三分の一を与えるという朱印状であります。この朱印状は現在岩手県立図書館にあります『宝翰類聚』の中に写しとして入っておりまして原本は残っておりませんが、私はこれはまちがいのない文書だろうと思っております。この時、大崎左衛門佐が奥羽に下るから北陸道の宿駅々に伝馬を出すようにという秀吉の朱印状も、この朱印状と関連して出されておりますし、また十二月七日付というのは、先ほど申しました相馬義胤に宛てた朱印状と日付が同じでありますし、形式が似ておりますから、これはいいのではないかと思います。秀吉は大崎義隆に本領三分の一を宛行《あてが》って、大崎一揆の鎮定を条件にこの領知安堵を認めたのだろうと思われます。しかし、大崎義隆は大崎一揆の鎮定に当たらなかったためにこの宛行は実現できなかったのだと思います。

ところで、葛西晴信はどうであったかというと、晴信については、このような文書は残っていないのであります。

このようなかたちで、一応天正十八年の奥羽仕置というものの結末は聚楽第においてつけられたと思われるのであります。

二　葛西大崎一揆の諸段階

1　天正十八年八～九月、前提――接収――

つぎに葛西大崎一揆の様相といいますか、その諸段階について概略をお話しいたします。このことについては、むしろ皆様からあとでお教えいただきたいと思うのです。

葛西大崎一揆の前提には、さきほど申しました葛西、大崎領の接収ということがあったわけで、まずその接収のこと――これは一揆ではありませんが、接収の問題にまず触れてみたいと思います。

さきほど申しましたように大崎領につきましては、やや判っています。『真山記』などを根拠にしながら、八月十八日に政宗と浅野長吉が城生の城に着き、同じころに蒲生氏郷が中新田城を接収したことが判ります。それから、八月十九日に大崎義隆は、石田三成から二十四日に上洛せよとの指示を受けて八月下旬には京都にむかったとみていいかと思います。大体において大崎領の接収の状況は、激しい戦闘というものはなく、比較的平穏のうちに――平穏という言葉はあるいは不適切かもしれませんが、とにかく接収は実現されたといえます。しかし、たとえば一迫の城主であった上田作右衛門という人物が、自分の女房を殺して自殺した。それからその家来たちはいずれも互いに首を打ち落として死んだということが『真山記』にあります。それから、三迫の城主であった額田という人物は、山へ逃げ入ったが殺されたということが書かれております。

葛西領については、『伊達治家記録』には、ほとんど記されていない。さきほど申しましたように八月中旬末から下旬かけて、三成と長吉が登米に着陣して仕置に当たったということがみえているにすぎません。そののち九月十三日に長吉は平泉に到着したということは確実であります。この八月二十二日前後の登米の仕置と九月十三日の平泉到着という、この期間は二十日間ぐらいかかっている。これがもし正しいとすれば、葛西領の接収というものは、相当な戦闘、激しい抵抗戦があったと考えてもよろしいかとも思われるのですが、むろん断定はできないのであります。

『葛西盛衰記』は、もっぱら接収時の要撃戦のことを書いておりますが、それをみると、木村吉清の軍は浜海道深谷から進んでくる。そこで葛西軍は深谷の和渕で一つの抵抗線を作り、西郡左馬助氏以下八百余騎がここを守り、桃生郡の中津山にも抵抗線を布き、東山大原城主千葉胤重以下一万七百騎がこれを守る。さらに西の方、栗原から攻めてくるであろう蒲生氏郷軍に対し栗原郡高清水を薄衣城主薄衣甲斐守以下一万五百騎が守ったということが記されております。このことは、根本史料すなわち、その当時の古文書によって証明することはできません。しかし、相当の抵抗戦があったであろうことは、推定してよろしいのではないかと思われるのであります。

ところで『葛西盛衰記』は、葛西晴信は登米からまもなく佐沼に退き、佐沼城が木村軍と蒲生軍の総攻撃を受けて落城、その時晴信は切腹したと記しております。しかし、〈資料2〉の天正十八年とみられる十月二十三日の政宗書状、宛て先は判りませんが、葛西家臣に当てたものであることはまず疑いないと思われる書状に「然者大崎在々所々一統ニ手替之由」とあり、つまり一斉に蜂起したよしだが、これは「無是非次第ニ候」とあり、さらに「於時宜ハ晴・信へ申届候」、そして「如何様ニ候而も伊勢守被助候義、念願迄候」と、記されているのによれば、この十月下旬現在では、まだ晴信は生存していることが明らかであります。

それから〈資料5〉は、天正十九年とみられる閏正月朔日の政宗書状であります。これは「葛西殿」と宛名がありまして、いうまでもなく葛西晴信に宛てた書状であります。自分が上洛することを伝えた内容ですが、したがって少なくとも天正十九年閏正月までは、葛西晴信は生存しておりまして、京都ではなくこの地方のいずこかにいたことを証明できると思われます。

こういうことで『大崎葛西盛衰記』は、晴信の切腹説を立てたりしまして、必ずしも歴史の事実を正確に伝えているとは言いがたい面があると思われるのであります。で、この『葛西盛衰記』あるいは『大崎盛衰記』は、文禄二年のころに作られたという奥書がありますが、しかし、これらの記録は、秀吉のことを「将軍」と書いている。文禄二年段階につくられたものであれば、秀吉を「将軍」と呼ぶようなことは、まずない。「太閤」というのがすでに日本全国に通用している呼び方でありますから、それ以前の「関白様」とか「太閤」というのが普通です。また、大崎氏の内訌があり、政宗の大崎攻めの事を天正十五年のこととしており、このとき大崎義隆が切腹したと記していることからみましても、文禄二年からわずか五年前の重要な事件について、天正十六年を天正十五年と誤っていることなどもまた解せない点であります。

こういうことから『葛西盛衰記』『大崎盛衰記』は文禄年間の成立ではなくて、もう少し後のものではなかろうかと、私は推測しておりますけれども、このことについてはあとで皆様からご教示を得たいと思います。ただしこの『葛西盛衰記』が、延宝八年よりも以前に書かれたものであることは、延宝八年成立の『佐沼古戦場記』の中に、『葛西記』云々と引用しておりますことからも証明できるのであります。

2　天正十八年十月　一揆〝蜂起〟

さて、天正十八年十月のいわゆる一揆蜂起の問題でありますが、この原因は何かといいますと、それは木村吉清の統治の仕方にあるといえます。言い換えれば秀吉の奥羽支配の形態にあるということであります。天正十八年七月の南部信直宛の秀吉朱印状には奥羽仕置のめざすところが明瞭に示されていましたが、木村の政策はそれを忠実に実行していたといえます。つまり領内の城を破却する、そして基本的には、登米の城と古川の城の二つを残して、登米には吉清がおり、子息の弥一右衛門は古川に居住します。なお、副城としてその他にいくつかの城を残しておくということで、岩手山や佐沼の城などは残されたと思われます。並行して刀狩りをする、さらに検地をして行くという、この三つの強行は、それまでの数百年にわたって自らの地位を存続させてきたところの葛西・大崎領における在地領主武士たちの存在というものを全面的に否定するものであった。それは、有力土豪農民の存在をも否定する傾向を伴いました。これらがまず、一揆蜂起の基本的な原因であったとみられます。

もう一つは、そういう施策をどのような手段でおこなったかといえば、それは人質を取るというかたちで強行した。あるいは年貢を収めさせるということなどを含めて、政策を実行するに当たっては、抵抗を防ぐために、まず人質を取るということであった。これが木村のやり方であった。もっとも、人質をとって事を遂行するということは、なにも木村吉清に限ったことではなくて、政宗などもこの奥羽仕置の段階で秀吉から兵粮の調達などを命じられると、自分の領内の農民から人質を取って米を集めるという方式を採っておりますから、人質政策ということは一般に広くおこなわれていたやり方であったわけであります。しかし、木村の場合にはこれが徹底的におこなわれたこと、そして上方から下って来た家臣たちを含むという、いわば肌合いの違う人々による支配が、葛西大崎領の領民、旧臣に大きな違和感を与えたであろうことも、また言うまでもないところであります。

南部信直の手紙の中には、南部領の人々が「京儀」(上方の風習さらには人々)を嫌うということがしきりに書かれておりますけれども、それはまさに大崎、葛西地方においても同様であったとみられます。そして、この人質というのは、旧葛西家臣や農民の妻子を質にとるということである。一般に書かれているものによりますと、木村の家臣たちが、大崎、葛西領の人々の妻子を奪い取ったことが一揆の原因であったとしておりますが、そういうこともあったでありましょう。木村吉清が小身からいま一挙に大大名に成り上がり、少なかった家臣が一挙に増大したということなどから、軍紀が乱れたということは当然あり得たことであります。これに加えて人質という基本的な施策の強行、これは私的な狼籍とは別ですが、しかしこの施策と軍紀の乱れとが合成されて大きな問題となったことが考えられるのであります。

では、一揆の起きたのは、いつで何処だったのか。これは『伊達治家記録』あるいはその他の記録などによりましても、最初に一揆が起きたのは、胆沢郡の柏山である、つまり金ケ崎の町の地、衣川の北岸であるといわれております。秋田藩主の戸部正直が、元禄年間に編纂しました『奥羽永慶軍記』には次のようなことが書かれております。衣川の農民たちがまず一揆を起こした、そして岩谷堂の城に押し寄せ、そこで元の岩谷堂城主であった千葉兵庫頭が、この農民たちを指揮して、岩谷堂の城に攻め込んだ。その千葉兵庫守と一緒に一揆を指導したのが三ケ尻加賀守以下である、と書かれてあります。これが事実とすると、〈資料1〉にみるように、浅野長吉から問屋免許の証状を与えられていた三ケ尻加賀が、それから十日ほどのちには一揆蜂起のいわば指導者になって行くということになろうかと思います。『奥羽永慶軍記』もまた資料批判を要しますから、直ちには信用できませんが、興味深い記事だと思います。

胆沢郡の柏山に起きた一揆は、ただちに気仙郡、あるいは磐井郡の東山地方にも伝わって行きます。さらに岩手沢（岩手山・岩出山）でも一揆が起きます。

この一揆蜂起の報に接しました木村弥一右衛門尉は、古川城から急遽、父吉清のいる登米城を訪れて事態を報告し、協議をいたします。二、三日登米城に滞在したのち古川に帰ろうとしてその途中、佐沼城に入った、ところが、蜂起した一揆に包囲されてしまった。息子を助けるために吉清も駆けつけたけれども、吉清も一緒に佐沼城に閉じ込められる事態となった。木村父子と城主成合平左衛門以下二百騎ほどが籠城ということになってしまったのでした。

さて、一揆が起きたのは、いつであったか。胆沢郡柏山の蜂起は何日だったのかということになりますが、弥一右衛門尉が、佐沼城に入り包囲されたのは、十月十六日の頃のようです。岩手沢で一揆が起きたのが十月十六日であることは明らかでありますが、それと同じ日に弥一右衛門尉が佐沼城に閉じ込められたようです。それから逆算すると、弥一右衛門尉は登米に二、三日滞在したことなどを数えて、だいたい十月十一日ごろが、胆沢郡柏山の一揆の蜂起の日だったのだろうか。そのように考えることができそうです。

ところで、岩手沢の方では、岩手沢城主荻田三右衛門という木村家臣が厳しく年貢を督促し、そのために人質を取った、これに対して大崎の旧家臣である折野越中、斎藤勘右衛門など五人のものが張本人になって一揆を起こし、この城主を惨殺した。そして同じ頃に蜂起していた古川近辺の一揆と合流して古川城を攻めた。『真山記』によって『伊達治家記録』は、そのように書いております。

いっぽう佐沼城では、木村父子以下二百騎ほどが籠城したと申しましたが、この佐沼には、旧大崎葛西家臣で木村の家臣となった者も何人かいた。その中の高清水城主であった高清水隆景（布月斎）、それから真山継重、氏家惣太郎など大崎の旧臣は夜中佐沼城から脱出して、木村家臣から離脱した。

古川城の方ではどうであったかというと、古川城の留守居となっていた関太夫・大野総左衛門という武士以下三千人が籠城した。ところが大崎の旧家臣であった中目相模という人物の調停によって、古川城の囲みはとかれることになった。この中目相模というのは、古川城留守居の関太夫の岳父（妻の父）であったという関係で調停に立ったといいます。そこで古川城を出た木村勢は上方に戻ろうとした。その解放の条件として、三本木に閉じ込められていた一揆方の人質を解放をして、関太夫以下の者たちが城を出て黒川郡にさしかかったところ、一揆勢のためにみな殺しになった。関、大野の二人だけは戦って助かったといいます。

こういうことで十月下旬初めの段階で、大崎、葛西領の一揆は最高潮に達していた。そういうふうにみてよいのではないかと思う。なお接収のところでふれた一迫城主上田作右衛門について『治家記録』はこれを木村家臣とし、一揆と戦って自決と述べています。『真山記』によれば天正十八年八月の接収に対する抵抗自決とみえますが、なお検討を要すると思います。

そこでいよいよ伊達政宗、蒲生氏郷の出動ということになります。〈資料2〉の政宗書状は、十月二十三日付でありますが、「大崎在々所々一統ニ手替之由無是非次第ニ候」と記し、「当方は惣人数に、早打ちを申し付けた」と述べています。この段階がもっとも一揆勢が昂揚した時期とみられます。そして、その十月二十三日ごろには、ちょうど北の方の和賀郡と稗貫郡でも——和賀、稗貫領主も小田原不参のかどで領地を没収されていた。その旧家臣たちが、花巻の鳥屋ケ崎城などを襲った。南部信直の出動で一部は救出されたが、多くは討たれ、翌年まで両郡は一揆の支配下におかれることになります。

こういう状況の中、政宗は十月二十六日に出陣、氏郷は十一月六日会津黒川城を出立する。十一月十四日、二人は黒川郡下草で会見しまして、約束をする。あさって(十一月十六日)にお互いに一揆鎮圧の出陣をしようではないか、と。ところが、蒲生氏郷は約束の日の前、十五日に出発し、玉造郡名生の城を攻め落とし、そこに入城した。政宗は約束通り十六日に出陣して、二十一日頃に高清水城と宮沢城を手に入れた。二十四日には佐沼城から、木村親子を救出した。このような経過は、ほぼ事実とみていいと思います。

この間、政宗と氏郷との間に、大きな葛藤というか、やりとりがあった。『蒲生氏郷記』などが伝えるように、政宗が氏郷を殺そうとしたということが事実であるかどうかは、疑問でありますけれども、すくなくとも二人の間に葛藤、確執があったことは明らかであります。十一月になって二人は和解の「起誓文」を取り交わしています。それでも氏郷は政宗に気を許さず、政宗から伊達成実、国分盛重、二人の人質をとって、はじめて名生の城からでるということになった。氏郷側が政宗に対して大きな反感と疑念を抱いたことだけは、明らかであると思います。

ところで、この第一段の天正十八年の十月から十一月段階の大崎、葛西領の一揆の鎮圧には、あまり激しい戦いはなかったといえるわけです。氏郷が名生城を攻め取り、政宗が中目、師山の二城を陥落させたぐらいで、それもたいした戦いではなかった。それから高清水と宮沢城は、とくに宮沢城は、和談でもって城を開かれ、また高清水城はかねて城主の高清水布月が政宗と通じるところがあったので、開城して政宗に降った。戦いをせず、この二つの城は政宗に服した。それから佐沼城であります。佐沼城は専ら政宗の力によって木村氏が救出されたと、政宗側の『伊達治家記録』では書いております。しかし、実はこれは、一揆勢力の人々は、おおむね人質を木村方に取られているために、人質の解放と木村氏救出が交換条件になって、木村父子は救い出されていること、また一揆指導者黒沢豊前守の子息が木村・蒲生側の人質となっていたのを解放すれば、木村の解放もおこなうともちかけて、これによって落着したことが『氏郷記』『奥羽永慶軍記』に記されていますが、だいたいに傾向があったために、木村父子の救出というものは、容易にできた。佐沼城を包囲していた一揆勢を後から政宗は攻めるというかたちにはなりましたが、ほとんど戦いをせずに、一揆勢との取引によって木村父子救出は実現できたとみられます。だから木村父子救出は、政宗だけの手柄であったとは決して言えないであろうと思います。一揆蜂起と解除との双方の要因にこの人質問題があるかのように思います。

なお、出羽の方でも、仙北郡に三万人以上の一揆が起きました。それはもっと早く九月下旬の頃に起きているが、十月の初めには押さえられた。他方、庄内では十月の二十日頃に、越後に帰ろうとしていた上杉景勝に向かって一揆が起き、これも一応は押さえられましたが、しかし最終的な庄内藤島の一揆の鎮圧は翌年の五月のことであった。

こういうわけで、天正十八年十一月における政宗による葛西、大崎一揆に対する行動はいわば「処置」というかたちであって、完全に鎮圧しないままで、年を越したのでありました。このような状況のなかで政宗は上洛することになったわけです。

それでは、この天正十八年の十二月から、十九年の六月に政宗の本格的一揆鎮圧に乗り出すまでの約半年間、葛西、大崎地方はどうなっていたのか、ということが問題となります。これを物語る資料は、〈資料６〉です。これは、十九年三月に政宗が京都から宮沢左衛門という人物に宛てた書状ですが、これの中に「大崎葛西無残所今度被下置」とあり、大崎、葛西領を残らず与えられたといっているわけです。領土を正式に与えられるのは、天正十九年九月ですけれども、大崎、葛西領を与えるという秀吉の約束は、すでに天正十九年の二、三月の頃に秀吉から出されているわけです。ただしそれについては、葛西大崎一揆を鎮定するということが条件であったことは、いうまでもないところです。ところで、「名生之地永々在番太儀迄候」とあるのによれば、宮沢左衛門は名生の在番をつとめていたことが判ります。大崎領の重要な城である名生城は、一揆勢ではなく、伊達氏側が押さえていたということが判ります。

つぎに〈資料7〉ですが、これも政宗の三月八日の伊達成美宛の書状で、「葛西大崎仕置等被仰付ニ付而、必々登米名生之番可為窮屈候」とあり、葛西領では中心となる登米城が伊達氏に押さえられていたということが判ります。つまり登米と名生の二城を重点的に伊達勢が押さえていたということです。

〈資料8〉は、天正十九年六月一日付書状で、一揆再鎮圧への出動直前の頃で、そこには「宮沢之城主岩崎讃岐守、各如存知、旧冬此方へ証人相渡シ令奉公候」とあり、つまり十八年の冬に大崎旧臣で木村の臣である宮沢城主岩崎讃岐守は降伏して伊達方となった。ところが「然ル所ニ葛岡一類彼岩崎讃岐守追出シ彼地相籠候」とありますから、これは一揆勢の葛岡らによって宮沢城を追い出され、この城は一揆勢の手に落ちたということがうかがわれます。

そういうわけで、天正十八年の冬から、天正十九年の五月末あるいは六月十日頃にいたる段階では、旧大崎、葛西領は、登米あるいは名生、岩手沢といった城々は伊達方が押さえており、一方佐沼城、宮崎城といった二つの重要な城は一揆勢力が完全に掌握して年を越したということになります。天正十九年六月からの一揆制圧の重点目標の城が、宮崎城と佐沼城の二城ということになったのは言うまでもないところであります。

ここで一つ付言しておきたいことは、天正十九年七月二十日に、浅野長継（のち幸長。長吉の子）が政宗に宛てた手紙がありますが、それによると、佐沼の城主は、「去春京都へ首を差上げられ、その子が武主となっていた」ということが書かれてあります。これからみると、一見無風状態であったとみられる天正十八年冬から十九年の五月末、六月初の頃に至る間にも、いろいろな競り合いがあり、一揆勢の立て籠もっていた佐沼城も伊達方によって攻められ、城主の首が京都へ送られるといった事件もあったようであります。

なお、十八年十一月に氏郷が政宗に与えた起請文には「葛西身上之事」という一条があります。晴信のために政宗が氏郷にとりなし方を申し入れ、氏郷がこれを承知した様子がうかがわれます。

3　天正十九年六～七月〝鎮圧〟

そして最終的な鎮圧は、天正十九年六月から七月におこなわれた。政宗は京都から五月二十日に米沢に下着し、六月二十一日には黒川郡に着陣しています。そして伊達軍の総力を挙げて、亘理、留守、伊達成実、片倉小十郎、あるいは鬼庭周防、原田宗時、浜田景隆、後藤孫兵衛等々、さらに黒川氏の家老であった松坂定頼、あるいは、大崎旧家臣であった真山継重、また大崎旧臣から政宗に従った石川隆重など加美郡の武士たちもそれに従った。

まず六月二十四日に宮崎城を攻め、この戦では浜田隆景、松坂定頼たち八人が討ち死にをし、足軽勢が百人も死ぬという非常な激戦となった。六月二十五日、失火によって宮沢城は落ち、一揆方八十一人の首が挙げられ、百三十人の耳鼻が京都へ送られました。

政宗軍は六月二十七日から七月三日にかけて、佐沼城を攻めることになる。落城は七月三日でした。このとき佐沼城を守っていた当主は、彦九郎と呼ぶ人物であった。それは大崎家臣の石川彦九郎という者であるとの説もありますが、明らかでありません。ともかく、彦九郎をはじめ屈強の者五百人を打ち取った。〈資料11〉によれば、佐沼落城の直後に出した政宗の注進状は、同月二十日に京都に着いた。そして即日秀吉はこの朱印状を政宗に対して出したわけです。

「下着以来無余日之処、早々至大崎表相働」京都から帰ってまもなく早々に大崎表に働いて、「宮崎之城責崩、自其陣佐沼へ押詰、即責崩、物主始彦九郎、二千余討捕之儀、神妙思食候」とあります。「城中はさながら死骸ばかりにて土の色も見えわかず、死骸の上を踏み渡りけり」とは、この戦に臨んだ伊達成実のことばです。

つづいて〈資料12〉の政宗書状には、やや詳しく「同廿四日ニ号宮崎地江相働、不移時刻取巻、翌日責落…」続いての佐沼攻めは三日午前四時には攻め崩し、「城主兄弟為始、究竟之者共五百余人打取、其外二千余刎首、女童迄悉及撫切候、乍勿論御威光故と存事ニ候」とあります。ここにある「撫切」というのは、いちいち首を取ることをせず、切り捨てるだけですますことであります。「葛西之残党等、城々退散候之間、無子細平均ニ申付候」と、葛西の旧臣たちも城々から退散し、こともなく平定することが出来たが、これについては中納言秀次の奥州下向を待って処置したいということが、この資料に書かれてあります。

そして、この結末が深谷の問題ということになるわけであります。

七月三日に佐沼城が落城し、七月四日には一揆の連中は一応登米に集結したといわれ、政宗もその登米城に向かったところが、一揆勢は政宗に降参を申し入れ、自分たちの城々から退散するということになったのでした。『伊達治家記録』などによれば、政宗は助命を約束して、その人々を深谷に集めたという。そして秀次の命令の下にこの人々をみな殺しにしたということであります。これが葛西大崎一揆の最終的な結末ということであります。これがいつであったかは判りません。けれども、秀次が二本松に到着しましたのは八月六日のころでありますので、それ以後であることは間違いないところであります。

三　葛西大崎一揆の歴史的意義

最後にこの一揆の歴史的意義といったことについて申し上げたいと思います。第一にこの一揆の結果、奥羽仕置の路線は修正されることとなった。それは、十九年六月二十日付で秀吉が前田利家とか、上杉景勝とかその他の武将たちに与えた朱印状に示されております。それはまさに葛西大崎一揆を最終的に鎮定すること、そして九戸政実の乱を押さえること、そのために徳川家康以下を差し向けたその陣容などについての資料ですが、それによれば一番が伊達政宗、二番が蒲生氏郷、三番が佐竹義宣、四番が佐竹と同族の宇都宮弥三郎、五番上杉景勝、六番徳川家康、七番豊臣秀次…という陣容になっております。そしてどこを進軍するかというと、家康と秀次は二本松通り、つまり中道を進み、浜通りは佐竹が中心となり、上杉景勝らは最上通り進む、そして白川以北の城々のすべてに仕置軍の軍勢を入れながら進むのだということが指令されております。最上通りを進む場合は、まず長井の城から逐次仕置軍を入れて進むようにということも指示されています。そうしますと、伊達政宗の米沢以下諸所の城々も、すべて仕置軍によって占拠されるという非常事態の中で、奥羽仕置の最終処理がなされたということになります。

家康、秀次は大崎の近辺にいて指揮をせよ、と命じられます。大事なことは「葛西、大崎悉平均ニ申付、立置候城々、伊達侍従申次第、城数あまた無之様ニ相究普請申付、其外之城々可令破却事」とあり、そして残された城の普請をしているうちに「郡分、知行替」の準備をし、会津に近い郡は氏郷に、葛西・大崎に近い郡は政宗に与えるということが、六月二十日段階で発令された点であります。

このことは、最初に申しましたように、天正十八年七、八月段階では、城々は大名の居城だけを残して全部こわすという原則であったが、その原則を修正されて大崎、葛西領では城々は政宗の判断でもって、余り多くはない程度に、ある程度の城を残し、その残した城は普請をするという路線修正がなされたのでした。

こうして正式に取り立てられることになった佐沼城の場合は、〈資料16〉にありますように、家康がこれの普請をおこなうことになります。「佐沼之儀も、人数差遣候之間、普請定聽而可為出来候、可御心安候」と、高清水で病気療養していた政宗のもとに出した家康の手紙であります。家康は岩手沢の城の普請も担当し、さらには岩沼城の普請も担当したと伝えられます。しかし、それ以外の城は、たとえば石田三成は気仙城と大原城の普請を担当し、大谷吉継は水沢城、江刺城を担当します。こうして、佐沼城には湯目景康が入るということになった。最初の古川城、登米城の「二城主義」に近い原則が改められまして、佐沼城以下七、八城が正式に残されることになった。このことはまた、それぞれに相応の町々が出来上がってくるということでもありました。これは、まさに一揆の結果の路線修正であります。

六月二十日の朱印状にあった国分けによって、政宗は葛西・大崎地方十二郡と従来の自領の一部とを領することとなって、九月二十三日に岩出山に移る。仙台の築城は、慶長五、六年以後のことではありますが、ここにおいてすでに事実上の仙台藩というものが出来上がったといってよいと思います。そして、仙台藩にとって、葛西、大崎地方というものは、まことに重要な意味を持つということになります。

江戸時代のいわば仙台藩の城・要害制度というものは、二十一個所ありますが、そのうちの過半の十三までが葛西・大崎地方に存在する。さらにいえば十三のうち佐沼・登米などの八つが葛西領に存在したのです。これは仙台藩にとって葛西、大崎地方がきわめて重要な領域であったことを意味しますが、それはこのような奥羽仕置の路線修正と一定の関係をもっていたと考えられるのであります。

これと関連して、「地方知行」「野谷地拝領」という、武士たちが在方に所領を与えられて、それを開発しながら、自分の所領を正規の高に結んでゆくという所領の与え方が行われることになります。仙台藩の特徴の一つである「地方知行」とか「要害拝領」「所拝領」制といったものは、葛西、大崎の一揆を無視しては考えにくい面があるのではなかろうかと思います。

他方、葛西・大崎の村落には、葛西、大崎の旧家臣たちが相当程度まで土着して、その村落の開発を主導してゆくという面がみられるわけです。

東北史学会の『歴史』七十六号の、中川学氏の論文の中に、仙台藩の『風土記書出』によれば、大崎・葛西領で、「代数有之百姓」という由緒のある農民の数は約二千三百人いる、その中で旧葛西・大崎の家臣の家といわれる者は八十人おり、そのうち六十五名が葛西の旧臣であるとし、さらにそのうち三十四名が大肝入・肝入、あるいは検断等の役職に就いているという成果が出されております。それは葛西・大崎の旧家臣とりわけ葛西旧家臣の家によって、江戸時代の旧葛西大崎領の開発が進められたということ、仙台藩は武士階層が多くは福島県地方から仙台に移ってきて成立したが、しかし農村部である葛西、大崎地方はやはり中世以来の葛西、大崎の勢力によって、開発が進められていったということを示しています。そのような意味においても、葛西、大崎の勢力の大きな重要性というものを確認することが出来ようかと思われるのであります。

貧しい話でありましたが、これで終わります。ご静聴ありがとうございました。

（資料）

1　浅野長吉証状　（岩手県中世文書下１０２）

以上

其方事跡公事令免許候、如先々問屋以下可致其沙汰候、聊不可有異儀者也、

天正十八

九月廿九日　　　　　　　　　　　　　　　　　弾正小弼

長吉（花押）

三ケ尻加賀

2　伊達政宗書状写　（治家記録引証記）

度々之来章祝着候、然者大崎在々所々一統ニ手替之由無是非次第ニ候、依之当方惣人衆早打申候、於時宜ハ晴信へ申届候、如何様ニ候而も伊勢守被助候義、念願迄候（中略）恐々謹言、

（天正十八）

神無月廿三日　　　　　　　　　　　　　　　　政宗御書判

宛所無之

3　伊達政宗証状　（岩手県戦国文書Ⅱ１１０）

今度御忠節之段、尤神妙候、望之儀政宗慥得其意候、京都之儀無相違様ニ可申上候条可心安候、仍如件、

天正十八年庚寅

霜月十一月　　　政宗（花押）

中目弥五郎殿

4　豊臣秀吉朱印状　（岩手県中世文書下107）宝翰類聚

於奥州其方本知内検地之上三分壱宛行訖、全可領知候也、

天正十八　　　秀吉（朱印）

十二月七日

大崎左衛門佐とのへ

5　伊達政宗書状写　（治家記録引証記）

上洛之義前日申述候義、于今無参着候哉、御来章令被見候、去月十九日、従上様被成御朱印、寒天之刻ニも候条、奥郡一揆之者共討果事相止、先可致上洛之由、被仰出候条不図存立、今日朔日当下関訖令着馬候、朱印之旨種々御懇之御文言ニ候、可被心安候、残慶自京都可申述候、恐々謹言、

（天正十九）

壬正月朔日　　　政宗

葛西殿

6　伊達政宗書状写　（治家記録引証記）

遠路脚力為相登候（中略）、仍京都仕合万々可然候、就中、大崎葛西無残所今度被下置候、定而満足可有之候、扠々其身名生之地永々在番太儀迄候、（中略）彼両所当方被江被下候ニ付而、弥々用心不可有油断事肝要候、（中略）謹言、

（天正十九）

三月十三日　　　政宗御書判

宮沢左衛門殿

7　伊達政宗書状（治家記録。岩手県中世文書下111）

一葛西　大崎仕置等被仰付ニ付而、必々登米名生之番可為窮屈候、因之雪斎下中候、其外各以相談、下向之以前無凶事様御塩味千言万句ニ候

一葛西・大崎以下、人等無異義有付、作毛無恙様ニ浅弾江御相談可然候

一富沢日向守帰城之由候、必ニ候哉、左様ニ候者飛脚ヲ以成共、葛大仕置等従　殿下政宗ニ被仰付候、富澤事者年来入魂与云、彌々可入魂旨懇ニ御伝達肝句ニ候、

恐々謹言

其後者無差儀候条絶音問候

（天正十九年）

弥生八日　　　政宗（花押）

（伊達藤五郎）五郎殿

8　伊達政宗書状写　（治家記録引証記）

（上略）其表ヘ出馬去月十四日令必定候、乍勿論其間一入用心千言万句候、仍宮沢之城主岩崎讃岐守各如存知、旧冬此方ヘ証人相渡シ令奉公候、然ル処ニ葛岡一類彼岩崎讃岐守追出シ彼地相籠候、其口出張付而、定而彼一類宮沢之地可相除候歟、尤進退小池口ヘ相除候者、見合無聊尓打留、又者讃岐守足弱等懸取候様之かせ義任置候、（下略）

（天正十九）

六月朔日　　政宗

高橋式部少輔殿

宮沢左衛門殿

9　伊達政宗書状写　（治家記録引証記）

（上略）随而任上意、此表出張候、然処大崎衆過半出仕無異儀候、扨又葛西之義、万々高壱岐所ヘ条々被露書面候、彼仁未参陣候間、真被見候、巨細得其意候、明日廿日黒川ヘ打越候、彼口ヘ早々来儀候ハヾ可及直談候、（下略）

（天正十九）

六月十九日　　政宗御判

（葛西）流斎

10　浅野長吉書状　（山内家史料、御手許文書）

熊申入候、大崎之一揆共、令成敗付而、此首鼻共京都江上せ申候、路次通町送ニ被仰付、被相越候而可賜候、恐惶

謹言、

（天正十九）
七月八日　　浅野弾正少弼
掛川　　長吉（花押）
山内対馬守殿御宿所

11　豊臣秀吉朱印状　（大日本古文書伊達家文書603）

去三日註進状、今日廿日到来、加披見候、下着以来無余日之処、早々至大崎表相働、宮崎之城責崩、自其陣佐沼城へ押詰、即責崩、物主始彦九郎、二千余討捕之儀、神妙思食候、天下外聞、其方為尤候、弥不取越度之様申付、可抽戦功事肝要候、猶浅野左京大夫木下半介可申候也、

（天正十九年）
七月廿日　（秀吉朱印）
羽柴伊達侍従とのへ

12　伊達政宗書状　（大日本古文書607）

当表相動候ニ付而、毎日不得手透候間、絶音問候、非本意候、抑去月十四日ニ在所を打出、大崎境目へ、廿一日ニ着陣、同廿四日ニ号宮崎地江相動、不移時刻取巻、翌日責落、数百人打果、仕置申付、今月朔日ニ佐沼之地取詰、無油断昼夜共ニ取刷候之間、是も三日丑刻責崩城主兄弟為始、究竟之者共五百余人打取、其外二千余刎首、女章（童）迄悉

及撫切候、乍勿論御威光故と存事ニ候、依之葛西之残党等、城々退散候之間、無子細平均ニ申付候、殊更中納言様近日御下向之由候条、万々可得御意候間、旁以可為御心安候、諸余令期後音之時候、恐々謹言、

羽柴侍従

（天正十九年）

七月廿八日　（花押《政宗》）

（宛所「道茂御宿所」）

13　伊達政宗過所（岩手県戦国文書Ⅱ１１８）千厩水沢

千厩の藤左衛門俵物百駄もかミよりおくへ下候、無相違可相通者也、仍如件、

天正十九年

五月八日　（黒印）

とよま通

14　伊達政宗朱印状（岩手県戦国文書Ⅱ１１９）千厩水沢

中沢孫兵衛屋しき、不可違乱者也、以上、

天正十九年

七月十八日　（朱印）

15　伊達政宗朱印状　（岩手県戦国文書Ⅱ１２０）千厩村上

木六の藤十郎屋しき不可違乱者也、以上、

天正十九年

七月十八日　（朱印）

16　徳川家康書状　（大日本古文書伊達家文書６１８）

如芳札、近日者普請取紛、無音相過、本望之外候、仍佐沼之儀も、人数差遣候之間、普請定聽而可為出来候、可御安心候、将又御煩気被得少減之由、肝要存候、無油断御養性尤候、次三種送給候、度々御芳情祝着之至候、猶使者申含候、恐々謹言、

天正十九年

九月十日　家康（花押）

羽柴侍従殿

第五章　九戸合戦――中世糠部郡の終末――

一　南部信直の「七郡」安堵

九戸合戦、いわゆる九戸政実の乱について、しばらくの間、話をさせていただきます。

永禄六年（一五六三）の室町幕府の「諸役人附」という史料によれば、「外様衆大名在国衆」五〇余人のなかに奥羽では「伊達次郎晴宗」と「蘆名修理大夫盛重」がみえます。「盛重」は正しくは「盛氏」とあるべきですが、米沢城主伊達と会津黒川城主蘆名との両氏が正式に大名の格付を受けているわけです。

「大名」より下った格式では「関東衆」とよばれる二五人がおり、そのなかに奥羽からは大崎家臣の氏家、出羽山形城主最上、陸奥小高城主相馬、岩城平城主岩城の諸氏と、「南部大膳亮」「九戸五郎」がみえます。

「大名在国衆」のなかには、大友宗麟・義統父子、北条氏康・氏政父子、島津貴久・義久父子、さらに毛利元就と孫の輝元、元就の子吉川元春・小早川隆景など、父子さらに孫が共に名を連ねている例がありますが、南部と九戸のように同族が並んでいる例は他にみえません。

奥羽にあっても、南奥羽ではすでに宗家《そうけ》による一族支配が確立し、問題は単独相続に関連する父子兄弟の争いになっていました。これに対して北奥羽では、愛季の統一後にも現れた檜山・湊の両安藤氏の抗争（天正十七年〈一五八九）の湊合戦）にみられたように同族並立が容易に克服されなかった。南部氏もまさに、同様だったのでした。

「南部大膳亮」は三戸南部晴政、「九戸五郎」はほかならぬ九戸合戦の一方の主人公となる九戸政実と考えられます。このようにふたりは、関東衆に並んで記されていますが、晴政はすでに天文八年（一五三九）に将軍足利義晴の一字を与えられており、三戸南部が南部一族の宗家であるという地位それ自体は決定していました。[1] 晴政の娘たちが、長女は田子信直、次女が九戸政実の弟実親、三女が東朝政、四女が南盛義、五女は北秀愛にそれぞれ嫁している事実をみても、三戸南部の宗家としての地位はまず明らかです。

さて、九戸合戦で政実と対決した信直は、晴政の弟（また叔父とも）石川高信の子で、初め田子氏を称し、のちに南部宗家をついだ人物ですが、その家督相続の時期については、説が別れます。「寛政重修南部家譜」は永禄八年（一五六五）、「南部系図」『南部史要』『岩手県史』は天正十年（一五八二）としています。[2]

元亀二年（一五七一）以後のころに晴政と信直との間に緊張抗争がうかがわれるのによれば、さきに事実上家督の地位にあった、あるいはこれを約束されていた信直が、晴政の実子晴継の誕生によって廃嫡されたことも考えられる。[3] ともあれ、信直の家督相続が最終的に定まったのは天正十年とみるべきでしょう。

信直の家督相続の前提について、「南部系図」は、晴政天正十年正月四日死去六十六歳、晴継同年正月二十四日疱を病み死去十三歳としているが、『南部史要』は晴政・晴継の死去の日、行年について右と同じ説を採りながらも、晴継の死因については、晴政葬儀の帰途、兇漢に殺害されたのを外聞を憚り病死としたと述べています。

また、信直の相続について『南部史要』等は、天正十年二月十五日の一族重臣会議で九戸政実を推す衆議を北信愛が強引に押えて信直を推し、軍兵でこれを護衛して即日三戸城に入れ、家督にすえた。翌日晴継の葬儀に信直は武装の衛兵をもって往復したが、帰途伏兵の襲撃があった、としています。

このような経緯から、この家督相続を信直による三戸南部家〝簒奪〟とする説[4]もあります。その可能性は多分に考えられるでしょう。いずれにせよ、信直の家督相続によって、政実と信直との関係は収拾しがたいものとなったのでした。[5]

南部宗家の家督となった天正十年現在、信直は三十七歳、対する政実は四十七歳[6]です。元来九戸を本領とした政実は、すでに二戸に居城を移して二戸地方を掌握し、支族姉帯氏は岩手郡不来方の福士氏と縁戚となり、政実の弟実連は斯波郡主斯波氏の女婿となっていた。[7]三戸から鹿角を直接の勢力範囲とする信直に対して、九戸・二戸を押えて岩手・斯波に勢力を及ぼす政実の実力は遙かに大きい。[8]三戸城にまさる九戸城(二戸)の壮大さは、その実力のほどを明瞭に示すものでした。しかし、八戸から下北半島を支配する根城八戸政栄が信直に与し、北信愛らが信直を支持したことによって、信直政権は成立しえたのです。

他方、津軽では大浦為信が独立を進め、主家南部の勢力を排除しつつありました。かつて一五世紀のころ十三湊の安藤氏を逐って津軽を掌握した南部氏が、のちに石川城(弘前市)を津軽支配の拠点としたのに対して、元亀二年(一五七一)為信は城主石川高信を敗死させた。[9]天正六年(一五七八)には、北畠顕信の末裔である波岡御所北畠顕村を波岡城に自害させ、[10]信直がそこにすえた弟政信(高信の子)もまた天正十六年二月に死去する。為信による謀殺と伝えます。[11]

ともに信直に対立する九戸政実と大浦為信が友好連合の関係に入ったのは当然であります。天正十六年七、八月のころ信直が斯波氏を攻滅し斯波の郡名を志和に改めた戦いに、政実は八戸弾正と共に先鋒を勤めたといいます。[12]しかし、十八年三月為信が浪岡城を囲み、政信死後にすえられた城代楢山帯刀を三戸に敗走させた際には、政実は為信討伐の先手を命じる信直の指令に対して、病気と称して応せず、政実勢力下の久慈政則・櫛引清長・七戸家国らも兵を抑えたため、信直はやむなく出兵を断念します。[13]大浦為信の独立と津軽・外が浜領有はここに達成されたのでした。

このとき、安藤実季は北信愛が三戸に出向いた虚をついて北氏の守城大館を攻陥し、天正十六年四月以来南部領となっていた比内郡は、ふたたび安藤氏の有に帰します[14]。

すでに前年の天正十七年、八月二十日付の信直あて書状(資料4)で前田利家は安藤氏の湊合戦にふれつつ〝津軽が軍事行動を起こし、御家中(南部家中)にも叛逆の族があると聞いている〟と述べています。これによれば、政実らの信直に対する〝叛逆〟はすでに天正十七年秋までに始まっていたことが知られます。

以上のように、実力の点で九戸政実以下を十分に抑えられなかった信直が、政実よりも大きく優位に立ったのは中央権力との関係においてでした。資料1は、信直と秀吉権力との接触を示す最初の文書です。前田利家が信直にあてた書状で、天正十四年のものとみられます。〝この年の夏、信直の意を体した「左衛門尉」北信愛から書状を受けた。その趣旨は直ちに利家から秀吉に伝えた。それらについて詳しくは寺前縫殿助に伝えてある。今後も自分にできることがあれば申し付けられたい〟という内容です。利家書状を三戸に持参したのは、当時前田家の臣であった寺前縫殿助[15]でした。

翌十五年六月、利家は信直に起請文を呈して相互の親昵を堅め、また利家は信直を秀吉にねんごろに取りなすことを誓約しています(資料2)。当然、信直からも利家あてに起請文が出され、ひたすら利家に誠意を尽し、秀吉に対し不義をせぬ旨などが誓約されたに違いありません。前年の利家書状には「三戸殿」とあったのが、この起請文で「南部大膳大夫殿」となっているのは、信直の南部家督としての地位を確認した証拠ともいえます[16]。

天正十七年信直は木村杢助を使として派遣、一族親類および檜山城主安藤実季を同道して上洛すべき意図を披露し、秀吉からは八月二日付で〝路次異儀なく候様〟取り計う旨の朱印直書(資料3)が出されたが、折からの湊合戦などのために果せずに終った(資料4)。しかし、このような一連の秀吉方との交渉のなかで、信直の南部宗主権は確定したということができます。

天正十八年七月六日小田原に参着した信直は、直ちに秀吉に出仕を許され、鷹五〇居と馬一〇〇頭を緞子の馬衣と共に献上、秀吉から脇差と羽織を与えられます。[17] 八戸直栄も一緒でした（資料5・6）。

「寛政重修南部家譜」などによれば、このとき信直は、大浦為信・九戸政実の誅伐を訴えたが、秀吉は為信がすでに出仕して所領安堵の朱印状を与えられており、これを伐つわけにいかぬ、また政実のことは小田原平定後に「誅戮」しよう、と前田利家を介して信直をさとしたといいます。

前年八月二十日付で信直にあてた利家書状（資料4）には、来春秀吉が出羽奥州に出馬し両国の仕置をする予定だから、「近年御内存之鬱憤」を残るところなく晴らすことができようと述べていました。これが、なによりも大浦為信の津軽領有をさすことは明らかですが、この約束は反故になった。すなわち、為信はすでに天正十七年の十二月二十四日および十八年の正月十六日付で秀吉朱印状を与えられていました。いずれも鷹進上に対する答書ですが、前者では「南部右京亮とのへ」とあったのが、後者では「津軽左京《ママ》亮とのへ」となり、しかも「其元堺目等、堅固申付由、尤《もっとも》候」という文言がみえる。[18] 為信の津軽領有を公認するものにほかなりません。そして、三月二十七日為信はいち早く沼津で秀吉に出仕していたのでした。[19]

資料7は、小田原落城後、会津に向う途中の宇都宮[20]で秀吉が信直に与えた朱印覚書です。もはや周知のものといってよいこの文書には、「南部内七郡」の安堵、「信直妻子定在京」、検地のこと、さらに家中諸城破却と妻子三戸召置のことが明記されています。この翌日付で出羽角館城主戸沢光盛に与えられた朱印直書（戸沢文書）と同じ趣旨で、関東奥羽の大名・国人に対する秀吉政権の仕置の方針を示すものとしてまことに重要です。[21] 後にのべるように、九戸一揆がおきる直接の契機はこの朱印状にあったということができます。なお、盛岡南部家文書に収められる天正十八年七月日の秀吉朱印禁制も、おそらく宇都宮で交付されたものでしょう。

信直あての秀吉朱印覚書は五か条から成ります。第二条の「信直妻子定在京」については、信直夫人が上洛した月日は未詳ですが、伊達・最上以下の例をみても、上洛して定在京が実現したことは確実です。第三条の検地、第四条の家中諸城の破却および家中妻子の三戸引き移しがどの程度まで行われたかについては明示する史料がありませんが、これらは後でふれるように、ほとんど進まぬままで九戸合戦を迎えることになったものと考えます。第五条は、のちに九戸一揆制圧のための秀吉軍派遣の直接の根拠として機能することになります。

第一条の「南部内七郡」については、糠部・鹿角・岩手・志和・和賀・稗貫・閉伊とする説と、糠部・鹿角・岩手・志和・閉伊・久慈・遠野とする説との二説がある(22)。のちに二戸・三戸・九戸・北の四郡に分れて消滅する糠部郡が当時は存在したとする点では共通するが、和賀・稗貫二郡の所属については理解が異なります。私は、和賀・稗貫二郡は九戸合戦後に信直に与えられたもので、天正十八年七月朱印覚書の「南部内七郡」には含まれていない、との理解に立っておきます(23)。

大谷吉継が出羽仕置を担当したのに対して、石田三成と共に陸奥の仕置に当った浅野長吉は、大崎・葛西領を接収したのち九月十三日には平泉の高館に着き、その後鳥谷が崎まで下向して「南部境目和賀・稗貫」の仕置を命じ、麾下の浅野忠政以下を駐留させて帰途につきました(資料8)。このとき、浅野長吉は南部領についての仕置をも命じたとされるが(24)、南部領が基本的には信直の自分仕置に任されたことは、十月七日秀吉朱印状(資料8)に長吉の直接の仕置の北限が、「南部境目和賀・稗貫」であることを記しているのによって明らかであります。

二　九戸合戦

天正十八年（一五九〇）十月十日すぎのころ、新領主木村吉清が支配する旧大崎・葛西領に大崎・葛西旧臣らの主導する〝仕置〟反対一揆がおきます。この一揆はたちまち和賀・稗貫にも波及し、同月下旬には浅野麾下が守る主城鳥谷が崎も攻囲されました。報に接した南部信直は三戸を発して十一月七日鳥谷が崎に至り、一揆勢を四散させました。ここに浅野麾下の後藤半七が浅野忠政にかわって守将となり、忠政らは信直に伴われて三戸に参ります[25]。大崎・葛西一揆は、蒲生氏郷・伊達政宗の出陣、とりわけ政宗の行動により一揆鎮静と木村吉清父子の佐沼城からの救出とが実現するが、宮沢城・佐沼城などで一揆勢が固守したまま年を越します[26]。他方、和賀・稗貫地域の実権も〝仕置〟によって改易されたはずの和賀・稗貫両氏が握って天正十九年八月に至ったことがしられます[27]。九月下旬に鳥谷が崎から上洛の途についた浅野長吉は、駿府で一揆の報に接し、十一月二十九日ころには再び葛西・大崎方面に下向する。同日付でかれは信直に書状を呈し、「早速、和賀辺迄御出」のことを「誠寄《奇》特ニ存候」と褒めています[28]。

この和賀・稗貫方面への出動に際し、信直は北信愛・南小弼を留守とし、僅かに兵二〇〇を率いて三戸を発し、不来方で郡中の兵三〇〇を合せて鳥谷が崎に至った。それは九戸政実の叛を心配してのことでした[29]。

ついに天正十九年春、九戸政実は櫛引清長らと共に公然と信直に敵対し、「糠部中錯乱」という状態におちいります。共に二月二十八日付で、出羽の仕置のために大森に駐留する色部長真にあてた信直書状（資料9）と浅野忠政等四名連署状（資料10）とによれば、糠部「郡中」での一揆は前年冬以後に始まっており[30]、新年に入って「同名二三人」すなわち南部一族の九戸・櫛引らが「逆心」し、「廿里卅里之於間、毎日懸合体」となった。毎日、二、三十里（この一里は六六〇メートル。すなわち一〇数キロメートル）にわたる激しい攻防戦がくり返される状況となった。忠政らの連署状は、〝信直に伴われて忠政らが三戸に退いた。これについて当郡の侍衆が叛逆し、糠部中錯乱となった。南部殿が関白秀吉に奉公したのを、当地の侍衆はいずれも京儀（上方の風習、人々）を嫌って、かような有様となった〟と述べています。

北信愛覚書によれば、天正十九年九戸政実が櫛引・七戸と「同心」して挙兵、政実が一戸城を攻めたのを北信愛が追い返し、三戸に注進した。信直は外様衆を糾合しようとしたが、浄法寺吉田兵部・福田掃部が政実方についたので、馬廻ばかりで政実と戦う「手塞り」なありさまであった、といいます。さきの浅野忠政らの連署状にも、〝南部殿御身上、御難儀に及ばるべき姿〟とあります。

色部あての信直書状が、〝京都の御人数差し下さるの由、必定に候哉、（中略）御様子くわしく示し預り候わば、本望たるべく候〟と述べているように、すでに二月末現在、信直方が頼みとするのは、専ら秀吉方の軍勢の来援でした。(31)伊達・最上・湊安藤・津軽以下奥羽の大名・国人は当時上洛し、聚楽の秀吉のもとに出仕していたが、信直は上洛どころでなかったのです。

四月十三日、(32)信直の命をうけて出発した利直は（資料11）、五月二十八日上洛、翌二十九日（あるいは六月九日か）秀吉に謁見します（資料12）。秀吉は、六月二十日付で「奥州奥郡為御仕置」として資料14の動員令を発しました。――米沢城主伊達政宗、会津城主蒲生氏郷にそれぞれ一番・二番を命じ、三番には常陸太田城主佐竹義宣と宇都宮国綱、四番に越後宰相中将上杉景勝、五番江戸大納言徳川家康、六番は尾張中納言豊臣秀次という陣容です。家康と秀次は中路の二本松通を進み、義宣・国綱は岩城・相馬勢と共に海道の相馬通を採り、景勝および出羽衆は出羽最上通を進み、それぞれに白河・岩城・米沢からの諸城に上方勢を入れ置きながら進軍する。家康・秀次は大崎あたりに陣をとり、先勢の必要に応じて人数を派遣補充すること、などが指令されています。終りの二か条は葛西・大崎旧領処理すなわち郡分けについての指示です。

前年の冬以来二本松に滞在していた浅野長吉は、これよりさき四月十四日付で南部一族の東朝政あてに書状を出し、「九戸・櫛引逆心」にふれて朝政の働きを褒め、氏郷・政宗は上方より下着次第、また北国の人数、家康・秀次もそれぞれ出動する予定であることをしらせて信直への「馳走」を励ましています。また、秀吉の朱印状が発給される五日前の六月十五日には八戸直栄に書状を出し、家康・秀次の七月上旬出馬予定、蒲生氏の昨十四日二本松下着、政宗の十四日米沢出発、葛西大崎表出陣と自身の近々出動を伝え、九戸成敗に全力を注ぐようにと述べています（資料13）。同時に信直にも同様の書状が出されたようです。さらに七月十七日、長吉は東朝政あての書状（資料15）で近々出陣のことをつげ、上方軍など大軍が進攻すれば兵粮調達に骨を折ることになるから、その以前に早く九戸・櫛引を「成敗」するよう信直に伝えよと記しています。

他方、上方に在る前田利家は七月二十二日付の信直宛書状で、出羽仕置を担当した大谷吉継とふたりで信直の「御分領」（領地）のことについてねんごろに申し合せたので、吉継と「御入魂」が肝要である、政実ら「逆心之者共」を残らず討ち果すようにと述べてよこします（資料16）。

そして、伊達政宗は七月二十日付で九戸政実ら一揆勢にあてて、信直との間の調停をはかる覚書を作成し、これを支倉与市らを使として政実以下に伝達しようとしていた（資料17）。一揆勢の身命と所領を信直に保障させる、さらには政宗が調停者として毛頭疑心のないようにつとめる、というものです。これにさきだち、政宗は信直にもこの件で連絡しているとみられます[34]。結果的に政宗の使者は、政実らにこの覚書を手交できずに終った。かりに伝達に成功し、もし政実らがその条件に応じたとしても、この調停が成功したことは到底考え難い。八月七日、浅野正勝が秀吉側近の施薬院全宗・富田知信にあてた書状（資料18）には、〝南部領には政宗が使者を立て、一揆勢はほとんどが謝罪し、政実ひとりが城を保っている〟とあります。著しく政宗方に立った正勝の言葉ですから到底そのまま信ずることはできませんが、あるいは部分的に一揆の政宗方への内応があったかもしれません。しかし、政実・清長らの〝蜂起〟はもはや天下、秀吉政権に対するそれとなった以上、すでに政宗の調停が可能な段階でなかったことは明白です[35]。

八月六日二本松まで下向した豊臣秀次は、九日付の津軽為信あて書状に、南部表の仕置は蒲生氏郷・浅野長吉・堀尾吉晴が勤めることになった旨をつげ、万事油断なく「馳走」するように命じている（資料19）。総司令たる秀次から為信にも動員令が出されたのです。

ところで、七月十七日浅野長吉書状（資料15）の冒頭には、〝其表の儀、南部大膳殿御勝手に仰せ付けらる由に候、皆々、如才なく出精せらるるの段、尤《もっとも》に候〟とみえます。九戸一揆討伐はまず南部信直の自分仕置として行うべしとする理解が、浅野長吉にあったことが知られます。前述のようにかれは和賀・稗貫以北に上方勢が入る以前に九戸一揆を鎮圧することを南部に強く要請していますが、これは仕置奉行としての長吉の立場からも緊要であったといえます。しかし、七月二十二日前田利家書状（資料16）の初めに〝今度、其表（南部領）に御人数（秀吉方の軍勢）が派遣されることが決定した。早速事態は念願どおりにおさまるであろう〟と記されたのをみても、六月二十日の「奥州奥郡」「御仕置」の秀吉動員令が、葛西大崎一揆を主対象としながらも、九戸一揆までを本来の射程に入れていたことは明らかです。当然ながら、南部方は、〝九戸一揆　殿下（秀吉）に隠れなきにより中納言（秀次）様御下向〟と考えています[36]。

蒲生氏郷・浅野長吉以下の軍勢が南部領に進入した時期は明確でありません。七月二十二日の信直書状[37]に〝上衆平泉まで御下り候〟とあり、八月七日浅野正勝書状（資料18）には〝令明の内飛驒殿（蒲生氏郷）・弾正（長吉）、南部へ罷り越され候〟とあるが、八月十日以前の南部領進入は、のちの戦況から考えて早きにすぎる。おそらく先兵の行動をさしたものとみえます。蒲生氏郷麾下の中島宗右衛門が、天正十九年八月二十日付で胆沢郡道本村十郎兵衛あてに〃奥筋え御陣に付、道本村十郎兵衛申やうにまかせ、田一反に付、物成上八斗、中七斗、下五斗に相定め候間、重ねて御算用申候とも、右の通りたるべく候条、その心得有るべく候、よって件《くだん》の如し〃という証文を交付している(38)。南部領出陣の兵粮確保に関するものとすれば、氏郷の本隊は八月二十日ころに胆沢郡を通過しているものと推測されます。

いよいよ肝心の九戸合戦にふれなければなりませんが、これに関する正確な史料は資料20浅野長吉書状写、ただ一点があるのみです。九戸城陥落から一〇日ほど後に長吉が上方の長束正家にあてたもので、その内容は次のようなことになります。

――奥州では、秀次の指令によって蒲生氏郷、秀次麾下の堀尾吉晴、家康麾下の井伊直政らと共に、今度南部表に進撃した。去る一日、姉帯・根反という二城をただちに攻めかけて陥落させた。このため、小さな城砦などの兵たちは退却して九戸城にたてこもった。そこで、二日からこれを攻囲し、堀ぎわまで攻めよせたところ、九戸政実が髪を剃って降参したので、これを妻子ともども秀次の陣所へ送り届け進上した。その他の「悪徒人共」はすべて首をはね、首数一五〇余りを持たせて秀次に進上した。櫛引清長も降参し、妻子共に秀次に進上した。こうして、奥郡は残るところなく平定された。現在、南部信直の居城の普請を氏郷ら諸将と相談し申付けたところだが、これも近々出来上がるはずだ。仕置など堅く申しつけて、やがて上洛する予定である。おついでの折に、秀吉にこのように報告していただきたい。――

くだって元文四年(一七三九)の南部藩家老連署状には、信直から前田利家を介して秀吉に「御加勢」を申請した結果、大将蒲生氏郷、武者奉行浅野長吉、横目役堀尾吉晴、家康名代の井伊直政の四人の大将衆、その他隣国の加勢あ

わせて六万余の軍勢が、信直父子と共に城を四方から囲み、九月四日政実はついに降参した、とあります。(39)

三　九戸合戦の歴史的意義

九戸一揆蜂起の原因はなにか。それは直接には、さきにもふれたように、大正十八年信直に交付された秀吉朱印覚書であったと考えます。この文書は、信直の南部一族の宗家、家督としての地位を確定させるのみならず、検地、家中城館の破却、家中妻子の三戸集住という体制樹立の方向を指令しています。

天正十八、九年の仕置によっても、南部領内での検地が徹底しなかったことは、天正十九年冬現在で石高制となっているのは稗貫・和賀両郡のみで、志和郡以北は旧来の刈高とみられる状況にうかがわれます。(40)天正十八年仕置では家中諸城の破却と妻子三戸集住がほとんど進められていなかったことも、九戸城をはじめとする諸城に拠る一揆蜂起と、九戸籠城に政実以下の妻子が加わっていた事実に明らかです。

しかし、これらの事実は、天正十八年七月の秀吉朱印覚書が画にかいた餅にすぎなかったことを意味するものではありません。南部領の体制原則を指令した関白朱印状を交付された以上、信直はこの原則の実現につとめざるをえない。にもかかわらず、政実以下を完全に服仕させて、この原則を実現させるだけの実力を備えていない。問題はここにあったといえます。(41)

いうまでもなく政実らにとっては、この朱印覚書を契機として、幾世紀にもわたる城館の主としてのあり方を否定され、信直の完全な家臣としての立場を強制されることとなります。緊張と反発は必至でした。

この朱印覚書の最後の箇条には〝右条々、異儀に及ぶ者これあらば、今般御成敗を加えられべく候条、堅く申し付けべき事〟とある。秀吉の命令にもとづく秀次・家康以下の動員による九戸一揆圧伏は、この条項の適用にほかなりません。政実らの「蜂起」は、もはや信直への敵対ではなく、天下・関白政権への敵対であり叛逆でした。政実らの首が京に送られて、獄門にかけられたのはこのためです。[42]

こうして九戸合戦が終わると、さきの朱印覚書の体制原則の重要な一環である家中諸城の破却、そして信直居城などの修築が実施されます。

資料21は蒲生氏郷が浅野長吉にあてた九月十日付の書状。天正十九年のものと考えられます。長吉の指示のもとに氏郷が某城の普請に当っていること、「本丸」「小丸」に修築の手を加え、「外丸」はそのままとすること、長吉の「御望」次第に城郭の規模を定めることなどが記されている。九月十日現在で工事の最中であることが知られます。

ところで、資料21の裏に書かれたのが資料22です。長吉は氏郷から来た書状の裏を、上方にいる子息左京大夫幸長あての書状の草案に利用したわけですが、それによれば、この城普請が「南部方居城之普請」だったことは確実です。そしてこの新たな信直の居城は、これまでの三戸城ではなく、政実が守備した九戸城(二戸)です。書状案が書かれた九月十三日現在で、「五、六日中ニ出来たるべく候」という進捗ぶりでした。[43]氏郷の指揮によって石垣仕立に改修された九戸城は信直に引き渡され、福岡城と改称されます。氏郷の示唆によるものでしょう。[44]

同じ天正十九年、信直は志和郡高水寺城を郡山城と改めて中野康実を城代とします。[45]稗貫郡鳥谷が崎城を改修して花巻城と改め、九月二十五日八〇〇〇石を給して北秀愛(信愛の子)をここにすえ、同時に江刺の旧領主江刺兵庫頭に稗貫・和賀の内に一五〇〇石を給し、新堀城を与え、その旧臣三ヶ尻和賀にも三〇〇余石を給した。その他、和賀郡の鬼柳・岩崎・江釣子・二子、稗貫郡十二丁目城など伊達領との境目の城々に南部氏の家中代官、あるいは北氏の代官がすえられました。[46]南部領として加えられた和賀・稗貫二郡には、信直に直結する強い支配体制が採用されたのです。

この年九月、蒲生氏郷は九戸城(福岡城)滞在中に近郷および鹿角郡の諸城を破却したが、翌二十年信直は領内諸郡の三六城を破却し一二城を存置します。[47] 九戸合戦後の城郭政策は、十八年の秀吉朱印覚書に比較して不徹底とはいえ、このような形で実現しました。

さて、資料23は盛岡南部文書に収められる浅野長吉らの連署状ですが、九戸城陥落の直後に出された注目すべき還住掟の制札状です。

元来、この文書は「福岡平糠村東ノ十郎左衛門」の所蔵だったのを元文四年(一七三九)八月、ときの藩主南部利視が湯治旅行の途中これを閲覧、「御取上」とされたのです。その際に藩から十郎左衛門に与えられた証文[48]に、この制札状が交付された経緯が記されています。――天正十九年九月四日、九戸政実は降参した。五日蒲生氏郷らは、百姓たちが愁訴を申告するよう諸方に触れたが、騒乱を恐れて皆々家を明けて山林に逃げ隠れ、村々には一人もいない有様であった。信直を介して召喚された「当所郷代官平糠村東ノ十郎左衛門」は、〝散乱の百姓たちは帰住しては死罪を命じられるかと恐怖していることもあろう。氏郷ら四将から御構いなき由の証しを下されるならば、自分の才覚で一人残らず召し帰しましょう〟と申しあげた。そこで四将はこの証文を十郎左衛門に交付し、諸軍勢は当所を引き払い、その後の仕置は氏郷と信直ふたりの相談で静謐に仰せ付けられた。証文(還住掟)を頂いた十郎左衛門は所々に高札を立て、自身も駆け廻って人々を帰住させた。この功により、信直・利直代まで福岡郷代官を仰せつけられ、野鑓御免で孫の十郎左衛門まで代官職を勤め、還住証文も相伝してきた。――

ここに示された還住掟書交付の経緯には、戦国期一般の戦乱の際における百姓たちの山林逃散と、糠部郡にとってはまさに空前の大軍である秀吉麾下六万余の進攻に対する、とりわけ〝京儀〟を嫌ったこの地の人々の恐怖と忌嫌とが重複していた様子をうかがうことができます。

秀吉麾下の氏郷ら四将に対する十郎左衛門の還住保障証文の請求は、ことがまず武士領主権力がわからの働きかけに始まったとはいえ、これに対して百姓がわが安全保障を要求したものとして、重要です。十郎左衛門のことばによれば、戦国奥羽の百姓が戦乱時に村落から逃散することは、地域の武士領主によって処罰対象とされていました。九戸合戦での絶大な軍事力行使がみずから招いたとはいえ、百姓の徹底した逃散は、百姓すなわち生産・貢租担当層の欠如によって、領主権力の存立基盤を危うくするものであり、百姓の逃散闘争が百姓安全帰住の保障に帰結した。その安全帰住保障が、十郎左衛門すなわち百姓がわからの要求によって実現したのです。戦国情況は、この安全帰住保障によって大きく克服され、ここに新しい体制への転換が行われたということができるでしょう[49]。

九戸合戦終了以後の検地については、明らかにできません。慶長元年(一五九六)九月の信直領知黒印状[50]に閉伊郡で石高制が採られているのによれば、このころまでに南部領におおむね石高制による検地が、なんらかの形で進められたものと考えます。文禄元年(一五九二)とみられる信直書状[51]に、〝二戸ことごとく刀狩、もっともに候〟とあるのによれば、刀狩のことも九戸合戦以後にもちこされている情況がしられます。

糠部郡という中世以来の大郡は、いつまで存続したか。慶長六年十月には、なお「糠部之郡九戸[52]」という呼称が行われています。くだって寛永十一年(一六三四)八月、利直の子重直に与えられた将軍家光領知判物には、「陸奥国北郡・三戸・二戸・九戸・鹿角・閉伊・岩手・志和・稗貫・和賀、十郡都合拾万石」という表現がみえます[53]。慶長六年から寛永十一年までの間に、糠部郡は解体して、北・三戸・二戸・九戸の四郡が成立したことになります。

この糠部郡の解体消滅と、寛永四年二月の八戸南部氏の遠野移封は、慶長三年に城と城下町の築営が開始され、寛永十年までに居城として定着した[54]とされる盛岡城の成立とあわせて、中世南部の終焉、近世南部の確定を示すものといえましょう。南部氏のもとへと求心し集中する南部藩の成立です。

このように、南部宗家の権力の確立を指標とする中世＝戦国期からの近世への転換が、九戸合戦の終了によって直ちに実現したのではなかったことは明らかです。しかし、それが九戸合戦を経過せずに実現できなかったことも、また確実です。

最後に、九戸合戦の意義を全国的にみれば、いうまでもなくそれは、秀吉による蝦夷＝「日の本」[55]にまで及ぶ全国支配の確定であります。前年の天正十八年にはすでに名護屋築城が始められ[56]、後述のように諸大名に対する動員令も九戸合戦の最中に出されます。〝奥羽仕置〟と九戸合戦によって朝鮮侵略の条件が整ったことにほかなりません。

天正十八年小田原に出仕した奥羽の大名・国人は、出羽の六郷・戸沢・由利党が前田利家の陣に参加したと伝えられる[57]ほかは、伊達・最上・岩城などいずれもすぐに帰国を許されました。佐竹・宇都宮など関東衆が出仕後、そのまま後北条攻めに動員されたのと相違します。また、伊達・蒲生が浅野長吉・石田三成のもとで陸奥大崎・葛西領の接収に当ったほかは、奥羽の衆は十八年の奥羽の〝仕置〟には直接動員されることがなかったとみられます。

ところが、翌十九年の九戸合戦では、当事者の南部氏はもとより、蒲生以下、最上・小野寺・秋田安藤・戸沢・本堂など[58]奥羽の大名・国人ほとんどが動員されました。前年十二月に入洛し、翌年三月に帰着していた蠣崎慶広もまた、毒矢を装備した蝦夷を率いて参陣した[59]。「道行之次第」で「一番」とされ、大崎葛西一揆の最終的圧伏に成功した伊達政宗が九戸合戦に参加していないのは、急病のために出張がかなわず、予定を変更せざるをえなかったためでした[60]。

九戸合戦は、秀次・家康および浅野長吉・石田三成らの出動のもとに蝦夷島・羽奥の侍衆の全面動員を実現することによって、全国の侍の動員体制を完結させたのです。それはまた、侍と百姓との間をきびしく断絶させる身分制の成立でもありました。

政実らの九戸一揆は、秀吉権力による在地領主制解体と天下統一とに対する最後の抵抗であり、他方南部信直は客観的には、秀吉権力によって新しい体制への推転を最も強く促進され支持された大名であったといえます。

そして、九戸合戦の成功を見越して、これが終らぬうちに秀吉は朝鮮侵略の動員を令します。九戸一揆討伐救援のために上洛していた南部利直は、九月初め九戸合戦終結以前のころに秀吉から〝唐への御動座〟の御供を命じられていた。[61]朝鮮侵攻の動員の陣立は、奥羽仕置の過程で形成された指揮統轄関係をおおむね受け継いだものでした。[62]その点においても、奥羽仕置と九戸一揆圧伏とは、朝鮮侵略の前提であり、これによってはじめてアジア侵略の体制は整えられたのでした。その意味からすれば、九戸一揆は及ばざりしとはいえ、秀吉のアジア侵略に対する一つの抵抗であったということができるでしょう。

(1)『大館常興日記』天文八年七月十五・十六日条。『岩手県史』3二一一頁。『親俊日記』天文八年閏六月二十四日条には、「奥州南部商人左藤掃部助時吉」の樽代・太刀進上のことがみえる。一四世紀末、足利義満の世以後、三戸家が京都御扶持衆として南部一族の宗家の地位を占めるに至ったことについては、遠藤巌「三戸南部氏」(一九九四年、三戸町歴史講演会筆録)、同「室町期三戸南部氏研究ノート」(宮城教育大学社会科教育講座、一九九五年)を参照。

なお、室町初期成立の「尊卑分脈」には、南部氏の祖光行の子として家光・実長ら四人がみえ、家光が宗家三戸をつぎ、実長は八戸家を開くとあるが、南部系図で九戸の祖とされる行連は「分脈」に現れない。

(2) 小井田幸哉『八戸根城と南部家文書』一九八六年(三五九頁)は、「八戸家伝記」が元亀三年説を採るとするが、「伝記」三七五頁)をみる限りでは、同年以後説と解さざるをえない。

(3)(年未詳)九月二十七日東政勝書状案(鷲尾順敬編『南部家文書』一〇五号)に「九郎殿、親父之時より諸事一戸ニ被申

合候始末ニ候之間、何趣も身躰相任中度与被申候付而、自一戸久慈へ被仰合候而、三戸へ和談之儀御取合可有之由承候、然間一戸江州田子へ被罷越候へとも何共到来未承候、（中略）家督之方へハ自何方も不被承候間、不被存候、三戸へ之御状則届申候、定而心底之通御返事可被申候、」とある。ここにみえる「九郎殿」は田子九郎信直であり、これと三戸＝家督晴政との緊張について、一戸・久慈両氏が斡旋しようとしている情況が示されている。その文言によれば、九郎の「親父」高信は、この書状の時点ですでに死去しているとみてよい。ところで高信死去については、元亀二年五月説（「永禄日記」他『弘前市史』資料編1）と天正九年六月説（『南部史料』四〇頁）の両説がある。また、文中に活動が記されている「一戸江州」政連は天正九年七月十八日に死去するが、その際はすでに兵部大輔に進んでいたという（小井田幸哉前掲書三五七頁）。一戸政連についてのこの記述が正しければ、この文書は天正八年以前となる。とすれば、高信死去についての二説は、元亀二年説を採用すべきこととなる。すなわち、この書状にみえる信直と晴政の不和は元亀二年五月以後のこととなる。南部系図の晴継天正十年死去、十三歳説によれば、晴継誕生は元亀元年となる。合せ考えれば、この文書による限り、晴継誕生後の元亀二年下半期以後のころから信直と晴政の関係は明瞭に悪化したのであろう。南部系図の晴政天正十年六十六歳死去説を採れば、永禄八年には晴政四十九歳が、二十歳で長女の婿である信直を家督に定めることは十分に考えられる。ただし、この書状の時点では、南部「家督」は明らかに晴政である。なお小井田氏は、『南部家文書』の九九〜一〇二、一〇六、一〇八号を一〇五号との関連文書と解されている。

（4）吉井功児「中世南部氏の世界」（『地方史研究』二〇五号、一九八七年）。

（5）信直・政実間の緊張対立は天正十年以前にさかのぼる。「祐清私記」（『南部叢書』第三冊）によれば、晴政の前代の安信の遺命により、信直の父高信が南部家の軍将となったため、政実は三戸南部家を恨み天正元年「逆心し籠城」したので、当時軍将となっていた信直がこれに当ったが、八戸の調停により九戸が人質を出し、晴政の次女が九戸実親に嫁して事態は収った。これよりさき晴継誕生前にも、三戸南部家の聟養子をめぐって政実と信直の対抗があったという。

（6）天正十九年の政実の没年を五十六歳とする「祐清私記」などの説から逆算。
（7）『南部史要』四五頁。天正十四年実連は斯波氏に叛して信直に降り、斯波との境、岩手郡中野にすえられて中野と改姓(同四五頁)、同十六年斯波氏を攻滅したのち高水寺城の城代となった(同四七頁)。
（8）吉井功兒前掲論文をも参照。
（9）「永禄日記」「愚耳旧聴記」(『弘前市史』資料1三一二〜三一三頁)。なお、注(3)を参照。
（10）「封内事実秘苑」「愚耳旧聴記」(『弘前市史』資料編1三一二〜三一三頁)。
（11）「石井三庵政満覚書」「南部御系譜」(『弘前市史』資料編1三四三頁)。
（12）『南部史要』四七頁、吉井功兒前掲論文。
（13）「奥南旧指録」、小井田前掲書三六一頁、「松岡西庵書上」(『南部叢書』第二冊)。
（14）『南部史要』五四頁。
（15）寺前縫殿助は利家の推挙により信直の臣となったという(『岩手県史』3八九九頁)。天正二十年六月「南部大膳大夫分国之内諸城破却共書上之事」に「稗貫之内十二丁目」の城主としてみえる。九戸合戦後にすえられたものである(同九五八頁)。
（16）このとき前田家への使者を勤めた北信愛の覚書(『南部叢書』第二冊)によれば、九州征討から八月下旬帰洛したのち秀吉は、利家を介して信直に「弥南部安堵可仕」の旨などの朱印状を下し、翌十六年にも信直の馬献上に対し朱印状を下したという(『南部史要』四六頁をも参照)。ただし、天正十五、六年の信直あて秀吉朱印状なるものは伝えられていない。なお、『南部史要』は、信直が天正十五年八月従五位下大膳大夫に叙任されたとするが、実はこれにさきだつことは、同年六月の前田利家起請文の宛書に明らかである。
（17）資料5、および北信愛覚書。なお、「寛政重修南部家譜」の利直の項には「十八年三月父とゝもに小田原にいたり、彼地にをいて元服し、前田利家加冠して諱の字をあたへ利直と称す。時に十五歳」とある。月は別として、利家による加冠は信じてよかろう。

(18)　津軽家文書。長谷川成一編『弘前の文化財津軽藩初期文書集成』(一九八八年)参照。

(19)　『日本戦史12小田原役』(一九一四年)一八頁。

(20)　「北信愛覚書」は、このとき「南部信直も白川迄御迎に罷出、御先仕るなり」と記しているが、宇都宮に参候したとする『南部史要』の説が正しいと考える。

(21)　このような趣旨の朱印状をなぜ南部・戸沢両氏のみが与えられたか。奥羽と上方の間を往復し信長・秀吉と関係のあった商人田中清蔵(清六)は、南部信直・戸沢盛安(光盛の父)と最も親しく交渉していた(「田中宗親覚書上」、森嘉兵衛『九戸地方史』上一六八頁)。南部・戸沢あてのこの朱印状の交付には、清蔵の斡旋が考えられる。「田中宗親覚書上」(『新庄古老覚書』)には「今より三代前、南部大膳と申人は九戸と申内者敵に成、南部負目に候処、正長清六公儀へ申上候て、九戸を亡申、南部立申候」とある。そのまま信ずるわけにはいかぬとしても、一定の事実をうかがわせるにたりよう。なお、田中清六については村上直「初期豪商代官に関する一考察」(豊田武編『近世の都市と在郷商人』一九七九年)を参照。

(22)　前説は渡辺信夫「天正十八年奥羽仕置令について」(東北大学『日本文化研究所研究報告』別巻一九号。のち小林編『東北大名の研究』〈『戦国大名論集』2〉所収)、小井田幸哉『三戸城』改訂版(一九八九年)、後説としては遠藤巌「九戸政実の乱」(『戦乱の日本史8戦国の群雄西国・奥羽』〈一九八八年〉所収)がそれぞれ代表的なものである。

(23)　奥羽仕置における仕置軍の駐留地は、出羽では仙北郡大森、陸奥では稗貫郡鳥谷が崎であった。大森の地域が秀吉蔵入地であった事実(色部文書『新潟県史』資料編2一一七九・一一八三号)を考えれば、稗貫郡さらに和賀郡も秀吉蔵入地であったことが想定される。両郡は稗貫・和賀両氏が改易された地であるが(『岩手県中世文書』下九五号)、もし天正十八年七月の秀吉朱印状で南部信直に与えられたのであれば、仕置終了後にも浅野長吉麾下が駐留することはありえないはずである。また、(天正十八年)十一月二十九日信直あて浅野長吉書状に「葛西大崎一揆蜂起ニ付而、貴所早速和賀辺迄御出之由、及承候、誠寄《奇》特ニ存候、弥其元悪党等可有御成敗候」(盛岡南部家文書)とある。信直の和賀出張を「誠寄《奇》特」と称揚するのは、これが当時南部領でないためであろう。天正十九年のものとみられる九月三日寺林光林寺あての浅野宗勝書状写(『岩手県中世文書』下一一八頁。同書は天正十八年とするが十九年が正しいと考える)に「弾正様為下代、小身の者残し置候処」、「ひへぬき郡代六《ママ》浅右兵衛為奉行有之事候」「弾正被帰次第ニ御札を被仰候て尤候」などとあるのによれば、天正十八、九年の交、稗貫および和賀は太閤蔵所として浅野弾正少弼長吉が管理に当ったことが確実であろう。これを収録する「文書集」に、この書状について「右ハ太閤秀吉公御代之節、花巻二郡いまた此方様(南部氏―小林注)御持国ニ不被仰渡已前」云々と注記されているのも参考となろう(『岩手県中世文書』下、一一九頁註)。(なお「郡代六浅右兵衛」が十八年の一揆で殺されたとする説〈『南部史要』六〇頁〉には検討の余地があろうか。書状のこの部分、『岩手県史』3八六六頁と異同がある)。「南部根元記」は「和賀・稗貫等の御本領」を九戸合戦後に与えられたとし、『南部史要』は、天正十八年秋現在「志和郡以北は公(信直)の所領とす」(五九頁)、九戸合戦後「和賀・稗貫・志和三郡を与えしむ」(六八頁、但し志和については齟齬がある)と明示し、「北信愛覚書」は九戸合戦後前田利家の口添えによって和賀・稗貫の支配を渡されたとする。「根元記」以下は根本史料ではないが、参考とはなろうか。「八戸家伝記」は天正十八年秋現在における和賀・稗貫二郡の所属にはふれていない。なお、(天正十八年)十月七日付浅野長吉あて豊臣秀吉朱印状(資料8)には「南部境目和賀稗貫儀、為可申付、十三日、平泉内高館迄罷着候由、聞召届候」とある。その文意が、「南部境目和賀・稗貫」の仕置のために、九月十三日に平泉まで下向し、その後南部境目に赴くというものであることはいうまでもない。ただし、「南部境目和賀・稗貫」が〝南部領との境目である和賀・稗貫〟か、〝南部領内の境目である和賀・稗貫〟であるかは、この文面自体によってはにわかに断定し難い(すなおに読めば、〝南部領との境目〟と解するのが正しいと思うが、この解釈についてはここでは保留しておく）。なお、この文書に「然者、南部かたへ被成御朱印候」とある「御朱印」は、この文言に続く「彼家中者共、対南部愚意申族於有之者、此度急度申付」という趣旨に関する朱印状であり、あらたな領知朱印状ではないと考える。あるいは、七月二十七日付の朱印覚書の直接には第五条についてダメ押しをしたものかとも思われる（ただし、資料9の「郡中も一揆等令蜂起付而」の郡中が、もし和賀・稗貫をさすとすれば、両郡は天正十八年秋の「南部内七郡」に含まれることとなるが、この点は注30を参照）。なお、糠部・和賀・稗貫以外の南部四郡についてはここではふれることを差し控えたい。

(24)「北信愛覚書」。

(25)『南部史要』五九〜六〇頁。

(26)小稿「葛西大崎一揆の背景」（『葛西氏研究』6）。

(27)小稿「九戸一揆と伊達政宗」（『福大史学』五八号）。

(28)（天正十八年）十月二十九日浅野長吉書状「南部家文書」（『岩手県中世文書』下一〇六号）。

(29)『南部史要』六〇頁。

(30)資料9の「郡中も一揆等令蜂起」は、時期的には「旧冬以来」に重なると解される。そしてこの「郡中」は、資料10の「当郡」、すなわち「糠部中」を中核とするものであり、和賀・稗貫は該当しないと考える。なお、この場合の「郡中」は領主間の一揆的結合としての「郡中」ではなく、地理的概念と考える。

(31)『南部史要』は、伊達政宗の煽動によって挙兵した政実を天正十九年一月十七日信直方が大挙して攻めたが、利あらず三戸に戻った。二月十八日櫛引清長も兵を動かし、三月十三日ころから政実・清長・七戸家国がそれぞれに軍事行動をとり、信直と攻防をくりかえした。のち浄法寺主膳・久慈政則・大里修理・大湯四郎左衛門らも政実に応じた。ここに浅野重吉の意見により、利直・北信愛・重吉の上洛となったと記す（六〇〜六三頁）。政宗煽動説など検討の余地があるが、参考として掲げる。
（32）『南部史要』には四月十七日三戸出発とあるが（六三頁）、資料11により十三日を採る。
（33）（天正十九年）四月十四日浅野長吉書状「宝翰類聚」（『岩手県中世文書』下一一三号）。なお、（天正十九年）三月十日こ
ろに信直から二本松の浅野長吉あてに飛脚が立てられている。情況報告、救援依頼のそれであろう（三月十日信直書状
「宝翰類聚」坤）。
（34）（天正十九年）七月十五日政宗あて浅野長吉書状『大日本古文書　伊達家文書』二―五九九号。「南部表へも飛脚被遣、
被御心添由、尤可然候、葛西大崎南部辺迄も貴所御一分にて被仰付候へハ、天下一之覚、拙者一身之大慶不過是
候、加程存寄とハ中〳〵思召間敷候」とある。
（35）小稿「九戸一揆と伊達政宗」（『福大史学』五八号）。
（36）（天正十九年）八月十五日簗田詮泰書状『大日本古文書　伊達家文書』二―六一二号）。詮泰は斯波旧臣。斯波滅亡後、
信直の臣となった。
（37）（天正十九年）七月二十二日南部信直書状（『岩手県戦国期文書』Ⅰ一五号）。
（38）「伊達治家記録引証記」。
（39）「南部根元記」の末尾に「古伝曰、浅野長政ノ舎弟浅野平右衛門九戸ノ陣中ヨリ稗貫鳥谷ケ崎町人瀬川清助え状ニ、
九月朔日諸勢一戸え馳著、其日三ケ所踏潰、同二日当城九戸江取蒐、竹束石火矢仕掛、毎日攻候所ニ、九戸頭ヲ剃降人
ニ出候、櫛引モ同前ニ候ト、九月五日ノ状、或方ニ所持也」とある（二戸市教育委員会『九戸の戦関係軍記・記録集』〈一
九九一年〉四八頁）。この書状の日付「九月五日」は、家老連署状の〝九月四日降参〟の翌日に発信されたものとすれ
ば整合し、四日落城説は信じてよいと考える。「祐清私記」も九月四日とする。これに対して、南部根元記本文のほか
九戸軍記・永慶軍記・蒲生軍記など江戸期の軍記物では、いずれも、九戸城攻撃開始がこれより早く、落城はこれより

遅く、しかも日程は必ずしも一致せず、信用し難い。九月四日説に立つ「祐清私記」は、このとき九戸左近将監政実五十六歳、櫛引河内守清長五十二歳、七戸九郎家国四十三歳、大里修理大夫四十歳、久慈備前三十八歳らが降伏し、のち三迫の秀次の陣所に送られて処断されたとしている。森嘉兵衛『九戸地方史』上は、九戸軍記・九戸記・奥南旧指録・南部根元記などを綜合し、政実の勢力は九戸を中心に四戸・七戸・鹿角の衆五千余、ただし九戸の野田掃部頭は終始信直方であったとしている（一九四～二〇六頁）。妥当な説であろう。『南部史要』その他によれば、長吉が九戸家の菩提所長光寺の住僧を介して誘降状を政実に伝え、政実らがこれを真にうけて降ったことを記している。

なお、寛文七年（一六六七）書上とされる九戸古戦図（遠野南部家蔵、『九戸地方史』一八九頁）によれば、九戸城（二戸城）を南から浅野長吉・井伊直政・蒲生氏郷、東から津軽為信、北の白鳥川対岸から南部信直の諸勢が攻囲する形となっている。

（40）　天正十九年十月・十一月の南部信直知行判物（『岩手県戦国期文書』Ⅰ一八・一九・二一・二四号）によれば、稗貫・和賀郡は石高、志和郡は刈高であり、九戸合戦直後の時点では、志和郡以北は、なお刈高制であったと推測する。この点は、すでに遠藤巌「九戸政実の乱」（『戦乱の日本史9戦国の群雄（西国・奥羽）』、一九八八年）でも指摘されている。

（41）　例えば（天正十九年）四月十四日、南部一族の東朝政あて浅野長吉書状（注33）に、信直に対する朝政の忠勤が「御馳走」と示されるように、一族に対する信直の軍事指揮権はこの時点ではなお必ずしも貫徹していない。まして、知行制などの面では、津軽・志和・鹿角など新領土の拡大に伴って新恩宛行が漸く部分的に進んでいたにすぎないとみられる。菅野文夫氏は、九戸合戦以前における信直は、糠部郡を中心とする諸領主間の一揆的結合たる「郡中」を家中に再編することが、まだできなかったとしている（「三戸南部氏と糠部『郡中』」『岩手大学文化論叢』三輯）。

（42）　『南部史要』六八頁。

（43）　『会津若松史』8（一九六五年）四六頁（小林稿）、藤木久志「中世奥羽の終末」（小林・大石編『中世奥羽の世界』）、小

稿「奥羽仕置と城わり」（『福大史学』二八号）。資料21によれば、氏郷は数日前に旧九戸城を離れ、この十日朝長吉と会ったのち旧九戸城の地に戻ったことがしられる。このとき長吉は鳥谷が崎かその以北のどこかに居た。その後、長吉はこの城のひとまずの完成を検分して上洛の途についたのである。なお、山口巌「九戸の乱と南部氏」（東北学院大学中世史研究会『六軒丁中世史研究』四号）をも参照。

(44)『史跡九戸城跡整備基本計画書』二戸市教育委員会。城普請最中の天正十九年九月十五日、氏郷は信直あてに起請文を呈している（盛岡南部文書『岩手県中世文書』下一二〇号）。当然、信直起請文も出され、相互の信頼関係が確認されたであろう。

なお、文禄元年の名護屋在陣中とみられる十二月晦日信直書状（「宝翰類聚」『岩手県戦国文書』Ⅰ四三号）には、氏郷姉の娘と利直との婚約のことがみえる。「寛政重修南部家譜」によれば、利直室は「氏郷が女」とあるから、氏郷姉の娘を氏郷養女として嫁したものであろう。信直が名護屋から国もとに帰着した文禄二年十一月十六日（同四二号）からまもない文禄三年三月に結婚が実現した（『南部史要』七四頁）。

(45)『角川日本地名大辞典岩手県』三三七頁。『南部史要』七〇頁。天正十九年九月のころ、水沢・江刺・柏山・佐沼・気仙・大原・岩手沢・岩沼の諸城が秀吉麾下諸将の手で改修され、伊達政宗に渡されている（小稿「奥羽仕置と城わり」）。南部領内の諸城改修も同様と考えられる。

(46)『岩手県史』3八九五〜九〇〇頁。三ケ尻加賀は稗貫一揆の主導者のひとりであった。

(47)『南部史要』七一頁、天正二十年六月十一日南部信直諸城破却書上（『岩手県史』3九五八頁）。城破却の実態については、栗村知弘「天正期の根城」（八戸市博物館『研究紀要』五号）参照。

(48)元文四年十一月九日帰住証文由緒幷始末記（二戸市教育委員会『九戸の戦関係文書集』三四号）。

(49)この点、小稿「〝奥羽仕置〟と郷村」（東北学院大学中世史研究会『六軒丁中世史研究』二号）参照。

(50) 慶長元年九月十五日南部信直領知黒印状(『岩手県戦国期文書』Ⅰ七三号)。
(51) (文禄元年)極月晦日南部信直書状「宝翰類聚」(『岩手県戦国期文書』Ⅰ四三号)。
(52) 慶長六年十月十六日南部利直領知判物案「宝翰類聚」坤。
(53) 盛岡南部家文書(盛岡市中央公民館蔵)。
(54) 『角川日本地名大辞典岩手県』八二九頁。
(55) (天正十八年)四月十一日豊臣秀吉朱印状(『神奈川県史』資料編3九六六六号)、他。
(56) 一九九四年、名護屋城の水手曲輪跡から「天正十八年五月吉日」の銘のある瓦が発見された(『名護屋城博物館ニュース』2号(一九九四年)、高瀬哲郎「名護屋城の築城と改造について」(『佐賀県立名護屋城博物館研究紀要』1集、一九九五年)。
(57) 『奥羽永慶軍記』巻十九。
(58) (天正十九年)八月十二日最上義光書状(秋田藩家蔵文書三四)は小介川・仁賀保・滝沢らの由利衆あてに、自身が大崎口出張の大谷吉継のもとに参陣することを述べて、出陣を催促している。小野寺・秋田安藤に対しては大谷吉継の指揮下に入るべき旨の六月二十日秀吉朱印状がそれぞれ出されている。また、『奥羽永慶軍記』巻二十一を参照。『秋田県史』古代中世資料四二三〜四二七頁。
(59) 海保嶺夫『中世蝦夷史料』一八七〜一九〇頁、『南部史要』六五頁。
(60) (天正十九年)七月晦日伊達政宗書状(『仙台市史資料編10伊達政宗文書』八五六号)、(同年八月上旬)伊達政宗消息(『政宗文書』八五七号)、(天正十九年)八月五日蒲生氏郷書状(『大日本古文書伊達家文書』二―六〇八号)。
(61) (天正十九年)九月二十九日南部信直書状(天理大学附属天理図書館蔵、鴨志田智啓氏の御教示による)。糠部の信直から京都の山中長俊にあてたこの書状には「子候者、数々被加御懇志候由申越候、誠難申謝候、弥御引廻頼入存上候、然

者　上様唐へ可被成御動座付而、御供之儀被　仰出由候、若輩与申、諸事分別有間布候間、年内ニ我等罷上、可致御供心底ニ候」とあり、具体的な陣立・人数は別として大名衆に動員が通告されている。糠部にいた信直のもとに九月二十九日以前にこの情報が届いていることは、秀吉から利直への動員通告が九月初めを下らぬことを推定させる。九戸合戦終結の報に接する以前に、早くも秀吉は〝唐への御動座〟のための動員のことを令していたのである。すでに同年の八月二十三日相良長毎あて石田正澄書状には「来年三月朔日ニ、唐へ可被乱入旨候、各も御出陣御用意尤候、なこや御座所御普請、黒田甲斐守・小西摂津守・加藤主計被仰出候」とある（『大日本古文書相良家文書』二―六九九号、前掲高瀬哲郎論文）。

（62）文禄二年三月十日豊臣秀吉朱印覚書（『大日本古文書浅野家文書』二六三号）の「もくそ城とりまき衆」では最上義光が蒲生氏郷一手、上杉景勝・由利五人衆が大谷吉継一手、秋田実季が木村常陸介一手、南部信直・本堂忠親が前田利家一手とされ、また釜山浦普請衆でも伊達政宗が浅野長吉父子と一手を構成し、宇都宮国綱、黒見義康、那須資晴・成田氏長がそれぞれ増田長盛一手とされており、天正十八年関東・奥羽仕置の指揮・統轄関係が、一定の再編成を伴いながらおおむね踏襲されていることがしられる。なお、藤木久志「中世奥羽の終末」（『中世奥羽の世界』二三一頁）、若松正志「豊臣政権と奥羽の領主」（『歴史』七六輯）を参照。

資料1　前田利家書状　盛岡南部文書（岩手県中世文書）

雖未申通候、令啓札候、仍去夏従左衛門尉殿預芳書候キ、御内存之趣、即達上聞候、委曲寺前縫殿助相含口舌候、於向後者、相応之儀蒙仰、聊不可存疎略候、恐々謹言、

（天正十四年カ）八月廿二日　利家（花押）

三戸（信直）殿

資料2　前田利家起請文　　盛岡南部文書

敬白　起請文前書事

一自今以後別而不存如在可申談候之間、互深重不可有表裡事、

一関白様へ御取成之儀、毛頭疎略有間敷候、御身上之儀無二可被守御下知事専一候、其段於手前不可有由断事、

一如斯相究候上者、御進退見放申間布候、但被対　上意不儀之於御覚悟者、此誓紙可為反故事、

右条々若於偽申者

上者梵天帝釈、四大天王惣而日本国中大小神祇、殊者春日大明神・八幡大菩薩・愛宕大権現・白山三所・天満大自在天神、各神罰冥罰可罷蒙者也、仍起請文如件、

天正十五年六月廿九日　　権少将利家（花押）

南部（信直）大膳大夫殿

資料3　豊臣秀吉朱印直書　　盛岡南部文書

其方事同名親類等并檜山之城主以下令同心、可上洛候由聞食候、路次無異儀候様、対越後宰相被仰遣候、猶羽柴加賀中将・浅野弾正少弼可申候也、

（天正十七年）八月二日　（秀吉朱印）〇

南部大膳大夫とのへ

資料4　前田利家書状　　盛岡南部文書

将又今度御理共、浅野弾正少弼方具被申上候、一段馳走被申候間、於向後も御入魂尤候、我々事ハ京都程遠候間、
浅野方畢竟御頼肝用候、以上、

去夏木村杢助方被指上御状之趣具令披見候、仍御上洛之儀即致披露候処、尤之旨被成遣御朱印候、越後へも路次等可
有馳走候由被　仰出被成御朱印候、先以珍重存候、此度御迎可進之処、秋田表従赤津令乱入、以其競津軽及行、御家
中ニも叛逆之族有之由、粗其聞候、千万無御心元次第候、（中略）当秋中歟来春ハ早速　上様被進御馬、出羽奥州両国
之御仕置堅可被　仰付之旨　御諚ニ候、北国之人数悉拙者ニ被相付、為先手至秋田面可致出馬候条、近年御内存之鬱
憤無残所可属御本意候間、可御心安候、（中略）秋田之儀当年ハ為御蔵納、貴所与上杉方ゟ遣奉行被為所務候様ニと被
仰出候、（中略）恐々謹言、

羽筑
（天正十七年）八月廿日　利家（花押）

南部大膳大夫殿
参御返報

資料5　湊通季書状　　大日本古文書浅野家文書

急度令啓上候、仍昨日南部（信直）殿御礼被申上候、一段御仕合、近比之我等式迄本望候、供仕候而罷上候得共、増田右衛門尉（長盛）
殿御かゝへを以、御礼不申上候、某身上之儀、万端乍恐奉憑之条、可然様任置候、猶此旨得貴意候、恐惶謹言、

湊九郎
（天正十八年）七月七日　通季（花押）

資料6　遍照光院良尊書状　　遠野南部文書（岩手県中世文書）

今度於相州表　関白様就御尊意、屋形様御同心被成　御出仕之由、大慶存候条、則令抽丹誠、愛染王供執行申、御巻数令進入条、（中略）恐々謹言、

（附箋）「天正十八年庚寅」

遍照光院

七月十一日　　良尊（花押）

（直栄）八戸殿

御宿所

資料7　豊臣秀吉朱印覚書　　盛岡南部文書

覚

一南部内七郡事大膳大夫可任覚悟事、

一信直妻子定在京可仕事、

一知行方令検地、台所入丈夫ニ召置、在京之賄、相続候様ニ可申付事、

一家中之者共相拘諸城悉令破却、則妻子三戸江引寄可召置事、

一右条々及異儀者在之者、今般可被加御成敗候条、堅可申付事、

以上

天正十八年七月廿七日（秀吉朱印）〇

南部大膳大夫とのへ

資料8　豊臣秀吉朱印直書　　大阪城天守閣蔵

将又百姓刀狩以下入念申付候由尤候、

以上、

去月十四日之書状今月六日於有馬湯山到来、加披見候、南部境目和賀・稗貫儀、為可申付、十三日、平泉内高館迄罷着候由、聞召届候、然者、南部かたへ被成御朱印候、彼家中者共対南部愚意申族於有之者、此度急度申付、以後迄之為能様ニ可仕候、其元儀於相済者、余之衆ハ差上、其方事何迄も令逗留、木村伊勢守能々有付、仕置等堅申付候て、可罷上候、諸事無由断申付候由尤思食候、猶木下半介可申候也、

（天正十八年）十月七日　（秀吉朱印）〇

浅野弾正少弼とのへ

資料9　南部信直書状　　色部文書（新潟県史資料編）

以上

雖未申通候、令啓達候、仍而旧冬以来其表ニ御在陣之由、誠以御苦労奉察存候、頓而以飛脚可令申之処ニ郡中も一揆等令蜂起付而、菟角延引非本意候、至当春も同名共二三人令逆心、廿里卅里之於間、毎日懸合体ニ候、就中、京都之御人数被差下之由、必定ニ候哉、此表程遠御座候故、慥不相聞候、御様子委示預候者、可為本望候、猶使者可申入候条、不能再三候、恐々謹言、

（天正十九年）二月廿八日　南部大膳大夫
信直（花押）

色辺殿(長真)
参御陣所

資料10　浅野長吉家中連署状　　色部文書(新潟県史資料編)

雖未申通候、令啓入候、仍而浅野弾正(長吉)為代官、去年稗貫ニ被残置候処ニ、一揆令蜂起籠城候刻、南部殿(信直)被出御馬、一揆等被追掃候、依然御伴申三戸(陸奥)へ先退候、就其当郡侍衆有逆意、糠部中錯乱之事に候、南部殿天下江御奉公候を、当地之衆何も京儀嫌被申、如此之姿に候、弾正二本松ニ越年ニ付而、当春も爰元ヘ被及音信候、此表之儀、上衆(豊臣勢)有御加勢、御仕置可被仰付之旨ニ候、然者其口ヘも御人数被差下之由其聞候、爰許遠路之故、慥成義不相聞候条、御様子具示預候者、可為恐悦候、此表之体、自上急度無御助勢候者、南部殿御身上可被及御難儀姿ニ候条、内々其御分別所仰候、委者使者ニ申含候、恐々謹言、

(天正十九年)二月廿八日　　浅野勝左衛門尉
忠政(花押)
伴喜左衛門尉
資綱(花押)
福井勘大夫
忠重(花押)
後藤小平次
吉宗(花押)

色辺殿(長真)
参

資料11　南部信直書状写　　二戸市教委『九戸の戦文書集』

(上略)九郎(利直)十三日ニ立申候、今日山をこし申へく候、久慈殿相談候て急度御はたらき尤たるへく候、将又甚五郎上へ供させ申候、心底能人ニ候者憑申候、其方御造作詫言ニ候、恐々謹言、

(追而書省略)

(天正十九年)卯月十六日　信直　判

野田殿(政親)

資料12　南部信直書状写　宝翰類聚

尚々秀五郎殿ふミ可被申候、於時宜ハ御心やすかるへく候、上様御機嫌之躰五郎可被申候、以上、

夕部自都使下候、五月廿八日ニ罷上、九日ニ御前へ被召出候、鷹十三馬二疋御太刀進上申候、一段御懇無申計候、定て五郎殿文有へく候、中納言様御下之事もはや〳〵伊達をしいたされ大崎一篇にて、さぬま一城之最中せめられ候由、只今しハ(斯波)より音信候、(中略)恐々謹言、

(天正十九年)六月廿七日　信直判

野田殿　三戸より

資料13　浅野長吉書状　遠野南部文書

以上

態申越候、其許様躰如何成行候哉、無心元存候、仍家康・中納言様七月上旬ニ被成御出馬之由候、羽柴忠三は昨十四日至二本松下着被申候、政宗事ハ昨日長井を打立、葛西大崎面へ出勢ニ候、我等事、頓而可相動候間、其表江可入合

候、然は九戸事、皆々被申合急度被成敗候而尤ニ候、此度之事ニ候間、随分可被出精儀肝要候、南部殿へも此通申入

候、恐々謹言、

（天正十九年）六月十五日　　浅弾少

長吉（花押）

（直栄）八戸殿

御宿所

資料14　豊臣秀吉朱印条書　前田尊経閣文庫文書

奥州奥郡為御仕置、被差遣御人数道行之次第、

一番　羽柴伊達侍従（政宗）

二番　羽柴会津少将（氏郷）

羽柴常陸侍従（佐竹義宣）

三番　宇都宮弥三郎（国綱）

四番　羽柴越後宰相中将（上杉景勝）

五番　江戸大納言（徳川家康）

六番　羽柴尾張中納言（秀次）

以上

一江戸大納言・尾張中納言、二本松通可被相越事、

一羽柴常陸侍従・岩城（常隆）・相馬（義胤）・宇都宮弥三郎、其外一手之衆、相馬通可相越事、

一羽柴越後宰相并出羽衆、最上通可相越事、

一二本松通、白川ゟ城々へ人数入置、可被罷通事、
一相馬通、岩城ゟ城々へ人数入置、可罷通事、
一最上通相越候衆ハ、米沢ゟ人数城々へ入置、可罷通事、
一江戸大納言・尾張中納言、大崎辺ニ程近有之、先々之儀人数入候者、可差遣事、
一葛西・大崎悉平均ニ申付、立置候城々、伊達侍従申次第、城数あまた無之様相究、普請申付、其外之城々可令破却事、
一右之普請申付候内ニ郡分知行替以下之仕置可相究候、会津へ近き郡者、何之郡成共、会津へ可相付候、葛西・大崎へ近き郡者、伊達かたへ可相付候事、
以上
天正十九年六月廿日（秀吉朱印）◯
羽柴尾張中納言殿（秀次）

資料15　浅野長吉書状　宝翰類聚（岩手県中世文書）

態申入候、其表之儀南部大膳殿御勝手ニ被仰付由候、皆々無如在被出精之段尤候、我等事此廿五日弐本松罷在候間、頓而其表へ可令下着候、九戸櫛引成敗急度可申付候、随而上ゟ之御人数葛西大崎和賀稗貫迄可罷越候、其面江大軍入乱候者兵粮調各可造作候、然間九戸櫛引事、其以前ニ早速御成敗候様ニ南部殿へ可被申候、縦澄候共、拙者儀は人数五千三千之躰ニて三戸辺迄可罷越候、万々大膳殿御為能様ニ申付可遣之候間、皆々可心易候、自然此度之儀如在候義ハ可為越度候、猶同名勝左衛門可申候、恐々謹言、

浅野弾正
（天正十九年）七月十七日　長吉（花押）
（朝政）東殿
御宿所

資料16　前田利家書状　盛岡南部文書

態令啓候、仍今度其表御人数被指遣候、定早速可属御本意候、然者貴所御分領之儀、太刑少ニ於此方懇ニ申合候、如在申間敷旨候間、弥御入魂肝要ニ候、為其内堀四郎兵衛被指下候、是非共此度逆心之者共不残可被討果候事、専一候、尚御状ニ申含候、恐々謹言、

羽賀宰相
（天正十九年）七月廿二日　利家（花押）
南部大膳大夫殿

資料17　伊達政宗朱印覚書　大日本古文書伊達家文書

覚

一始其方一統之旁、今般政宗刷ニ被相任ニ付而者、身命進退之儀、南部殿（信直）へ申調、必定可相立事、
一於其上も、南部殿前、旁々機（気）遣ニ付而ハ、政宗為半者、毛頭無疑心様ニ可有之事、
一両人ニ巨細之儀申付候、両口之通、何事ニ付而も、不可有表裏候、可御心易候事、

以上

（天正十九年カ）七月廿日　◯（朱印、印文「桐盛伝」）

資料18　浅野正勝書状　　大日本古文書伊達家文書

（追而書省略）

葛西大崎之儀、伊達殿被打鎮之段、先日以使者注進申上候、城々破却被申付候、

（中略）

一今明之内ニ、飛騨殿（氏郷）・弾正（長政）南部へ被罷越候、彼所伊達殿為扱、使者被指越、太略侘言申、九の閉伊一人（九戸政実）城を相抱在之儀候、此分候ハヽ、彼表も不可有異儀候条、九月之始比ハヽ、又口郡迄被打帰、其ゟ中納言様家康御供被申、各上洛可被申候、（中略）恐惶謹言、

（天正十九年）八月七日　　正勝（花押）

「（切封ウワ書）（墨引）　奥州ゟ
浅野六石衛門尉
正勝

施薬院様

富左近様
人々御中」

資料19　豊臣秀次書状　　津軽家文書

其表仕置等為可申付、羽柴会津少将・浅野弾正少弼・堀尾帯刀相動之事ニ候間、諸篇無油断可被馳走儀、専一候、尚追而可申越候条、不能巨細候、謹言、

（天正十九年）八月九日　　（豊臣）秀次（花押）

津軽右京亮殿

資料20　浅野長吉書状写　大日本古文書浅野家文書

態申入候、仍此表之儀、中納言《(秀次)》様　御意を以、羽柴忠三《(蒲生氏郷)》、中納言様より堀尾帯刀《(吉晴)》、江戸大納言《(家康)》殿より井伊兵部少輔《(直政)》各致同道、今度南部表へ相働申候、去朔日ニあなたい《(姉帯)》、ねそり《(禰曽利)》と申城二ケ所、直懸ニ責崩申候、依之端城共開退、九戸へ楯籠候之処を、去二日より執巻、早堀際まで仕寄申候処ニ、九戸《(政実)》髪をそり走入申付而、即　中納言様へ、九戸同妻子共召連、返《(ママ)》進上申候、雖然悪徒人共事ハ悉刎首、頸数百五十余為持進上候、櫛引《(清長)》と申者も走入申候、是も妻子共中納言様へ進上申候、如此上ハ、奥口無残所相澄申候、只今南部方居城之普請、各令相談申付候、是又近々可為出来候、弥仕置等堅申付、頓而可罷上候、御次も候ハヽ、此通御物語候様ニ、被仰上候て可給候、委細最前羽柴会津少将《(蒲生氏郷)》殿より、御注進被仰上候間、不能委細候、恐々謹言、

(天正十九年)九月十四日　浅野弾正少弼
長吉御判

長束大蔵大輔《(正家)》殿
御陣所

資料21　蒲生氏郷書状　大日本古文書浅野家文書

返々御出候はねば、かやうニ無十方事候ハす候、以上、

今朝懸御目候而、本望此事候、四時分罷着候、則普請わり申付候、手間入申ましく候、さても〳〵見事に、先日見申候よりも、一段見事ニ成申候、可御心安候、何程大ニも又少も、御望次第ニ而候、可然地不及是非候、先本丸之心ニ、我等一円ニ申付候、二日ニ可為出来候、送具候ハヽ、明日中ニも可為出来候へとも、不□り可申候、小丸ハ御出候ハヽ、懸御目候而、談合申候而可仕候、又外丸ハ其まゝにていよ〳〵手間入申ましく候、頓而御帰奉待候、

とかく無十方事に候、御帰をまち申計候、恐々謹言、

羽忠三

（天正十九年）九月十日　氏郷（花押）

浅弾さま

人々御中

資料22　浅野長吉書状案　大日本古文書浅野家文書

（上略）

一当表事、先書ニも如申越候、今度南部へ相働、悉平均ニ相随候、只今南部方居城之普請申付候、是又五六日中ニ可為出来候、弥仕置等堅申付、頓而可令帰陣候、其方事昼夜無由断、御奉公可被仕事肝要候、

（天正十九年）九月十三日

（浅野幸長）左京殿

資料23　淺野長吉外三名連署還住掟書　盛岡南部文書

当所百姓地下人等、悉可令還住候、聊不可有非分之儀候条、早可帰住者也、

（天正十九年）九月六日　浅野弾正少弼（花押）

堀尾帯刀亮（花押）

井伊兵部少輔（花押）

羽柴忠三郎（花押）

（後記）　小稿は、一九九五年十月二十八日の講演筆録に補訂を加えたものである。

第三部　浜通り

第一章　相馬市域の歴史的環境

（1）相馬市の市域は、七～八世紀以後明治二九年（一八九六）宇多・行方《なめかた》二郡の合併で相馬郡が成立するまで、宇多郡（現相馬市・新地町）に属した。したがって、相馬市の歴史的環境は、宇多郡の地域の歴史と深く関わることとなる。

九世紀なかばの成立とされる国造《くにのみやつこ》本紀《ほんぎ》は、いわゆる大化改新以前の日本に存在した国々とその支配者たる国造のことを記した文献であるが、そのなかに浮田国がみえる。これに隣接するのは、伊久国・信夫《しのぶ》国・染羽国である。伊久国は宮城県伊具郡、信夫国は福島市と伊達郡の地域と考えられる。浮田の南に接する染羽国は、のちの標葉《しねは》郡（現双葉郡北部）を中心としたとみられるが、浮田と染羽の境は詳らかではない。国造本紀には「思国」と読まれるものがあり、これを亘理国とする説に従えば、浮田国の北に接してこの国があったことになる。ただし、この説が当たらぬとすれば、浮田国は海道（浜通り）における日本最北の国であったことになる。

奈良時代続日本紀養老二年（七一八）の条に行方郡・標葉郡などと共に「宇太郡」が初見する。おそらく、大化改新（六四五）後まもないところに、浮田国・染羽国の地域が宇太・行方・標葉の三郡に分れたのであろう。

宇多川南岸の成田字船橋の丸塚古墳は全長三〇ｍをこえ、埴輪を出土し、浮田国造に関わる古墳と推定されている。またこれに近い中野の黒木田遺跡は、七世紀なかばの官衙あるいは寺院跡とみられている。いずれにせよ、中野のあたりが、浮田国また宇太（宇多）郡の中枢の地区であったと考えてよかろう。神護景雲元年（七六七）七月「宇多郡人外正六位上勲十等吉弥侯部《きみこべ》石麻呂」が「上毛野《かみつけぬ》陸奥公」と賜姓をうけ、同三年三月「宇多郡人外正六位下吉弥侯部文知」が同じく「上毛野陸奥公」と賜姓されている（続日本紀）。かれらは、宇多郡領（郡司）またその一族であろう。

一〇世紀の和名抄には宇多郡の郷として「長伴・高階・仲村・飯豊」の四郷がみえる。長伴は宇多郡南部、高階は西部、飯豊は未詳（あるいは飯樋か）、仲村郷はその名称から宇多郡の中央部で、現在の大字中野を中心として相馬市街に及ぶ地区と推定される。

宇多郡第一の河川である宇多川は、かつては歓喜寺山の南から、中野と坪田、大曲と馬場野、さらに新田《にいだ》と程田・柏崎の境界を画するように流れて松川浦に注いだと推定されている（平凡社日本歴史地名大系『福島県の地名』）。これによれば、宇多川の旧流路の流域に仲村郷が地を占めたことがしられる。

一〇世紀初めの延喜式に宇多郡の神社としてみえるのは名神大社の子負嶺《こいみね》神社のみである。新地町の駒ヶ嶺を神体として仰ぐ古い信仰がそこにうかがわれる（現駒ヶ嶺字大作子眉嶺《こびみね》神社）。

他方、貞観八年（八六六）正月の太政官符によれば、当時陸奥国に常陸鹿島大神の「苗裔神」が三八社あり、その七社が宇多郡に在ることが記されている。宇多郡七社は、磐城郡の一一社に次ぐ数であり、この二郡でその他の一一郡の合計二〇社に匹敵する。磐城郡と宇多郡の圧倒的な数は常陸の鹿島と磐城・宇多両郡との海上交通による連絡の緊密さを証明するものにほかならない。海の道は、陸の道を補いつつ、それに劣らぬ役割を果していたのであり、宇多郡についてはそれが特徴的であった。とすれば、海につながる宇多川下流域に仲村郷が展開し、そこに郡衙が置かれたのは当然であったといえる。

(2)　宇多郡は中世を通じて宇多庄と呼ばれた。宇多庄が史料に初見するのは建武二年（一三三五）であるが、すでに平安時代に庄園となっていたことは確かであろう。庄園化が進んだのも、この地域の開発が早く、かつ海上の道で中央につながり易かったためと考えられる。

文治五年（一一八九）の「奥州征伐」に八田知家と共に東海道大将軍として海道（浜通り）を進軍した千葉介常胤は、戦後その賞として宮城・亘理・行方の諸郡や好島庄（いわき市）に所領所職を与えられ、子息たちにこれを分与した。これに伴ってその後亘理郡は武石氏、行方郡は相馬氏の領となる。亘理と行方に挟まれた宇多庄も恐らく千葉一族の支配に属したとみられるが、詳細は明らかでない。

他方「奥相志」は、中野の熊野社の祠官鈴木氏について次のような所伝をのせている。鈴木氏の祖、四郎重原は治承年中源義経に従軍し、のち義経が平泉高館に籠ると聞き文治五年奥州に下ったが、すでに義経死後であったため、宇多郡中野邑に住し、熊野の祠を祀った。里人は重原を敬って宇多郡主とし、その子孫は世々に宇多郡を領した。鈴木宇多守吉久の代に至り結城宗広に従い、その一族中村六郎広重を迎えた。広重は平田・松本・荒・天野らを率いて入部し、中野邑に砦を築いた（奥相志『相馬市史』4　一六七〜八頁）。

これによれば、鎌倉時代の宇多庄（宇多郡）は熊野社鈴木氏の支配下にあったことになるが、もとより確証はない。ただし、熊野堂が一郡に重きをなしたことは、信じてよいであろう。

建武二年（一三三五）六月三日、陸奥国宣（相馬文書）によって相馬重胤が武石胤頼と共に伊具・亘理・宇多・行方諸郡の検断のことを命じられた。その直後の同年七月三日、後醍醐天皇綸旨（結城神社文書）によって「陸奥国宇多庄」が勲功の賞として白河城主結城宗広に与えられた。しかし早くもこの年一〇月、建武新政は足利尊氏の〝叛〟によって破綻する。相馬氏は尊氏方となり、後醍醐＝南朝方の結城氏と敵対関係に入る。

建武三年三月一七日の相馬光胤軍忠状（相馬文書）には、白川入道（宗広）の家人らが宇多庄熊野堂に「楯」（館）を築いたので、今月一六日にこれを攻め、宗広の家人六郎左衛門入道らを討ち捕り、また二人を生け捕り、八人を分捕ったが、相馬方も討死一人のほか負傷者を出したことを記している。さらに同年五月九日の光胤軍忠状（同）には、五月六日にも熊野堂において合戦があり、三人の討死を出したが、翌七日小高城から軍勢を出して合戦し、一三人を斬ったことが記されている。翌四年正月の相馬胤頼軍忠状（同）には、三年五月に光胤が小高城合戦に戦死して以後、胤頼（松鶴丸）以下は山林に退去したが、このほど一族を率いて宇多庄に攻め入り、「結城上野入道代中村六郎」が「数万騎」で熊野堂にたてこもるのを攻めて打ち散らした、とある。ここにいう「数万騎」はさておき、宗広の重臣である中村六郎が相当の軍勢を率いたこと、熊野堂に城砦を築いて本拠としたことは確かである。宇多一郡にわたる勢力を構成したことも疑いがない。

（3）『奥相志』は次のように述べている。

館の越　或は館腰に作る　田圃。

古館址。之を館腰といふ。高地、方一町許。今圃となる。繞りに塹形あり。古往此地今田村なりと云ふ。古昔元弘建武中、奥州の刺史北畠顕家卿霊山に居城の時、其属将白川道忠上野入道禅秀と号すの族中村六郎広重嘗て結城中村に住む。白川より来り居り、而して宇多郡を守る。二世国司顕信亡滅の後、相馬に属し宇多郡中数邑を領す。（『相馬市史』4　一七九～一八〇頁）

現在なお、館腰には方形土塁と堀跡をうかがうことができる。館腰の東隣には「川原宿」という地名が残っている。またそのすぐ東には「舟橋」の地名があった。『奥相志』には次のようにある。

舟橋　田圃　中野明神の前大江の南なり。往古宇多の河脈にして舟橋ありと云ふ。

川原宿　田圃　往古舟橋の西に駅あり。川原宿といふ。此地多く古瓦を出す布目あり、蓋し神祠仏閣の跡か。

（同一七九頁）。

ここに記される「舟橋」は、戦国期には在りえたであろうが、南北朝期の存在には疑問がある。しかし、宇多川の川すじが現在より南のこのあたりを流れていたことを証明する地名といえる。川原宿には「瓦宿」という宛字もあるが、やはり宇多川の河原、自然堤防上に成立した宿町であり、川原町が本来であろう。それは、中世の海道が宇多川を渡る地点に開かれた宿と推定される。中村六郎館は、宇多川の流れに沿い、その渡河点に当たる宿、すなわち水陸交通における宇多郡随一の要衝をおさえる立地条件をもって構築されたことが知られる。

『奥相志』が書かれた幕末には、すでに田圃と化してないが、近くにはかつて若王寺・不動堂などが存在したことも、それが記す地名に明らかである。布目瓦が出土するという川原宿にも、相当の堂宇が存在したに違いない。このように、中村六郎館のあたりは、浮田国あるいは宇多郡の成立ころ以来、少なくとも南北朝期までは確実に宇多郡の中枢の地であり、平安時代以後は一定の賑わいをみせていたことが考えられる。そもそも熊野堂は、このような所を門前として、熊野山（鎮座後の呼称）に社地を卜したのであった。

なお、中村六郎が結城宗広の臣であったことは、さきの光胤・顕胤の軍忠状に明らかであるが、結城の臣で常陸中村から移ったために中村氏を称したとの説には疑問も残る。中野村に本拠を構えた故に中村を称したと理解するのが妥当ではなかろうか。あるいは、すでに早くからこの地に根を下ろしていたのを、宗広が麾下として城主にすえ直したことも考えられる。

建武四年三月二六日足利尊氏は佐竹貞義に「陸奥国雅楽《うた》荘地頭職」を宛行った（佐竹文書）。同五年七月の伊賀盛光軍忠状（飯野文書）には、盛光らが六月二四日「霊山搦手」の宇多庄黒木城を攻めたこと、七月三日には敵勢が「当御城宇多庄熊野堂」に攻め寄せたのでこれを追返したことを記している。また興国元年(一三四〇)と推定される五月一六日付の結城親朝あて北畠親房書状(松平結城文書)には、常陸にいる親房が麾下の要人を奥州に下すについて、これを宇津峯に送り届けるよう指令し、「又海陸無相違之様可被仰黒木城中也」と述べているのによれば、当時黒木城は南党の拠点であり、かつ海陸交通の要衝であったことがしられる。他方、熊野堂城は建武五年のころには北党に属していたことが、伊賀盛光軍忠状によって明らかである。

貞治六年(一三六七)四月二八日の吉良治家施行状(相馬文書)は、陸奥国宇多庄を本知行の旨に任せ、相馬胤頼に配分している(相馬文書)。しかし、宇多庄における結城氏の勢力は、なお保持された。すなわち、正長二年(一四二九)ころとみられる五月二六日足利持氏書状(角田石川文書)は、宇多庄において白川氏と石河・相馬・懸田三氏とが合戦していることを示している。

(4)　その後、一五世紀後半までに宇多庄が相馬氏の支配下に収められたことは、明応八年(一四九九)七月相馬盛胤が上之坊治部卿に「宇田庄」先達職を安堵していることから明らかである。

『奥相志』によれば、相馬氏の宇多庄支配は、中村・黒木両氏がこれに従属することによって実現した。中村氏はのち中野から馬場の砦に移り、大永年間(一五二一～二八)夫館(中村城)に居城をトしてここに移ろうとしたとき、黒木弾正に攻められてついに滅亡した。相馬氏は黒木氏の謝罪を赦し、その結果弾正は弟大膳義房を中村城に居らせ、義房は中村氏を称した。天文年間に至り黒木兄弟が叛したが、顕胤が黒木城を攻めるに及び弾正・大膳はそれぞれに子を質として降った。のち天文一二年(一五四三)四月、顕胤は亘理を攻めると称して黒木兄弟を先陣に立てこれを謀殺し、草野式部直清を山中草野から中村城に移し、宇多郡の諸士を指揮させた。以後、直清は中村氏を称した。

永禄六年(一五六三)直清は伊達氏の臣坂本某・大谷地掃部と通じて相馬に叛した。盛胤・義胤は兵を率いこれを攻めて直清を敗走させ、のち義胤弟の隆胤が中村城主となり、盛胤がこれをたすけて西館に住した(奥相志『相馬市史』4 三三一〜三三三頁)。

天正一八年(一五九〇)五月、隆胤は伊達軍との合戦に戦死し、盛胤は慶長六年(一六〇一)一〇月中村城で死去した。

この間、天文七年(一五三八)伊達氏段銭古帳には「中むら」を初めとする「宇田之庄」の四五郷村が伊達領となっている。これは、江戸時代の村名と異同もあるが、宇多郡のほぼ全域にわたるとみられる。ただし、黒木がみえないのは、黒木だけが伊達氏に従わなかったためであろう(もしくは、村名がなかったためか)。これは、さきの『奥相志』の記述によれば、黒木氏が相馬氏に従って黒木・中村両城を本拠としていた時期にあたるが、段銭帳による限りでは、中村を初め宇多庄のほぼ一円は伊達氏の支配下におかれていたことになる。永禄六年の隆胤・盛胤の中村居城以後、宇多庄は相馬氏の掌握下に入った。永禄九年伊具郡金山城・小斎城が、元亀元年(一五七〇)には丸森城が相馬領に編入された。これに対する伊達氏の反攻は、天正四年(一五七六)から始まり、同一二年五月丸森以下三城は相馬氏の手から離れる。さらに同一七年五月伊達政宗軍の攻撃をうけて相馬氏は、宇多郡(庄)駒ヶ峯・新地蓑頸の二城を失い、この時点の両氏の境界が江戸時代の藩境として定着した。相馬市・新地町の境界がそれである。

(5) 慶長一六年(一六一一)、相馬利胤が中村城を修築して小高城からここに移り、以後幕末に至るまで中村城はその居城の地となった。これに伴って、中野村・西山村の一部をさいて中村城下が成立する。律令の郷里制にもとづく仲村郷の「仲の村」(中の村)は、本来中野の地であったが、中村城下の成立以後「中村」の地名は城と城下の名称となって移動したのである。

中村城下には、侍屋敷として大手前・袋町・新馬場・長松寺小路・柏葉町・鷹部屋町・御壇小路・北小人町など、職人町として大工町・鍛治町・向町など、そして町屋敷（商人町）として大町・宇多川町・田町・上町・北町などが割り出された（奥相志『相馬市史』4　五六～八一頁）。宝永五年（一七〇八）の戸数は二、〇一九戸、人口一〇、八二五人である。

明治初年の廃藩置県に伴って戸数人口の激減をみたが、明治二二年（一八八九）四月、西山村・中野村と合併して中村町となり（当時戸数九四六、人口五、六一〇）、昭和四年五月松ヶ江村を合併、昭和二九年大野村ほか六か村と合併して相馬市となった。この間、はじめに述べたように宇多郡は行方郡と合併して相馬郡となっている。

第二章　佐竹勢力の浸透と岩城氏の衰微

一　佐竹勢力の浸透

舟尾氏、佐竹に属す

此般、船尾式部太輔方進退之義申届候処、旁々《かたがた》御稼故、有御参会、帰住之儀被二相届(カ)一候、先以本望之至候、今日十五被二打越一候、至二于向後一者、別而御懇切候様、諷諫可レ為二快然一候、恐々謹言、

潤六月十五日　　義昭（花押）

（『いわき市史』第八巻第三編文書73―一六）

「色川本岩城文書」に収める常陸太田城主佐竹義昭のこの書状は、宛所《あてどころ》を欠くが、「岩城ノ家臣へ贈レル状ト見エタリ、思フニ大館三河守ナルベシ」との注記が施されている。文書の内容は必ずしも明らかでないが、岩城方の斡旋によって、船尾式部大輔の帰住のことが実現した旨を報告したものであろう。この文書によれば、船尾式部大輔が佐竹氏に属するに至っていることが知られよう。

船尾氏の祖は、「磐城系図」（『続群書類従』巻六上）・『寛政重修諸家譜』「岩城家譜」によれば、下総守常隆の子隆輔（隆相）である。「御子数五十人」（「磐城系図」）といわれた常隆は、そのうちの隆通を上田（植田）に置いて佐竹に備え、隆時を富岡に配して相馬氏を押えさせ、隆輔を旧岩崎氏の本拠であった船尾に置いたのである。岩城氏の一族であ

り、かつ岩城領国の枢要の地を守備した船尾氏（第99図［省略］）が、佐竹氏に従属するという事態は、岩城氏の佐竹氏への従属の傾向を示すものと判断せざるをえないであろう。式部大輔は「磐城系図」によれば隆輔の子隆直とみられる。

この義昭書状は、書状であるために当然年紀が記されていない。しかし、「閏六月」の月から推定すれば永禄元年（一五五八）と見てよい。この時期が佐竹勢力の岩城への浸透の画期に当たると見てよかろう。かつて下総守常隆の一六世紀初頭のころにみられた佐竹氏に対する優位は、完全に失われたのである。

なお、秋田藩家蔵文書所収の船尾文書によれば、天文二十四年（一五五五）船尾氏の一族とみられる九郎三郎が佐竹氏から「川上之内」以下七間を宛《あて》がわれている。

岩城宣隆（親隆）の家督相続

その永禄初年のころは、岩城重隆の治世の晩期にあたる。伊達氏天文の乱が終結した天文十七年（一五四八）九月以後、重隆が出した年紀のある文書・資料としては、(1)天文十八年十二月の知行充行判物《あてがいはんもつ》（『いわき市史』第八巻第三編文書90—七）、(2)同二十年十二月の旧飯野八幡宮銅鐘銘（『いわき市史』第八巻第四編金石文七七）、(3)同二十二年五月の判物写、(4)永禄十二年（一五六九）六月の判物（『いわき市史』第八巻第三編文書41—三）がある。このうち(3)には重隆とならんで「鶴千代丸」の名が見える。のちの宣隆（親隆）である。(4)は、重隆が佐藤大隅守に「老母一世之後、大原幷浜山野」を給恩《きゅうおん》とすることを約束した文書であるが、この時点で重隆が岩城領国全体についての知行給恩《ちぎょうきゅうおん》権を保持する家督の地位にあったか否かは、必ずしも明らかでない。なお、この文書の判は花押印《かおういん》であり、自ら画きすえた花押ではない。系図によれば、重隆の死去はこの文書の四日後の永禄十二年六月十四日である。とすれば、この判物は、いわば遺言・置文の意味を持つものであったかと思われる。おそらくこれより早い時期に、重隆は宣隆（親隆）に家督を譲っていたものであろう。

　重隆の跡を継いだ宣隆（親隆）は、重隆の外孫である。重隆の息女久保姫（栽松院）が伊達晴宗に嫁し、その折の約束にしたがって、最初に誕生した男子を岩城重隆の嗣子としたのであった（『いわき市史』第八巻第三編文書103―一二）。『伊達正統世次考』に天文十六年のものとして収める十月七日付の本宮宗頼に宛てた伊達晴宗書状には、「鶴千代丸登ら《(る)》見るに及んで、中途に出迎わると、感謝に勝《(た)》えず、彼年少為《(な)》り、向後意見に依るの外、他無し」（原漢文）とある。当時、本宮宗頼は岩城氏を頼っていた。これによれば、鶴千代丸が岩城に入ったのは天文十六年九、十月のころであり、また鶴千代丸はのちの宣隆、すなわち親隆にほかならぬことが明らかであろう。

已前用二一行一候ける処ニ、今度来書、為悦ニ候、仍而義昭御当口出馬、方々被レ及二取刷一候、無二是非一次第ニ候、依レ之従二晴綱一以二御使一承候、先以無二余義一候、佐竹へ指二越使者一候、彼帰路之上、万々可二申合一之由存候、自レ何其口堅固之段肝用ニ候、無事到二于取扱一者、祖父ニ候者も、無二油断一候、心易可レ有二御入一候、吉事期二来音一候、恐々謹言、

「再考卯月五日」
卯月十五日　　宣隆（花押）

上遠野備中守殿

（『いわき市史』第八巻第三編文書32―一）

佐竹義昭の白河領高野郡南郷への出馬について、宣隆が当時白川家中であった上遠野備中守に宛てた書状である。これによれば、義昭は結城白川領をうかがおうとして晴綱と緊張関係にあり、他方両者と好みを通じる岩城氏は、両者の間にあってその調停に当たろうとしている様子がうかがわれる。「祖父」重隆もなお健在であり、この書状は恐らく永禄初年のものである。

これよりさき天文十年(一五四一)義昭の父佐竹義篤は白河領の高野郡(東白川郡)の南部に侵入したが、六月岩城重隆の調停によって佐竹と白川は講和し、のち東館(矢祭町)は破却された(『福島県史』第七巻文書49―五六、『いわき市史』第八巻第三編文書35―一一八)。義篤の姉を母とし、また義昭を女婿とする重隆の斡旋は、恐らく佐竹氏側に立ったものとみられるが、この調停によって高野郡南部は事実上佐竹氏の手に帰したものとみられる。

さきの宣隆書状によれば、永禄初年の段階で佐竹氏は菊田荘から御斎所街道を経由して石川荘の蒲田・赤坂を臨み、ここからも高野郡経略を進めようと企図したのであろう。その書状からは、佐竹氏に近親しながらも、それからの自立性を相当程度まで保持する宣隆の政治姿勢をうかがうことができる。

元亀二年、佐竹義重の岩城仕置

市内四倉町の薬王寺には、永禄十年(一五六七)岩城親隆が白岩村の在家一宇を薬王寺の阿弥陀堂に寄進した判物が現存する(第100図[省略])(『いわき市史』第八巻第三編文書16―一二)。永禄初年からこの年までの間に宣隆は親隆と改名していることが明らかである。佐竹義昭の息女との結婚がすでに成立したことも、その子常隆の誕生が『寛政重修諸家譜』によれば永禄十年であることによって確実である。青山正『仙道田村荘史』には、つぎのような佐竹義重の証状が収められている。

今度、平に罷越候、就レ之藤原建徳寺幷善門寺之証文、令披見候、親隆・常隆如二□書一、不レ可レ有二別儀一候、靏(鶴カ)菊丸若輩之間、兎角之儀に候者、義重可及催促候、不□一代儀候間、不レ可レ有二相違一由存候、上々敬白

元亀二年《かのとひつし》六月廿七日　　義重(花押)

(『いわき市史』第八巻第三編文書134―一)

また、上遠野文書にも、つぎのような義重の文書がある。

今度、舟尾・窪田、自訴之儀申理候、長井村之事被二相返一候、月山如レ刷可レ有レ之候、従二十月一所務有へく候、舟尾公役之儀、如二以前一たるへく候、幷しゆく近辺ニ五貫所被二指添一候、窪田へも山方被二相返一候間、公役之儀、別而可レ有二催促一、依二忠信一両人共、重而御本所之事、可レ令二意見一候、恐々謹言

元亀二年かのとのひつし六月晦日　義重（花押）

上遠野常陸介殿

（『いわき市史』第八巻第三編文書83―一二）

二通ともに「上々敬白」「恐々謹言」等の書き止めによる書状形式である。しかも、書状としては異例の年紀が干支を施して付せられている。その内容をみれば、ともに実質的には訴訟を裁決した裁許状といってよい。前者は建徳寺と善門寺の権益を虎山親隆・可山常隆の先判によって認許したものであり、後者は岩城家中の船尾・窪田両氏の訴訟を裁決したものである。現在知られるのは右の二通に止まるが、元亀二年（一五七一）六月のこの時点で、義重が発給した裁許文書は、現実にはもっと多かったとみてよいであろう。この二通による限りでも、義重がここで行使した権限は、明らかに岩城氏の当主のそれであった。前者の宛所は欠けて不明であるが、後者のそれである上遠野常陸介は、このころの文書を総合すれば岩城家の宰臣であった。

なお、諸根樟一書写「磐城文書」には好間村梅本坊文書として次の文書が収められているという（佐藤孝徳「岩城左京大夫親隆について」『いわき地方史研究』第九号）。

一、さがみの御つかいのとき、つるぎく、ゆきあい見はす事、
一、太田よりおほせこしのぎ、
一、白川御ぢんに此□□□おたて申候御礼、
一、とみ岡九郎しん躰之事、

第101図　佐竹義重花押
『福島県史』第7巻「花押72」

一、ふなと《（を）》、くぼ田の事、
一、白土七郎ざへもん、しんたい之事、

ここにみえる白川御陣云々とは、元亀二年七月蘆名盛氏・白川晴綱と佐竹氏との合戦に岩城氏が佐竹を援助したことを指し、また富岡九郎進退の事とは、同じころに死去した富岡隆時の跡目として子息九郎隆政を相続させたことを指すという（「前掲論文」）。全体として文意は明らかでないが、常陸太田城主佐竹義重が岩城家に大きく介入する形勢だけは明白に読み取ることができよう。

元亀事件と親隆

このように、元亀二年（一五七一）六月に行なわれた佐竹義重の岩城平への出馬は、岩城領国の政治史にとって極めて重要な事件であった。注目すべきは、六月二十七日文書の「鶴菊丸若輩之間、兎角之儀に候者、義重可ㇾ及㆓催促㆒候」という文言である。鶴菊丸とは誰か。元亀二年現在の岩城の当主家督であるはずの親隆は、どのような状態にあったのか。

鶴菊丸に代わって義重が催促に及ぶべし、とされた鶴菊丸は、当然岩城の事実上の家督を指すものと考えざるをえない。とすれば、これは当年五歳の常隆（その童名）であろう。このような幼児の名があげられながら、その父の親隆の名がまったく現われないのは、親隆の身に重大な異変が起きていることを思わせる。可山常隆の跡を受けて岩城家を発展させた月山重隆は、二年前の永禄十二年（一五六九）に死去していた。

親隆の事蹟

岩城親隆が発給した年紀の明示された文書は、前掲の永禄十年（一五六七）九月の薬王寺宛ての寄進《きしん》状のほかに、⑴永禄九年三月の過所（『いわき市史』第八巻第三編文書106―一）、⑵永禄十二年十一月の飯野式部大輔宛ての起請文《きしょうもん》（第102図［省略］・『いわき市史』第八巻第三編文書8―二八）、⑶天正五年（一五七七）閏七月の折内満平宛て知行充行状（『いわき市史』第八巻第三編文書49―五）、および⑷同十年三月の志賀弾正宛て諸役免除状（『いわき市史』第八巻第三編文書23―二）、⑸同十一年八月の常勝院宛ての諸役免除状（『いわき市史』第八巻第三編文書73―一二）の五通があるのみに過ぎない。なお大須賀筠軒は、青滝寺永禄十三年庚午二月二十五日の棟札、および楢葉八幡神社天正二年三月十一日の棟札には「大旦那平朝臣親隆」とある旨を述べている（『磐城史料』）。

⑴は塩荷の運送、路次通行に関する通行証で署名なく花押のみである。⑵は親隆が飯野八幡神主飯野氏との間に「毛頭不レ可レ存二別心一」ことを誓約してとりかわした起請文である。署名と花押印があり、起請文という形式およびその内容から、親隆の健在がひとまずうかがわれる。これに対して⑶⑷⑸は、いずれも署名はなく親隆の黒印だけが押されている。天正六年八月（『いわき市史』第八巻第三編文書83―一五）、同十年九月（『いわき市史』第八巻第三編文書73―八）の親隆印判状が実は親隆夫人の発給によること、また会津蘆名家では盛氏の死後もその印判が用いられていることを併せ考えれば、⑶⑷の親隆印判状はただちに親隆の生存を意味するものとはなしがたいであろう。しかし『寛政重修岩城家譜』によれば、親隆は文禄三年（一五九四）まで生存していたとされる。他方、親隆夫人佐竹氏（義昭娘）は天正六年二月に「岩城当郡主源氏女」と記した禁制を遍照光院に発給し（『いわき市史』第八巻第三編文書16―四）、同年十二月には親隆の子常隆が自身の花押をすえた禁制を飯野八幡に与えている（『いわき市史』第八巻第三編文書6―九）。これらを総合すれば、天正五年までに親隆は死去したか、あるいは重大な障害によって岩城家督の地位を下り

たものと考えざるをえない。

ところで、かりに(3)(4)(5)の親隆印判状の存在が親隆の生存の根拠となりえたとしても、天正六年八月の親隆夫人発給による親隆印判状の存在などをどのように解すべきであろうか。なお、(5)天正十年三月の文書は親隆が志賀弾正に舟役を免除したものであるが、天正十四年二月には常隆が志賀弾正に舟役の勤仕を命じた文書（『いわき市史』第八巻第三編文書23―二）が現われる。おそくも、天正十四年二月の時点までに親隆が死去同然となっていることだけは確実であろう。

以上によれば、親隆は元亀二年（一五七一）六月のころまでに重病に陥り天正二年（一五七四）ころまでは岩城家督の地位にあったが、その後恐らく天正六年二月以前に隠退し、天正十年から同十四年のころには完全に廃人と化したと推察せざるをえない。なお、相田二郎『日本の古文書』は、天正六年八月吉日付の黒印状（『いわき市史』第八巻第三編文書83―一五）について、「之は親隆が病身であった為め、その夫人佐竹氏が代って政務を執ってゐたので、印は当主のものを捺して、本文を仮名書に記したのであると云ふ。岩城文書中山信名註記参照」との解釈を付している。

さて親隆の軍事・政治行動を示す文書は何通か残されている。某年三月二十七日（『いわき市史』第八巻第三編文書56―七）、三月二十一日（『いわき市史』第八巻第三編文書56―九）の御東（常隆か）宛ての書状は、二階堂盛義の懇望に任せて田村領に侵攻したことを記している。また、某年一月七日（『いわき市史』第八巻第三編文書83―一七）および七月十九日（『いわき市史』第八巻第三編文書83―一八）、七月晦日（『いわき市史』第八巻第三編文書83―二二）の書状はともに上遠野常陸介宛てであるが、田村領小野・石川領蓬田の数百人を討ち取り、あるいは二階堂盛義父子を助けて岩瀬郡長沼に出兵したことなどを内容とする。輝宗の長沼出馬のことなどもみえるから、これらは永禄五～八年ごろのものかと推定される。「親隆岩城在陣、愚老当地在馬」と記す岩城重隆書状（『いわき市史』第八巻第三編文書40―二）も同じころのものであろう。

また、某年五月五日上遠野常陸、上白土左衛門尉ら五人の重臣に宛てた書状(『いわき市史』第八巻第三編文書57―一三)は、親隆が蘆名盛氏・盛興父子と敵対している様子をうかがわせる。盛氏・盛興父子の活躍は永禄後期から盛興死去の天正二年までであるが、恐らくはこの文書は永禄九年正月の蘆名と二階堂・伊達の講和の以前のものであろう。

親隆の伊達・蘆名間調停

『伊達正統世次考』には、親隆の政治活動を示す、つぎのような記事がみえる。

○年欠く冬十一月二十四日、磐城親隆より書伊達兵部大輔実元に回して曰《ママ》く、是より将に書を奉ぜんとするに、此に来書を得、欣慰に堪えず、嚮《さき》に斎藤内蔵助を以て条々之を喩す、達るや否や、然るに流言紛々、泉の涌くが如し、以て一統し難し、歎息已《や》まず、一に足下の調護に在る而已《のみ》、抑輝宗みずから田手式部大輔在城を攻めら る、縦令《たとい》何事有りとも、時節と云い、家中の鉾楯甚だ然る可からず、一統之計策を執るを以て之《これ》急となす、因りて書を以て之を円森・亘理に告ぐ、其許に於て相与《あいとも》に之を計って可也、万一遅延ならば自他之凶事をなすことや必せり、夫《それ》能く之を思議せよ、恐々謹言、十月二十四日、伊達兵部大輔殿、親隆(原漢文)

親隆が伊達晴宗の弟兵部大輔実元に宛てて、晴宗・輝宗父子の不和を憂慮し、輝宗の田手式部の在城角田への攻撃を止めさせるよう伝えた書状である。晴宗・輝宗父子は和せず、ついに永禄七年冬から翌八年夏のころに晴宗の隠居となる。右の書状は、それ以前永禄なかごろのものであろう。

○年欠く秋八月二十日、磐城親隆より脚夫を馳せて以て一書を伊達兵部大輔実元に呈して曰く、去る十八日輝宗

第103図　伊達実元花押
『福島県史』第７巻「花押189」

第104図　伊達晴宗花押
『福島県史』第７巻「花押179」

第105図　伊達輝宗花押
『福島県史』第７巻「花押178」

重ねて馬を檜原に出すと、其地より亦出で向わる耶如何、嘗て輝宗より之を磐瀬に暁喩さるる哉、盛義《二階堂》より数《しばしば》親隆が出馬を促す、敢て従わずんばあらず、然りと雖も又聞く、会津より竊《ひそか》に永沼之地を以て当《まさ》に之を帰納すべしと言うを、特に貴家は会津与《と》之婚姻、昨今に至りて之を我に依託す、且《かつ》今泉之子は田村に抱え置かる、縦令《たとい》盛氏信用ありとも、聊尓《りょうじ》に岩瀬に返さるれば、則ち未だ如何ということを知らず、先唯《まずただ》永沼を以て堅く之を会津に帰納せらるれば、則ち向者の首尾と云い、祝言も亦調えられ、以て会津与《と》和合す、是第一岩瀬の為也、貴家の為にも亦間眅《かんか》を得んか、是に於て工夫なくんばある可からず、此の事に由りて白川よりも亦使を以て書を来し、方《まさ》に此書を以て親切に之を会津に告戒せんことを欲す、因りて請う、貴邑諸境より会津に向いて兵を発することを禁止せよ、又馬を以前之地に立てて我と共に相議《はか》ることを要す、若し此に於て亦和平之一道なくんば、是非を言わず吉凶に靠《よ》らず、無二無三に必ず磐瀬の本意を助け謀らん而已《のみ》、足下《そっか》能く思量有って諫言を加えば則ち幸甚なり、内議たるを以て肚の裏《うち》を披露す、他見せずして可也、猶近日使を以て覚悟の旨を伸べん耳《のみ》、又言《もう》す、永沼を以て磐瀬に帰さるれば、則ち田村一方に於ては何の分にも亦容易なる可き乎《や》、工夫此に止まる耳、八月二十

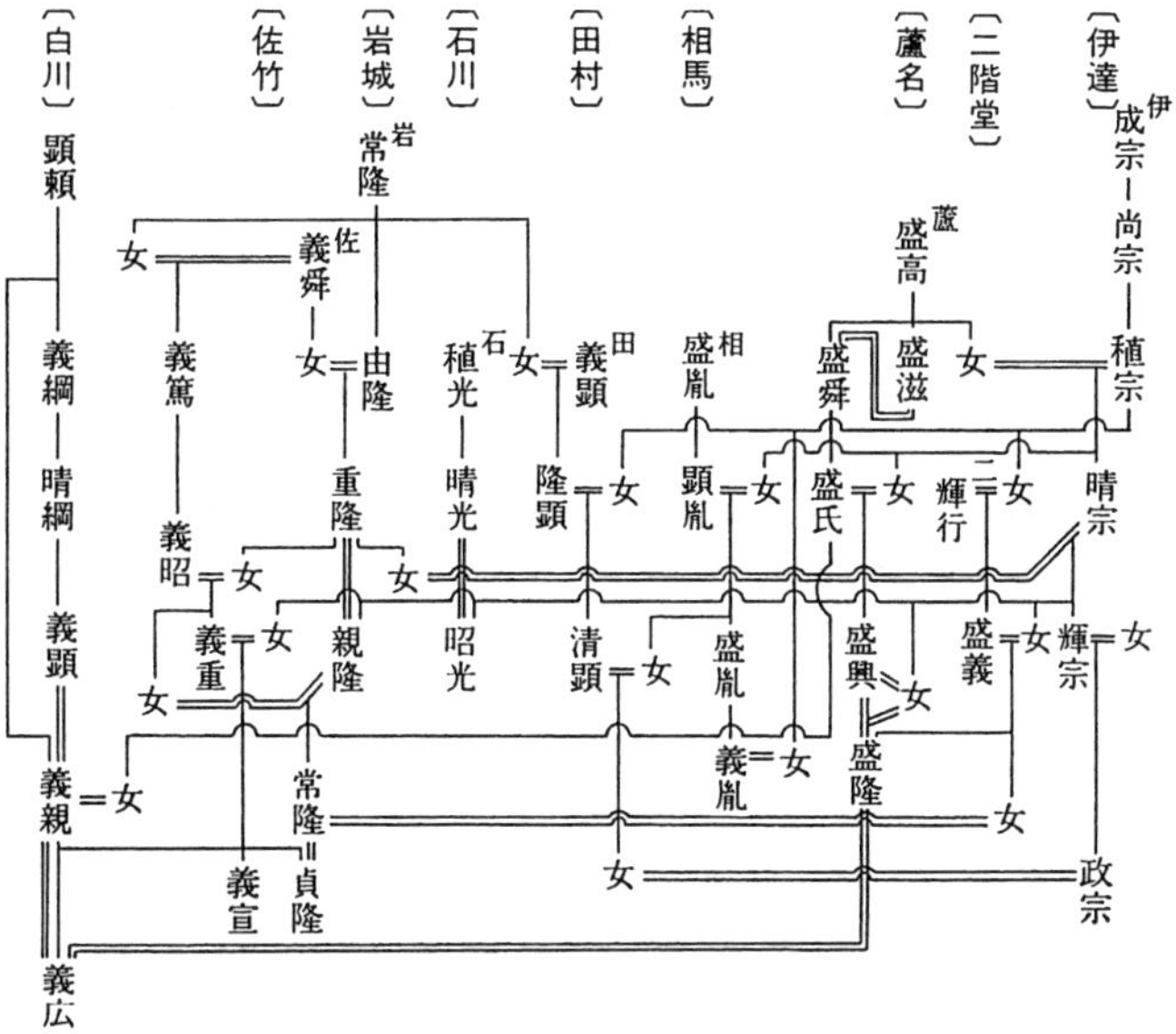

第106図　戦国期南奥羽諸家婚姻系図
＝は婚姻、または養子関係を示し、兄弟姉妹の序列は不同　　（小林清治作製）

日、伊達兵部大輔殿、親隆（原漢文）

『伊達正統世次考』は、この親隆書状について、つぎのような按文《あんぶん》を掲げている。「永禄七年十一月十五、明徹（重隆）・親隆父子連署之証文有り、此の書も亦永禄六・七年之比《ころ》也、永沼は我侵し取る所也、本《もと》或は会津に属し或は岩瀬に属し、或は田村も亦之を取る。戦争一決せず、親隆、我をして之を会津に帰して以て和せ使《し》めんことを欲する也、（中略）実は之を会津に帰して以て和らぎ、晴宗公の女を以て輝宗公の養女となし、之を会津盛氏の嫡子盛興に嫁せしめんと欲する也、会津之を磐城に請うて以て之を媒妁し、親隆之を実元に喩して以て之を調護す。（下略）」

いうまでもなく伊達輝宗は親隆の実弟である。また岩瀬郡須賀川城主二階堂盛義の妻は親隆のすぐ下の妹であった。親隆は弟輝宗の血気の行動をいましめ、輝宗と結ぶ盛義と、これに対する会津蘆名盛氏との間に立って、その講和の斡旋に当たろうとしたのである。その条件は双方の係争の地岩瀬郡長沼を蘆名方に割譲することであった。講和は永禄九年（一五六六）正月、伊達・蘆名が相互に起請文を取り交わすことによって成就した。これに伴って、晴宗の娘は輝宗の養女として盛氏の子盛興に嫁した（「伊達家文書」）。かねて、双方が望んでいた両家婚姻のことも、親隆の媒介によって実現した。親隆の得意や思うべし、である（第106図）。

なお、「磐城史料」は、永禄末年常陸多賀郡の大塚掃部介隆成が親隆に属して、佐竹方の龍子山を陥落させ、小山小次郎父子・伊勢入道長祐を討ち取り、龍子山の城主となったこと、のち佐竹義重はこれを攻めたが攻陥できずに兵を引いたことを記している。

富岡・木戸両城を奪回

藩政中期に相馬藩士富田高詮が藩命によって編さんした『奥相秘鑑』には、元亀元年（一五七〇）岩城の軍勢が相馬領を攻め、富岡・木戸を奪回したことが述べられている。

> 弾正大弼盛胤ノ代、（中略）此時北ハ遇隈川、南ハ木戸ヲ堺トシテ領地ナリ、然ルニ其頃富岡城代ハ室原伊勢ナリ、伊勢カネテ酒宴遊興ヲ好ミ、岩城領ヨリ盲人ヲ呼ビテ日々夜々相手トシ遊慰繁ク、此由ヲ岩城ノ大将左京大夫常隆聞テ、彼ノ盲人ヲ近ヅケ、ナホ富岡ニ遣ハシ、城中ノ様子人数ノ小勢ヲ能ク聴キテ、元亀元年ニ富岡ノ城ニ押寄セ攻メラル、（中略）兵ヲ出シテ防戦ストイヘドモ、夜ニ紛レ城ヲ明テ伊勢落行ク、此時木戸城モ落城城代不知、両城トモニ岩城へ取返サレ、伊勢ハ直グニ他郡ニ立退キ、程有リテ免許ヲ蒙リ帰参　（『相馬市史』第五巻）

文中には常隆の世と記されているが、元亀元年が正しければ、明らかに親隆の治世である。

以上、永禄後期から元亀元年にかけては、親隆の得意絶頂の時期であり、それは岩城氏の戦国史のなかでも輝かしい時期であった。

飯野式部大輔隆至書状（第107図［省略］）

如貴札、先達内但（内馬場但馬）為御使被罷越候之間、存分頼入候之処、則被達上聞候哉、今般示預候、過当之至奉存候、然而為御祝儀、段子一巻送給候、従是同一巻奉進献候、寔表御一儀迄候、将又相馬口御出張、追日如思食之由、其听誠以御同心御簡要令存候、委細御使憑入候之条、奉略候、恐々謹言、

飯野式部大輔

隆至（花押）

初穐廿一日

伊達殿

貴報

なお、「磐城史料」によれば、天正二年（一五七四）伊達輝宗が長尾越前守を将とし五千余騎を率いて、富岡十郎が守る岩城領竹貫を攻めたのに対し、親隆は関南（勿来以南）の四将、大塚信濃守親成・車兵部大夫義秀・山小屋城主白土長門守・湯網城主大高新左衛門を遣わして竹貫城を援け、伊達勢を破ったという。さらに、元亀・天正の間、親隆の勢力日々に強く、龍子山親成を先鋒として佐竹領を侵略し、ついには佐竹氏の居城太田にほとんど迫るばかりとなった。義重は和を請い、森山以北の地を岩城領として納めたと伝えられる。

これらの記述は、さきにみたところから考えて疑問があり、なお検討を要するところであろう。

親隆の重病

年未詳八月八日の伊達輝宗書状（『いわき市史』第八巻第三編文書83―一二二）には「親隆不例」のことが記されている。

この書状は恐らく永禄後期から天正初年のものとみられるが、その時期は確定できない。ところで、『奥相茶話記』巻五には、親隆の病気について、つぎのような記事を載せている。「或時、岩城左京亮親隆仙道に打越へ軍に勝利有て首実検し給ふ所に、新館山城足軽二百余を引具して山陰に忍寄せて、辻風よく烈しくどっと押懸切立突倒され、大将を始め胆を寒し周章噪ひて敗北、是を親隆無念に思われて、朝思暮想忘れ給はず、終に狂乱の病となり給ふと云へり」。『奥相茶話記』によれば、新館山城はもと宇田郡黒木城主青田信濃の嫡子であるが、永禄六年落城後、田村清顕麾下に属し三坂を守ったという。

寛文七年（一六六七）に編まれた『茶話記』の説を信用するならば、親隆の病気は「狂乱の病」であった。それは、永禄六年以後であることは、『茶話記』の記述に明らかである。親隆の花押は確認されるものは、通例のすえ方によらず花押印という形式を採っている。年号の確認される永禄九年（一五六六）三月（第109図〔省略〕・『いわき市史』第八巻第三編文書106—一）、永禄十年九月（『いわき市史』第八巻第三編文書16—二）、永禄十二年十一月（『いわき市史』第八巻第三編文書8—二三）のいずれもがそれである。この事実によれば、親隆はこのころは花押をすえることが不能になっていたものと推測される。

しかし、このうち永禄十二年の飯野式部大輔宛ての起請文は、岩城家中の飯野氏宛てに起請文という重大な誓約を行なったものであり、この事実は親隆がなお岩城当主としての一定の政治行為をなしうる状態にあったことを示すものといえる。思うに、親隆は永禄半ば過ぎの敗軍を契機に精神的な障害を深め、天正六年ころにそれは決定的なものとなったものであろう。元亀二年（一五七一）の佐竹氏による岩城領仕置は、このような親隆の病気と、また永禄十二年（一五六九）の重隆の死去とにつけ込んで行なわれたものであろう。その事件が親隆の病いをさらに深める契機となったことは、容易に想像ができる。

ところで、佐竹勢力の岩城家への浸透は、元亀二年に始まったものではなく、永禄初年にまでさかのぼることはすでにみたところである。その事実はまた、ほかならぬ親隆の花押によってもうかがうことができる。すなわち、親隆は永禄九年三月の過所《かしょ》（通行手形）にみえる花押（第1型と仮称）と、永禄十二年十一月の起請文にみえる花押（第2型と仮称）との二種類の花押を使用した。第2型花押は宣隆と名乗った時期（永禄九年過所より以前とみられる）からすでに現われているから、二種類の花押は並行して用いられたことが明らかである。その形状は、第1型は可山常隆・月山重隆のそれぞれの花押、とくに常隆の花押に類似しており、これが岩城家型の花押であることは疑いがない。他方、第2型は佐竹家型の花押ということができる。確認はできないが、おそらくは親隆（宣隆）が最初に用いたのは当然岩城家型のそれ（第1型）であったであろう。しかし、親隆（宣隆）は永禄三年の可能性のある年未詳八月一日書状（『いわき市史』第八巻第三編文書31―一）においてすでに第2型を用いている。親隆と佐竹義昭の娘との結婚も同じころかとみられる。とすれば、永禄後期における親隆の輝かしい歴戦とその戦果は、佐竹氏の後援の重みによって支えられていたものと考えることができよう。

二　戦国の大詰めと左京大夫常隆

岩城郡主源氏女

一、岩城当郡主源氏女為二大檀那一、於二白水一令レ建二立大師堂一所也、

願主鏡算

（中略）

一、於二寺領一諸公役等不レ可レ有レ之事、
一、成敗之衆、私之役等、乍二勿論一不レ可レ有レ之事、
天正六年亥《（ママ）》寅二月十五日源之氏女
遍照光院江

（『いわき市史』第八巻第三編文書16―四）

市内四倉の薬王寺には、このような文書が現存する。源氏女すなわち岩城親隆夫人が天正六年（一五七八）遍照光院に与えた禁制である。すでに二年前の天正四年十二月に親隆夫人は僧鏡算に対し、白水に大師堂を建立するについて西郷にある長《（カ）》慶寺の寺領を寄進することを約束していた（『いわき市史』第八巻第三編文書16―三）。この禁制の条文は、竹木伐採、殺生禁断、公役免除、私役禁止の四条から成るが、注目されるのは冒頭の「岩城当郡主源氏女」の字句である。源氏女親隆夫人が岩城領の当主であることが、ここに宣言されているのである（第110図［省略］）。

この年十二月には、その子常隆の発給文書が初めて現われる。飯野八幡神社に与えた禁制がそれである（『いわき市史』第八巻第三編文書6―九）。天正十八年（一五九〇）二十四歳で死去したとする『寛政重修諸家譜』の説を採れば、天正六年常隆は数え年十二歳であった。形式上、岩城家督の地位に就いたとはいえ、母である親隆夫人の後見が続いたものとみられる。親隆は前述のように、政務にはまったく耐えぬ情況にあった。

同じ天正六年八月、親隆夫人は「親隆」の印文による黒印状を発給している。上遠野与次五郎に知行加恩を約束した文書である（『いわき市史』第八巻第三編文書83―一五）。署名はないが、「為二後日一ふてをまいらせ候、めてたさ〳〵」という女性の消息体によって、彼女の発給したものであることは明らかである。

こののち親隆夫人は、天正十年九月には菊多郡関田の松山寺宛てに諸役免除の印判状（『いわき市史』第八巻第三編文書73―八）を下し、同十一年八月に常勝院に諸役免除の印判状（『いわき市史』第八巻第三編文書73―一二）を与えている。

天正十一年には子息常隆は十七歳であるが、夫人はなお寺社への寄進安堵などの権利を行使していたのである。ただし、この事実は必ずしも夫人がこの時点においても「岩城当郡主」であったことを示すものとは見なし難い。寺社興行などのことは、必ずしも岩城家督に限られた権限ではなく、家督の母としても可能であったかと思われる。これに対して、天正六年八月の上遠野宛ての証状は家中武士に発給されたものであり、彼女が岩城家の主であることを示すものといえよう。天正六年十二月常隆判物の飯野八幡宛て禁制が出されるころに、親隆夫人は元服成った常隆の後見としての地位に退きながら、しばらくなお実権を掌握したものとみられる。

某年七月の佐竹義重書状(『いわき市史』第八巻第三編文書83―一三)は上遠野常陸介宛てであるが、これには「其方好《よし》身《み》当方へ契約、向後無二可レ有二忠信一之段、祝着之至候、因レ茲、任レ承かり宿本沼速進レ之候、尚向後、白川口弓矢可レ被二相拝一事、尤候」とある。佐竹と白川との戦いは天正六年八月の講和によって最終的に停止するから、この書状が天正六年以前であることは確実である。親隆の宰臣として岩城家の中心的存在である上遠野常陸介が、佐竹義重から所領を恩給されるに至ったことは、岩城氏の佐竹への従属を象徴的に示すものといってよい。佐竹義昭の息女である親隆夫人の世に、この傾向は大きく進められた。

かつて菊田荘の領主小山藤井氏の庶族で同荘の上遠野郷を領有した流れは、鎌倉末期のころに上遠野氏を名乗って以来、菊田荘藤井氏および下野小山氏から一族として統制を受けてきた。一五世紀初めの室町幕府と鎌倉府との対立には、藤井四郎が京都に(『いわき市史』第八巻第三編文書83―三・五)、上遠野兵庫助は鎌倉に(『いわき市史』第八巻第三編文書83―七)、それぞれ荷担した。くだって永正七年(一五一〇)以後、白川勢力が駆逐されて菊田荘は岩城領国に編入され、上遠野氏は菊田荘の有力在地領主となり、上遠野宮内長秀は岩城可山常隆の娘を妻とし(『いわき市史』第一巻追補資料系図一二)、その系は代々与次五郎・大炊頭・常陸介等を称して上遠野惣領＝上遠野城主の地位を保った。

長秀の次男右衛門秀永は永禄三年(一五六〇)のころ、佐竹義昭による赤館(棚倉)攻めを契機に佐竹氏の麾下に入った(『いわき市史』第一巻追補資料文書9—五)。なお、上遠野氏には天文二十年(一五五一)白川晴綱から高野郡仁公儀村を給された上遠野備中守を祖とする系統があり、のち白川から佐竹に属している(遠藤巌「上遠野家系図」上)。

すでに佐竹義重は元亀三年(一五七二)高野郡(東白川郡)の寺山城(塙町)を陥落させて南郷を掌握し、天正二年(一五七四)二月には高野郡赤館(棚倉町)を抜き、続いて白川氏の本拠白河城を陥落させた。翌三年義重は白川領全土を征服し、天正六年八月の講和は白川の対佐竹従属を決定した。天正七年には義重の二男義宣が白川家に入嗣する。佐竹の白川進出は、岩城氏の従属を前提とし、その援助によって推進されたのである。

岩城常隆の伊達・相馬調停

親隆とその夫人佐竹氏との間に生まれた岩城常隆の政治活動は、天正六年(一五七八)十二月飯野八幡神社に下した禁制(『いわき市史』第八巻第三編文書6—九)において初めて現われる。文書の袖に花押がすえられたのみで、署名はない。しかし、この文書は、この年二月に「岩城当郡主源氏女」と宣言した母、親隆夫人に代わって、常隆が岩城領の主となったことを示すものとみられる。親隆夫人による後見が行なわれたにせよ、十二歳の常隆は岩城家の主となったのである。

翌々天正八年、好間熊野大夫に与えた判物に常隆の署判(署名・花押)が初めて現われる。天正九年の常隆感状(『いわき市史』第八巻第三編文書89—一～四)にも署判がある。それによればこの年に、南郷から赤坂を攻撃したのに対し、竹貫三河守が加勢してこれを撃退し、羽黒城代の越前を討ち取ったとあり、佐竹方から岩城領への侵入という、双者間の緊張があったことが知られよう。天正十一年十月には、寒中を会津に使した労を賞して、豊間能登守に棟役・田銭を免除している（『いわき市史』第一巻追補資料文書30―五）。同十一年十二月、如来寺に発給した諸役免許状には、常隆の署名の下に鼎《かなえ》の印が押されている（『いわき市史』第八巻第三編文書25―一）。これよりさき、幾度か現われた親隆印判状は、その多くが親隆夫人の発給によるものであったとみられるが（前述）、この年八月を最後として見られなくなる。この鼎印は、十七歳に成長した常隆の地位の確立を象徴するものといえよう。

当時、岩城領の北境の相馬氏は、伊具郡で伊達氏と戦いを続けていた。『伊達治家記録』天正十一年（一五八三）六月五日条には、「磐城主磐城右京大夫殿常隆ヘ御使者ヲ以テ御書遣サル、相馬殿ト御戦ニ就テ、磐城殿相馬口ニ後詰メノ事度々仰進セラルトイヘトモ、常隆出張セラレス、今日御使札ヲ以テ催促ニ及ハル」と記して、その書状を載せ、また七月十日条にも「磐城殿常隆ヘ御使札遣サル、先月御使者ヲ以テ相馬口後詰メノ義仰進ラル、常隆承引懇意ノ御挨拶アリ、是ニ因テ常隆相馬口ヘ手切セラルニ於テハ、前々ノ御筋目ニ任セラレ、向後弥御間ノ義堅ク仰合ラレルヘキ旨仰遣サル、磐城殿家臣猪狩紀伊諱不知ニモ御書賜フ（中略）、此以後、磐城殿相馬ヘ手切アリシヤ不知」と述べている。伊達輝宗の懇望に対して、相馬領の背後を襲うことを天正十一年六月に一旦は受諾しながら、常隆は依然として相馬攻めの行動には踏み切らなかったものとみられる。

某年三月二十五日の伊達輝宗書状（『いわき市史』第八巻第三編文書73―四三）には「相・当間之義、常隆任二御籌策一候処ニ、題目共于レ今首尾不レ合候、急速相調候之様ニ馳走任入候」とあって、輝宗が相馬との調停を常隆に依頼しているが、なお斡旋が奏功しないため、なお一層の尽力を要請していることが知られる。恐らくは、天正十二年三月のものであろうか。某年四月十二日の常隆書状（『いわき市史』第八巻第三編文書102―一二）にも講和の「不調」の様子がうかがわれる。おなじ年のものであろう（『伊達治家記録』）。

『伊達治家記録』は、伊達と相馬の講和が天正十二年五月下旬に成立したこと、これは四月中旬田村清顕から白川義親を介して佐竹義重に依嘱し、佐竹よりの名代および岩城からの名代志賀右衛門武清が派遣されて調停に当たったことを記している。しかし、同年とみられる八月一日付の相馬義胤書状（『いわき市史』第八巻第三編文書73―四二）、および八月十七日の伊達輝宗書状（『いわき市史』第八巻第三編文書73―四一）共に、常隆の斡旋によって講和が成就したと記しており、常隆の果たした役割は佐竹より大きかったとみてよい。さきに再三にわたり常隆に調停を要請した輝宗は、十七日付の書状で「従二常隆一被レ及二調策一候間、条々拋二不足一、任二御意見一候」（『同上』）と強がりを述べている。なお、前掲四月十二日の書状で常隆は、田村と大内の争いに大内援助を輝宗に要請している（第112図［省略］）。

安達郡本宮の合戦

伊達・相馬の間を調停した岩城常隆が、輝宗の依頼を受けて、伊達氏の側に立って斡旋したことは、前述のとおりである。岩城氏と境を接して敵対する相馬氏を牽制するためには、伊達氏と提携することが岩城にとって得策であった。そのような情況は親隆の世に最も明確であった。他方、岩城の隣境にある田村氏もまた岩城氏と敵対することが多かった。そして、岩城と佐竹との連合関係は、すでに天正九年のころまでに不動のものとなっていた（『いわき市史』第八巻第三編文書115―一・二）。

覚

一、岩城江祝言之事、
一、大手筋之事、
一、向二田村一御出馬之事、
一、岩城江御意見之事、

一、従レ田、御当・岩計策之事、付条々以上

以上、

正月十七日　　盛隆（花押影）

佐竹殿

（『いわき市史』第八巻第三編文書112―二）

この蘆名盛隆覚書写は、盛隆方から岩城への入嫁のことと合わせて、佐竹氏の田村出馬、および田村の佐竹・岩城への敵対のことなどを掲げている。盛隆は天正二年（一五七四）六月の盛興死去の後に蘆名家督となり、天正十二年十月に死去しているから、この覚書は天正十二年以前のものである。「祝言」は、盛隆の実妹に当たる二階堂盛義の娘と常隆との結婚を指すものであろう。常隆の結婚を仮に十五歳の時とすれば、天正九年の文書となる。この覚書によっても、天正九年前後のころに岩城は佐竹と不可分の連合関係に入っていることが確認できよう。これに対して、天正五年の伊達政宗と田村清顕娘（愛姫）との婚姻によって結ばれた伊達・田村両氏は、天正十一年から翌十二年にかけての塩松城主大内定綱の田村への離反攻撃、さらには佐竹・岩城との緊張敵対という危機的情況のなかで、密接な連合関係に入った。

天正十三年（一五八五）十一月十七日の安積郡との境、安達郡本宮観音堂・人取橋の合戦は（第113図［省略］）、佐竹以下の連合勢力と伊達軍との間に交わされた最初の大規模な激戦であった。田村清顕の要請を受けて大内定綱を塩松（岩代町）から敗走させた伊達政宗は、この年十月八日、二本松畠山義継のために不覚にして二本松へ拉致されようとした父輝宗をその途中において伊達勢義継もろともに銃撃するという結果を招いた。その父の復讐として二本松城に向けられた政宗の矛先を押さえるべく、佐竹以下の連合軍が二本松を救援しようとしておきたのが、この本宮合戦にほかならない。

この戦における軍勢について、佐竹方の資料である「戸部氏覚書」は、つぎのように記している。

一、天正十三年十一月十（ママ）日　義重公安積表御働

常州勢七千人　赤館・寺山・東館三千人

白川三千人　石川・赤坂・赤沼・大寺二千六百人

相馬千余人　岩城・船尾・高貫三千人

須賀川千三百人　会津一万余人

┌矢田野　┌阿子島
├保土原五百人　├今泉三百人余り
└横田　└前田沢

白石相模百人、浅川百人余り

以上、三万四、五千人程

一、伊達方千人程討レ、霜月十四日合戦アリ

一、正宗公ノ御人、七千八百余人

（下略）　（『伊達政宗卿伝記史料』）

これによれば、佐竹・蘆名以下の連合軍は、会津蘆名の一万余を始め、常陸の佐竹勢七〇〇〇、高野郡の赤館・寺山・東館の兵三〇〇〇、白川の兵三〇〇〇、石川勢三〇〇〇、岩城・船尾・竹貫勢三〇〇〇、以下となる。佐竹は岩城・白川・石川・蘆名・二階堂・相馬の諸家、すなわち南奥州の諸家を完全に糾合するに至っている。これに敵対した伊達氏は八〇〇〇に足らず、田村勢は四隣の連合軍と対応のために本宮に兵を送る余裕がなかったのである。

合戦は、留守中の常陸佐竹の本領が安房の里見以下によって攻められたために、勝負決せぬままに一日で終わった。それはともあれ、岩城勢がこの合戦に船尾・竹貫と合わせて三〇〇〇の兵を出していることに注目しよう。船尾は船尾山城守昭直である。本来は岩城の家中であるが早くから佐竹義重にしたがい、佐竹氏が赤館（棚倉城）を陥落したのち赤館城を与えられ、さらに佐竹氏が白河領を掌握した天正三年七月以後は白河郡滑津城（中島村）に移っていた（「船尾靱負陣家蔵文書」、『秋田藩家蔵文書』25　秋田県立秋田図書館蔵）。竹貫は、岩城の重臣竹貫三河守であろうが、この段階では岩城氏の対佐竹従属のなかで、岩城から一定の自立的な関係にあったのであろうか。

「十七日ニ御ちき候て、つねたかおほしめすことく、いくさに御かち、てきあまたうたせられ候よし申候へハ、中〳〵めてたふよろこひまいらせ候」。秋田藩家蔵文書が常隆夫人の書状として掲げるこれらの文書（『いわき市史』第八巻第三編文書57―七～九）によれば、常隆自身がこの合戦に出陣したことは明らかである。

佐藤伊勢守を生害

佐藤伊勢守就二生涯一、申付候処ニ、仕合共神妙候、万一以二此題目一、向後横合に候者、涯分可二申付一候間、可二心安一者也、仍如レ件、

天正十六戊子年
卯月晦日　　　常隆（花押）

志賀弾正忠殿

（『いわき市史』第八巻第三編文書23―三）

天正十六年（一五八八）四月、岩城常隆が重臣志賀弾正忠に与えた書状である。「生涯」は生害であろう。生害には、他殺と自殺・自害という二つの意味がある。この場合、佐藤伊勢守の生害について申し付け、神妙にこれを実行したので、今後これについて問題が起きても常隆がこれを処理するから安心せよ、という文面からすれば、この「生害」

が伊勢守殺害であったことは明らかである。

この文書は志賀文書の一通であるが、志賀文書には、別に天正十六年（一五八八）四月二十七日の志賀七郎親吉等三名の志賀弾正忠宛ての契状（誓約書）が収められている。「今度之義ニ付候而、何事も疑心不レ申可二申合一事、勿論如何様義候共、三人可レ為二同前一候」の文言に始まるこの文書の末尾には「如レ此神名を以申合候、為二後日一安《（案）》文書渡し申候」とあり、追て書によれば弾正忠からも自筆の同趣旨の誓書が出されたことが知られる。志賀弾正忠が常隆から佐藤伊勢守殺害の命令を受け、弾正忠は同親吉・富岡治部・親助の三人と謀って、四人の手で事を実行したものと推測される。伊勢守殺害のことは、誓書が取り交わされた四月二十七日以後、常隆が感状を与えた四月三十日までの間に行なわれたのであろう。

佐藤伊勢守は岩城家中の重臣佐藤大隅と近い関係にあった人物とみられるが、詳細は知られない。常隆による伊勢守成敗が、どのような理由によるものかも不明である。ただ、うかがわれるのは、天正十六年（一五八八）二十二歳となった常隆が、独裁君主としての姿勢をようやくあらわにしてきたことである、といえようか。しかし、この伊勢守成敗、いわば粛正によって、常隆の権力が果たして強化確立の方向をたどったか否かは、また明らかではない。

郡山合戦

天正十六年六月から七月にかけて、安積郡の郡山・窪田をめぐって、佐竹・蘆名の兵と伊達政宗の軍が対じを続けた。いわゆる郡山合戦がこれである（第114図）。岩城常隆はこの合戦には、両者の仲介調停の役を勤めた。

六月十六日安達郡本宮から安積郡福原に進み、ここに陣所を構えた政宗は、二十一日大和田筑後忠清を岩城に差遣し、三坂越前宛ての書状を携えさせたが、その書状には「今度、常隆、佐竹・会津へ無二御同陣一ノ事、祝着ノ至ニ思

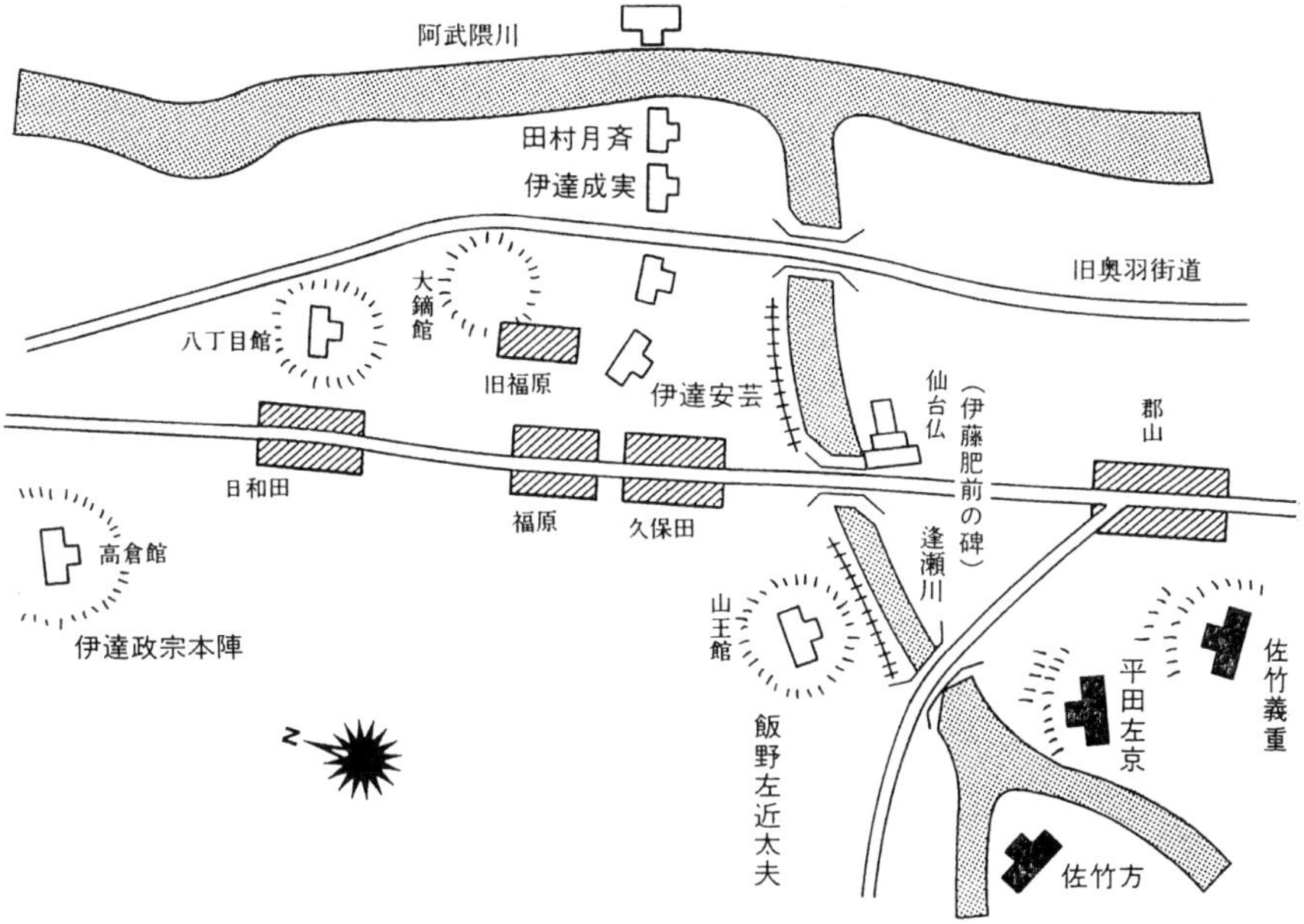

第114図　郡山合戦図
天正16年(1588)6月から郡山・窪田をめぐる佐竹・芦名の兵と伊達政宗の合戦
(『福島県史』第1巻)

サル」と感謝の意が表されていた(『伊達治家記録』)。

去る十三年の本宮合戦で佐竹にしたがって伊達と戦った岩城が、今度の合戦で佐竹と行動を共にしなかったのは何故であったろうか。後述のように、「御骨肉ノ間ニシテ取合ヒノ義、兎角御笑止」というのが常隆の理由であった(『伊達治家記録』)。しかしそれは表面上の言い方であろう。その実は、岩城領に近い大越の城主大越紀伊守顕光が、相馬義胤に通じて常隆に敵対する形となっていたためである。かつて本宮合戦で共に佐竹・蘆名方として出兵した岩城と相馬は、今また敵対関係にもどっていたのである。二年前の天正十四年常隆の宿敵であった田村清顕が死去した。報に接した常隆は「清顕遠行之由、(中略)祝着之至候」と三坂越前守に便りしたが(『いわき市史』第八巻第三編文書29―一五)、清顕夫人相馬氏の甥相馬義胤はその田村家をうかがい、相馬・岩城は新しい緊張関係を加えるに至った。伊達もまた天正十二年の講和にもかかわらず、相馬との間に緊張が続き、清顕死後の田村家をめぐって義胤と政宗の緊張の度は強まっていた。当面、大越への対処において、常隆と政宗は共通の利害関係にあったのである。

この事実は、天正十六年六月二十二日に政宗が岩城家臣猪狩紀伊に宛てた返書に記した、つぎのような趣旨によって明らかである。

（上略）

相馬手刷ヒノ義、委細紙面ニ顕シ御喜悦不ㇾ斜思召サル、其趣小野ヨリモ条々断リ有リ、弥大越口ノ義方々相談ニ及ハルヘシ、爰許佐竹・会津ト御対陣ニ付テ大越ノ義手延ヒノ様ニ有ル歟、併ラ此表落居不ㇾ可ㇾ有ㇾ程、御備ニ於テハ心安カルヘシ、此節大越通路ノ義小野・常葉ヘ内意アリテ、慥カニ止ムヘキ事畢竟相任セラル、如何様御手遣ヒヲ以テ相馬口ノ義諸事逼塞ニ及ハルヘキノ旨著サル、小野ハ城主田村右馬清通、常葉ハ城主常葉伊賀ナリ、

（『伊達治家記録』）

すなわち、岩城常隆は小野城主田村清通および常葉城主常葉伊賀と共に大越紀伊と戦い、さらには相馬義胤を牽制していたのである。

郡山合戦の進行中、政宗と常隆との間には連絡が保たれた。六月二十三日、岩城から志賀式部・中村加賀が政宗のもとに参上し、三坂越前が書状と肴二種を献上したのに対し、この日政宗は返書を出している。二十六日には、大和田筑後が岩城から帰還した。二十一日筑後が岩城に携えた政宗書状の文面には、講和調停依頼のことはみえないが、「委細口上ニ有ルヘシ」と記されたように、それは筑後の口上にゆだねられたのであろう。なお筑後は、かつて重隆の娘（久保姫）が伊達晴宗に嫁した際に、これにしたがって伊達家に移った大和田重則（与六郎のち四郎右衛門）の子清高

である（『いわき市史』第一巻追補資料系図二〇）。

常隆の調停成る

七月二日、岩城常隆の使者志賀甘釣斎《かんちょうさい》玄湖が伊達政宗の陣所へ、白土摂津隆通が佐竹義重の陣所にそれぞれ差遣され、常隆の調停の意志を伝達した。『伊達治家記録』の同日条は、これを次のように記している。

磐城右京《（ママ）》大夫常隆ヨリ志賀甘釣斎玄湖使者トシテ佐竹殿・葦名殿ト、公《（政宗）》ノ御間和睦シ給フ様ニ取扱レタキ旨仰進セラル、常隆ハ佐竹常陸介義重ニハ姪、葦名平四郎殿義広トハ従兄弟ナリ、公ニモ従兄弟ニ御座ス、然ルニ去ル天正十三年ノ冬、佐竹殿以下本宮表へ働キアリシ時ハ、常隆モ出馬アリテ義重ト同陣セラル、然レトモ今度ハ何レモ御骨肉ノ間ニシテ取合ヒノ義、兎角御笑止ノ由仰セラレ、出陣シ玉ハス、三家ノ和睦ヲ取扱レタキ由、石川大和守殿昭光ニ仰通セラル、昭光ニハ義重ハ妹聟、公及ヒ常隆・義広ハ甥ナリ、双方分チカタキ御間柄ナリトイヘトモ、佐竹殿・葦名殿ト一党アリテ此度モ郡山表ニ同陣セラル、然レトモ内々常隆ヨリ和睦扱ヒノ義仰セ通セラルニ就テ、昭光モ同意セラル、因テ今日常隆ヨリ使者トシテ、当家《（伊達）》へ甘釣斎、佐竹殿陣所へハ白土摂津隆通ヲ差遣サレ、双方へ委曲仰進セラルト云云、

四日にも常隆の使者志賀右衛門武清が政宗のもとに参着し、講和についての常隆の意を伝えた。五日には政宗は飛脚をもって常隆に書状を送り、大和田に託した常隆の懇答および志賀父子（甘釣・右衛門）差遣《さけん》のことに感謝し、合わせて四日の合戦勝利を報告した。同夜、岩城の臣龍子山右衛門の使者梅庵が虎皮一枚を進献した。六日には岩城の臣三坂越前隆次が政宗陣所に参上、毛氈一枚と肴を献上した。八日にも政宗は猪狩筑後に書状を送った。

この間、伊達・佐竹双方に遣わされた常隆の使者は、双方の陣所に滞在し、互いに使を出して内談を行なった。双

方からの合図により一時的に弓・鉄砲を止めて使の送通がなされた。十二日夜、政宗は志賀甘釣斎父子に料理を賜わり、乱舞(能)ののち甘釣に馬・小袖・虎皮を与え、右衛門に大刀・具足・馬を与えた。政宗は常隆の調停について、十四日片倉以休斎宛ての書状のなかで「磐城ヨリ精ヲ入ラル事尋常ナラス」と述べている(『伊達治家記録』)。

七月十六日、常隆の調停は成功し、伊達政宗と佐竹義重は互いに神水を交換して和睦した。両軍が陣払いをして兵を引き揚げたのは、二十一日である。『伊達治家記録』その他には講和の条件が掲げられていないが、七月十日付の志賀甘釣斎の覚書(『いわき市史』第八巻第三編文書102―一三)に「郡山之地、当座昭光(石川)・常隆請取ニ先以落居候、如ㇾ此之上、則御当方へ相付可ㇾ被ㇾ申事」とあるのによれば、伊達が固守した郡山の地は、一旦は石川・岩城に受け取られたのち、伊達方に引き渡されたものであろう。

政宗の岩城家に対する感謝の意は深かった。十七日白土遠江・志賀式部等に衣服を賜い、十八日参上した小川右衛門隆勝・白土摂津隆通・同子右馬助隆康・塩左馬助隆長・佐藤伊勢等にそれぞれ引出物を与えた。左馬助には具足、摂津には太刀、伊勢に鉄砲二挺が下された。なお、この佐藤伊勢と、前述のこの年四月「生涯」の佐藤伊勢守との関係は明らかでない。

十九日の晩、政宗は福原の志賀右衛門の旅館を訪れ、岩城に帰還する右衛門に常隆への書状を託した。『伊達治家記録』が伝えるその内容は次のとおりである。

　此表無事ノ義ニ付テ条々御存分アリトイヘトモ、御媒介黙シ難ク、万端御不足ヲ抛チ玉ヒ成就セラル、今般御入魂ノ義共御大慶不ㇾ斜思召サル、如何様此等ノ段近日御使者ヲ以テ仰述ラルヘシ、尚志賀右衛門口上ニ可ㇾ有ノ条、不ㇾ能ㇾ詳、

なお、二十日にも政宗は、参上した岩城家中白土某に鉄砲一〇挺を賜わり、同道の者二人にも衣服・具足を与え、

二十七日には使者をもって鉄砲一挺と酒肴を進献した奥山下野に対して、書状をもって冑《かぶと》を与え、また三坂左馬助にも書状を送っている（『伊達治家記録』）。

常隆、政宗の緊張のきざし

郡山合戦終結の翌月の天正十六年八月五日、伊達政宗が安達郡宮森城（岩代町）から田村郡三春城（第116図［省略］）に入った。郡山合戦のころまで、相馬勢力と伊達勢力が拮抗していた田村家中は、合戦終了後伊達方の田村月斎・橋本刑部顕徳等が主流を占めることとなった。すでに三日には清顕後室相馬氏が船引城に隠居し、清顕甥の田村宗顕が田村家督となって三春城に入り、四日夜には相馬方の主力であった田村右馬顕基入道梅雪斎・同右衛門清康以下の田村家中の譜代・新参三八人が一斉に三春から田村右馬清通（梅雪の子）の居城小野に退去していた。以後、九月十七日までの四〇日にわたる政宗の三春滞在によって、田村家中は完全に伊達氏に従属した。

この間、八月末のころに大越顕光・田村梅雪斎・同清通・同清康等は、従来相馬義胤に通じていたのを変更して、岩城常隆を頼ることとなった。九月三日、常隆は若松紀伊・四竃新介を使者とし、梅雪斎以下の宥免《ゆうめん》（許すこと）を政宗に要請した。しかし、伊達家宿老中の談合によりこの要請は政宗に披露しない形として、政宗は常隆の申し入れを退けた。

十月五日には、常隆からの飛脚が米沢に到着している。しかし、そのころにはすでに、岩城は伊達を離れて相馬と結ぶ姿勢を取り始めたとみられる。伊達政宗が十月十一日付で大和田筑後に宛てた書状は「相馬ヨリ磐城へ種々計策ノ由ナリ、近来常隆ト御入魂ノ上聊モ御機遣ヒナシ、併ラ近日一途ノ御使者ヲモ差越サルヘキ御覚悟ナリ、磐城ニ於テ下々兎角ノ由風聞アリ、笑止ニ思召サル」と述べている。「聊モ機遣ヒナシ」とあるのは政宗の希望的観測あるいは強がりであり、相馬と岩城の通好こそが事実であったとみられる。伊達による田村家中支配の実現が、岩城と相馬を近づけたのであった。

ただし天正十六年の末までは、岩城と伊達との間は表面上平和が保たれた。十一月一日、政宗は片倉景綱と大和田筑後、今村日向重胤を岩城に派遣し、郡山合戦調停の謝礼をしている。

常隆、田村領を侵攻

天正十七年（一五八九）二月下旬、同月二十一日付の書き付けが政宗の使大和田筑後らによって岩城に届けられた。小野の田村梅雪斎を非難するものであるが、その裏には岩城氏に対する批判が込められているとみてよい（「伊達家文書」四〇九）。同月二十四日付の片倉景綱宛ての政宗書状には、「いわきのそこいき《（底意）》ゝとゝけ候て、おの、大こへ《（越）》へてきれ《（手切）》候はゝ、とうほう《（当方）》のあつかいいわきニてふしゆひ《（不首尾）》のやうニとりおかれ候へく候間、少事のひ候共、まつ〳〵かゝへしかるへく存候」とあり、岩城常隆は明らかに政宗にとって敵と目されている（『伊達政宗卿伝記史料』針生氏所蔵文書）。三月十日の大内定綱宛て書状でも、政宗は「岩之模様只々小野へ心をかけられ候底意ニ候、田之名跡於当方受取、世間弓矢可レ為二苦労一由覚悟ニ而も、田之内ヲ争《（いかでか）》岩へ可相附候哉」と記している。

四月十五日、ついに岩城常隆は小野口に出馬した。十七日付の大内定綱宛て書状（「伊達家文書」四一〇）で政宗は「一昨十五常隆小野口必定出張之由候、岩扱更々覚外ニ候、去年中想《（惣）》和被二介法一、当時弓矢主ニ有之事、前代未聞候」と常隆を非難した。小野城主梅雪斎がすでに常隆を頼っていた以上、岩城軍の攻撃目標は小野と大越の中間の鹿股（神俣）であった。十八日付で政宗は鹿股城主鹿股久四郎らに宛てて「畢竟小野ニ目を被レ付、近年当方へ以二神血一再度訖入魂之首尾無レ躰如レ形御相違、前代未聞ニ候」と記し、「自身出馬之事明日十九日大森訖可二打越一候、廿日ニ三春訖打通可レ及二手賦一候、（中略）玉薬も彼鉄炮入候時、先以五万放可指入候、彼面々鉄炮上手共ニ候条、常之衆とは可二相違一可二心安一候」と励ましている。勿論これはゼスチュアであり、政宗の大森着馬は二十三日である。

しかし、二十一日に鹿股城（第117図［省略］）が陥落した。常隆の近陣による攻撃を受けた城主鹿股および加勢の福原孤月斎らは六、七日にわたって城を保ったがついに降伏、城を明渡して三春に退いた。天正十年頃以来の常隆の田村領攻は、ひとまず成功したのである。

岩城常隆の田村領侵攻は、北からする相馬義胤、南西からの佐竹義重・蘆名義広との三方からする田村攻めの共同策戦に外ならなかった。これに対して五月下旬政宗は義胤を牽制すべく相馬領北境を攻めて新地・駒ケ嶺の二城を奪い、大森に馬を返した直後、本宮から猪苗代に出馬した。急をきいて会津にもどった蘆名義広は、六月五日磐梯山麓の磨上原に政宗と対陣したが大敗し、のち常隆に走った。

『奥羽永慶軍記』によれば、政宗の相馬攻めの直後、相馬・岩城・佐竹は再び田村攻撃を進め、大平（郡山市）を攻める佐竹、岩井沢（都路村）を攻める相馬氏に対し、岩城勢は門沢（船引町）を攻めた。常隆は小野に在陣し、竹貫三河守重元・同越後守・同大蔵少輔・好間土佐守・白土摂津守・植田但馬守・舟尾右兵衛尉以下三〇〇〇が、五月二十七日から門沢城に弓・鉄砲を射掛けた。守勢は伊達家中の中島右衛門宗意・大町宮内少輔・宮野内因幡守等一〇〇〇人が応戦したが、火矢によって町郭を焼かれ、城の外構えを破られて、宗意以下二〇余騎は討たれ、宮内少輔・因幡守らは三春に退却した。田村衆は城主以下四〇〇人が討たれたが、岩城勢も一〇〇余人を失ったという。ただし、『伊達治家記録』は門沢落城を六月九日とし、伊達勢を中島宗意・宮内中務重清・茂庭駿河定直等とし、宗意・定直の戦死を記している。『伊達治家記録』を採るべきであろうか。

六月十一日政宗は蘆名氏の本城黒川（会津若松市）に入城した。当時、佐竹義重は須賀川、常隆は小野に在陣し、田村領への攻撃を続けていた(『伊達治家記録』)。

常隆、政宗と和す

七月三日、常隆は田村領下枝(郡山市田村町)を攻めたが、引き揚げるところを伊達・田村勢に不意打ちされ、田村右衛門清康以下一〇四人が討ち取られた。常隆は下枝の敗軍を最後に岩城に帰還した(『伊達治家記録』)。

十月二十六日政宗の攻撃によって須賀川が落城、岩瀬二階堂氏は滅亡した。岩瀬[岩城]からの警固衆植田但馬・竹貫中務・北郷某以下も戦死した。この合戦によって、佐竹勢は田村領攻めの基地を失った。これと呼応する形にあった常隆にとっても、敗戦の痛手は大きかった。

十一月二十七日のころ、常隆と政宗の和睦が成立した。この日、大越の地が政宗によって田村宮内大夫顕康に与えられていることは(「伊達家文書」)、常隆がまず大越(第118図[省略])を伊達・田村方に返還したことを意味する。十二月一日のころまでに常隆は小野をも返却したとみられる。『伊達治家記録』はこの和睦について、十二月一日条で次のように記している。

> 既ニ仙道中ハ不レ残御手ニ属スルニ就テ、来年ハ必ス常州ノ佐竹ヘ御馬ヲ出サルヘシト思召サル、因テ磐城殿ヘハ骨肉ノ間ト云ヒ和睦シ玉フヘク思サレ、片倉小十郎ニ命シテ磐城殿家臣志賀武治入道甘釣斎玄湖ヘ書状ヲ遣シ和談ノ義ヲ申通セシメラル、当家ト磐城殿トハ筒様ニ隔ツヘキ御間ニ非ストイヘトモ、只今マテハ葦名・佐竹ヘ御一党ノ御首尾マテニ御不和ニ御座ス、我等式迄笑止千万ニ存シ奉ル、御和睦庶希《こいねがう》ノ由委細申遣ス、磐城ニ於テ上下大ニ悦ヒ、兎角小十郎ニ出合ヒ、委曲申談シタキノ由甘釣斎返答ス、即チ奥山ト云フ所ニテ小十郎、甘釣斎参会シ、両家御和談異義ナク相調ヒ、殊ニ田村ノ内小野・大越ハ最前、当家(伊達)ヲ背キ磐城殿ニ奉公セシヲ今度

田村ニ復シ付ラレ、事速カニ調ヘリ、

講和の地、奥山の所在は明らかでない。後考にまちたい。蓬田氏が奥山氏とも称しているのによれば（『いわき市史』第八巻第三編文書115―一・二）、あるいは現在の石川郡平田村の蓬田であろうか。

翌天正十八年二月十四日の政宗書状によれば、常隆は政宗出馬の節は即刻応援の兵を多数出す由であるとのことが記されている。当時の伊達氏の敵は相馬と佐竹であるが、常隆は因縁深い佐竹と敵対してでも伊達に従うという意志を表明していたことになる。同じころ常隆は北境の奥山（蓬田）下野の攻撃に悩んでいたが、政宗は下野にその行動を停止するよう指示している。三月三日には常隆の使として志賀式部が黒川城に参上している（『伊達治家記録』）。講和以後の岩城と伊達は、相馬を共通の敵としてその友好を持続していた。

常隆の小田原参陣と最期

天正十八年（一五九〇）三月から七月にかけての豊臣秀吉の小田原征伐は、後北条氏攻囲の過程で全国の諸大名に対する秀吉の軍事指揮権を確立させる結果となった。とくに、伊達政宗以下の奥羽の群雄にとって、参陣の問題は決定的な意味を持った。

すでに天正十五年十二月五日の白土右馬助宛ての秀吉判物は、使者金山宗洗が関東・奥羽の諸家を歴訪する途中、岩城家に届けられていた。白土右馬助はかつて上洛した折に羽柴姓のころの秀吉と相識った仲であった（『いわき市史』第八巻第三編文書99―八・九）。伊達・佐竹を始め関東・奥羽の諸家が、秀吉のこの〝惣無事〟の指令を問題とせず、その後も合戦を続けるなかで、岩城常隆もまた佐竹陣営の一環を構成しつつ政治的・軍事的行動を取ってきたが、天正十八年四、五月のころには、情況は大きく転換したのである。

急度以二脚力一申届候、御上洛御留主中御大儀、不レ及二是非一候、乍二勿論一無二御由断一事専純候、然者松本宗昧為二御使一、石田治部少輔殿より如レ此預二御状一候、一昨十五到着候、為二御披見一写進レ之候、今十七相馬へ自二当方(岩城)一上洛之儀、相へ可レ令二意見一由、御意之上指二越使者一候、先達自二御当方(伊達)一相へ当方ニ通用儀、可相止之段承候、重無二其儀一候キ、雖レ然殿下(秀吉)事ニ候之間、不レ及二了簡一令二通用一候、毛頭非二異儀一候、此段為下可二申届一候上迄ニ啓レ之候、参陣之儀、当方へも被二仰下一候之条、近日罷登候、当方境中無二相違一様、頼入計候、委細御当方ニも御参上之上、於二于御陣中一可二申述一候、恐々謹言、

五月十七日　　　　　　常隆(花押)

二本松殿

(『いわき市史』第八巻第三編文書113—一)

内容からみて明らかに天正十八年のものであるこの岩城常隆書状は、当時、政宗参陣中の会津黒川城の留守に当たった二本松城主伊達成実に宛てたものと推定される。したがって文中の「御当方」は伊達氏である。石田三成から送られてきた上洛催促状を受け、その指示にしたがって相馬義胤にも上洛のことを常隆から勧めたこと、先ごろ来、岩城から相馬に連絡などのことは停止するように伊達方から指示されてきたが、外ならぬ殿下(秀吉)からの通達であるので直ちに執行したことを述べ、さらに近日参陣する旨を記したものである。前年末に結ばれた岩城と伊達の間の友好関係、あるいは伊達に対する一定の従属関係は、なお持続していたことが知られよう。

常隆が小田原に向けて岩城を出発したのは、この書状の通りとすれば、五月二十日以後のころであった。五月十八日小田原の秀吉から岩城の白土右馬助宛ての印判状(『いわき市史』第八巻第三編文書99—一五)には「其方、所労故《ゆえ》遅参不レ苦候、無二機遣一加二養性一参陣尤候」とある。これは右馬助の病気を意味するのではなくその主君常隆のそれを意味するものとすれば、常隆は出陣前から病を得ており、遅参もそのためということになる。ただし、同日付の岩城左

京大夫（常隆）宛て石田三成書状（『いわき市史』第八巻第三編文書105―二）には病気のことはまったくみえず「早々御出仕之外有レ之間敷候」とある。六月十二日三坂越前隆次が伊達家中の青木不休斎に宛てた書状には、〃常隆も参陣した。一両日前に関東から帰った者の話では、政宗公もようやく関白殿に面謁の由である。常隆も参陣まもなく面謁できる由である云々〃とある（『伊達治家記録』）。政宗が秀吉に謁見したのは六月九日であるから、常隆が秀吉に謁見したのは十日以後となる。

七月五日、後北条氏が降伏して、小田原は落城した。その半月後、常隆は相模国星谷《ほしがや》（神奈川県座間市）で客死した。「天正十八年豊臣太閤北条征伐のとき、小田原にをいて見参し、七月二十二日帰陣のとき、相模国星谷にをいて卒す。年二十四。鏡山明心を号す。磐前郡久保町の鏡山寺に葬る」（「岩城家譜」『寛政重修諸家譜』）。那須氏を攻めて討死したとする『那須記』の説は、上にみたところからも採用できない。

貞隆の家督相続

常隆には男子があった。長次郎政隆がそれである。しかし、政隆は退けられ、佐竹義重の三男能化丸（貞隆・第119図〔省略〕）八歳が常陸から入嗣した。『寛政重修諸家譜』には貞隆について「天正十一年常陸国に生る。十八年常隆が養子となり、是年豊臣太閤陸奥国に下向のとき、下野国宇都宮にいたりて謁見し、父が遺領を継、十二万石を領す」とある。能化丸の入嗣家督相続のことは、忽々のうちに決定したのである。「岩城・伊達・葦名系図写」（『いわき市史』第一巻追補資料系図二）には、岩城家老の白土摂津守が増田長盛を介して秀吉に申し上げて、貞隆入嗣のことがきめられたとある。これについて『水戸市史』は、伊達政宗事蹟考記などを引いて、「二十日に江戸を発して陸奥に向かった秀吉は、途中で岩城常隆の死没を聞くと、自分に忠実な佐竹氏に命じて、義宣の弟（義重の三男能化丸貞隆）をもって岩城氏を嗣がせた」と記している。なお『武徳編年集成』は、秀吉が旧知の白土摂津守を岩城家督に立てるとの内意であったことを記している。

八月三日、伊達政宗が岩城の三坂隆次に宛てた書状には「常隆御遠行必定ナリ哉、言語道断ノ次第ニ思召サル、因テ前々ヨリ其許・当方一統ノ御筋目、就中御骨肉ト云ヒ特ニ近年別シテ常隆懇意ニ及ハルノ趣、定テ其許衆中失念有ルヘカラス」とあって、常隆死後の岩城家中を伊達家に牽引しておこうとする政宗の意図が明瞭であるが、能化丸入嗣のことはまったくみえていない。根本資料に能化丸の岩城家督相続が初見するのは、八月十二日の佐竹義宣書状（『いわき市史』第八巻第三編文書97―一八〈元和六年〉の注は誤）の「此度能化丸岩城名跡付而、速ニ理ニ相任候事、大悦ニ候了」の文言である。したがって、貞隆入嗣が八月上旬には決定していたことは確実であるが、その決定が果たして七月二十六日宇都宮においてであるか、否かの確証はない。しかし、前年来、秀吉の指示を受けて、上杉と呼応して伊達を牽制する立場にあった佐竹が、奥羽仕置の基本方針が打ち出された七月二十六日に能化丸の岩城入嗣を認められた可能性は大である。但し、『伊達治家記録』に収める八月六日付の増田長盛書状によれば、八月初め現在ではまだ跡式のことは決定していない。

八月半ば以後、石田三成ら豊臣政権の執行者らの指示のもとに、岩城氏および岩城領に対する支配が強行されることとなるが、それらは［『いわき市史』］第二巻において述べられるであろう。上遠野文書に収める天正十八年（一五九〇）七月日の豊臣秀吉禁制（『いわき市史』第八巻第三編文書83―二三）は、路次奉行に渡されたものであり、岩城領に対する豊臣政権のいち早い関与を示すものとして注目される。

三　戦国末期の岩城領国

岩城領国の範域

戦国期における岩城氏の支配領域、すなわち岩城領国の範囲は当時の資料には明示されていないが、文禄四年（一五九五）十一月の「岩城領検地高目録」（『いわき市史』第二巻一三・一八頁　第九巻一四八頁）は戦国末期天正十八年（一五九〇）七月現在の岩城領国の範域を示すものとみてよいであろう。天正十八年八月、豊臣秀吉によって岩城氏の従来の所領が認められているからである。佐竹氏の例によれば、岩城氏からの差出帳によって認められたものであろう。文禄の検地高目録は、その石高および村名・村数は別として、その全体としての範域のみならず郡界においても、天正十八年当時のそれとほぼ同様と推測される。

「岩城領検地高目録」によれば、菊多・岩ケ崎・岩城・楢葉のいわゆる岩城四郡のほかに常陸国多珂二万五二八一石、四三村がふくまれる。また、岩ケ崎郡には、本来石川荘に属した竹貫（東白川郡［石川郡］古殿町）・鎌田（同上）がふくまれている。戦国後期における岩城領の範囲は、このような広さのものであったであろう。楢葉郡は久（比佐）・末続・折木等旧好嶋東荘の北部の村々をふくみ、また桶売村などを合わせている。あるいは本来の楢葉郡の郡域に復したものであろうか。岩城郡と岩ケ崎郡の境界は、おおむね夏井川の川すじである。すなわち、岩城郡は神谷・鎌田・鯨岡・平窪・小川から北の村々を合わせ、旧好嶋東荘の大部分を収めている。岩ケ崎郡は南境に神白・住吉・船尾・湯長谷・藤原の諸村を収め、北西は三坂から前述の竹貫・鎌田に至る。この郡は好島・今新田・北目・谷川瀬等、旧好嶋西荘の全域の他、白土・菅波・高久・荒川・綴《つづら》・白水等をふくむ当地域最大の郡である。かつての岩城郡国魂村

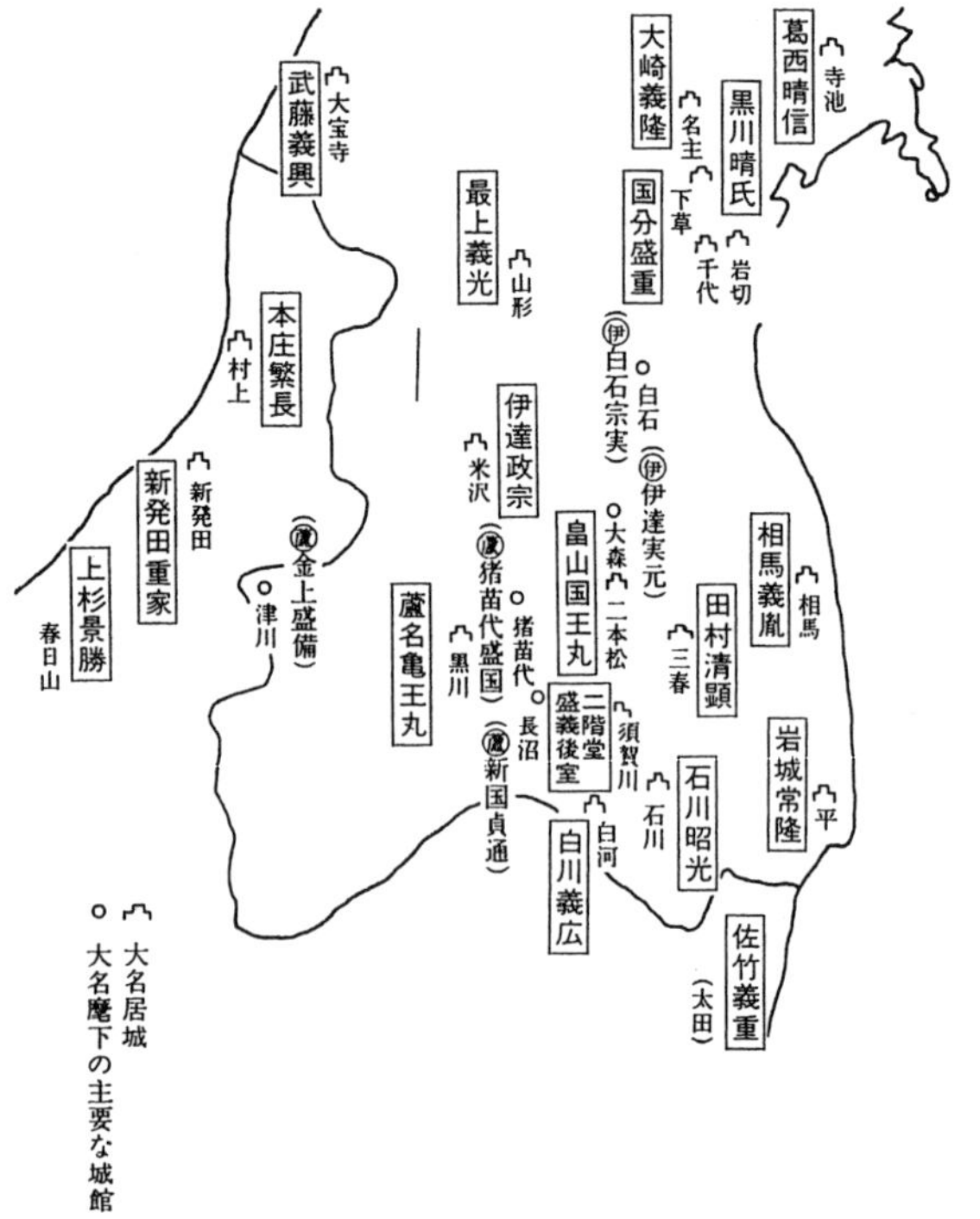

第120図　中世後期の群雄割拠図

天正14年(1586) 5 月現在としての戦国大名配置図　　(小林清治作製)

の地は菅波村などの地となり、岩ケ崎郡に編入されたのである。菊多郡は藤原川によって岩ケ崎と界し、滝尻・岩間・関田・窪田・植田・泉・釜戸から旅人・遠野を合わせる。なお、延元元年（一三三六）の相馬文書に「菊田庄三箱・湯本」とあるのによれば、菊多と岩ケ崎の境界はかつて湯本の北にあったこととなろう。多珂郡は、いうまでもなく菊多郡の南に接する。なお、元

第15表　文禄 4 年(1595) 検地高目録

		石　合
楢葉郡	25	11, 246. 183
岩城郡	37	16, 179. 657
岩崎郡	86	33, 525. 015
菊田郡	65	28, 419. 687
多珂郡	43	25, 281. 311
計	256	114, 651. 853

和八年（一六二二）の「岩城御領分定納之帳」（『いわき市史』第九巻磐城平藩鳥居・内藤・井上時代一一）によれば、赤井村は岩城郡に編入され、また「岩城領検地高目録」で南藤原村が菊多、北藤原村が岩ケ崎に分属していた藤原村は一村として岩ケ崎郡に属するに至っている。

大館とその城下町

戦国期岩城領国の中心は、いうまでもなく大館（いわき市平大館）であった。慶長七年（一六〇二）作製と伝える絵図には、大館の中心部分に「大書院」「大広間」以下をふくむ建築物がみえている。同時代の伊達氏の居城である米沢城の諸館には「座敷」「てい」などが表向の主要建築としてみえるが（「伊達輝宗日記」『伊達治家記録』）、書院・大広間の呼称は用いられていない。この事実によれば、大館の絵図はなお検討を要するといわれる。ただし、岩城氏の居館が大館のいわゆる本丸の地にあったことは認めてよいであろう。

前記の絵図には、東方に開いた大館の大手前の地に光源寺・大林寺・長興寺・泉蔵院ほかの諸寺院が屋敷を占めている。この点も確証はないが、可能性は考えられる。大館の近辺には、寺屋敷と家中屋敷が割り出されていたと推定される。

慶長十九年（一六一四）の火災まで飯野八幡宮は物見岡赤目崎（のちの平城の地）にあった（なお、この点については佐藤孝徳「飯野八幡宮と好嶋荘西荘政所」『いわき地方史研究』第一一号、山名隆弘「飯野八幡宮社地の一考察」『福島史学研究』第四六号参照）。大館の大手前から八幡宮門前に連絡する道すじに沿って町場が開かれ、城下町を構成したことが想定される。前記絵図は、久保町のあたりを「城下町」と表示している。三坂・郷戸（合戸）から好嶋西荘を東に進んだ道と、小川から今新田を経て南下した道と、さらに湯本・御厩《みんまや》を経て北上した海道が合流する久保町の辺は、城下町として繁栄する要件を備えていたとみてよい。

領国内の要衝

大館を中心とする岩城領国内の要衝を南から概観しよう。その手掛かりは、明治十七年（一八八四）ころの地籍図である。

〔窪田〕　菊多郡窪田村には郡・古館・外城・内城・馬場等の小字がある。菊多郡の南境に位置し、勿来関（菊多関）に近いこの地は、恐らく古代の郡衙の地であったと思われる。古館および隣村の関田村の御城前《みじょうまえ》などの字名の存在は、この地が戦国期岩城領国南都の軍事上・交通上の要衝であったことを推測させる。御城《みじょう》は戦国期の本城ないし本丸を意味する実城《みじょう》のことであるから、江戸期の一時期に領主土方氏が所在したことを勘案しても、右のいくつかの小字は戦国期に関係することは、ほぼ確実であろう。窪田の国魂神社には、大永元年（一五二一）大旦那平朝臣昌清の銘をもつ銅鐘がのこされている（『いわき市史』第一巻追補資料金石文九）。

〔滝〕　菊多郡滝村には、内城・城ノ内・馬場前・鍛冶内の字名がある。この地は、竹貫・鎌田と岩城領国中枢とを結ぶ遠野地区の要地である。あるいは上遠野氏の一族の居城とみてよい。

〔上遠野〕　滝城の本城に当たるのは、上遠野惣領である与次五郎＝常陸介＝大炊頭が拠る上遠野城（八塩城）であった。文化八年（一八一一）の「上遠野氏古城之図」（第121図・秋田県大館市立図書館蔵）には、御斎所街道から比高一二〇メートルの山頂に城郭が築かれ、麓の御斎所街道すじには三町ほどを隔てて東と西に木戸・土塁が設けられ、町構えが構成されている（遠藤巌「上遠野家系図」上）。滝城は、西の下根岸の根小屋館、北の入遠野関屋の早神城（小館）と共に本城たる上遠野八塩城を堅める形を採ったのである。岩城領国内の国人領の城館体制をうかがうことができよう。

〔船尾〕　上船尾村と関村が明治十四年に合併した関船村の地籍図には、上古宿・下古宿・宿内・館下・南館・馬場等の字がある。岩城の重臣からのち佐竹の重臣となった船尾氏の発祥の地である岩ケ崎郡船尾村は、南北に海道（東海道）が通り、東は住吉を経て小名浜へ、西は遠野を経由して竹貫方面に連絡する交通上の要衝であり、古くから宿が置かれたことは古宿の字名からも推定される。この交通・経済上の要衝を押えるために城館が築かれた。馬場の存在は、一定兵力の集中度を推定させよう。船尾はまた、岩城領国内の修験を統轄する越田和不動坊の所在する地でもあった。

〔上好島〕　地籍図の上好間村には、小館・馬場・今宿がある。小館は上野原の段丘上に位置する。この上好島の地点で好島川から好間堰によって引水された灌漑用水は好嶋西荘の水田を潤した。小館は、田村郡蓬田方面から三坂・郷戸、さらに大折（大利）を経て好嶋荘、大館に至る交通路を扼し、また好間堰の大もとを押える要衝にほかならない。小館のうちに祭られる熊野神社は岩城隆忠および重隆から判物を与えられ、また好間堰にかかわる水分《みくまり》神社を合祀している。この館は鎌倉期以来、戦国末にかけてその機能の変化にもかかわらず、一貫して重要な地位を占めたものと考えられる。

〔白土〕　北白土村から南白土村にかけて、地籍図は堀ノ内を始め鍛冶淵・南川原宿・古宿・館岸等の字を示す。北白土の堀ノ内と南白土の館（山城）は、戦国期にはあるいは居館と詰城という関係にあり、その間に宿が存在したものかとも推測される。藤原・大越・菅波から如来寺・専称寺を経由して西進する道と、矢田・荒川から北進する道を、合わせて押える地区として、岩ケ崎郡白土は戦国期岩城氏の大館居城の時代にも依然としてその重要性を失わなかったとみてよい。

〔神谷《かべや》〕　下神谷村には御城・宿・内宿・馬場塚・鍛冶分等の字がある。中神谷の字調練場は、ここに笠間藩分領が設

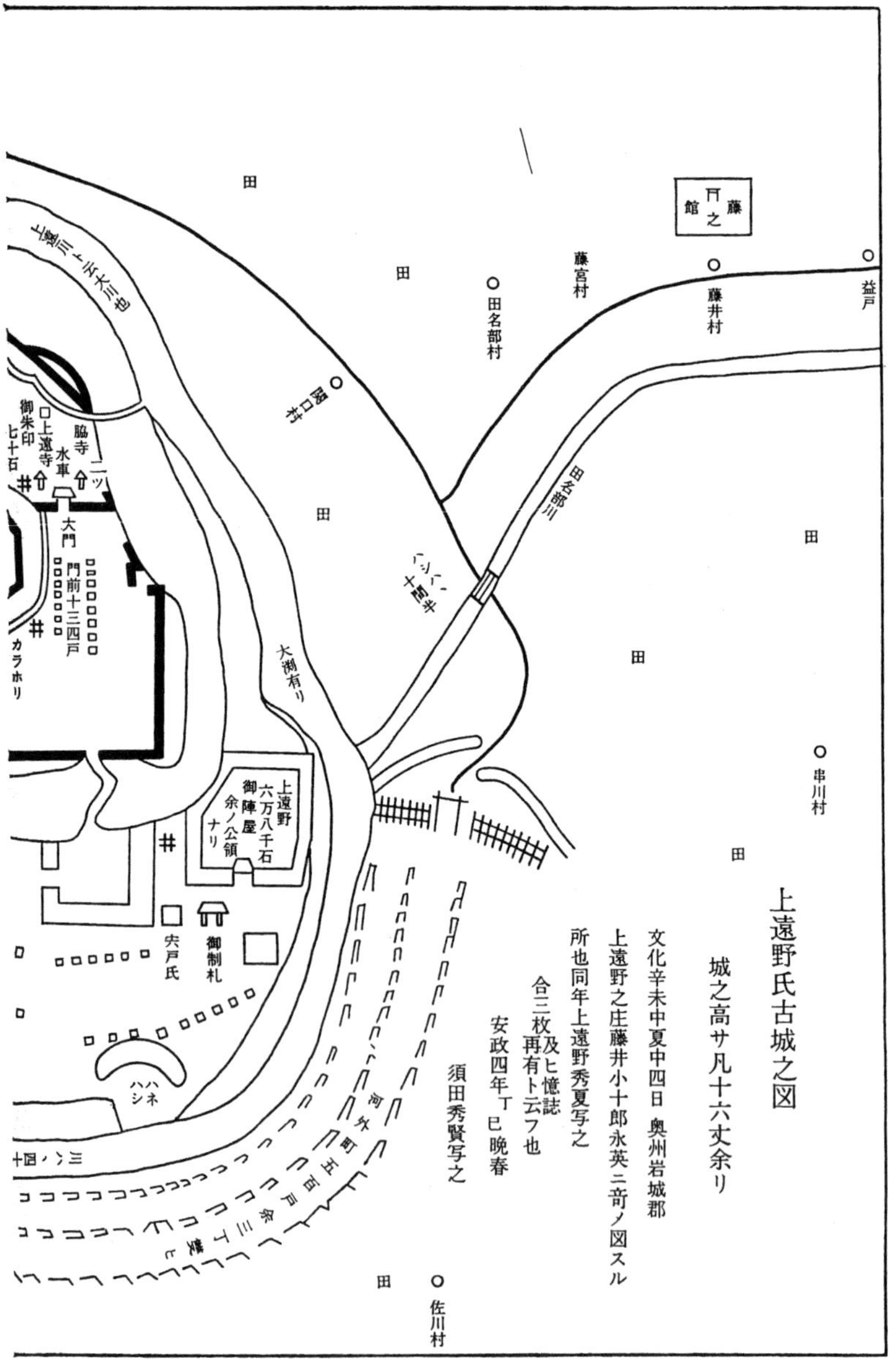
上遠野氏古城之図
城之高サ凡十六丈余リ
文化辛未中夏中四日　奥州岩城郡
上遠野之庄藤井小十郎永英ニ奇ノ図スル
所也同年上遠野秀夏写之
合三枚及ヒ憶誌
再有ト云フ也
安政四年丁巳晩春
須田秀賢写之
藤戸之館
益戸
藤井村
藤宮村
田名部村
関口村
田名部川
ハシ八十間半
大淵有リ
串川村
佐川村
上遠川ト云大川也
上遠野
六万八千石
余ノ公領ナリ
御陣屋
宍戸氏
御制札
ハネハシ
河外町五百戸余三丁
脇寺
水車
上遠寺
御朱印七十石
大門
門前十三四戸
カラホリ
田

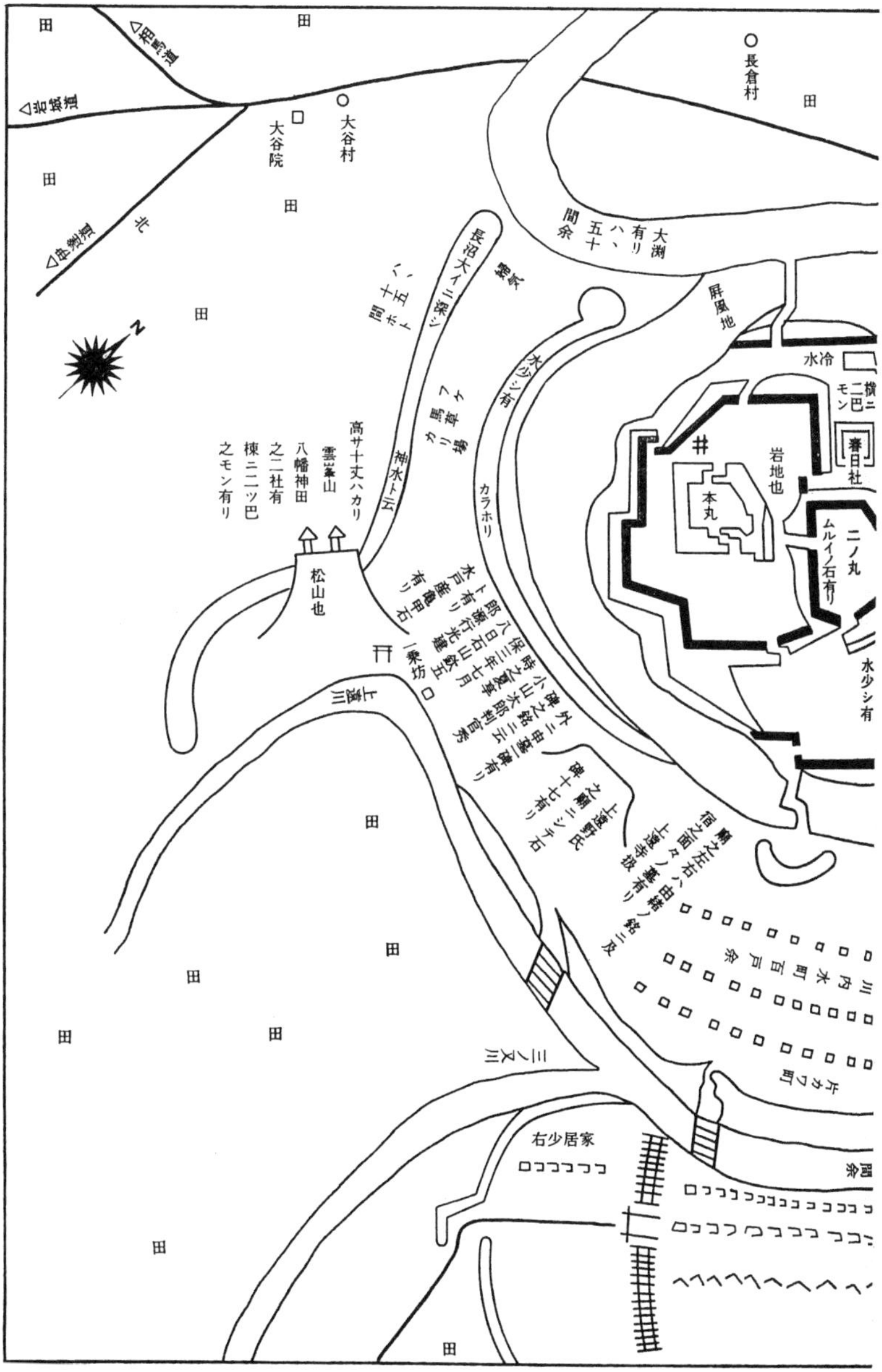

第121図　上遠野氏古城之図

佐竹氏から、岩城氏に属した上遠野氏の居城であり、江戸文化期に描く
（秋田県大館市立大館中央図書館蔵）

定された江戸期に関連するものであろうが、御城・鍛冶分・宿は中世のものとみてよい。岩城郡神谷（顓谷）は好嶋東荘の最も重要な村であった。下神谷の御城とこれに近接する宿は、幹線道路である海道が通り、これといくつかの道が交わる、岩城郡屈指の交通上の要衝であった。鎌倉期には上神谷の館を中心として開発が進んだこの地区は、戦国期にはその中枢を完全に下神谷に移したとみられる。

〔玉山〕岩城郡の玉山は、古刹恵日寺があり、また西隣に隆忠ゆかりの名刹薬王寺を擁する村である。その地籍図には、大門前・御城・宿後等の字がみえる。恵日寺門前に宿が成立し、双方の背後の丘に御城《みじょう》が構えられ、岩城郡平野部の北西を押える形を取っている。

〔四倉〕岩城郡の北東、海道を扼する四倉の館山は、岩城氏の重臣四倉氏の本拠である。宿の字はみえないが、町がすでに存在し、宿の名はとくに残らなかったのであろうか。

なお、岩城下総守常隆が子息隆通を配置した菊多郡上田（植田）、同隆時を置いた楢葉郡富岡、また弟好島某を配した多珂郡車城などが、領国内で重要な位置を占めたことはいうまでもない。

岩城氏の領国支配

以上、岩城領国には、領国内を縦貫する海道を幹線として、これと幾つかの東西線が交わる要所、あるいは各東西線の要所要所に宿駅が置かれ、また重要城郭が構築された。右に掲げた要衝は、岩城領国を外から守ると同時に領国内の各郡地区の支配の要《かなめ》の役割をも果たしたとみられる。城館は町構え＝町曲輪《くるわ》を取り囲んで防御体制を構成した。

地籍図にのこる館・堀ノ内という字は、岩城四郡で六〇にのぼる。しかも文久二年（一八六二）神林弼の著述「磐城四郡小館記」によれば、四郡の城館は総計一五〇にのぼっている。ただし、戦国期に機能した城館は当然これよりは少なく、臆測すれば一〇〇程度であろうか。とすれば、四郡の戦国期の推定郷村数約二〇〇と比較して、二カ村に一つの城館が存在した形となる。

これらの城館の多くは、その城館の所在する郷村を所領とする地頭領主が居住したものとみてよい。しかし、他領との境界近くに置かれた城館は、番手の交替在番によって守備される例であった（『いわき市史』第八巻第三編文書29―一七・一八）。

地頭領主はこれらの城館に居住して、その所領内の農民から年貢・諸役（雑税・夫役）を徴収し、また山野を支配した（『いわき市史』第八巻第三編文書44―三他）。岩城氏は領国内の村々に対して棟役《むねやく》（家屋税）・段銭《たんせん》（耕地税）等の税を課し、自らの直轄領と合わせてこの棟役・段銭等を大きな財源とした。棟役・段銭等は地頭領主から岩城氏に納入されるのが原則であったが、功労などによってこれを免除される場合もしばしばあった（『いわき市史』第一巻追補資料文書30―五）。

戦国大名岩城氏の権力の中枢に参加した重臣としては、天文期重隆のころには神谷・小川・中山（『いわき市史』第八巻第三編文書102―一・二二）、親隆の時期には上遠野・白土・塩・竹貫（『いわき市史』第八巻第三編文書57―一三）等が、また常隆・貞隆の世には白土氏（『いわき市史』第八巻第三編文書99―一～一七）が考えられる。これら大身家臣に対して、より奉行的な性格をもった近臣としては常隆の場合の志賀甘釣斎を挙げることができよう。甘釣斎の外交使節としての活動はすでにみた通りである。

第四部　中通り

第一章　戦国期の田村氏と三春

一　三春進出と戦国大名への途

田村氏は永正元年（一五〇四）、義顕の世に守山から三春に移ったと伝えられる（「田村家記録」福聚寺蔵）。

一四・一五世紀、南北朝・室町期のころ、田村郡では守山の藤原姓田村庄司が、安積郡では笹川に下向した足利満直、岩瀬郡は須賀川の二階堂氏が、それぞれの時期に長短の差はあれ、勢力を振った。田村・安積・岩瀬三郡のおのおの一隅に位置しながら、しかも近接しあう守山・笹川・須賀川は、各郡の政治軍事の中心として、場合により対立しながらも、客観的には三者一体として三郡地方の政治軍事的中枢地区を構成したのであった。

田村氏の永正元年守山より三春への移転説が正しいとすれば、それは三郡とりわけ田村郡地方における戦国期の開始をしらせる象徴的なできごとということができる。すなわち、田村庄司家に代わって守山を中心として勢力を蓄えてきた平姓田村氏が、ここに田村郡西部域を離れて阿武隈山地に入り、やや北に寄るとはいえ田村郡の中央に向かう三春の地へと転移したことは、田村一郡を支配しようとする戦国大名への意志を明示するものと考えられるからである。

田村氏の戦国大名への途は、しかし容易ではなかった。当時田村庄と小野保とに分かれていた田村郡内では、国人領主（在地領主）たちの抵抗があり、外には伊達・蘆名など南奥羽の強豪による牽制があった。

安積・当方無事之義、御籌策之間、抛二不足一、任二其義一候、然者累年当方一味之面々、今般忩劇、或被二責落一、或自落之地、幷前田沢、御当方へ相付申候、於二末代一不レ可レ有二相違一候、如レ此之上者、如下被二仰合一候上、当洞中之御扱、不レ可レ有二御別心一候、（中略）仍後日之証文如レ件、

天文十年辛丑

五月廿三日　卜西（花押）

隆顕（花押）

伊達殿

次郎殿

（『大日本古文書伊達家文書』一六三号）

天文一〇年（一五四一）五月、田村義顕・隆顕父子は伊達郡桑折西山城主伊達稙宗とその子晴宗に上［右］のような証文を出した。〝安積氏と田村との講和に関する伊達氏の調停を受け入れる。そこで、安積郡の陥落・自落した田村方の諸城および前田沢は末代相違なく伊達方（御当方）に属させる。その上は、御約束の通り田村家中に対して異心なきように〟このような内容である。

冒頭には安積と田村の講和を伊達が調停したように記しながら、続く内容は明らかに伊達と田村相互間の停戦条件の約束である。当時の慣行によれば、停戦講和には第三者を仲介とするのが原則であった。安積郡をめぐる伊達と田村の停戦は、実質は第三者の調停によらずに、安積と田村の戦を伊達が調停するという形式を採った。

その異例の形式の講和による領土配分は、前田沢（郡山市喜久田町前田沢）あたりを境に北西は伊達、南東は田村に属するというものであったらしい。安積郡に伸びた田村氏の勢力が、この講和によって大きく抑えられたことは確かである。

この文書と同日付で義顕父子は、稙宗父子に対して、ほかに二通の証文を出しているが、その一通で田村氏は中津川千々代丸が進出していた田原谷城（小野町田原井）を破却して中津川の本城に居城させるが、領地は従来の通りとすることを約束している（『伊達家文書』一六二号）。中津川千々代丸に対する田村氏の圧迫の企図が、伊達氏によって抑えられたことをうかがわせる。前月の天文一〇年四月には田村隆顕が伊達晴宗と誓詞を交換し、田村は伊達に陣参すること、伊達もまた田村を援助することが約束されていた。

以上、天文一〇年四、五月のころ田村は伊達と講和したが、それは伊達の強大な軍事力によって田村が抑えられ、伊達の保護のもとに両者が同盟するというものであった。伊達稙宗の娘が隆顕に嫁したのは同年とみられる。政略結婚の背後にはそのような事情があった。

稙宗は室町幕府に対して陸奥国守護受任の手続を怠りながらも、天文五年に奥州守護法ともいうべき塵芥集を制定して領国支配を強化し、また四周にも勢力を拡大し、三男実元の越後守護上杉家入嗣実現のために越後出兵さえも強行していた。田村との間に異例な形式の講和文書が採られたのは、伊達の強大さに原因したものと考えてよい。

その一〇年後の天文二〇年七月、隆顕は二本松畠山尚国および白川晴綱の調停で蘆名盛氏と講和した。同年月一六日付で隆顕が晴綱にあてた条書には、一郡山・小荒田・下飯津島・前田沢など安積郡東部に及ぶ郷村を盛氏に渡す、二田村麾下で蘆名にくだった者は蘆名麾下とする、三名倉・荒井はまず盛氏に渡し、盛氏から二階堂氏に渡す、という三か条に続いて次の二か条がみえる。

一安積之名跡、息候者一所江速被二相渡一候、尤候、

一安積之名跡、息所へ被二渡置一候上、就レ中互ニ誓句之節目とて尤申合候透、毛頭無二別心一候、

（下略）

（白河証古文書）

他方、同年月の一七日付で蘆名盛氏が白川方にあてた書状には「任㆓尚国幷晴綱御刷㆒若子遣置候条々」として「一安積之名跡相渡候」「一安積之名代之儀、自㆓当方㆒仕居候之条」、「若子自㆑是名代ニ相居申候上者、聊之儀をも当方と可㆑有㆓談合㆒事」などとみえる（白河証古文書）。これによれば、人質として蘆名方にとられていた隆顕子息を田村方に返し、同時に安積の「名跡」も田村に渡す、しかし安積の「名代」には蘆名方が隆顕のその子をすえることとし、したがって以後、安積のことは田村と蘆名の談合によって定める、というのである。

「名跡」と「名代」の語義は難解であるが、安積名跡は安積氏の家名にかかわる根本領主権を意味し、安積名代は安積氏の家名の相続人を意味すると理解しておく[1]。田村に人質と安積名跡を返しながら、蘆名方は安積の相続人すなわち家督の設定権を掌握し、また安積郡の領土配分は停戦時の蘆名方の優勢に基づいて決定された。

天文一〇年の講和以後、伊達稙宗・晴宗の父子抗争（伊達家天文の乱）に乗じて蘆名盛氏は安積郡の田村領を侵攻し、恐らく天文一九年の戦で隆顕は子息を盛氏に差し出す破目に陥っていた。この天文二〇年の蘆名との講和は「若子」と「安積名跡」を渡されるという面目を保ちながらも、その実は田村方の大きな後退に結果したのであった。「若子」は隆顕の次男であった（東博白河文書）。

二　福聚寺掟書—田村氏の寺院統制—

弘治三年（一五五七）四月、田村隆顕は父義顕の菩提寺福聚寺に掟書十二か条を「進献」した。

(1) 一大細事共、旦那江可㆑有㆓御相談㆒之事、

(2) 一寺家江走入之事、一命を被㆓相扶㆒候事者、無㆑拠候、乍㆑去、長々寺中ニ被㆓指置㆒事、有間敷候、

(6)一於二寺家中一、被二召仕一候者之悪名候者、於二御沙門一者、御成敗難レ有之候上、不二申届一候共、任二咎軽重一、可レ及二
　其沙汰一候、縦至二沙門一も構二俗義一、無道之族候者、刷同前、

　抄出した第一条は、なにごとも旦那である田村氏に相談なさるべきこと、第二条は寺家（福聚寺）へ逃げ入った者を助命することはやむをえぬが、長く寺中に置かぬこと、第六条は、福聚寺に使われている者の犯罪については寺家御僧侶の身としてはこれを成敗し難いことであるから、届けがなくとも田村氏が処分をする、たとい僧侶でも無道の者があれば処分をする、という趣旨である。このほか、逃げ入った者を助けることにより逆に数人を失うことが生じ、場合により田村氏の一大事に結果することもありうるから、住職の分別工夫が大切である（第三条）、下人が寺家に逃げ入った場合は主人に返すべきこと（第五条）、寺領からの公事（貢税等）により寺を維持している以上は、無用の出費を止め日常生活をきりつめて造営などをはかることが肝要である（第一〇条）などという条項がみえる。

　第二条に知られるように、この掟書は福聚寺の治外法権を認めることを前提としている。中世においては聖域たる寺院とりわけ由緒ある寺院は、このような権限を社会的に認められていたのである。各条には丁重な敬語が用いられ、宛所は「福聚寺江進献」という厚い書札礼が行われるなど、この掟書には福聚寺および住職に対する深い敬意が示されている。

　しかし、第一条では福聚寺に対する田村氏の優位が明瞭に規定されている。「走入」者の助命を認める第二条も、これを長期に置くことは禁止している。第三条には、田村氏との関係によっては「走入」による助命を認めぬ場合もありうることがうかがわれる。第五条によれば、下人の「走入」は事実上認められぬことが知られる。第六条では、寺家の自分仕置（成敗）権が否定されている。形式の丁重さにも拘らず、その内容は福聚寺の聖域的不可侵性を大きく制約するものとなっていることを認めざるをえない。

それから二五年後の天正一〇年(一五八二)、隆顕の子清顕が福聚寺に二月吉日付で掟書を出している。「一向後入寺之者、依二子細一被二指置一候共、門外不レ出、以二自堪忍一可レ被二指置一候、若請二御造作一候者、其身可レ及二追放一事、一寺中ニ不行儀之者、被二指置一間敷事、一於二御門前一、悪名之者候者、老父如二一筆一、可レ及二取刷一事」(福聚寺文書)

第二条は、隆顕掟書の第九条と同趣旨、第三条は隆顕掟書第六条の再確認である。しかし、第一条は、入寺の者を事情により指し置く場合は、もはや門外に出すことを許さず、しかも寺中の生活費は自弁させる、それが叶わぬ者は追放、という規定である。隆顕掟書第二条の趣旨は大きく変更され、「走入」(入寺)以後の本人の自由はほとんど失われる形となっている。ここに至って、福聚寺の治外法権はさらに最小限に近いまでに制限されたこととなる。

ところで、この福聚寺宛の第一・三条を第二・三条として掲げる三か条の清顕掟書が、同じ日付で「学頭坊」あてに出されている(中村文書)。関係文書からみて、守山の大元《だいげん》帥明王《みようおう》学頭にあてたものと推定される。その第三条「一於二山中一、悪名之者候者、老父如二一筆一、可レ覃二取扱一事」によれば、大元帥明王も弘治三年の隆顕掟書を受領していたことが明らかである。

隆顕・清顕の掟書は三春福聚寺と守山大元帥明王という二つの名刹に出されていた。すでに三春に勧請されていた三春山中《さんちゆう》の大元帥明王、あるいはその他の寺院にも隆顕父子の掟書は出されていた可能性が想定される。それは中世以来の地域宗教権門に対する世俗権力による統制の実現であり、田村氏における大名権力の確立を示すものであったといえよう。(2)

三　戦国田村氏の独立と三春城

田村氏が根拠とした戦国期の三春城は、江戸期の本丸の地区に本曲輪《くるわ》と二の曲輪を構えた。典型的な山城である。

天正一六年六、七月佐竹義重・蘆名義広父子と郡山合戦を戦い、これと講和した伊達政宗は、八月五日安達郡宮森城をたち三春城に着いた。「三春御仕置」のためである。二年前に清顕が死去して以来、政宗は後室の兄相馬義胤と田村家をめぐって抗争を続けた。ほかならぬ郡山合戦は、佐竹方が政宗の田村への行動を牽制する戦であったが、その停戦後の八月三日清顕後室は三春城を退去し、清顕の甥の宗顕が三春城に移っていた。

――三春の町口に田村月斎父子・橋本顕徳以下、田村家の歴々重臣が政宗を出迎えた。三春城に入った政宗のもとに田村家臣たちが参上する。謁見後、政宗は「御東」(東の郭、のちの三の丸)に隆顕夫人を訪れ、伊達家中の亘理元宗・伊達成実・留守政景・国分盛重らも相伴して夕べの饗宴が催された。伊達稙宗の娘である隆顕後室は、弟元宗とはおそらくほとんど五〇年ぶりの再会であり、政宗とは初対面、晴宗の子の政景・盛重、晴宗甥の成実とも初対面のはずである。政宗以下、肉親に囲まれて彼女は久しぶりに賑やかにも楽しい一刻をすごしたに違いない。

六日には、大元帥明王別当と学頭が御酒以下の進物を献じたのをはじめ、一八人の田村重臣が政宗に御酒を献じた。夕食には月斎に鮭料理がふるまわれ、橋本顕徳が相伴した。

七日には御町検断以下の町衆が政宗に謁した。明王院・天澤寺・山伏大夫ら五人も参上した。

一〇日、政宗は三春城の周囲を巡検した。

一五日には明王堂町を一覧しに出た。いうまでもなく、大元帥明王堂の門前山中《さんちゅう》である。大元帥明王は義顕の三春移転のころに守山から勧請されたと伝えられるが、いまやその門前町は独立しながらも、事実上は三春城下の町々と一体として広義の三春城下を構成していたものであろう。

九月一七日政宗は三春をたち、大森城をへて一八日米沢に帰着する。四〇数日に及ぶ三春滞在中に、かれは幾度か御東隆顕後室を訪問し、また月斎・顕徳以下の田村家中の士と交流を重ねた。この〝三春仕置〟によって、田村家中における相馬勢力は完全に排除されたのである。

滞在期間中の伊達氏の日記によれば、三春城大手前を中心に城下町が開かれていたこと、町検断の存在などから伝馬制度を担う城下町の機能が成立していたことが明らかである。在々の知行地に城館を構えながら、田村家中の三春への参勤集住体制が漸く整えられつつあったこともうかがわれる。

さて領外を見渡せば、南に離れる白川氏はすでに天正六年の停戦で佐竹義重の次男義広の名跡相続が決定して佐竹に服属し、義広が同一五年に蘆名に入嗣した後も佐竹の支配下におかれた。須賀川二階堂氏も同九年盛義死後は後室が当主となりながら、須賀川を佐竹氏の奥州基地として握られていた。古豪石川氏は、晴光・昭光の世には蘆名・佐竹によって本拠三蘆城をしばしば退去させられ(3)、天正一五年ころには義広が蘆名とあわせて石川の名跡をも相続する事態となった(4)。岩城氏もまた佐竹と連合・同盟しつつ、事実上はこれに従属する形であった。僅かに相馬氏のみが、佐竹勢力と結びつつ独立を保持し、伊達と対峙していた。

そのような情況のもとで田村清顕は、天正七年娘愛姫を伊達政宗に嫁し、伊達との連繫によって佐竹・蘆名以下の諸勢力と対抗した。四周とのきびしい緊張抗争のなかで白川・石川・二階堂などの諸氏と違って、田村氏がよく独立を保持しえたのは、清顕の選択の成功を示す政宗の援助とあわせて、三春城の天険と、これを中心に田村領をよく守備した田村月斎・橋本顕徳以下田村家中の団結のたまものであったといえる(5)。

その後、〝奥羽仕置〟における田村家改易によって宗顕以下田村家中と政宗との間に生じた不信の時期を経過しながらも、陽徳院（愛姫）の悲願であった田村家再興が政宗夫妻の死後に実現し、田村氏は一関（はじめ岩沼）三万石の大名として幕末に至ったのである。

註

（1）この点については、中田薫『法制史論集』第一巻（一九二六年）二六九〜七七、八九頁を参照。

（2）福聚寺の田村氏掟書は平泉澄『中世に於ける寺社と社会との関係』（一九二六年）に「アジール権研究上頗る珍重すべき史料」として採りあげられ（二一二〜二五頁）、以来学界に知られている。平泉はこの掟書をアジール権を積極的に認めるものとする方向で理解しているのに対し、小稿では本来のアジール権が田村氏により制限されてゆくものとして理解する。なお、田中久夫「戦国時代に於ける科人及び下人の社寺への走入」（『歴史地理』七六―二、一九四〇年）、網野善彦『無縁・公界・楽』（一九七八年）を参照。

（3）小林清治「戦国期の石川氏」（『石川史談』五号、一九九一年）。［本巻所収］

（4）小豆畑毅「佐竹氏の南奥経略と佐竹義広」（『戦国史研究』三三号、一九九七年）。

（5）政宗の「田村仕置」の段階で清顕後室に代わって三春城に移った宗顕の地位は、伊達治家記録によれば「公（政宗）ノ御子誕生マテハ田村ノ名代」というものであった。この「名代」は中継相続人（中田前掲書二七二頁）を意味するもので、その限りにおいて宗顕は田村家督であり、田村家の独立は保たれていたと理解しておく。

第二章　陸奥国田村荘における大名権力と荘園制

はじめに

荘園領主的土地所有が戦国時代に至ってもなお根強く残存することは、最近公方年貢論等においても強調されているところである(1)。

これに対して、中央の寺社本所から遠く隔たる奥羽の地では、一般に荘園領主勢力は比較的早期に弱態化し、在地領主による大名権力化が順調に発展する傾向を示したとみられる。しかしなお、そのことを一概に結論づけることは慎重を要するであろう。田村庄を領地とする田村氏の場合は、その一つの反省素材と考えられる。

注

(1)　藤木久志『戦国社会史論』

一　紀州熊野山新宮と奥州田村庄

東大史料編纂所架蔵影写本青山文書のなかには、永禄一一年（一五六八）および天正一四年（一五八六）の陸奥国田村庄を対象とする二点の「熊野山新宮年貢帳」が存在する。[1]

前者の表紙には

「熊野山新宮御年具帳次第
　田村庄六拾六郷之内
　永禄十一年七月吉日
　　水谷越中定清（花押）　案内者泉蔵坊」とあり

後者の表紙には

「田村之庄御年貢帳
　天正拾四丙戌年拾月十三日
　熊野山新宮鈴木吉拾良真基（花押）」とある。

内容の記載形式を永禄一一年年貢帳の冒頭部分によって示せば次のとおりである。

一町八段一貫七百文　御代田　此以後者、一貫八百も御取あるへし
一町　八百文　徳定
六段　四百文　正直

一町　　四百文　　　　　かなや(下略)

この記載形式は天正一四年年貢帳においても同様であり、その全部は別表のとおりとなる。これらを集計すれば、永禄一一年は郷村数一二八、地積一〇四町四反、貫高七八貫八八〇文。天正一四年は郷村数一一四、地積八九町六反、貫高六九貫七四一文となる。この貫高が「熊野山新宮」に納入されたことは明らかであるが、ここにいう新宮が田村庄あるいはその近辺にあったいわゆる在地領主ではなく、紀州の熊野山新宮であったことは、次に掲げる天正一四年年貢帳末尾の文言によって確認できよう。(2)

自是以後、御下候ハん方者、勝善坊之取被申候帳にて、御取候ハんする事肝要候、前々悉ニ被指置候て、其引副を申候て、六ケ敷間、少も御ゆるし有間布候、其為御心得之、一書残置候、仍如件、

時之案内者船引大光坊　時之名代新宮鈴木吉拾良

なお、青山文書には永禄一一年および天正一四年の年貢帳の他に、永禄四年と天正四年の年貢帳があったという。(3)このような累年の年貢帳の存在、および上掲天正一四年年貢帳末尾の文言からすれば、その「年貢」はまさに恒常的なものであったことがしられる。さらに、その賦課は個別郷村に対するというよりは、本来は田村庄を対象とするものであったことが、両年貢帳が当時の田村庄の郷村をほぼ網羅していることによって明らかである。

また、「少も御ゆるし有間布候」というきびしい賦課徴収の姿勢は、その納入が志納的なもの、乃至援助的な役銭と想定することを許さず、本質的に領主地代乃至年貢であることを考えさせる。まさに表紙が示すように、それは紀州熊野山新宮が奥州田村庄六十六郷に課徴した年貢であったとみられる。すなわち、田村庄は当時紀州熊野山新宮の庄園であったと考えざるをえない。

この熊野山新宮の年貢賦課徴収の地元における管理者が田村庄蒲倉大平の大聖院(大祥院)であったことは、累年の

田村庄年貢帳が本来大祥院文書として伝存したことから推測できる。大聖院大平相模守が後年没落して田村庄を去り、紀州熊野山新宮別当堀内氏善を頼ったことは、(4)紀州熊野山新宮と大祥院および田村庄との密接な関係を示すものに他ならない。

なお、熊野山新宮による田村庄支配の起原は不明である。ただし、永禄一一年年貢帳で年貢課徴に当っている水谷定清は、鎌倉時代から南北朝期を経て応永初年のころまで田村庄司をつとめたいわゆる田村庄司家の流をくむ人物とみられる。とすれば、紀州熊野山新宮と田村庄との関係は、鎌倉期以前までさかのぼることが可能であろう。(5)

注

(1) 青山文書は史料編纂所(史局)による明治三〇年代の調査のころ、福井県武生町在住の青山正氏の所管であったためにこのように名づけられたが、元来は田村郡蒲倉大祥院の伝存文書である。その後青山家は郷里の田村郡に帰住したが、文書の多くは所在不明である。なお青山文書は『福島県史7』(小林編中世資料)に収められている。

(2) 天正一四年年貢帳には「田村庄六拾六郷」とある。年貢帳に記載された一〇〇をこえる郷村のうち東西、上下などに分れたものを一本とすれば、その郷村数は六六近くとなる。

同じ陸奥国伊達領に係る天文二二年(一五五三)の伊達晴宗采地下賜録でも一般に郷が用いられている。他方、応永四年(一三九七)の文書には「田村庄三分壱肆拾村」とみえる。さしあたり、これらを郷村と呼称しておく。

(3) 青山正『仙道田村荘史』P二九六

(4) 青山文書・年未詳一〇月一二日熊野新宮別当堀内氏善書状(『福島県史7』P五八九)。なお『仙道田村荘史』P二〇二を参照。

（5）『仙道田村荘史』によれば、年貢帳上包には「此帳面之儀は云々、熊野新宮江往古者田村郡式田として寄進在之候由」と記されているという。なお、『福島県史1』（小林編中世通史）P四二一～四二三を参照。

二　戦国大名田村氏の財政基盤

片倉代々記[1]は、次の表紙をもつ指出帳の全文を掲載している。

「天正十八年拾月九日
　田村領知行方指出御帳
　　　　会津中将内長野治介
　紙数十八枚上紙共ニ」

その本文には「三春分」以下「はつ田分」に至る一二三の郷村名を記し、これに続いて

「合百八町七反
　　〆いらく壱万八百七拾貫文
　　　　壱反ニ付而拾貫文つゝ
　右之内より熊野へ出る分
　　七拾五貫九百七拾七文」という記載で終っている。

ここに記載された一二三の郷村の名称は、別表に掲げた永禄一一年の郷村のそれとほとんど同一である[1]。地積合計一〇八町七反も、永禄一一年の一〇四町四反と大差がない。「熊野へ出る分七拾五貫九百七十七文」も、永禄一一年

の七八貫八八〇文とほぼ同額である。この指出帳の内容は、天正後期の現実とみておそらく誤りないであろう。とするならば、紀州熊野山新宮による奥州田村庄に対する恒常的年貢徴収は、豊臣秀吉の「奥州仕置」に至るまで、同じ形で継続していたこととなる。

つぎに、天正一八年指出帳あるいは永禄、天正の年貢帳にみえた地積の性格はどのようなものであろうか。天正および文禄両度の検地帳の存する平沢村によってこれを確かめることとしよう。天正一九年九月の同村検地帳の田畠合計は三七町九反六畝、うち田は一四町二畝一五歩となる。また文禄三年六月の同村検地の田畠合計は七九町八反二畝、うち田は三五町一反八畝一二歩である。これらと比較するならば、永禄、天正の年貢帳にみえる(上下ひらさわ)の二町歩は余りに過小であり、中世乃至中世後期における平沢の田畠とみることはもとより、田数とみることも到底不可能であろう。以上により、年貢帳記載の平沢の地積は同郷の定田乃至は公田とみるべきであり、指出帳および年貢帳記載の地積の総額は同荘の定田＝公田の総量と考えられる。

ところで、この定田＝公田に対する紀州熊野山新宮の年貢収取が、天正一九年の指出帳に七五貫余とあることはすでに示したとおりであるが、同じ指出帳に「ゑいらく壱万八百七拾貫文、壱反ニ付而拾貫文つゝ」と記された貫高をどのように考えるべきか。その記載による限り、一〇、八七〇貫文は田村庄の定田＝公田一〇八町余に対する年貢高であり、そのうちから一部が熊野山新宮へ進納されたものと解される。

それでは、定田＝公田年貢の大部分を収納したものはだれであろうか。その一部については、課徴のことの管理に関わったとみられる大祥院の収納したことが想定されるとしても、その大部分については、中世後期において田村荘を地盤として大名権力を構築した田村氏のほかにこれを考えることは不可能である。

臆測するに、平姓田村氏はこの公田支配権を室町初期おそらくは応永初年のころに、それまで田村庄の支配に任じた藤原姓田村庄司家から、奪取継承したものであろう。庄内の公田＝定田約一〇〇町に対する年貢収納とそのうちからの一〇〇貫文未満の部分の紀州熊野山新宮への進納こそは、田村庄司職の内容であったと考えられる(2)。

このように考えることができるとすれば、戦国大名田村氏の権力は、田村庄司職の継承を重要な財政基盤として存立していることとなり、また田村庄の定田＝公田は田村氏の直轄地にほかならなかったこととなる。

注

(1) 片倉代々記は白石市片倉信光氏所蔵。『白石市史4』所収。なお代々記掲載の指出帳の一二三郷村について、『白石市史』には次の注記がある。「片倉氏所蔵の原文書に対照すると、右の表は高柴分、にいた板橋分、ふかた和分、すも、田分の四箇所がぬけている」。これを勘案すれば、指出帳と永禄一一年年貢帳との間での郷々の相違はほとんどなくなる。なお、指出帳表紙の「会津中将」には疑問があるが、一応会津城主蒲生氏郷とみておく。蒲生氏郷は天正一六年四月近衛権少将、天正一九年一二月参議に進んだが、この間に中将であったとの確証はない。但しその可能性は否定できぬので、上記のように考えておきたい。

なお、天正一八年指出帳の時点では田村地方は伊達政宗＝片倉景綱の領地となっている。したがって、指出帳は秀吉の命をうけた蒲生氏郷の責任において調製されたものと考えざるをえない。

天正一八年九月二一日付で「田村之内御公領之所当御知行千五百貫文之所」なる文言による片倉景綱あての豊臣秀吉朱印状(片倉代々記)は、おそらく田村庄の検地田畠(公田＝定田をこえた)に関わる貫高とみるべきであろう。なお、天正一八年八月九日豊臣秀吉朱印奥州会津検地条目写(一柳文書)によれば、上田一反二〇〇文、中田同一八〇文、下田同一五〇文、上畠同一〇〇文、中畠同八〇文、下畠同五〇文である。平均一二七文によってかりに一、五〇〇貫文の地積を算出すれば一、一八一町一反歩となる。また、天正一九年検地の石盛との比による（一貫文＝七・五石）によれば、一一、二五〇石という石高が算出される。

（2）　熊野山新宮への年貢は定田＝公田一反につき一〇〇文の割合となる。おそらくこの年貢高（一〇〇貫文前後）は早くから定額固定化されていたことであろう。但し、指出帳に示す定田＝公田の年貢総額一〇、八七〇貫文（一反につき一〇貫文）のその数量自体の確定は遙かにおくれ、あるいは天正期かとも思われる。ちなみに、天文期伊達領における年貢高は一反歩に三貫文程度であり、一反につき一〇貫文の賦課は過重とみられる。

田村庄司家・大祥院・平姓田村氏の三者の関係については、後考にまつ他はないが、さしあたり本文のように考えておきたい。なお、田村庄三分一は、庄司家没落の段階で、関東公方の料所となったことがあるが（結城文書応永四・七・二二足利氏満御教書）、その後まもなく平姓田村氏の支配下に入ったものとみられる。

おわりに

この田村氏の例は、奥羽の戦国諸大名のなかにおいて、どのように位置づけられるべきか、その断定はにわかに下しがたいが、おそらくはこれを特殊なものとみて大過なかろうと考える。

およそ、田村庄というように一庄を基盤として領国を構成した戦国大名には、奥羽では田村氏の他に白川・石川両氏がある。しかし、白川庄・石川庄ともに、戦国期におけるその荘園領主的土地所有に関する史料を残していない。今後の研究にまつべきではあるが、おそらく両庄に対する荘園領主的土地所有はいち早く解体したとみて大過ないように思われる。伊達氏の場合は、伊達郡を本領としながら、信夫庄をもこれに準ずる重要な領域としたが、信夫庄における荘園領主制は明らかでなく、中央の本所領家の支配の実は中世後期に失われていたことがほぼ確実とみられる。

それでは田村庄だけが、何故にこのような特殊な形を保持しえたのであろうか。それは中世の奥州に深く根を下ろした熊野信仰および熊野修験の勢力によるものと思われる。そのような情勢のなかで、田村庄は紀州熊野山新宮領としての性格を永く持続し、戦国大名田村氏もまた、これを基盤としてその権力を確立しえたものと考える。

郷村名	永禄11		天正14	
	地積(反)	貫高(文)	地積(反)	貫高(文)
御代田	18	1,700 (1,800)	〃	1,730 (1,800)
徳定	10	800	〃	750 (800)
正直	6	400	〃	200 (600)
かなや	10	400	〃	480
小河	8	450	〃	あれ
てしろ木	3	100	〃	あれ
道わたし	5	300	〃	117
やた河	15	800	〃	49 (800)
河まかり内 かへやさわ	3	—		
白岩	10	550 (600)	〃	570 (600)
下白岩	2	100	1	100
はぬき	2	100		
こまいた	4	400	〃	〃
三春	18	1,800	〃	1,350 (1,800)
高倉	20	1,800	〃	1,770
下枝	35	2,000 (2,200)	〃	1,900 (2,000)

郷村名	永禄11		天正14	
	地積(反)	貫高(文)	地積(反)	貫高(文)
山口	10	600	〃	551
白石	10	800	〃	〃
時田	5	450		
したさわ	15	1,250	〃	1,300
今泉	10	1,000	〃	730
はりやま	10	700	9	900
中野め	6	300 (600)	3	〃
せき田	3	300	〃	〃
くぬき山	10	800	8	623
上下長井	6	500 (600)	〃	340
泉さわ	3	300	〃	〃
船引	15	1,500		
おさわ	3	300	〃	200
常葉	40	4,000		
すくも田	10	800	〃	〃
いたはし	3	300		

河まかり	20	850 (2,000)			南彼又	5	500	〃	〃
中津河	30	2,000	〃	1,800 (2,000)	東かやま	3	300	〃	〃
柳はし	10	—			上宇津志	10	800	7	700
田も神	6	570	〃	300	北宇津志	15	800	〃	〃
河まかり内ぬかつか	3	—			南うつし	6	600	〃	〃
うしくひり	6	400	〃	〃	石さわ	3	300	〃	〃
いこくさ	2	100	1	〃	木村	10	700	〃	690
ひわたし	3	200 (300)	〃	〃	(東)あかぬま	9	700 (900)	〃	900
くろ木	3	300	〃	〃	まかりやま	3	300	〃	〃
このめさわ	3	300	〃	〃	門しか	5	400	—	—
かしわ原	3	300	〃	〃	大山	3	150	〃	200
あしさわ	35	2,000	〃	1,800	大倉	3	190	〃	200
とふ山さわ	3	300	〃	〃	彼又	15	1,000	10	〃
いほり	3	300	〃	〃	とみさわ	6	600	〃	〃
上堀越	15	600	〃	〃	あらわた	5	400 (500)	〃	500
下堀越	15	800	〃	〃	高なす	20	2,800	〃	1,750 (1,800)
まきの	6	600	〃	〃	成田	20	1,700	〃	1,636
こやうか葉	6	480			上下ひらさわ	20	1,400	〃	〃

郷村名	永禄11		天正14		郷村名	永禄11		天正14	
	地積(反)	貫高(文)	地積(反)	貫高(文)		地積(反)	貫高(文)	地積(反)	貫高(文)
新田	20	1,400	〃	1,300 (1,400)	岩のさく	3	200	〃	250
七くさき	8	500	〃	〃	東木村	7	600	〃	680
おまつり	25	700	〃	〃	せりのさわ	3	300	〃	〃
たかしは	3	300	〃	290	三町之目	3	1,500	〃	1,250
新田いたはし	3	270			ねもと	6	500	〃	〃
ふかさわ	3	300	〃	〃	ぬまのさわ	10	600	〃	495 (600)
すもゝ田	3	300	〃	280	長とろ	8	650 (600)	〃	654
おふはた	6	600	〃	495	石の森	10	700	〃	〃
おにう田	20	1,800	〃	1,806	さゝやま	7	700	〃	〃
中のめ	5	300			よもき田	3	300		
おにう田之内中野	5	500	〃	300	さねさわ	20	1,400	30	〃
つち棚	6	600	〃	585	安原	3	200	〃	〃
西藤	10	700	〃	〃	かまのくら	6	600		
かい山	6	600	〃	〃	あかぬま	2	100	1	〃
なめ津	3	300	〃	〃	上行合	15	300	〃	あれ
西大越	6	500	〃	〃	下行合	15	600		

へひやさわ	3	230	〃	250	かまくら之内あらい	3	—		
上よきあし	3	200	〃	〃	かねさわ	6	300	〃	210 (500)
下よきあし	3	170 (300)	〃	300	石のたつミ	3	—		
きつねたわ	3	300	〃	〃	門さわ	10	1,000	〃	〃
初田	3	250 (300)	〃	230	中山	3	140 (300)	〃	300
ふかや	3	200	〃	〃	うきかね	6	500	〃	〃
あけいし	3	200	〃	〃	下中津河	10	500	〃	200 (500)
はせこ	3	200	〃	〃	しゝのくら	6	400	〃	230
へひ石	3	230	〃	〃	小北やま	3	300		
ゑひね	7	600			かはのくら	6	600		
とちくほ	3	300	〃	〃	高屋敷			2	100
宮志田	3	300	〃	170	西はり山			3	300
よこ河	3	200	〃	〃	山田			3	200
熊神	15	1,100	〃	〃	明ふのふけ			6	500
北小泉	3	100 (300)	〃	300	祢宜屋			8	800
南小泉	3	300	〃	150	よこ道			3	250 (370)
阿久津	6	500 (600)	〃	〃	128郷／114郷	1,044反	78,880〔81,770〕	896反	62,741〔66,757〕
もふき	4	1,500	〃	1,400					

（補注）　郷村表の（　）は本来乃至恒常の貫高を示す。総計の〔　〕は（　）による総計を示す。

／は当該年貢帳にその郷村が記載されていないことを示す。―は郷村名記載がありながら、地積または貫高の記載のないことを示す。〃は天正14年の記載が永禄11年のその郷村の地積または貫高と同一であることを示す。

第三章　岩代地方史の特質

「岩代国」のなりたち

岩代《いわしろ》国は令制にもとづく国ではない。明治元年（一八六八）、古くからの陸奥国が磐城《いわき》・岩代・陸前・陸中・陸奥の五国に、また出羽国が羽前・羽後の二国に、それぞれ分けられた際に成立した国である。

このとき岩代国には、南会津・北会津・大沼・河沼・耶麻・岩瀬・安積・安達・信夫《しのぶ》・刈田・伊具の十一郡が属したが、翌年伊達郡が岩代国に、刈田・伊具両郡が磐城国に移管された。磐城国は明治二年段階で西白河・白川（のち東白川）・石川・石城《いわき》・楢葉・標葉《しねは》（のち両郡合わせ双葉郡）・行方《なめかた》・宇多（のち両郡合わせ相馬郡）・亘理・伊具・刈田・田村の諸郡を管属した。

明治元年の岩代・磐城両国の諸郡分属が翌年に変更されたのは、地理にあわないためといわれるが、二年に確定したそれもまた地理的歴史的にみて適当でないことは明らかである。ちなみに明治三十九年（一九〇六）刊の吉田東伍『大日本地名辞書』は、「近時の国郡界を定むるや、仙道の数郡を割きて磐城国に混じ、地形整合せず」と述べて、会津と中通り（仙道）との諸郡を岩代国としてまとめ、磐城国から西白河・東白川・石川・田村・伊具・刈田の諸郡を除いて編集している。

福島県の地域は、『大日本地名辞書』が便宜編成した岩代・磐城の二国に相当する。小稿もまた、現在なお生きている明治二年の「岩代国」を前提としながらも、これに西白河・東白川・石川・田村の諸郡を加えた地域、つまり現在の会津および中通り地方を岩代地方とよぶことにしよう。

なお、岩代国の名は、つぎに述べる石背国（中心となる岩瀬郡（『続日本紀』）の存在によって、そのよみがイワセであることは確実）のよみをイワシロと誤ったために生じたものといわれる（『大日本地名辞書』）。また岩瀬＝石背の呼称は安田初雄博士によれば、この地方の台地丘陵にひろくみられる〝須賀川石〟〝白河石〟（石英安山岩質熔結凝灰岩）の露頭に由来する名称であろうという。

古代の岩代―石背国の建廃―

養老二年（七一八）、陸奥国の白河・石背・会津・安積・信夫の五郡をわけて石背国が建置され、同時に石城・標葉・行方・宇多・亘理および常陸国菊多の六郡によって石城国が建置された（『続日本紀』）。この石背国は、まさにわれわれのいう岩代地方にあたる。石城国は当時海道とよばれた浜通りの諸郡であり、亘理郡を除けば両国あわせて現在の福島県に相当する。しかし、石背・石城二国はまもなく神亀元年（七二四）のころに廃止され、白河以下の諸郡はふたたび陸奥国に属することになった。

このような両国の建置と廃止の事実は、福島県地方が〝脱東北〟的性格をもちながら、所詮は東北地方に属すべき性格のものであったことを示している。しかも、福島県地方が分立した際に、それが一体としてではなしに石背と石城に二分されて独立したことは、浜通り（海道）と中通り（山道＝仙道）・会津とのいわば異質性を示すものといえよう。

これよりさき、四世紀後期に築かれた会津大塚山古墳（会津若松市）は、東北地方で最も早くかつ最大級の前方後円墳である。また、七世紀に陸奥国が建置された当初の国府は、福島市宮代《みやしろ》説など諸説があって場所は確定しがたいにせよ、山道（中通り）の地域に置かれたことはほぼ確実とみられる。四世紀から八世紀前期にかけての岩代地方は、東北地方で政治的文化的に最も進んだ地域をなしたのである。

中世武士団と岩代地方

平安後期の岩代地方は、会津が越後城《じょう》氏の支配下にあって別世界を構成したのに対して、山道は信夫庄司佐藤氏に代表されるように、おおむね平泉藤原の勢力下に編入された。文治五年（一一八九）岩代北部の阿津賀志山合戦に集約される奥州合戦で平泉藤原氏の奥羽支配は解体し、関東武士団の進駐によって東北地方の中世が始まる。岩代地方には、三浦一族の蘆《あし》名《な》氏が会津、結城氏が白河郡、二階堂氏が岩瀬郡、伊東氏が安積郡、常陸の伊佐中村氏（伊達氏）が伊達郡に、また石川氏が石川庄にそれぞれ地頭職・地頭代職をあたえられ、鎌倉期の過程で村落に根を張っていった。

南北朝期以後、結城白川氏は白河・高野（東白川）・岩瀬・安積の四郡、石川・田村二庄、依上《よりがみ》・小野二保の検断職を掌握し、十五世紀なかばすぎ直朝の文明年間に最盛期を迎えたが、十六世紀にはこれにかわって伊達・蘆名両氏が圧倒的な勢力を示すに至る。

すでに南北朝期から会津守護を称した蘆名氏は、天文七年（一五三八）後奈良天皇宸筆の般若心経が国別に一巻ずつ配付安置された際にその一巻を受けている。蘆名氏が守護として遇され、会津が一国に準じて認められたことを示すものといえる。盛氏の世には仙道の安積・安達・田村・岩瀬諸郡を侵食する勢いをみせた。

伊達氏もまた大永二年（一五二二）のころ稙宗《たねむね》が陸奥国守護に任命され、ついでその子晴宗も奥州探題となった。稙宗は陸奥国守護職の権威を利用して積極的に政略結婚を進め、奥州諸家を安定的に従属させることに成功した。他方、『塵芥集』の制定、棟役日記・段銭帳の作成による裁判権の集中と軍役諸役収取の強化をはかる稙宗の政策は家臣たちの反発を招き、晴宗による稙宗幽囚を契機に天文の乱がおきた。天文十一年から十七年まで続いたこの乱は、南奥羽の諸家が両派に別れて抗争し、伊達家中はもとより諸家の家中もまた両派に属するものがあった。まさに、奥羽の戦国期の開始の画期とみることができる。乱後、伊達家督となった晴宗は本拠を伊達郡桑折西山城から出羽国米沢城に移したが、伊達・信夫両郡が伊達氏の重要な領域であることには変わりがなく、また伊達氏の発展はこののち大きく南にむかって実現したのである。

永禄六年（一五六三）の室町幕府の記録には、北条・今川・上杉・武田・織田・島津・毛利など全国の雄族五十三人が「大名在国衆」と格付けされているなかに、奥州の伊達次郎晴宗と蘆名修理大夫盛重（盛氏か）の名がみえる。福島県関係では相馬・岩城がこれにつぐ格式の「関東衆」となっているが、結城白川・二階堂・石川・田村・畠山の諸氏は姿をみせていない。当時の伊達氏の居城は米沢であるが本領は伊達・信夫であり、蘆名は会津黒川城（のちの若松）の主である。奥羽を代表する大名二家は、ともに岩代地方を地盤とする武家であった。伊達氏の陸奥国守護＝探題補佐とあわせて、中世後期東北地方における岩代地方の重要性を確認することができよう。

奥羽戦国の終末は、天正十七年（一五八九）磐梯山ろく磨上《すりあげ》原での伊達・蘆名の決戦における伊達氏の勝利によって実現する。蘆名氏を大敗させて当主義広を実家の常陸佐竹家に走らせた伊達政宗は、同じ年二階堂家を滅亡させ、白川・石川両氏を服属、佐竹勢力を会津・仙道から排除して、岩代地方および置賜（米沢）地方、黒川郡以南の宮城県の地域を掌握した。ただし、高野郡（東白川郡）は十六世紀なかばすぎから佐竹の支配下に編入されたまま慶長期を迎える。

幕藩体制下の岩代

天正十八年(一五九〇)、豊臣秀吉の「奥羽仕置」で関西武士団が東北に進駐する。会津に入部した蒲生氏郷は、中通り(仙道)南部の諸郡をも領有し、翌十九年には田村・安達・信夫・伊達を含む中通り全郡と刈田・置賜を合わせる九十一万石(文禄検地の高)の大領土を抱えた。慶長三年(一五九八)蒲生氏に代わって上杉景勝が越後から会津に入部し、旧蒲生領に庄内・佐渡をあわせて百二十万石を領有した。さきの伊達と同じく、蒲生・上杉両氏はともに岩代地方を呑みこみ、さらにこれを遙かにこえる領域を支配したのである。

慶長五年(一六〇〇)石田三成と呼応して挙兵した上杉景勝は、翌年家康から会津など九十万石を没収されて、置賜・伊達・信夫三十万石を安堵されて米沢に移った。会津には氏郷の子蒲生秀行が再び入部し、白河・岩瀬・石川・田村・安積・安達をあわせて六十万石を領した。岩代地方は蒲生・上杉両氏によって分割されることになった。また、佐竹の秋田転封に伴って、慶長八年立花宗茂が筑前柳川から一万石に減封されて白川郡棚倉に入部した(同十五年二万石を加封)。

以後、岩代地方の分割領有が進む。元和八年(一六二二)丹羽長重が立花氏に代わって五万石で棚倉に入った。寛永四年(一六二七)には、断絶した蒲生六十万石の跡に加藤嘉明が伊予松山から四十万石で入部、残る蒲生旧領白河には丹羽長重が十万石の主となって移り、その跡地棚倉五万石を内藤信照が領した。また、二本松五万石に嘉明の女婿松下重綱、三春三万石に嘉明二男の加藤明利が封じられた(翌年、松下と加藤が入れ替わる)。

それから十数年たった寛永二十年(一六四三)、会津城主加藤明成(嘉明の長子)は家臣堀主水との争い、および、ききん・逃散による領内支配の破綻によって会津四十万石を返上し、その跡に会津二十三万石の主として保科正之《ほしなまさゆき》が山形から入部した。同時に二本松城には長重の子丹羽光重が安達・安積十万石の主となって白河から移った。白河城には松平忠次が十四万石を領して上野館林から入り、三春城には正保二年(一六四五)秋田俊季が五万五千石を領して常陸宍戸から入部する。

このようにして十七世紀前期の寛永末～正保初年のころに、会津松平二十三万石・二本松丹羽十万石・三春秋田五万石が確定した。戦国の勇将嘉明を祖とする加藤氏の改易と、徳川の藩屏保科松平氏の会津入部は、岩代地方の近世的大名配置の展開を象徴している。こののちも、松平・丹羽・秋田三氏以外の領域は、大名領あるいは幕領としてめまぐるしい変遷をたどったが、概観すればつぎのようなことがいえよう。

奥羽の中部以北が「奥羽仕置」以来近世を通じて、おおむね外様の旧族大名が配置されたのに反して、奥羽の関門を扼する福島県地方には、岩代・磐城両地方ともに奥羽のおさえとして、中央権力の息のかかった取立て大名が配置された。これを代表するものは二十三万石の会津松平藩であるが、その他十万石以下の多くの譜代大名と、これらに入りまじって幕領が配置された。なかでも、かつて白河の関と勿来《なこそ》の関(菊多の関)の地であった白河藩と磐城平藩は、依然奥羽の関門の要衝として、有力な譜代大名が交替をかさねながら相ついで配置された。寛政改革を断行した松平定信(白河藩主)、幕末の政局を主導した安藤信正(磐城平藩主)がここから出たのは必ずしも偶然ではなかった。会津藩祖保科正之が、徳川家光の異母弟に生まれ、将軍家綱の後見として幕閣を主宰したことも、また周知のとおりである。

戊辰戦争の会津白虎隊と二本松少年隊は、近世岩代地方のこのような政治的特色を象徴したものということができる。

おわりに―岩代と近代―

岩代地方の歴史を語るには、その特産物である養蚕・生糸・絹織物を落とすことができない。『吾妻鏡』にもみえるように、信夫《しのぶ》毛地摺《もじずり》と安達絹の名は平安期から著名であった。他方、幕末信夫・伊達の世直し一揆をはじめとする数多くの百姓一揆、さらに喜多方事件に集約される明治の自由民権運動を忘れてはならない。信夫・伊達両郡を中心とする蚕糸業は、自然条件とあわせて近世の幕領と小藩・飛領の交錯する緩やかな支配という政治条件が、その発展を促進させた。慶応の信夫・伊達農民の世直し一揆は、このような蚕糸業の発展を前提としておきている。喜多方事件は、薩摩閥の県令三島通庸の会津三方道路開さくを中心とする強引な施政と、これに対する岩代とくに会津農民との激突にほかならない。きびしい自然と風土にきたえられ、また会津一国主義につちかわれた反骨が、戊辰後の政治情況のなかでさらに強化されて、かれらを立ちあがらせたとみてよい。

明治以後、岩代地方は当然ながら〝白河以北一山百文〟の境域に入れられてしまう。かつて近世には、領民たちにとってむしろ一種の活気を生みだす契機となった諸藩の分立情況は一八七六(明治九)年の福島県成立以後は、逆に一県としての統一にマイナスに作用する歴史条件と化し、政治的にみる限りでは、宮城県以下の東北諸県におくれをとる傾向が生じた。そしてその傾向は、磐城よりも岩代地方において顕著であった。

一八九九(明治三十二)年ようやく市制を施行された若松市の同年の市街図には、旧侍屋敷の郭内の地はほぼ全面的に田畑として現われている。かつて文禄～慶長初年にかけて北日本第一の都市であった若松は、この悲惨な荒廃のなかでも依然として岩代地方および福島県内第一の都市であった。

この若松の市街のありさまは、近代という時代が岩代地方の悠久の歴史のなかで、他の地方との対比でいえば、最も暗い時代であったことを示すように思われる。そのような条件が完全に過去のものとなるには、戦後の時代をまたねばならぬほど、戊辰以後のきずあとは深刻であったといえよう。

第四章　中世の玉川村地方と大寺氏

一　名門石川氏

石川氏は昭光の世に伊達政宗に従属し、江戸期には伊達一門筆頭、角田二万一千石を領して幕末に至りました。このように江戸期の石川氏は伊達家の臣でありますが、中世、鎌倉から室町期には、本来伊達氏は伊達郡主、石川氏は石川郡(庄)主で、たがいに対等の郡主の格でありました。

ところで、十四世紀後期のころにまとめられた系図集成である『尊卑分脈』には、伊達氏はみえません。藤原氏の末流のしっぽに朝宗という人物がみえますが、伊達はこれを氏の始祖に求めております。しかし、『尊卑分脈』では朝宗の子孫の記載がありません。果してこの朝宗が伊達の始祖に当るか否かは、はなはだ心もとないところであります。これに対して、石川氏は、清和源氏の流れに始祖頼遠、有光がみえ、しかもその子孫の石川の一族が南北朝期の世代まで掲載されております。東北地方関係の中世武士団のうちで、石川氏のように一族までが南北朝期まで『尊卑分脈』に記されている例は、他にみることができません。石川氏が由緒正しい名門であるということは、この一事によっても明らかであります。

清和天皇の曾孫源満仲の孫にあたるという頼遠は、十一世紀半ばの前九年の役に頼義・義家に従軍したのち討死し、父と共に従軍した有光はその後陸奥国石川庄藤田郷に住したと伝えられます。なお石川氏の称の由来については、頼遠がはじめ河内の石川郡に住んだこと（石川一千年史）などが由来として考えられますが、『尊卑分脈』は頼遠を福原三郎とし、角田石川系図はこれを福田二郎また福原三郎としており、他方有光についてはともに石川冠者としております。有光の世に、石川庄居住によって、これを苗字としたことが疑いないと思われます。なお、『石川一千年史』は有光が白河郡から石川郷などを割いて石川荘を立てたように述べております。その地の郡司など有力者が荘園を立てその預所（管理者）になることは十二世紀の岩瀬荘、白河荘などの例がありますから（上遠野文書）、有光が白河郡から石川、藤田などの郷を割いて、石川荘を創立することはありえたと思いますが、今後検討すべきことであります。

さて有光は、先年頼義が藤田に宿営してここに八幡神を勧請して戦勝を祈り、これによって勝利を得た地を吉として、ここに居城を定め、父頼遠の遺骨を葬り菩提を弔った。岩峰寺がそれであります。玉川村大字岩法寺の五輪塔（国重要文化財）は有光子基光のために治承五年（一一八一）に建てたという銘があることは御承知のとおりです。頼義が勧請した八幡というのは川辺八幡であります。藤田城は現在の石川町中野の藤田城跡がそれだとされます。岩峯寺・川辺八幡・藤田城はいずれも当時の藤田郷のうちにあります。藤田郷は現在の石川町北部の中野・曲木・母畑・湯郷渡の地区から玉川村の全域で、あるいはさらに矢吹町の堤・三城目なども含んだかと思います。玉川村は、このように石川氏の重要な本拠の地区であったわけです。有光はのちに三蘆城を築いてそこに移り、また八幡神を川辺から城中に勧請し、子息有祐にその祭祀を行わせたといいますが川辺八幡は依然として石川氏の尊崇を受けて旧社地にものこりました。岩峯寺・川辺八幡のある藤田郷の地は、その後も石川氏にとって大切な地域だったことに変りありませんでした。

なお、石川氏と石河氏の文字の区別については、鎌倉期の史料には専ら石河がみえますが、南北朝以降は双方が併用されます。以下、本文では便宜石川を用いることに致します。

二　大寺氏の成立

『尊卑分脈』によれば、有光の次男光家には三人の子があり次男光治は大寺二郎、三男光助は小高三郎と称しています。長男光盛が承元三年（一二〇九）にその子に坂地・千石など九村を譲っているのによれば（赤坂文書）、光治らもおなじころ平安末から鎌倉初期の人とみてよい。すなわち、石川一族としての大寺氏は、平安末、鎌倉初期光治によって成立したことになります。

大寺・小高などという苗字は、その住地によって称するのが当時一般的でありました。苗字の地というのがそれです。とするならば、平安末のころまでに大寺村あるいは大寺郷が成立していたはずです。藤田郷に当る地域がのちに大寺郷となったという説もあるようですが、しかし、大寺郷という名称は古文書などの確かな史料には現れません。また、旧藤田郷のうちとみられる川辺村が、光治の兄光盛の所領となっていること（赤坂文書）、また小高には弟光助が小高氏を開いているのをみれば、鎌倉初期の旧藤田郷の地すべてを大寺氏が知行したのでないことは確実です。これらのことから、大寺氏の所領は何よりもまず、旧藤田郷のうちの大寺村であったと考えます。

それでは大寺村の名のおこりはなにか。ところで『白河風土記』（文化年間成立）は、大寺は現在の須釜の東福寺のことであるとして、つぎのように記しています。「大同二年丁亥弘法大師の草創にして徳一大師に附属すと言ふ、当山は日本三所の大刹にして薬師如来は人皇五十一代平城天皇の御宇弘法大師の作る所にして、日光月光十二神は春日の作なり、多田満仲二男大和守頼親の孫石川安芸守有光の嫡男遠江何某の守本尊なり、日本三所の霊仏とは会津新橋大寺、美濃国蟹の大寺、当山を中野大寺合て之を三大寺と言ふとなり」

所伝をそのまま事実とできるか否かは別として、薬師如来を本尊とする東福寺が大寺とよばれる名刹であったことは信じてよいでしょう。『白河風土記』はこの寺の什物として、つぎの「最明寺寄附状」を掲げています。

寄進薬師堂　　免田　参町事

右石川庄大寺村建立彼堂之候、何《(仍カ)》当村地頭給田陸丁内参町内依参町所令奉免也、早可被引募之状、如件、

正嘉元年十二月二日　　沙弥

文字に疑問の箇所もあり、原本にあたることのできない現在、この寄進状の真偽は断定できませんが、のちにみるように石川氏は執権北条氏の御内人であり、したがって石川庄は北条得宗領であったと考えられます。北条時頼が大寺村のうちを薬師堂に寄進することは、十分にありうると思います。その場合、この薬師堂は大寺薬師堂であったとみることができます。この正嘉元年(一二五七)の文書が確かなものであるとすれば、それは大寺村が史料に現れる最初であり、またここにみえる当村地頭は大寺氏であるということになります。

さて元亨三年(一三二三)に執権北条貞時の三十三回忌が鎌倉の円覚寺で行われ、このときの供養記が円覚寺文書に収められています。これには一八二人の武士たちがそれぞれに供養の進物をしていることが記載してあります。その筆頭には、三年後に執権となる金沢貞顕が銭百貫・銀剣一・馬一疋を進献していますが、注目されるのはそれら諸士のなかに、石河大炊助又太郎以下、石河孫太郎入道・石河小太郎・石河河尻六郎・石河大寺孫太郎・石河次鎌彦太郎、石河牧木工助又太郎・石河高貫弥五郎・石河沢井六郎入道・石河大島六郎・石河沢井小六郎が名を連らね、それぞれ馬一疋を進献していることです。川尻・大寺・次鎌(須釜)・牧・高貫(竹貫)・沢井・大島の石川一族がここにみ

えます。このほか『尊卑分脈』には、石川小高・石川坂地・石川矢沢の諸氏がみえます。これによれば、鎌倉期の過程で、石川氏は一族を石川荘の各地に配置し、石川荘に完全に根を張ったことが知られるのであります。また、石川高貫氏の存在にも明らかなように、さらにのちに石川蒲田・石川赤坂氏がみえることからもうかがわれるように、現在の東白川郡[石川郡]古殿町と鮫川村の地域も本来は石川荘のうちでありました。

ところで、供養記にみるように石川大寺氏と石川次鎌(須釜)氏が同時に並存しているのによれば、鎌倉期の大寺氏の本拠が須釜でなかったことは明らかであります。当然、大寺村も須釜村とは別であります。とすれば、『白河風土記』の「中野大寺」という所伝にしたがって、大寺すなわち東福寺薬師はかつて鎌倉期のころには中野にあった。しかも、大寺氏の苗字が大寺村の存在を前提とし、また前掲の北条時頼寄進状にみえる「大寺村」の表現が正しいとすれば、現在の石川町中野の地は、その当時は大寺村とよばれたと考えざるをえません。

三　大寺氏と須釜

所伝によれば、文安三年(一四四六)大寺氏十三代の光義が、中野から大寺薬師を南須釜に移し、藤田鴫城の城名を大寺城に改めたといいます(須釜村史・玉川村史)。また、このとき大寺薬師と東福寺(大寺)を共に移し、宥元法師が開山となって最殿山文樹院東福寺と名づけたともいいます(玉川村史)。

前述のように、鎌倉期のころ大寺氏は大寺薬師とおなじく大寺村にあったのですから、文安三年に南須釜に移ったのは大寺薬師のみでなく、大寺氏も同時かそれ以前に移ったのに違いありません。鎌倉期に大寺氏と並存した次鎌(須釜)氏は、十五世紀初め応永十一年(一四〇四)ころの一揆契状にも名を連ねていますが、文安ころに大寺氏に圧倒されるに至ったのでしょう。従来の大寺村は、のちに中野村と呼ばれるようになったと考えます。

現在東福寺境域にある舎利石塔（国史跡）の石仏には「元久二年乙丑開山宥元代」という銘があるとされます。この年紀がもし文安二年乙丑の誤りであれば、東福寺が文安三年のころに移され、あらためて開山されたとの所伝に合致しますが、元久二年（一二〇五）乙丑が正しいとすれば、南須釜のこの地に鎌倉初期の元久二年を下らないころに寺が創建されていたことになります。それが東福寺でなかったとは断定できませんが、これまでの考察や所伝を綜合すれば、大寺は東福寺であると考えられます。東福寺と薬師堂はいわばセットをなして鎌倉期ころには大寺村にあり、文安のころにともに南須釜の現在の境地に移ったものと推定いたします。銘の元久二年の読みが正しいとすれば、舎利石塔はかつてこの地にあった寺（おそらくは次鎌氏の菩提寺か）に関係するものと考えます。右は、この舎利石塔の移建はないことを前提としたうえでの推断であります。

これよりさき明徳五年（一三九四）のつぎのような文書が、白河証古文書のなかにみえます。

大寺安芸入道々悦、竹貫参河四郎光貞相論、石川郡吉村之事、道悦所申頗有其謂云々、早任代々可致領掌状如件、

明徳五年七月一日　　左京大夫判

白河証古文書ではこれについて「石川郡須釜大安寺写ニテ伝フ」と注を施してあります。江戸期にはこの文書の写しが須釜の大安寺に伝えられていたのです。さてここにみえる左京大夫は、当時の奥州管領斯波詮持と考えられます。大寺安芸入道道悦と竹貫参河四郎光貞との間に吉村をめぐって領地争い（相論）がおき、裁判の結果、道悦の勝訴となったことを伝えた文書です。吉村は現在の玉川村南部の吉《よし》でありります。応永五年（一三九八）四月には、道悦は「二階堂三河守一族小高三郎太郎貞光」が吉村に不法に入部して自由の合戦を企てたとしてこれを訴えています（白河

古事考巻一)。

ところで、その応永五年の十二月付のつぎのような文書が鶴岡八幡宮文書のなかにみえます。

寄進　鶴岡八幡宮寺

陸奥国石河庄内石河大寺安芸入道跡事

右、為天下安全武運長久、所寄附之状如件、

応永五年十二月廿五日

左馬頭源朝臣(花押)

関東公方の左馬頭足利満兼が石河大寺安芸入道の跡すなわち跡地(遺領・欠所地)を鶴岡八幡宮に寄進した文書です。翌年の応永六年に鎌倉から安積郡篠河に入部した足利満直(満兼の子)も、それからまもないとみられるころに、満兼の寄進状を再確認することにより、「大寺之跡」を鶴岡八幡宮に寄進しています(鶴岡八幡宮文書)

これら一連の文書によれば、大寺安芸入道道悦は、当時の激動の政情のなかで竹貫光貞や小高貞光などと争うなど、大いに勢力の発展につとめたが、応永五年末のころには、死去あるいは失脚によって、その所領は没収されて鶴岡八幡宮に寄進されたことが知られます。

ところで、鶴岡八幡宮文書を掲げた『鎌倉市史』は、大寺安芸入道について「道悦、光義」と注記しております。もしこれが正しければ、文安三年(一四四六)須釜に大寺薬師を移すなどの事績のあった「大寺光義」とは年代的に無理が生じます。一四世紀末にすでに入道していた人物が、その五〇年後に健在であることは考え難いこと、また応永五年末に安芸入道道悦は死去している可能性が大きいからです。いずれにせよ一四、五世紀の交に活躍した人が大寺安芸入道道悦であったことは確実として、その実名が光義であるか否かは断定できず、また文安三年のころの大寺当

主が光義であったか否かも断定できないとするのが、まちがいのないところでしょう。

なお、南須釜の大寺城についてふれるならば、この遺構はいうまでもなく山城あるいは平山城とよばれるべき構えであります。おそらくは南北朝期以降の築城とみられます。

四　大寺氏と石川惣領

鎌倉後期の元亨三年（一三二三）北条貞時十三年忌供養記に、惣領とみられる石河小太郎以下石河河尻その他の石河（石川）一族がみえたことは、すでにふれたとおりです。ここで大寺氏は、石川一族のひとりとして、惣領と共に馬一疋の進献という挙をひとしくしています。また南北朝期の康永二年（一三四三）北朝方に降った際に提出された結城白川親朝の注進状（結城文書）にも、石河惣領の駿河権守光義と石河大寺孫三郎祐光が石河千石六郎時光・同小貫三郎時光らと共に名をつらねております。鎌倉・南北朝期には、大寺氏は石川惣領家に協調して、これと行動を共にしていたことが知られるのであります。

北条貞時供養記の場合にも、一族がこれほど多く名をつらねているのは石川氏のみであり、一族分出の著しさと、その一定の独立性を示すものといえます。室町初期の応永十一年ころの一揆契状には、石川一族の一四名が伊東一族四名などと共に平等の形で傘連判を行っており、惣領制の解体と一族分立を明白に示しています。ただし、これには大寺氏はみえません。一族分立情況は石川氏とおなじく、安積郡の伊東安積氏にもみられるところであり、伊東安積氏は遂にこれを克服できぬままに終る、すなわち戦国大名を構成することができずに終ったのであります。これに対して石川氏は、戦国大名権力をともかくも構築できたといえますが、その過程で一族の離反と抵抗に悩まされました。その一族の反対党の代表的存在がほかならぬ大寺氏でありました。

八槻文書のなかの年未詳八月四日の文書によれば、十五世紀なかばに活躍した石川成光のころには、大寺・小高などは石川一族として惣領に属している様子が判ります。しかし、文明十六年(一四八四)の八槻文書の一通には、「石河一家之内、赤坂・大寺・小高両三人之事、近年成白川一姓、既改氏、被替家之文等」という事態が記されています。つまり、石川一家(一族)の赤坂・大寺・小高の諸氏が近年白川氏に従属して白川姓をなのり、すでに氏を改め、家紋を替えたというのです。ここに大寺氏は石川大寺の氏を改めて白川大寺氏を名のったことが知られます。

十五世紀なかばすぎのころ、結城白川氏は岩城・岩崎・石川・会津蘆名など南奥州の諸家に援助あるいは干渉を行い、さらに関東の宇都宮・那須・佐竹の諸家に保護・調停の手をさしのべるなど、奥州から関東にわたる一大勢力でありました。大寺・小高・赤坂三氏の白川への従属は、そのような情勢のなかで実現したわけです。しかし、十五世紀末になると結城白川氏の勢力は衰えに向います。十六世紀には、大寺氏は岩城・会津蘆名・須賀川二階堂、あるいは三春田村などの諸氏と好友あるいは従属の関係をとるようになります。注目すべきことは、この時期の大寺氏がつねに石川惣領に敵対の関係を保っていることであります。

元服吉日

良辰

清

元亀二年二月吉日　　　清顕(花押)

石川殿

玉川村中《なか》の首藤家に伝わる首藤石川文書(県重要文化財)には、このような文書が収められています。署名と花押に明らかなように田村清顕が発給した加冠一字状です。元亀二年（一五七一）のその元服にあたり清顕の一字清を石川氏に与えるという文書ですが、この石川氏はだれであるかが問題です。単に石川殿とあれば、石川惣領がまず考えられますが、当時の石川惣領は、この前年の永禄十三年（一五七〇）将軍足利義昭から一字を許されていた昭光です。とすれば、この「石川殿」は石川一族を示すものとなります。すなわち、石川大寺清光のことと考えられます。大寺城の北東に隣する都々古別神社には、直径一メートルに近い堂々たる懸仏の鏡板が伝存しており、その裏に次の銘があります。

敬白御正躰一懸
奉鋳奥州一之宮御宝前石河安養寺
依之信心之大檀那源朝臣清光子孫繁昌故也
天正十年九月壬午吉日
岩城大工長山対馬守重吉造之

この銘文は天正十年（一五八二）のころ、大寺城主として清光という人がいたことを確証するものといえます。

ここで大寺系図をみると、十九代清光がおり、「元亀二年二月十日加冠田村清顕、理髪伊東中務大輔祐胤、天正十年入道、号閑庭」と記されています。鎌倉・室町初期までの系図は、『尊卑分脈』などは別として信用できないのが普通であり、大寺氏の系図も『尊卑分脈』にみえた大寺始祖「大寺二郎光治」のあとは、不確実であるといわざるをえません。が、戦国期最後の清光については、実在がこのように文書・金石文により実証されますから、系図の記載は信用してよいと考えます。おそらくその父の隆光についても信用してよいでしょう。

こうして、元亀二年のころには、大寺氏は確実に三春田村清顕に従属する傾向をみせていたのでした。そして、父隆光は天文五年（一五三六）に岩城重隆の加冠をうけたことが系図にあります。また、首藤石川文書には清顕の父で天文・永禄期に活躍した田村隆顕からの書状が二通収められています。これらを合わせ考えれば、大寺氏は天文初年には岩城氏に、天文後期・永禄・元亀のころには田村氏にという従属傾向がうかがわれるわけです。

さらに、首藤石川文書には次のような文書がみえます。

雖未通候、申宣候、仍而今般泉地へ盛氏可揺由被申候条、依之御在所借置申度候、近比聊尓至極ニ候得共、於借預可為恐悦候、（中略）恐々謹言、

五月三日　　　　松本氏輔（花押）

石川殿

御宿所

石川惣領家の本拠である泉（石川町）にむけて会津の蘆名盛氏が軍事行動をするので「在所」を借りたいという、蘆名四天宿老のひとり松本氏輔からの申し入れ書です。宛名の「石川殿」が石川惣領でありえないことはいうまでもありません。大寺氏とみるべきです。首藤石川文書という一連の文書が、石川大寺氏に伝わった文書であることは、これらのことによって確実であります。ところで、「在所」とは居城および城めぐりの宿町をさすと考えます。宿町は町曲輪また町構えともよばれて、広義の城郭を構成する防衛施設でもありました。したがって、蘆名氏が大寺氏に一時的にせよ在所を借りたいというのは、大寺城に宿営させてもらいたいということになります。いやしくも一城の主にとっては容易ならざる問題といわねばなりません。結果については不明ですが、ともかくこのような要求ができた蘆名氏と、これに対する大寺氏の関係は、石川惣領家を共通の敵として連合する関係であり、いうまでもなく大寺氏が従属する傾向にあったことが明らかであります。

首藤石川文書には、このほかにも蘆名盛氏・盛興・盛隆の歴代から大寺氏にあてた書状が合計八通含まれています。そのなかの一通である年未詳六月一日付の蘆名盛興書状は、大寺氏が石川泉を攻めて討取った首を蘆名方に送ったのに対して、一段と大慶斜めならず候とねぎらった文書です。石川惣領家と大寺氏との抗争を如実に示す文書といえます。蘆名盛氏は天文期から蘆名家督となり、その子盛興は永禄期に父と共に軍事外交に姿を現わしながら天正二年(一五七四)に死去、その後、二階堂盛義の子盛隆が蘆名家督となりますが、天正十二年に横死しています。首藤石川文書を一覧する限りでは、大寺氏はおそくも永禄期から、おそらく天正十年あたりまでの間、蘆名氏と友好従属的な関係にあったものと思われます。盛隆と結んだということは、盛隆の実家である須賀川二階堂氏とも友好的であったことになります。

以上、天文・永禄から天正期にかけての大寺氏は、岩城・田村・蘆名などの諸氏の間をゆれ動き、これらと連合しながら、一貫して石川惣領とは緊張関係にあったのでありました。

五　伊達政宗と大寺氏

天正十年(一五八二)、大寺中務大輔清光は、石川昭光と曲木播磨守信光によって大寺一族塩沢丹後守高平が誘降され、中野・塩沢が侵略されたのを憤慨し、同年十月七日昭光を討つべく、家老大野行宗を総将として二〇〇人を率いて母畑に出陣させた。これに対して昭光方は、添田兵庫佐を総将とし、三九〇人をもって闘わせた。大寺方は一旦は油殻平で勝利したが、敵を深追いして大敗し、中野・塩沢・山小屋の三村を割譲して講和したことが、塩沢清助著『須釜村史』(明治四十年)に記されております。このとき大寺修理ら三十余人が討たれたと「元和八年老人覚書」も記しています。

これを天正十六年のこととする説もみえますが（角川地名大辞典）、天正十年が正しいとすれば、さきにふれた天正十年九月大寺清光奉鋳の都々古別神社の御正体（懸仏）は、まさにこの合戦への出陣を予期しながら奉納されたものといえるでしょう。大寺氏の系図には、清光が天正十年に入道したとあります。九月吉日のこの懸仏の鏡板には「源朝臣清光」とあって入道名は記されていません。とすれば、清光は十月の大敗を悔いて、この年冬に入道したということになりそうです。大寺系図の歿年から逆算すると清光はこの年二十三歳または三十七歳です。おそらく三十七歳を採るべきでしょうが、それにしてもこの早い入道は、敗戦を契機とするものと考えざるをえません。

ところで、天正十年敗北以前の大寺領の南境が、現在の石川町の中野・塩沢を含み、母畑あたりに及んだことは、前述の講和条件からうかがわれるところです。北境については、当時の小高の情勢が史料にみえず不明ですが、あるいは大寺氏はすでに小高氏を圧倒して十六世紀なかばころには小高・岩法寺など現在の玉川村北境を掌握していたかとも臆測されます。

さて、『須釜村史』に示される、大寺氏と大寺城の終末は次のとおりであります。天正十七年十月の伊達政宗の須賀川城攻撃にあたり、岩城常隆は植田但馬らに六〇〇を従えさせて二階堂氏を赴援させたが、また小原遠江守に一〇〇余人を率いて須釜村殻落に陣して大寺城の守備に当たらせた。須賀川落城後、大寺清光はついに伊達政宗に服属することとなり、すでに須賀川落城以前に政宗に通じていた昭光に、いま従わざるをえないこととなった。しかし、清光と昭光の間は水火の如く相い容れず、翌十八年六月二十五日、清光は昭光からことごとく所領を没収され、大寺城を開城して、清光妻の縁故により岩城小川に移った。六月二十八日、石川義晴が昭光使者となって大寺城を接収し、大寺の一族家臣の多くは石川家の臣となった。

別に、天正十七年の須賀川落城に伴って、二階堂に味方した清光は伊達政宗に敗れて大寺城を没収されたとする説もあります（角川日本地名大辞典）。

天正十年以降とくに天正十七、八年の時期の大寺氏に関する古文書を私はまだみておりません。（補説）奥陽仙道表鑑・伊達治家記録など信頼するに足る編纂物にも、大寺氏のことは全くみえません。『須釜村史』は当地区に伝存した文書・記録などを根拠に編述されたもののようですが、現在はそれらの史料にさかのぼることができません。さしあたり、『須釜村史』を紹介するに止めておきますが、前述した大寺と石川惣領との対立の事実から推定すれば、『村史』の説は十分にありうることのように考えます。伊達家から入嗣した昭光に対して、清光にはわれこそは石川の血脈を伝えるものという意識が強かったことでしょう。

いずれにせよ、石川昭光と対立関係にあった大寺清光は、大局的にみれば伊達政宗によって大寺城からおわれることになったのであります。大寺城の破却については天正十八年八月とする説があるとうかがいました（岩谷浩光氏示教）。天正十八年八月豊臣秀吉の奥羽仕置によって、端々の小城館の破却が進められていますから、大寺城の破却そのものはそのころとする説は多分に可能性があるといえます。

他方、大寺家の系図（石川町歴史民俗資料館提供）によれば、清光の弟光只は兄清光と父隆光が元亀天正の間、岩城・田村に属したため、石川昭光に「大寺郷の押領使」を命じられたとあり、のち清光は岩城から会津に退去し、さらに関東の医王野家を頼ったが、医王野氏の病死の後ふたたび会津に到り、元和九年（一六二三）十月六日六十四歳で死去し、その子孫は角田石川家に仕えた。光只は慶長元年（一五九六）志田郡松山の石川昭光に仕えたが八月六日三十六歳で死去したといいます。これらに対して、『須釜村史』所収の大寺系図では、清光の死去は同じ元和九年十月六日で年は七十八歳とあります。この年令を採るべきでしょう。

なお石川昭光が、須賀川落城後、政宗から須賀川城主を命じられながら、政宗に抑止されて小田原不参のために奥羽仕置で改易、のち天正十九年政宗から志田郡松山六千石を与えられ、慶長三年十月伊具郡角田一万石に移り、その子孫の代に二万一千石となり幕末に至ったことは御承知のとおりであります。

以上で私の話を終りとさせていただきます。御清聴ありがとうございました。

大寺系図A（『須釜村史』所収）

1光祐—2光家—3光盛—4光晴—5光重—6光時—7光行—8光広—9兼光—10光胤—11助光—12師光—13光義—14光俊—15光長—16光衡—17顕光—18隆光—19清光

大寺系図B（石川町歴史民俗資料館提供）

1光祐—2光頼—3光盛—4光行—5光広—6朝光—7盛満—8兼光—9光胤—10助光—11師光—12勝光—13光俊—14光長—15光佐—16修光—17善光—18隆光—19清光

（補説）佐竹文書につぎのような大寺清光書状のあることを知った。

態奉啓達候、抑今般当筋江被及御出張、長々御在陣、御大儀至極奉存候、併当口有如思召、被明御隙、被納御馬候、御満足可過是存候、万々奉期後音候条令略候、恐々謹言、

五月拾七日　　清光（花押）

佐竹殿江参

（年未詳）5月17日
大寺清光書状の署判

佐竹文書の編者は「清光姓氏不知」としているが、これが大寺であることは確実であろう。年は明らかでないが、「今般当筋へ御出張に及ばれ、長々御在陣……併しながらおぼしめしの如くあり御隙を明けられ、御馬を納められ候」とある文言によれば、あるいは天正十年のものであろうか。なお後考にまちたい。

　このほか佐竹文書には、（年未詳）八月五日付の佐竹あて白土摂津守隆貞状があり、隆貞が岩城常隆の命をうけて大寺に着陣したことが記されている。また（年未詳）六月三日付の佐竹あて石川昭光書状には、「岩瀬へ助力之儀、聊無如在候、随而可為其听候歟、常隆田村へ之調儀、被属存分候而、先大寺訖被馬帰候、听召可御心易候」とある。

　いずれも佐竹・蘆名・岩城・二階堂・石川連合が成立した天正十年のころ以降のものとみられるが、この段階では、大寺城が田村領にむけての軍事的な要衝となっていることが明瞭である。

（附記）本稿は一九八九年六月十八日の玉川村郷土史研究会主催の講演に補訂を加えたものである。

第五章　戦国期の石川氏

一　名門石川氏

本日、石川公追遠四百年の記念の行事にあたり、講演をさせていただく機会を与えられまして光栄に存じます。中世石川氏の全体像については『記念誌』に収録の小豆畑毅先生の御稿(「中世石川氏の実像」)に述べられてありますので、ここでは中世石川氏最後の当主となった昭光の世に焦点をあてまして、まさに四百年前の天正十八年(一五九〇)、「奥羽仕置」によって石川氏がこの石川郡の地を去るまでのころについて話をさせていただきたいと思います。

申すまでもなく石川氏は、江戸時代には仙台藩伊達一門の筆頭として、角田要害を本拠に延宝期以降は二万一千石を領して幕末に至りましたが、中世鎌倉から室町期には、伊達郡の郡主である伊達氏と石川郡(庄)主である石川氏は、互いに対等の郡主の格でありました。

室町期十四世紀後半のころにまとめられた系図集成である尊卑分脈には、石川氏は清和源氏の流れに始祖頼遠とその子有光がみえ、その子孫一族が南北朝期の世代まで掲載されております。その尊卑文脈に収める石川歴代一族は、実に四十数名に及ぶのであります。伊達氏が始祖朝宗ただひとりが載るだけで、しかも藤原流のなかにひとり現れる「朝宗」という人物が果たして伊達の始祖であるか否か確証がないのに比較するならば、石川氏が東北随一の由緒を誇る名門であることはまことに明らかであります。

石川氏の事実上の初代と申すべき有光は、清和天皇の曽孫源（多田）満仲の曽孫に当たるとされます。はじめ摂津国に住したが、十一世紀半ばの前九年役に父頼遠と共に源頼義・義家に従軍し、父の討死ののち康平六年（一〇六三）のころ陸奥国石川庄に定住したと伝えます。有光はまず初めに、先年頼義がそこに宿営して八幡神を勧請して戦勝を祈り、それによって勝利を得たという藤田（石川町北部および玉川村全域）に居城を定め、父頼遠の菩提を弔った。玉川村の岩峰寺がそれであり、また頼義が勧請したのは玉川村の川辺八幡、藤田城は石川町中野の藤田城址がそれであるといわれます。その後、有光は三蘆城を築いてここに移り、さらに八幡神を城中に勧請し子息有祐にその祭祀を行わせたといいます。以後、三蘆城は石川惣領家の居城として天正十八年の「奥羽仕置」に至るのであります。

奥羽の中世武士は、源頼朝の平泉征討従軍の功によって所領を与えられて関東から奥羽に移り住んだものが大部分であります。伊達郡阿津賀志山合戦の功で伊達郡を与えられて常陸国から伊達郡に移った伊達氏がその代表格といえます。中世奥羽の武士の大部分が鎌倉期十二世紀末以後奥羽との関係が生じたものであるのに対して、石川氏は平安期十一世紀後半にすでに奥州の住人となっているわけで、陸奥国との由緒は他の諸氏よりも一世紀以上さかのぼることになります。

くだって鎌倉末期の元亨三年（一三二三）、執権北条貞時の三十三回忌供養が鎌倉の円覚寺で行われました。このときの供養記が円覚寺文書のなかに収められており、それには一八二人の武士たちがそれぞれに供養の進物をしておりますが、注目されるのはそのなかに石川大炊助又太郎以下一一人の石川一族が名をつらね、それぞれに馬一疋を進献していることです。伊達氏などの名はみえません。このことからは、石川氏が執権北条氏の直臣〝御内人〟として当時羽振りをきかせていた事実をうかがうことができるのであります。

さて石川一族の総体としてのこのような勢力の反面で、問題となるのは、一族分立という情況です。伊達郡などと異なって地理的に広く開けた平野あるいは盆地をもたず、郡内の各地に谷々が存在する石川郡（庄）の地域では、それぞれの小地域へと権力が分散して、郡内を統合する権力はどうしても弱体となりやすい傾向が生じます。元亨三年の北条貞時三十三回忌に参加した石川一族には、石川川尻・石川大寺・石川須釜・石川牧・石川高貫（竹貫）・石川沢井・石川大島などの名字がみえます。また尊卑分脈には石川小高・石川坂地・石川矢沢などの名字がみえます。すなわち鎌倉期なかばころまでに石川一族は石川郡（石川庄）の各地に完全に根を下し、それらの郷村の名を名字として名のるに至ったのです。石川高貫氏の存在に明らかなように、またのちに石川蒲田・石川赤坂氏がみえることにうかがわれるように、現在の東白川郡［石川郡］古殿町と鮫川村の地域も本来は石川庄のうちだったのであります。そして、分立情況を呈しながらも、石川一族は鎌倉・南北朝期さらに室町期の十五世紀半ばころまでは、石川三蘆城主である惣領の統轄に属して軍事外交政治の活動を行っていたのでした。

ところが、十五世紀後半の文明十六年（一四八四）のころには、赤坂・大寺・小高の三氏が、石川一家から抜けて「白川一姓」となって、氏を改め家紋を改めたということを記した文書が八槻文書のなかにみえます。赤坂などの三氏は、白川赤坂・白川大寺・白川小高へと名のりを転換したというのです。その後、高貫氏は転じて南の岩城氏に属し、赤坂氏は白川への帰属を決定することになりますが、大寺氏は白川に属したのちは岩城・田村・蘆名の諸氏の間を去就することになります。

そもそも石川氏は、鎌倉の関東公方とも近い関係を保ち、また歴代は足利将軍から一字を拝領しています。石川氏は歴代が立派な大名の格式を整えていたのでありますが、一族支配の点からみれば、その内実は容易ならざるものがあったといえます。石川庄全域に対する石川惣領家の威令は十五世紀後半からは及び難くなったのです。

そして十六世紀に入ると、岩城・田村・蘆名の諸氏が戦国大名化の途を進め、石川氏の周囲をうかがうようになります。このような情況のなかで、石川晴光は伊達晴宗の四男（昭光）を養子に迎えることになるわけです。

二　石川大和守昭光

大正七年（一九一八）に刊行された『石川氏一千年史』には、昭光は天文十七年（一五四八）に生れ、十五歳で石川晴光の養子となり、晴光息女と結婚し、永禄十一年（一五六八）に家督を相続したとあります。『石川氏一千年史』はすぐれた書物でありますが、昭光の生年および養嗣・結婚についての説には疑問があり、正しくは天文十九年の誕生、永禄十一年十九歳ではじめて石川家に入り晴光娘と結婚して家督を相続した、とするのが正しいと考えます[1]。昭光の石川入嗣のことは、さきに約束されていた兄（晴宗三男）政景がこれを変更して永禄十年に宮城郡の留守家に入嗣することになったために、はからずもその代わりとして実現したのであります。

当時、実家の伊達家では昭光の兄（晴宗次男）輝宗が数年前に家督を相続し、永禄十年にはその子の政宗が誕生しておりました。昭光が入嗣した永禄十一年というのは、織田信長が将軍足利義昭を奉じて上洛した年に当たります。

〔伊達晴宗の子女〕

晴宗
＝
岩城重隆女

- 親隆（岩城）
- 女子（二階堂盛義妻）
- 輝宗――政宗
- 女子（伊達実元妻）
- 女子（小梁川盛宗妻）

- 政景(留守)
- 昭光(石川)
- 女子(蘆名盛興妻のち盛隆妻)
- 女子(佐竹義重妻)
- 盛重(国分)
- 直宗(杉目)

その翌々永禄十三年、彼は上洛して義昭に閲し、昭の一字を戴きます。それまでの彼の実名は親宗といったというのですが、ここにはじめて昭光と名のり、従五位下左衛門大夫に叙任、まもなく大和守に補任されたといいます。『奥羽永慶軍記』は昭光の例が、将軍一字拝領の最後であると述べております。

中央では天下統一の業が進められようとしたそのころ、奥羽の地では戦国争乱がいよいよ激しさを加えつつありました。石川氏にとって当面の大きな脅威は会津蘆名氏と三春田村氏でした。永禄十年九月、蘆名盛氏は菊田庄の上遠野藤兵衛に現在の浅川町の松野入などの地を約束し、また同年十一月赤館左衛門尉に沢井に対する佐竹・白川の領有を排除することを約束しています(沢井文書他)。石川領は、すでに常陸佐竹および白川氏、とりわけ蘆名氏によって部分的に奪われていたのです[2]。昭光は苦境の只中にあった石川家に入嗣することになったのであります。

『石川氏一千年史』によれば、元亀二年(一五七一)蘆名氏が須賀川二階堂・白川・田村などの兵を糾合して石川領を攻めたのに対して、昭光はこれを迎撃して岩瀬郡に追却し、また翌年にも来襲した田村・蘆名軍を撃退したといいます。

ところで玉川村の首藤家に伝来する首藤石川文書は石川一族大寺氏に関する文書でありますが、その中には、盛氏が泉の石川惣領家を攻めるために大寺氏の在所(城と城下)を借りたいと要望した文書などがみえます。次の蘆名盛興

（盛氏の子）の書状に注目したいと思います。

①　蘆名盛興書状（首藤石川文書　一一）

如来章之、昨日之排寔ニ此事候、内々泉可相責之由存詰候処、義重為計策、必定泉之地当方へ可被相渡之由、手堅被申越、昨日之動被相拘候条、先々本陣へ納馬候、寔昨日之御辛労欣悦之至候、心事重而可申越候間、不能具候、恐々謹言、

五月十二日　　盛興（花押）

石川殿

ここにみえる〝内々、泉あい責むべきの由、存じつめ候処、義重計策として必定、泉の地当方へあい渡さるべきの由、手堅く申しこされ、昨日のはたらきあい拘えられ候条、先々本陣へ馬を納め候〟という文言によれば、佐竹義重が調停に入って、泉（三蘆城とその城下）の地を蘆名方に渡すという堅い約束をしたので、盛興は泉攻撃を取りやめた、ということが知られます。盛興は天正二年（一五七四）六月に死去していますから、この書状が天正二年以前であることは確かです。

②　石川昭光書下状（吉田光一文書　七）

本意之上　八幡江きしんを可申候、為後日、一筆遣是候也、

霜月（十一月）拾日　　昭光（花押Ⅱ）

吉田藤次左衛門とのへ

②は昭光が泉の八幡の禰宜吉田藤次左衛門（有祐の子孫）に与えた書下状です。〝本意の上、八幡え寄進を申すべく候〟という文言は、この証状が①の情況と関連することを推測させます。即ち、意に反して今三蘆城を離れることに

なったが、本意つまり願いが叶って帰城の暁には、八幡へ寄進をする。ついては石川氏の武運長久を祈るように、という趣旨の文書です。

ところで、佐竹氏が江戸期に編さんした秋田藩家蔵文書の迎文書には、元亀四年四月十三日付で昭光が迎隼人佐に与えた「本意之上可罷越ニ付而者、任佗言、そうとうのしんたい相たてべき者也、仍為後日如件」という文言の証状があります。これは、本意が達せられて帰る場合には、相当の知行を与えることを約束したものですが、②はこの迎文書の昭光証状と同年の元亀四年すなわち天正元年（一五七三。七月改元）のものではないか、と考えられるのであります。

注目すべきは、元亀四年四月十三日の証状にすえられた昭光の花押はⅠ型ですが、②のそれはⅡ型となっています。つまり、元亀四年四月十三日から同年（天正元）十一月十日までの間に、昭光にとって花押を変える大きな事件がおきたのであります。

さて③は昭光の八幡への寄進状です。

③　石川昭光寄進状（吉田光一文書　六）

今般帰城ニ付而、八幡江きしんのとおり、
一下泉といはにまこひやうへ分、
一こはやし分、
一中垣《（カ）》監物分相付申候、向後伊かきやふれ候ハヽ、たいてんなく、しゆりいたすへきもの也、為後日如件、
六月廿日　　昭光《（石川）》（花押Ⅱ）
吉田藤次左衛門とのへ

「今般帰城ニ付而、八幡江きしんのとおり」とあるように、泉の三蘆城への帰城という本意が達せられたので、かねての約束②のとおり、八幡に神領を寄進したのです。

それでは「帰城」はいつでありましょうか。天正二年の伊達輝宗日記の十月条には、つぎのようにあります。

④　伊達輝宗日記　天正二年十月条（伊達文書）

廿二日、いしかハへ御帰城御目出度由申、
もと駿《（本内駿河）》こし候、昭光《（石川）》へくろの馬こへ候、そめ物くたし《（カ）》たいのやへせつ《（ママ）》し、天きよし、

弟昭光の「御帰城」を祝して、輝宗が米沢から本内駿河を使者として昭光夫妻にそれぞれ進物を贈ったことが記されていますが、これによれば、昭光の三蘆城への帰城は天正二年の十月までに行われたとみえます。③もまた天正二年と考えられます。帰城のことが決定するや、六月にいち早く約束を履行いたしますが、帰城の実現は九、十月のころで、輝宗はその時点で祝儀を行ったということかと思います。当時の「帰城」という語は、単純に城に帰ること、つまり自分の意志で城から出かけて何日かたって帰還するというような一般的な意味ではなくて、敵の攻撃などによって余儀なく城を去ったのが条件が整って再び城に立ち帰って城主に直ることを意味することが少なくありません[3]。

①②③を総合しますと、天正初年のころ石川氏は会津蘆名の攻撃によって大きな危機に瀕し、一年間ほど三蘆城は蘆名の手中におち、昭光は父祖以来の居城を退去するという悲運に見舞われたことになります。

その場合、石川・蘆名両氏の間に入って調停斡旋の役をはたしたのは佐竹義重です。元来、佐竹氏は鎌倉期以来の常陸国守護家の名門ですが、昭光が石川の家督を相続したころにはすでに、当時南郷とよばれた東白川郡地方を掌握し、天正元年のころには石川一族の浅川氏を服属させていました（元和八年浅川村古老覚書）。天正二年の帰城のあた

りから、昭光は佐竹義重の大きな影響のもとにおかれるようになったと考えられます。ちなみに、義重の妻は昭光の妹です。なお、蘆名盛興の妻も実は昭光の妹、即ちともに伊達晴宗の娘でありました。

　昭光の花押Ⅱを御覧ください。その上の部分から真中の部分は、実家の兄伊達輝宗Bおよび父晴宗A、とりわけ晴宗の花押によく似ております。他方、下から右がわの部分、そして全体の形状は佐竹義重の花押Eによく似ています。天正元年の三蘆城退去のころにこの花押Ⅱを用いるようになったことは先に述べたとおりですが、そのことは、昭光が元来実父の影響を受けつつも、このころに至って義重の権力のもとに参加するに至ったことをまさに象徴的に示すものといえます。

Ⅰ　元亀４（天正１（1573））４

Ⅲ　天正10／５～12／２（13／６？）

Ⅱ　天正１／11～２／６

Ⅳ　天正16／７（14／４？）～18／２

〔石川昭光花押〕

A　伊達晴宗（昭光実父）

D　石川晴光（昭光義父）

B　伊達輝宗（昭光兄）

E　佐竹義重

C　伊達政宗

F　芦名盛氏

〔関係者の花押〕

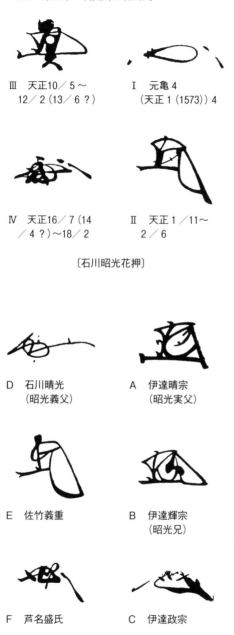

天正六年(一五七八)一月九日、蘆名盛氏は越後の新発田氏にあてた書状に〝石川の儀は在城一ケ所までに候、そのほか残りなく手のうちに入り候〟とのべています。(4) 誇張はあるにせよ、天正二年の帰城以後も昭光が蘆名氏の脅威にさらされたことは明らかといえる。(5) このような中で、昭光は佐竹義重を大きく頼りとすることとなりました。のちにその子小次郎が義重の一字を与えられて義宗と名のることは、(6) これを明白に示したものといえます。

天正十年のころに蘆名・佐竹両氏の連合が成立します。佐竹義重はすでに天正七年次男義広を白川に入嗣させてこれを掌握し、その義広が天正十五年に蘆名に入嗣するに及んで、佐竹氏は白川・二階堂さらに蘆名までを勢力下に収めるようになります。石川氏もまた、その大連合勢力の一環を構成することになるのであります。但し、以前からの白川氏との緊張はこの後も続きます。

かの天正十三年(一五八五)十一月の本宮人取橋の合戦は、この佐竹・蘆名以下連合と伊達政宗とが対戦した最初の大一番ですが、この時伊達方の兵七千八百人に対して三万五千人といわれた連合軍のなかには「石川・赤坂・赤沼・大寺、二千六百人」という人数がみえます(戸部一閑覚書)。昭光は佐竹義重に従って甥の政宗と対戦しているのです。かつて昭光と対決を続けてきた大寺清光も昭光と行動を共にしているとみえます。

しかし、両軍の第二の大合戦である天正十六年六、七月の郡山合戦では、石川昭光は甥の岩城常隆(昭光の長兄岩城親隆の子)と共にこの合戦の停戦調停の役割を果したのであります。講和が成立した直後の七月十八日、政宗は窪田の陣所に昭光を迎えて具足・冑・馬などを進じ、小座敷で饗宴を開きました(伊達治家記録)。

天正十七年六月、伊達政宗は会津蘆名氏を滅亡させ、十月下旬には伯母である二階堂盛義後室が守る須賀川城を攻めてこれを落城させます。その直後の十一月四日、昭光が正式に政宗の麾下に属したことは、角田石川文書の伊達政宗起請文が示すとおりです。十二月には浅川大和守もまた佐竹方から離れて政宗の麾下に入ります。

さて、政宗は服属した昭光に須賀川城を与え、岩瀬郡西方（長沼町・岩瀬村・天栄村などの地域）の衆をその与力として附属させます。すでに天正十年前後のころに昭光は須賀川二階堂家臣たちと深い関係をもっていたようです。このような事情があったために昭光は政宗の須賀川城攻撃には参加せず、しかも落城直後に政宗からこの城と岩瀬西方衆を託されることになったものと考えられます。

ところで、秋田藩家蔵文書四一に収める五月二十日付の松源寺あて石川昭光書状は、文中に信長が甲斐・信濃を入手したことがみえるので天正十年のものと推定されますが、この書状にすえられた昭光の花押はⅢ型です。つまり、天正初年から天正十年五月までの間に、昭光の花押はⅡからⅢへと転じたのであります。御覧のとおり、このⅢ型にはもはや晴宗・輝宗の伊達氏花押の影響は影をひそめたといって宜しい。形状では佐竹型花押との類似は直ちには認められませんが、このⅢは伊達からの絶縁を示すことで佐竹の連携のことを示したものかと思います。

ところが、天正十三年六月ころから十四年四月ころの間に、彼は花押Ⅳを用いるようになります。あたかも、伊達家では政宗が家督を相続して早くも蘆名・佐竹連合勢力との対決姿勢を明瞭にした時期のことであります。このような政情の中で新しく採用された昭光の花押Ⅳは、この若年の甥政宗の花押Cと、そしてかつて自分を苦しめ抜いたあの会津の英主蘆名盛氏の花押Fとに、どこか似たすがたをみせています。戦国武将石川昭光が用いた最後の花押です。

三　「奥羽仕置」と石川氏

天正十八年（一五九〇）七月、小田原を陥落させた豊臣秀吉は、翌八月には会津に乗りこみ、いわゆる「奥羽仕置」

を強行します。

小田原参陣は、奥羽の大名国人たちの存立を左右する大問題でした。『石川氏一千年史』には、昭光は小田原に参陣する政宗に馬一頭を嘱し、病の故を以て遅参を謝せんことを託したと記し、また『角田市史』は、昭光が政宗に参陣をとめられたとも述べております。おそらくは、白川義親や田村宗顕と同じく、政宗のために小田原参陣を抑えられて、進物を政宗に依託したというのが、本当のところでしょう。

一旦は政宗に従って小田原まで行った二階堂旧臣矢田野伊豆が、逃げ帰って岩瀬大里城に楯籠ると、政宗は七月一杯、八月までかけて伊達軍の総力をあげてこれを攻撃させますが、その主力の役割を担わされたひとりが石川昭光であったことは、七月二十二日付の屋葺薩摩守あて政宗書状（楓軒文書纂石川文書）に「大里取刷ニ昭光別而被入念之由候」とあることなどに明らかです。須賀川城主となり、しかも岩瀬西方の衆を与力として附属させられた昭光が、ほかならぬ岩瀬西方の大里城の鎮圧に責任を負ったのは当然といえます。とはいえ、もし昭光が本当に病気のために小田原参候を差し控えたのであれば、政宗としては昭光に対して大里出陣の指令は到底出しえなかったはずです。かりに病気であったとしても、それは小田参候に耐えられぬ程のものでなかったことは、昭光の大里攻めを考えれば明白であります。すなわち、石川昭光の小田原参陣は、病気問題ではなしに、そもそも政宗によって抑留されたとみるのが正しいと考えます。（注7の小豆畑論文を参照）

ところで、天正十八年の八月十三日付の次のような石田三成・長谷川秀一連署状が伊達家文書のなかにみえます。

⑤　長谷川秀一・石田三成連署状（伊達文書　五三一）

態令啓候、貴所老母、為質物、白川へ可被差越之由尤候、其付貴所御知行分之儀、出入有之事候、然者当物成之事、三分一ハ今度御上洛之御用ニも可被下遣候、残而三分二之儀ハ、先々可被相抱候、公儀被　仰出様在之事候、卒爾ニ被召遣間敷候、慥可被納置候、則御朱印之写進之候、先度可懸御目候処、入物跡へ参着候故遅延候、今一度浅弾少へ相届、糺明ニ使を可進候条、可被得其意候、人質白川へ被差越候者、此書状備前宰相(宇喜多秀家)殿へ可有御届候、恐々謹言、

(天正十八年)八月十三日　石田治部少輔
三成(花押)
羽柴東郷侍従
秀一(花押)

石田次郎(義宗)殿
進之候

秀吉の奉行石田・長谷川が昭光の子次郎義宗にあてた書状です。老母(昭光夫人)が白河に人質とし差し出す件、知行三分の一は上洛用として与えるが、三分の二はいずれ秀吉からの仰せがあるまでは「召遣」わずに留保しておくように、というのが主旨です。すでに政宗から「身上之儀……相調之段」を承知して「安堵」していた義宗は、仰天して政宗に次のような文書を出します。

⑥　石川義宗書状(伊達文書　六一四)

急度、令啓札候、其表漸被明御隙候哉、御床布存候、仍当方身上之儀、兼日被相調之段承候条、令安堵候処ニ、今般石田治部少輔(三成)方、羽柴藤五郎(長谷川秀一)方如書面之者、当方抱過半相違之様ニ被申越候、単ニ覚外ニ候段、委曲親(昭光)所へ申越候条、浅弾被仰合、一途御調可為本望候、諸余期後音、不能具候、恐々謹言、

追啓

自両所之書状、為御披見進候、以上、

（天正十八年）
八月十五日　　　　　　　　　　　義宗（花押）

伊達殿

〝このたびの石田・長谷川よりの連署状によれば、石川の所領は過半召し上げとのことで、まことに意外というほかはない。委細は（岩瀬郡にいる）父昭光に伝えるので、貴方は浅野長吉と相談して、ひとえに本領安堵が調うように努めていただきたい。〟天正五年生れとすれば当年十四歳の義宗の必死の思いが伝わってくる感がいたします。石田・長谷川連署状は義宗書状にそえて政宗のもとに送られたために、現在両通とも伊達家文書（仙台市博物館蔵）に収められております。

その後昭光は、九月下旬ころにも秀吉の奉行浅野長吉に陳情したり致しますが（九月二十九日政宗書状、治家記録引証記）、結局のところ石川領保持のことは実現できずに終わったのであります。

昭光・義宗以下は、ここにおいて信夫郡大笹生に移り、天正十九年三月には刈田郡森合に移り、秋九月下旬政宗が岩出山城に移ったころに政宗に出仕し、金子百切（二十五両）、米三百俵を与えられ、のち志田郡松山六千石の地を給されます（伊達世臣家譜、『石田氏一千年史』）。さらに慶長三年（一五九八）に至り一万石を給されて伊具郡角田に落ちつき、子孫は二万一千石を領し、伊達一門首座として幕末に及んだことは周知のとおりであります。なお、昭光は元和八年（一六二二）七月七十三歳の天寿を全うして死去いたしますが、子息義宗は父に先だち慶長十五年（一六一〇）三十四歳の若さでなくなりました。殉死者は昭光七人、義宗四人と伝えます。

さて、石川氏の本城である三蘆城は『石田氏一千年史』によれば、昭光・義宗がここを退去したのに対して、とどまった家臣の溝井六郎はこれに火を放って自尽したとあります。六郎は秀吉の会津下向に際し白河に赴いて石田三成らに陳情した結果、三成らの連署状が下されたが、義宗は領土の大部分を収められることを恐れて政宗に訴えたといわれます。八月初めには三成は海道を下り相馬・亘理領あたりにいたはずですから（留守文書）、白河で三成に陳情ということ自体は当たりませんが、いずれにせよ溝井六郎が強硬派とりわけ反政宗派の人物であったことだけは明らかです。

天正十八年の八月十二日付で伊達成実にあてた田村宗顕書状（治家記録引証記）には、三春城その他の諸城には〝仕置〟軍が入りこもっていることが記されています。〝仕置〟軍は白河あるいは岩城の諸城から始めて順次各氏の諸城に軍勢を入れ置きながら大崎・葛西領へと進んでいったわけです（小林「奥羽仕置の歴史的意義」『福大史学』48・49）。したがって石川領の諸城とくに三蘆城は、八月十日すぎまでに〝仕置〟軍の占拠に委ねられたに違いありません。⑥八月十五日付の石川義宗書状は、したがって三蘆城以外の地で書かれたはずです。

ただし、石川氏が石川領を完全に収公され、石川家臣たちが石川領の村々を離れたのは、田村氏などの例からすれば、十八年の〝仕置〟がひとまず終了して〝仕置〟軍が引揚げ、この地域が蒲生領として最終的に確定した九月下旬から十月初めのころのことであろうかと思われます。(7) ともあれ、十六世紀末の天正十八年秋の頃に、十一世紀以来続いた石川氏および一族・家臣による石川郡地方の支配は、五百年にわたる歴史の幕を閉じたのであります。

おわりに

石川氏が去るに及んで、いわゆる兵農未分離の中世の時代と社会は終わりをつげることになります。それは石川氏の問題であると同時に石川郡という地域社会の変革の問題にほかなりません。「奥羽仕置」以後、石川郡（庄）内の諸城は破却され、江戸時代のこの地方はおおむね白河城主、また一時的には浅川代官所の支配下におかれることになります。武士たちは、いわば消費階級と化して城下町に集められました。江戸時代の石川郡地方は、武士のいない地域となります。

これに対して石川氏時代五百年の中世石川郡(庄)は、石川一族・家臣たちが在地に根をおろして、みずから農業経営に従事し、あるいは農業の推進にかかわりながら、村落と地域の発展が実現されたのであります。このような傾向において石川氏は、伊達・蘆名などの諸氏に比べて、はるかにすぐれている。外征による領土拡大よりも、みずからの本領の村々を大切にしたその点に、中世石川氏の存在の積極的な意義をみてとることができるのであります。

注

(1)『石川氏一千年史』などによれば石川昭光は元和八年(一六二二)七十三歳で死去している。逆算すれば誕生は天文十九年(一五五〇)となる。これは『一千年史』の天文十七年誕生説と矛盾するが、当時の人々の生年については没年と行年から逆算するのが確かといえよう。ちなみに晴宗三男で昭光の兄になる留守政景は慶長十二年(一六〇七)五十九歳で死去しているのによれば(留守系譜)、政景の生年は天文十八年である。

ところで元禄三年十月二十一日、下飯坂左内書上(留守文書)は、晴宗三男から宮城郡高森城主留守家に入嗣した政景がもと「石川御曹司」とよばれたとし、その理由を次のように記している。「石川之御家督ニ御約束相済石川御曹司と申処、高森之御家督ニ被為成候故、御舎弟様石川之御家督ニ被為成由ニ御座候」。そして留守系譜は、政景が永禄十年(一五六七)、十九歳で留守家に入嗣したと述べている。政景の永禄十年入嗣説は、関連文書などから疑いないとみられる。すなわち、はじめ石川家に入嗣を約束されていた政景は、留守家の事情を考慮した父晴宗によって約束を変更して永禄十年留守家に入嗣することとなったのである。とすれば、弟昭光が永禄十年以前に石川家に関係をもつ余地はありえない。したがって、昭光は、「石川御曹司」政景が留守家に入嗣した翌十一年、兄政景の代わりとして、はじめて石川家に入嗣したとするのが正しいと考える。なお、晴光の子光守（彦三郎。『二千年史』は妾腹とする）はこの時すでに生れていたとみられる。

（2）永禄十年九月の上遠野藤兵衛あて蘆名盛氏証状に「横ミね・松のいり二ケ村、道堅於レ無二還往（住）一者、相違あるへからす」とあるのによれば、永禄十年九月現在、道堅石川晴光は三蘆城を開き、他領に身を寄せていたことが想定される。「還住」が、失った所領を回復して帰住することを示す用例としては、「奉懸立願事、右意趣者、於本領安堵還住成就者」（慶長三年九月吉日宇都宮国綱願文、佐八文書）がある。

（3）「帰城」が、単に城に帰ること一般ではなしに、失陥（開城）からの回復という特別の意味をもつことは、伊達輝宗日記にみえる「帰城」に対する祝儀によっても明らかである。例えば、天正三年（一五七五）北条氏政らの猛攻によって本拠の祇園城の開城を余儀なくされ、父秀綱と共に常陸古内宿に身を寄せた小山伊勢千代丸（政種）は、天正五年八月帰城を願って伊勢内宮に願を掛けているが、その文書（佐八文書）には次のようにある。

祇園江帰城之為祈念、大御供　伊勢掛立願候、仍下出井郷、永代奉寄進候、急達本意様、御精誠任入候、恐惶謹言、

天正五年丁丑

八月廿四日　伊勢千代丸

謹上　佐八掃部大夫殿

（栃木県立博物館『中世への旅』一九九〇）

（4）浜崎文書（『会津若松史』8）。文中にみえる謙信の能登加賀入手は天正五年十二月であるから、この書状は天正六年のものとなる。

（5）（年未詳）四月二十七日、昭光あて蘆名盛隆書状（角田石川文書七〇）に「御帰城之儀、以飛脚申届候キ、可為参着候」

とあるのによれば、この時点で石川昭光は三蘆城を退去して他領にあり、自身の「帰城」の条件が整ったことを蘆名盛隆から通知されるという境遇にあったことが知られる。盛隆は二階堂盛義の子。証人として蘆名家にとられたが天正二年六月五日の盛興死去ののち盛氏によって蘆名家督にすえられた。したがってこの書状は天正三年以後、盛隆死去の天正十二年までのものである。なお、文中で盛隆が須賀川二階堂家中のことについて昭光に依頼しているのによれば、この書状はさらに二階堂盛義死去の天正九年以後十二年までに限定されようかと考える。いずれにせよ、天正二年の昭光帰城ののち、天正十二年までの間に三蘆城退去のことが再びくりかえされたことがうかがわれる。

（6）　小次郎（次郎・義宗）は天正五年二月生れ、天正十七年三月元服という（『石川氏一千年史』）。

（7）　『石川三蘆城』によれば、石川氏の三蘆城退去は天正十八年十一月二十三、四日となる。（天正十八年）十二月四日の昭光あて、および同六日の光守（晴光の子、昭光夫人弟）あての政宗書状（治家記録引証記）からは、昭光・光守らが十一月末には信夫郡大森城に着いていたことがうかがわれる（当時政宗は栗原郡高清水に滞在）。なお、三蘆城退去に関する諸説などについては小豆畑毅「天正十八年の石川昭光」（『石川史談』3）を参照。

（補注）　十五世紀のころ石川一族の蒲田・赤坂・高貫などの諸氏が白川・岩城に従属するに及び、その地域は石川郡＝石川庄に属しながらも、異なった政治社会に編入された。おそらくは「奥羽仕置」によって現鮫川村・古殿町のこの地域が石川郡から外されたことは、文禄三年（一五九四）の蒲生領高目録帳の記載によってうかがわれる。この地域は、江戸時代には白川郡（元禄まで白河郡）に属し、明治十二年（一八七九）に至り白川郡を改称した東白川郡に属した。

（附記）　本稿は一九九〇年十一月九日に行われた石川公追遠四百年記念の講演の筆録である。掲載に当たり部分的に補訂を加え、注記を追加した。

第六章　結城白川氏と八槻別当

——戦国大名と修験勢力——

はじめに——都々古別神社の由来と八槻近津別当——

福島県棚倉町棚倉字馬場の都々古別神社、同町八槻の都々古別神社、および茨城県大子町下野宮の近津神社は、江戸期には近津三社と総称され、馬場のそれを上宮、八槻を中宮、大子を下宮とよんだ(1)。

都々古別神社の初見は、「続日本後紀」承和八年(八四一)正月条に白河郡の都々古和気神に従五位下を奉授するとみえるのがそれである。「延喜神名式」に掲げる「白河郡七座」のなかには名神大社として「都都古和気神社」がみえ、康和五年(一一〇三)六月の神祇官奏にも「坐二陸奥国一都々古和気神」が挙げられている(朝野群載)。都々古別神社は馬場・八槻ともに建鉾山(表郷村三森)にかかわる縁起を伝えており、建鉾山に近い馬場都々古別神社がより古いものかと思われる。すなわち、同社は「東夷」を鎮定した日本武尊が初め建鉾山にこれを祀り、のち大同二年(八〇七)坂上田村麻呂が近世の棚倉城の地に移したと伝える(文禄三年馬場都古別神社縁起)。「続日本後紀」「延喜式」「朝野群載」などにみえる九世紀から一二世紀ころの都々古和気神は、おそらくは馬場のそれを意味するものであろうか。他方、「延喜式」にみえる石都都古和気神社は、大子の近津神社に当たるという(2)。

八槻の都々古別神社は、おそらく平安期には成立し、一定の地位を占めていたものとみられる。すなわち、弘仁二年（八一一）常陸から陸奥国の山道に連絡する駅路が開かれ、長有・高野の二駅が設置された。長有は茨城県大子町[2]、また棚倉町流字堂東山の地に比定される[3]。また高野駅は、八槻もしくは塙町台宿、また棚倉町棚倉の地とも想定されている[2]。南北朝期初頭の延元元年（一三三六）の「相馬文書」にみえる「高野郡内矢築宿」は、当然この幹道にそって存在したものであり、その成立は鎌倉期さらには平安期にまでさかのぼることが考えられる。この矢築（八槻）宿が、八槻都々古別神社の門前に営まれた宿駅であることはいうまでもない。このような関係からみて、八槻都々古別神社の成立を平安期に求めることは可能であろう。

八槻都々古別神社に現存する木造十一面観音菩薩立像には、八溝山観音堂に三百日の参籠を修した僧成弁が「当社別当」の請によってこの像を造立した旨を記した天福二年（一二三四）の墨書銘がある。「当社別当」がもし八槻都々古別神社のそれであるとすれば、この銘文は鎌倉初期における八槻都々古別神社の存在を実証するものとなり、さらには平安期における実在をも推定させるものとなろう。

中世に入ると都都古和気神社の名は、近津宮また近津大明神の名に変わる。八槻の場合の初見は応永二年（一三九五）[4]、下野宮での初見は応永一三年の「近津別当」である（近津文書足利満兼寄進状）。「集古十種」に収める応永八年一〇月の馬場近津社の鐘銘には「奥州高野郡北郷馬場近津大明神」とあり、また八槻都々古別神社に現存する銅鉢の銘には「奥州高野郡南郷八槻近津宮（中略）応永十八大才辛卯十月十八日」[5]とある。おそくも一四世紀のころまでに都々古別三社は近津宮あるいは近津大明神と称するに至ったことが知られる。またそのころまでに、馬場近津宮は高野郡北郷、八槻のそれは高野郡南郷、下野宮は依上保、それぞれの総鎮守という位置を占めて併立するに至ったものであろう。馬場近津宮は、中世には別当不動院のほかに神主があり、さらに社僧を務める上津寺があった[6]。これに対して八槻近津宮は、別当大善院が神主を兼帯する形となっていた。その実は、神主高野氏の退転したあとの神主職となった左衛門大夫高盛が、駒石先達から修験職を譲り受けて両職を兼帯するに至ったもので、これがのちの大善院である。(7) 神主職と別当職を兼ねた八槻大善院は大きな勢威を振るい、大名領主結城白川氏と深い関係を結んで中世末期に及んだ。

一　都々古別＝近津宮八槻別当と結城白川氏

「八槻文書」(二四)(8)には、次のような結城白川氏朝壁書が収められている。

壁書

右、近津の御神事の時、もとよりさたまりて候ハんする社人より外に、一人にても候へ、出仕あるへからす候、出仕候ハむする神人共も、しもへ一人の外ハ、つれ候ましく候、別当代くわんハ、三人もつれ候へく候、社人とも、とうや又みやもとにて、らうせきをいたし候ハ、、きうめい候て、社人の分をめしはなされ候へく候、そうして、御まつりの用意ハ、むかしのことくたるへく候、近世御まつりのようい、おひたゝしく候なる、しかるへからす候、仍壁書如件、

応永三十二年十月廿五日　(氏朝)(花押)

白河郡とあわせて高野郡および依上保を領有支配する結城白川氏朝が、八槻近津宮の神事に関して令達した壁書である。神事における社人の員数の限定、また出仕の神人および別当代官らが召連れるべき下部《しもべ》の人数の制限、さらに頭屋・宮本における社人たちの狼藉の制禁、祭の費用の限定などがここに示されている。この壁書の意図するところが、近津別当の勢力を抑制することにあるものか、あるいはまた、神事の秩序を旧来通りに保持することによる体制

維持にあるのかは、ただちに明らかではないが、さしあたりここでは、社人・神人・別当代官の組織関係および頭屋などによる神事運営の組織を検討することとしよう。

まず社人について、「馬場都々古別神社文書」の永禄七年（一五六四）一〇月の蘆名盛氏判物は馬場社人中にあてに、佗言に任せ社人中の人足役を免除し、家中には人足役を申付けると記している。馬場近津宮の例ではあるが、社人は近津宮に関連し所属する程度が家中に比較してより強い存在であることは明らかであろう。また「八槻文書」には、社家が了善なる人物にあてた次の文書[9]がみえる。

近津明神社之事

御宝殿、此度以惣談合、東之坊地内うつし申候、是ニ付、下平御腰掛畑不残替地ニ相渡申候、惣中間中堅仕、此事間違申候へハ、天照大神所々悉（カ）神はつをかうむり可申候、

応永二年中

二月五日　　筆取 又市

社家 甚作

同 猪之吉

惣中間

了善殿

甚作・猪之吉などの名乗りによれば、これらは身分的には凡下に属する者である。また文面によれば、御宝殿の移転とその敷地の確保などについて社家惣中間が関与しており、社家が神社の実務的な運営に関わる集団であったことが知られる。さきの壁書および永禄七年の文書にみえた「社人」は、この社家にほかならぬとみてよいであろう。

これに対して壁書の神人は、永禄七年文書にみえる家中に照応するかと思われる。すなわち壁書では、社人の場合

は本人のみが神事への出仕を認められるのに対して、神人は下部一人を従えることが許される。神人は明らかに社人より身分的に上位にあるとみてよい。永禄七年の文書が社人と家中を記して神人を記していないのは、馬場近津宮に関わる身分をこの人足役との関連において社人と家中とに区別して表現したためであろう。八槻近津宮の神事に関する重要な構成員として存在する神人が、馬場近津宮の神事においても存在しないことはありえないとすれば、人足役に関わる世俗的身分としての家中は、神事に関わる宗教的身分としての神人であり、同一の階層集団がその機能の側面によって別個の呼称を採ったものと考えられる。家中とは、いうまでもなく結城白川の家中であり、白川氏麾下の在地領主＝村落の地頭層にほかならない。結城白川の家中＝在地領主層が、神人として近津宮の神事に関与していたものと考えざるをえない(10)。

つぎに、壁書にみえる「別当代官」は別当・代官であろう。別当はいうまでもなく八槻近津別当である。代官は、くだって文禄三年(一五九四)の「馬場都々古別社造営書上(11)」に、「安藤左馬助殿・菊地掃部助殿・小沢弥衛門殿御代官にて候」などとあるように武士身分の者であり、大名領主の代官とみてよいと思われる。壁書にみえる代官は、結城白川氏の代官として近津宮の神事あるいは造営などにおいて、結城白川氏の大名領主権を代行するものであろう。あるいはそれは、神事などの際に止まらず、常置されて近津宮の管理運営の支配に関与するものであったかもしれない。

「八槻文書」(二一〇)には、次の結城白川直朝証状が収められている。

形《(刑)》部殿、於後日、代官之事、心得可申候、尤目出度候、

文安元年八月廿五日　　　　直朝(花押)

八槻近津別当へ
まいる

刑部という人物を後日代官に任ずることを約束した文書であるが、この代官は応永の壁書にみえた代官と同じものであろう。「尤目出度候」の文言からみて、刑部は八槻近津別当に極めて近い関係にある人とみられる。二〇年たらず後の寛正三年(一四六二)の文書にある「刑部公」は八槻別当とみられるが、これが文安元年文書の刑部とすれば、彼は文安当時の八槻別当の子弟の立場にあった者かと思われる。近津宮に対する結城白川氏の指令を現地にあって執行する代官が、文安元年(一四四四)の段階で八槻近津別当の親近の者が予定されていることは、結城白川氏に従属しながらも八槻近津別当が相対的優位を保持した情況をうかがうことができよう。

文政元年(一八一八)成立の「白川古事考」には「今に八槻明神田植祭の祝詞に、明神様の御田植、殿様の御田植、南郷九郷北郷九郷合て高野十八郷の殿原達、一人も不残御出あれ〳〵と呼ふ、之を田うなひ触と云、又高野十八郷の殿原達と五月女共に、一人不残御出あれ〳〵と呼ふ、之を田植触と云、之久く伝へし祝詞なるへし」とある。[12]この神事の詞から、中世の高野郡十八郷の殿原、すなわち村落上層＝在地領主層によって近津宮の神事が営まれたことがうかがわれよう。さきにみた神人は結城白川家中であり、この詞にいう「殿原達」にほかならなかったと考える。

これらの神人たちによる近津宮の祭祀のあり方をみよう。まず天文一七年(一五四八)の菅生衡益押書(八槻文書八六)および斑目常基証状(同八七)によれば、菅生村の頭屋のことは三年に一度ずつの勤めであるが「五連」(未詳)の所を神領とする条件で請頭に定めるという約束が、斑目常基を介して菅生衡益と八槻別当との間で決定されている。武士的存在すなわち結城白川家中とみられる菅生右衛門尉衡益は、押書端裏書に「菅生村御頭屋証文」とあるのによれば、菅生村の頭屋のことを代表する存在であり、村落領主クラスが各村の頭屋を管掌したことが知られよう。さて現在、馬場都々古別神社と下野宮近津神社には、御枡回しの神事とよばれるものが遺されている。

馬場のそれは、浅川町の小貫・太田輪・染では現在も八月の盆前の吉日にお枡明神様を迎える方と送る方で祝宴を行い、仮社殿の御神体に祝詞をあげ、最高令者が御神体である枡を箱に入れ、白木綿の帯で背負い、次の部落の区長宅に運び安置する。また棚倉町の福井・玉野・大夫内・一色・袖山・蓑輪でも御枡明神祭りが行われており、四年目ごとに御神体の引渡しが行われる。九月一二日が祭日で、御神体である枡の引渡しを受ける部落では、鎮守の境内に御枡明神の社殿を新築し、以後三年間御枡明神を安置する。頭屋神事的要素とあわせて豊作祈願の作神的性格がうかがわれる。他方、下野宮近津神社の御枡回しは、昭和一五年段階では旧依上保内全域を七地域にわけ、各地域一〇箇所程度、合計七一箇所のオンマチバが設定されており、地域ごとに一つの枡を一つのオンマチバが預っており、毎年の祭りには神輿が第一地域から第七地域までのオンマチバに渡御する。毎年、神輿渡御のオンマチバを順ぐりに変えてゆき、全出社場（オンマチバ）を一巡するのに七一年かかる(13)。

中世の近津宮神事もまた、このような枡回しの神事と連結して行われたことが確実である。すなわち、「奥州高野郡南九郷八槻近津大明神御祭例升廻之次第(14)」と称する記録によれば、八槻近津宮の祭礼に関わる山本・手沢・八槻・渋井・常世・川上・伊香・石井・山ノ井の高野郡南九郷に一五八の「祭」があり、枡は各郷に一つから三つ、合計一五である。この「祭」は、下野宮の神事にいうオンマチバに照応するものであろう。平均すれば枡あたりの「祭」の数は一〇・五となる。また、枡の廻り当り（一巡）の平均は三六年である。「祭」一〇で一巡が三六年とすれば、一「祭」に約三年ずつ枡明神が預け置かれる計算となる。「升廻之次第」には年紀がみえないが、この記録の「祭」の数とその固有名詞（地名）が、永禄一二年（一五六九）の年紀のある「近津都々古別神社御頭目録(15)」の「御頭」の数とその固有名詞（地名）とにほぼ一致するのによれば、やはり永禄期すなわち一六世紀のものであろう。「升廻之次第」の「祭」と、「御頭目録」の「御頭」は同一の地名を指示しているから、同一の存在に対する異称にすぎないとみてよいが、その固有名詞＝地名は中世の在家（農民屋敷）である。頭屋制による祭は在家農民によって担われたことが知られる。「升廻之次第」によれば、各郷はこの「祭」に直結するのではなく、郷と「祭」(在家)の間に村があり、村は村内の「祭」(在家)を構成分子として「祭組」を構成していた。例えば、菅生村の場合は、八槻郷のうちで「菅生分四祭」として「うちかう・しミづ・ゆかわ・なめざわ」の四在家によって構成される一つの祭組となっていた。

永禄一二年から二〇年を去るにすぎない天文一七年(一五四八)の、さきにふれた「菅生村頭屋」に関する文書と合せ考えるならば、菅生村ではこれら四在家すなわち在家農民がそれぞれに頭屋として祭祀基盤を構成しながらも、村の地頭領主とみられる菅生右衛門尉衡益が「村の頭屋」を管掌し村全体の祭祀を司る地位にあったかと想定される。村を統轄し代表する菅生衡益は神人として、壁書に記すように八槻近津宮の宮本での神事に出仕し、他方神輿の渡御に際しては菅生村においてこれを迎えたものと思われる。頭屋における社人の狼藉を禁じた応永の「壁書」の文書は、この神輿渡御に従った社人らの、村々における狼藉行為を戒めたものに他ならぬ。以上のように、中世後期十五、六世紀における八槻近津宮の神事は、村落の在地領主を神人として組織し、これを媒介として在家農民を掌握していたのであった。

ところで「八槻文書」には、応永二〇年(一四一三)九月の結城白川満朝書下(八)をはじめ、正長元年(一四二八)二月の氏朝(一五)、宝徳三年(一四五一)五月の直朝(二四)、永正四年(一五〇七)五月の政朝(六一)、大永四年(一五二四)七月の義綱(七五)、天文二二年(一五五三)九月の晴綱(九〇)など、結城白川氏歴代が八槻近津別当にあてた書下が収められている。[16] その文書は、次に掲げる満朝の書下といずれも同一である。またこのほかの宛所は義綱・晴綱の書下が「八槻別当」とある以外は「近津別当」となっているが、双方の実体が同一であることはいうまでもない。

近津神人等、任先例、可随別当所堪候、於違犯之輩者、可有異沙汰也、仍状如件、

応永廿年九月十四日　(満朝)(花押)

近津別当
　侍従律師坊

神人らが八槻近津別当の「所堪」(管理・指揮)に従うべきことを確認した文書である。義綱の書下には、結城白川家宿老の和知常頼の添状がある(八槻文書七三)。この「所堪」の具体的内容は詳らかでないが、おそらくは祭祀関係のみに限定されるものと思われる。にもかかわらず、宗教的側面での指揮関係が、より広汎な指揮関係へと拡大される可能性は十分に考えられる。後述のように、八槻近津別当は結城白川一家および同家中、地下人の熊野参詣先達職、さらに領内修験の年行司職を掌握していた。このような関係をも通じて、とくに高野郡南郷の在地領主＝結城白川家中と、八槻近津別当との結合は別当優位の形をさらに強めたことであろう。

なお、在地領主層を神人に組織し奉仕させる、あるいは神人が祭祀の座を構成するという姿は、馬場および下野宮の両近津宮においても同様であったと考えられる。馬場・下野宮の両近津に関しては、右のような主旨の結城白川歴代の書下はのこされていない(17)。それが、文書の伝存事情によるか、あるいは馬場・下野宮にはこのような文書が発給されなかったことによるかは明らかでない。いずれにせよ、別当職と神主職を兼帯した八槻の場合と、これが分立していた馬場・下野宮の場合とでは、この点においては情況に当然相違があったとみてよいであろう。

結城白川氏が白川領における最高領主として、近津宮三社に対する指揮規制権を保持したことはいうまでもない。さきの「壁書」における社人員数の限定、神人・別当らの随従下部の制限などは、その端的な例である。永禄四年(一五六一)一一月、結城白川家宿老和知直頼が馬場近津宮の注連銭収取の願いを許可し、従来通り頭屋一箇所から三三〇文を認めているのは(馬場都々古別神社文書)、結城白川氏による近津宮規制を前提として考えることができよう。このような結城白川氏の指揮規制は、近津三社いずれにも加えられたのである。この事実は、結城白川氏が都々古別

第１表　結城白川氏の八槻近津宮への寄進

年　月　日	寄進者	内　　容	備　　考	八槻文書番号
応永24. 9. 20	満　朝	石井郷内大内村年貢銭５〆文	所願成就	9
(〃 26. 12. 21	氏　朝	熊野御初物80〆文		12)
〃 27. 11. 15	〃	成田内田数七斗蒔分銭２〆800文	為造営新寄進	13
永享 2. 1. 11	〃	依上保内山田村内西たかきに分銭７〆文		16
〃 10. 2. 4	〃	皮山	安堵	18
〃 11. 2. 13	直　朝	下野国茂武（武茂）大山田村や八郎在家分銭２〆文		19
文安 1. 8. 25	〃	皮山	安堵	21
〃 4. 7. 12	〃	菊田庄内小山田三良天神別当幷御礼堂別当		22
明応 6. 2. 12	政　朝	南郷之内田中内の在家		48
〃 9. 11. 1	〃	武茂之内河口之年貢１〆文		52
文亀 3. 8. 12	朝　脩	常州小里村内もゝとり内在家１間		56
永正 2. 3. 12	政　朝	石川庄小高之内賀茂宮之神田三斗蒔、畠２枚屋敷山年貢２〆文の所		57
〃 4. 4. 26	顕　朝	飯野の公事	可為如前々候	60
〃 7. 7. 吉	政　朝	山菅生湯川在家、石井郷堀内		66
〃 18. 11. 日	隆　朝	飯野18〆文之所	如前々相付申候	70
享禄 3. 1. 吉	義　綱	東重あとのうち田五斗蒔		78
天文 4. 11. 吉	〃	おつけの草		82
〃 22. 9. 日	晴　綱	山本木曽之内小沢勘左衛門尉跡５〆文		88
永禄 9. 6. 吉	晴綱他１名	伊香之中鴇山平六郎恩之地	南郷本意候者、可寄進	94
天正 7. 2. 7	義　親	金山之内大竹三郎右衛門所領大かう内１間他	以前寄進御神領為替地	98
〃 13. 3. 吉	〃	大村に其方拘候田銭１町分		100
〃 17. 10. 吉	〃	常世の内和田、さうの平、うへ田、北之内	此度存立儀相叶候者、可令寄進	104
〔明応 9. 2. 13	政　朝	しほ井の内の在家５分の棟別免除		51〕
〔永正 7. 3. 10	〃	いやまた御神領の棟別７年免除		65〕

第２表　結城白川家中その他の八槻近津宮への寄進

年　月　日	寄進者	内　　容	備　　考	八槻文書番号
康正 3. 7. 29	岩城　清隆	岩城郡之内上田所領１所		25
寛正 4. 7. 12	斑目　直政	高野郷内山王山	安堵	28
文明16. 11. 15	斑目　政基	しほへの三間在家	此以後…直にそなたへ召寄候て御成敗候へく候	38
明応 5. 7. 1	東条常安・基宗	七斗蒔		47
永正 8. 9. 吉	和知　秀頼	駒石之内二郎衛門作り田二斗蒔		68
大永3. 壬3. 12	河岡藤衛門	２〆文３年	神事刷不備に付き	72
天文 3. 2. 吉	大和田常広	宮内の年貢500文の処		79
〃 4. 10. 18	伊勢　太悦	山本きそ内50疋の処		80

神社＝近津宮に対して深い帰依を示したことと矛盾するものでは無論ない。一五世紀中期以前のものとみられる「八槻近津宮幣殿奉加帳」(八槻文書二八)には、結城白川直朝をはじめ弟小峯直親とその子直常、および田川直広ら結城白川一家の衆一〇人が各馬一疋を奉加している。

「八槻文書」に現われる結城白川氏の八槻近津宮への寄進は別表のとおりである。依上保内、下野茂武(武茂)の内、常陸小里村内、石川庄小高之内など、高野郡以外の地が寄進のなかにみえることに注目される。新領土の獲得を契機にその一部を寄進する例のあったことがうかがわれる。結城白川氏以外による寄進をも参考までに掲げておく。

なお、八槻近津宮の社殿造営について応永二七年(一四二〇)結城白川氏朝が成田内を造営料として寄進したことは、すでに別表に掲げたところであるが、その他にも結城白川氏は八槻近津社の造営に対して多様な便宜と特権を授けている。すなわち、天文一四年(一五四五)一〇月には造営に関し佗言に任せて五年間の伝馬役を免除し(八槻文書八五)、天文二二年には造営について前々の如く「売買之役」の徴収に許し(同八九)、さらに永禄三年(一五六〇)五月には造営のための材木を何方においても取ることを許可した(同九三)。

このような寄進あるいは特典附与によって、近津社の宗教的権威は一五、六世紀には頂点に達したといえよう。そのような行為は、後述のように、また結城白川氏の権威を高め、権力を強化するようにも作用したのである。

二　修験としての八槻別当

八槻近津宮別当大善院(八槻家)はその系図によれば、二階堂信濃の末葉の左衛門大夫高盛という人物が、八槻神主高野八郎が蘆名氏に追払われて神主退転のあとを神主職となり、また明徳年中(一三九〇―九四)駒石先達良源から修験職分を譲り受けて年行事職を立て、八槻近津社の別当と神主を兼帯したのに始まると伝える。(18) なお、応安三年(一三七〇)の「奥州白河庄刑部阿闍梨明尊二所熊野檀那名字」(八槻文書一)によれば、結城白川宿老家の斑目周防守は近津別当を二所(箱根・伊豆)・熊野先達として引導をうけている。この段階の八槻近津別当とみられる駒石阿闍梨は、高野郡北郷および南郷の熊野旦那職を譲渡などによって取得・集積していた(同二・三・四)。

のちの大善院八槻氏は、駒石が集積した旦那職を譲り受けたことになるが、応永二五年(一四一八)を下らないころまでに「奥州白河一家、同家風、地下人等、熊野幷二所参詣先達職」を掌握して若王寺乗々院から安堵の御教書を与えられており(同一〇)、その安堵は寛正三年(一四六二)九月(同二七)、文明九年(一四七七)九月(同三二)、明応四年(一四九五)八月(同四四)、天文一一年(一五四二)七月(同八三)にも行われている。ここにいう「白河一家」は結城白川宗家および白川小峯をはじめ、白川の氏を冠しその家紋を有する人々である。(19)「同家風」すなわち白川家風(家中)とよばれる人々は、宿老の斑目をはじめとする白川領の郷村に住む在地領主層である。「地下人」はいうまでもなく在家百姓を主体とする地下人である。八槻別当が保持した「白河一家同家風地下人等」についての先達職が、個別の旦那職の買得集積によって完成したものでなかったことは、次の若王寺乗々院御房御教書(同三四)から知ることができる。

奥州石河一家之内、赤坂・大寺・小高両三人之事、近年成白川之一姓、既改氏、被替家之文等之上者、
熊野参詣先達職之事、以白河一家之旨、知行不可有相違之由、乗々院法印御房被仰出候処也、仍執達如件、

文明十六年九月三日

法眼慶乗(花押)

法橋快継(花押)

八槻別当御房

石河一家の赤坂・大寺・小高が白川氏に従属して、姓氏を改めて白川赤坂・白川大寺・白川小高と称し、家紋など

を替えた以上は、彼らに対する熊野参詣先達職は「白河一家」として、八槻別当がこれを知行すべきことを認めるという趣旨である。某年六月一日の八槻別当あての前下野守直家書状において、直家が「愚身之事者、白河之為一家上者、偏其方之可為旦那候」と述べているのも同様である。[20]前提として、白川一家という集団総体に対する先達職があり、白河一家に編入された者はその意志にかかわりなく、いわば自動的に八槻別当の旦那となるのである。「白河一家同家風地下人等」先達職が、個別旦那先達職の買得によって形成されたものではないことが明らかである。

白川家中と白川領の地下人とを掌握するこの先達職の成立は、いうまでもなく結城白川氏の判断にもとづくものである。前述のように、神主としての八槻氏は、高野郡北郷の馬場近津宮および依上保の下野宮近津宮とならぶ八槻近津宮のそれであるに止まった。また、結城白川氏の本領である白河庄（白川郡）には鹿島神社が鎮守の地位を占めていた。結城白川氏にとって第一の神社が白河鹿島神社であったことは、文明一五年（一四八三）三月、結城白川氏が鹿島神社前において一日一万句の発句を興行したことにもうかがわれよう。それに対して修験としての八槻別当（大善院）は、高野と依上保を抑えるのみならず、なによりも白河庄を抑える先達職に他ならなかったのである。ここに修験八槻別当と結城白川氏とのまことに緊密な関係をうかがうことができよう。

その事実は、さきに掲げた石川一家の大寺・赤坂・小高らの白川氏への服属という結城白川氏の勢力拡大が、直ちに八槻別当の先達職の拡大に帰結するという関係に端的に示されている。[21]また寛正三年（一四六二）九月、八槻別当が「菊田庄四十五郷檀那、熊野二所参詣先達職」を乗々院から安堵されたのは（同二六）、結城白川直朝による菊田庄支配を前提とするものであり、天文一一年（一五四二）七月「依神保内同行幷熊野同二所参詣檀那等」が「如先々」安堵されたのも（同八四）、結城白川氏の依上保領有が前提であった。この点は、田村庄の蒲倉大祥院が元亀二年（一五七一）九月「塩松旦那、熊野参詣先達職」を安堵されたのが（青山文書）、田村清顕による塩松支配の実現に伴うものであったことと同様である。田村氏における大祥院と同じく、八槻修験（大善院）は結城白川氏との間に特権的な独占関係を結んでいたのである。(22)

さて、「八槻文書」には、室町幕府奉行人あるいは越後国守護代長尾能景などの発給にかかる過所が含まれている。いずれもが奥州白河の住人の上方下方に関するものであるが、これらの過所が「八槻文書」に収められているのは、この過所を携行して白河住人の一行を案内引導したのが八槻別当であったことを示している。

これらのうちで永正六年（一五〇九）七月、政盛なる人物が発給した過所は、「従奥州白川、参宮方弐百人、馬七疋、荷物八荷」について「国中諸関舟渡、無相違可勘過之由」を内容として、「所々領主御中」にあてたもので（八槻文書六二）、明らかに八槻別当がおそらく伊勢参宮、そして熊野参詣の引導を勤めた際の過所である。しかし寛正四年（一四六三）九月の室町幕府奉行人過所（同三〇）は、「白川修理大夫連々進上、御馬弐拾疋、人百人荷持在之海河上諸関渡、毎度以彼印、無其煩、上下可勘過候、若有異儀之族者、為被処罪科候、云在所、云交名、可被注申由、所被仰下也、仍下知如件」という文面から、結城白川氏が幕府に進上する馬と荷物およびその礼のために上洛する人々の諸関渡の往復の通交を保障するためのものであることが明らかである。「人百人」に施された「荷持在之」(23)の注記は、百人のうちに進上礼物の持手（運び手）として上洛する者が含まれたことを示す。「白河証古文書」に八槻大善院蔵として収める延徳二年（一四九〇）閏八月二八日の室町幕府奉行人過所もほぼ同じ文面であるが、「連々進上、御馬弐拾疋、人弐百人荷物（ママ）在之」とある。このような、幕府への進上馬・進上物に関わる過所であるからこそ、「有異儀之族」に対するきびしい処罰文言が付せられたのであろう。そして、「連々進上」という表現は、幕府に対する結城白川氏の馬以下の進上が、寛正四年以前から幾度となく行われたことをうかがわせる。(24)

「白河証古文書」に収める文正元年（一四六六）一〇月の室町幕府奉行人過所は「白河修理大夫入道被官奥州下向人

弐百人荷物（マヽ）在之」、あるいは文明一〇年（一四七八）九月の室町幕府奉行人過所（八槻文書三二）は「白河奥州下向人一・百人荷持在之馬拾疋」、さらに明応七年（一四九八）閏一〇月の長尾能景過所（同五〇）は「奥州下向方卅人荷物七荷」の通行にそれぞれ関するもので、いずれも幕府への進上物を勤めた人々の帰途に関するものであるか否かの明示はない。明応四年（一四九五）八月の室町幕府奉行人過所（同四三）は、「奥州住人白川上洛人七百人荷持、在之、馬五拾疋荷駄在之」についての過所であり、文面による限り、これもまた熊野参詣の明証はない。しかし、二百人あるいは七百人にのぼる白河の人々の上下は、幕府への進上物のみに関する集団としては多人数に過ぎる。上洛とあわせて熊野参詣を目的としたものとみるべきであろう。応安三年（一三七〇）の「奥州白川庄刑部阿闍梨明尊檀那名字」（同一）によれば、白川家中の諸士はもとよりその陪臣たちが、夫人・男女子を含めて熊野に上っており、参詣のことは鎌倉期にさかのぼり、また参詣が必ずしも生涯一度に止まらなかったことが知られる。熊野参詣が地下人＝百姓にも及んだことは、さきにみた「家風地下人等、熊野幷二所参詣先達職」の安堵に明らかであるが、例えば「八槻郷西河都小峯在家住人孫三郎子孫、同所住人孫五郎子孫」らについての熊野旦那職譲状その他（同二一―四）によって確認される。

　永享一二年（一四四〇）四月の結城白川氏朝上洛日記（結城文書）は結城白川氏の上洛、幕府との接触の具体相を示す貴重な記録であるが、そこには氏朝の熊野参詣に供した母以下三〇人に及ぶ人数が記されている。これによれば、結城白川氏の上洛は熊野参詣を兼ねて行われたことが明らかである。[25] 氏朝の上洛日記には、その際の八槻別当の関与は明示されていないが、さきにみた幕府への進上物等のための往復がいずれも八槻別当の引率によったのをみれば、この上洛・熊野参詣の場合も同様であったに違いない。

　結城白川氏の幕府との交渉において、八槻別当が果した役割は、それに止まるものでなかった。

①　口宣案

（足利義晴）
（花押）
上卿　中御門大納言
大永二年十一月卅日　宣旨
（藤）
□原義綱
宣任左兵衛佐
蔵人右中弁藤原頼継奉
（近津文書）

②御官途之儀御申之旨、致披露、被達　上聞候之処、被成下　口宣御袖判出候、御面目之至、不可過之候、来春中急度御礼御申肝要候、御延引候てハ不可然候、京都之時宜、御屋地等、何も御疎略、相調申儀、定而八槻別当可被申候間、令省略候、可得御意候、恐々謹言、
十二月七日　石見守通隆（花押）
謹上　白川左兵衛佐殿
（遠藤白河文書・東北歴史資料館蔵国分文書）

③今度者、為御使罷下、御懇之至、殊色々預御扶持候、畏入存候、仍上意江御進物、右京大夫殿江御進物、勢州其外方々江之御□納申候処、則　御内書、幷御返報之御物次、右京大夫致御書、御返礼之御物、勢州其外御返進物共、悉相調候而、御使江渡□、就中御官途之　御口宣ニ　公方様被成御判候、千秋万歳、目出度存候、必来年御礼可有御申、若遅々候而者、不可然存候、猶巨細之段、河東田備前守・八槻別当両人可令披露之条、不能一二候、何事も重而目出度、可得御意候、恐々謹言、
十二月十九日　和泉守氏久（花押）
謹上

和知周防守殿
船田安芸守殿
芳賀左衛門尉殿
同　豊前守殿
　　　　人々御中
　　　　　　　　　　　　　　　　　　　　（結城文書）

これらは、大永二年（一五二二）一一月に行われた結城白川義綱の左兵衛佐補任に関する一連の文書である。いうまでもなく①は義綱の左兵衛佐補任を宣下した口宣案にほかならず、②は室町幕府の要人寺町通隆が左衛佐補任の旨を伝え、来春の御礼を促した書状であり、③はこの年白河へ下向して官途申請の準備および将軍以下幕府要路への進物のことなどを連絡し、上洛してこれを進納するなど、口宣案の発給に尽力した坂東屋富松氏久が官途の実現を伝えその礼のことを促した書状である。(26) ところで、②には「定而八槻別当可被申候間、令省略候」とあり、③には「猶巨細之段、河東田備前守・八槻別当両人可令披露之条、不能一二候」とある。これらによれば、八槻別当と白川家中の河東田備前守は、坂東屋富松氏久と共に白河から上槻し、結城白川家の使節として氏朝の官途のことに関わり、官途の口宣案および将軍以下の返礼物を携えて下国したのである。(27)

なお、「結城文書」には延徳二年（一四九〇）九月二一日付の白川小峯朝脩の修理大夫補任に関する口宣案が収められている。前述の同年閏八月二八日の室町幕府奉行人過所にみえた「白河弾正少弼連々進上御馬弐拾疋・人弐百人荷物《ママ》在之」は結城白川政朝の進物であるが、口宣案と過所の時期的一致を考えるならば、この進物は政朝が分家の小峯朝脩の官途と関連して行ったものとみてよいであろう。そしてこの進物の一行の引導を勤めた八槻別当は、朝脩の官途口宣案のことにも関係した可能性が十分に考えられる。

右によれば、結城白川家の外交使節として八槻別当が果した役割は、一五、六世紀においてはおそらく恒常的なものであったであろう。官途に関わる大永二年の例、あるいは延徳二年の例は、文書の伝存事情によって僅かに明らかにされたものにすぎないのではなかろうか。

三　結城白川氏の高野郡支配と八槻近津別当

以上、結城白川と八槻近津別当との深い関わりが確認された。それでは双方の緊密な関係は何に因るものであろうか。まず外交的には、強力な熊野先達職にもとづく八槻別当と京都上方筋との縁故が、結城白川氏にとって頼るべきものであったことが考えられる。そして第二に内政面では、都々古別神社を媒介とする八槻別当の高野郡・依上保に対する強固な宗教的支配力を前提に、おくれて領有の実現したこの地域に対して政治的支配の安定強化をめざす結城白川氏が、八槻別当との結合を不可欠としたことが挙げられる。ここではこの第二の点について検討を加えることとしよう。

八槻別当が高野郡に保持した強固な勢力を確認しよう。某年八月、田村郡守山城主田村盛顕は岩城氏の陣所へ使節を派遣するに当たり、路次不案内のゆえをもって、「無相違様御調法」すなわち適切な措置を依頼した(八槻文書七一)。また某年九月、佐竹義隣は「其口よりあか城迄」の「彼御方」の無事通交を依頼した(同九二)。田村盛顕は一五世紀末期に活躍した人物であり、佐竹義隣は常陸太田城主佐竹義舜の子で永正一二年(一五一五)の誕生である。盛顕・義隣の活躍した一五世紀末から一六世紀半ばにかけての時期には、高野郡はすでに結城白川の領有権下にあった。にもかかわらず、八槻別当が東と南の隣境にある田村・佐竹両氏から高野郡内の通過についての便宜を依頼されていることは、八槻別当が高野郡内の通交についての支配権＝検断権を保持していたことを思わせる。[28] 佐竹義隣書状には「如此之儀、度々申越候事、無心様ニ候へ共、頼入候」とある。佐竹氏から八槻別当に対するこの種の依頼は、しばしばであったことが知られる。

文明一八年（一四八六）一〇月、乗々院は依上保において大島別当同行刑部山臥が殺害されたことについて、「任当道大法、堅可被致糺明之由」を八槻別当に指示した（同三九）。少なくとも高野郡および依上保における山臥（修験）に関する検断権は、八槻別当がこれを掌握していたことが考えられる。

なお、石川庄の石川一家・被官等に対する先達職は元来竹貫別当が保持していたが、明応三、四年（一四九四、五）のころ、竹貫別当の「緩怠」の科によりこれを乗々院が召上げ、八槻別当がその代官職に補された（同四一、四五）。しかし明応八年のころまでに竹貫別当民部卿宥印は、八槻別当との相論によって京都において「生涯を失う」に至り、石川一家の陳情によって結果的には宥印跡（宥印後継者）が先達職に補せられることとなった。[29] この相論は、実はさかのぼって明応三年の召上げ事件の前提をもなすことも臆測されるが、いずれにせよ、八槻別当が石川領の竹貫別当に圧力を加える程の実力を擁したことは疑いないであろう。そして、右にみた諸多の八槻別当の実力は、八槻別当が結城白川氏から付与された権限ではなく、みずからが蓄えた固有の実力とみてよいであろう。

結城白川氏の高野郡さらに依上保支配は、八槻別当のこのような実力によって支持強化される必要があった。いうまでもなく高野郡および依上保は、結城白川氏の鎌倉期以来の所領ではなく、建武二年（一三三五）一〇月、依上保の知行、および高野郡・依上保の検断奉行のことを結城白川親朝が充行・補任されて以来のことである（結城文書）。貞治六年（一三六七）二月には足利義詮によって高野郡の領掌（知行）のことが結城白川顕朝に認められた（熱海白川文書）。

永享一二年（一四四〇）の結城白川氏朝上洛日記にみえる上洛随従の白川家中武士は、白石・斑目・芳賀・和知・清内・黒木・小屋家・船田・江・馬舟・白坂など白河郡に本領を有するとみられるものが大部分であるのに対して、高野郡・依上保のそれは僅かに伊香入道と、あるいは山本小三郎がそれかと思われるにすぎない。文明一三年(一四八一)の一日一万句連歌に参加した二十座の頭人たちにも高野郡・依上保の士と考えられる者はみえない。高野郡および依上保の領有にもかかわらず、結城白川氏がそれらの地域内の在地領主層を有力家臣として組織し挙用する傾向は生じなかったといってよい。

このような情況は、高野郡あるいは依上保地方に強力な在地領主が存在しなかったことにも関連しようが、むしろ結城白川氏が八槻別当あるいは馬場近津宮神主・下野宮近津神主らを媒介として高野郡・依上保の中小在地領主の統制を行ったことに因るかと考えられる。いうまでもなく、結城白川氏と高野郡・依上保の在地領主層との間における主従制は、直接にそれ自体として結成され機能したであろう。しかしそれは、近津三社の神事における神人組織、あるいは八槻別当が掌握する熊野先達職など、宗教的な組織と機能など、いずれも鎌倉期以来のこの地域の伝統によって補完される必要があった。結城白川氏の近津社とりわけ八槻別当との緊密な関係はこのような事情に因るものと考えられる。

結城白川氏と八槻別当との関係は、永正一三年(一五一六)のころ八槻別当良賢の弟来福寺が白川小峯修理大夫に殺害され、良賢も牢人するという事件によって、一時阻害されたかと思われるが(30)、その後も強固な形を継続したのであった。

結城白川氏と結合しつつ確定した八槻近津神主＝別当の地位は、天正三年(一五七五)の白川領占領によって佐竹支配が決定した以後においても、佐竹氏によって安堵確認された。天正三年八月佐竹東義久は八槻神主職を安堵し(八槻文書九五)、同年一一月佐竹義広(義重次男。のち白川家に入嗣)は近津神領を前々の如く安堵した(同九六)。さらに天正五年閏七月、佐竹東義久は八槻別当の「身躰」（進退）を安堵し（同九七）、天正一七年三月には「八槻宮本之仕置」についても別条なく安堵した（同一〇三）。このような佐竹氏の措置に応じて、天正一六年の八槻別当の入峯に当たって、乗々院は八槻別当の「白川本領之内年行事職」を前々の如く別儀ない旨、安堵している（同一〇一、一〇二）。さきにみた八槻別当の菊田庄先達職の例のように、政治的支配の拡大すなわち新領土獲得は、その大名国人と関連する修験の霞・先達職の拡大となることが多かったのであるが、佐竹氏による白川領支配は、八槻別当の旧来の地位と既得権をそのまま安堵する形で行われたのである。それは、近津宮＝八槻別当の高野郡、さらには白川領に対する深く強い関わり、宗教的支配力の結果にほかならなかったといえよう。

註

（1）「白川古事考」、吉田東伍『大日本地名辞書』ほか。
（2）吉田東伍『大日本地名辞書』。なお、馬場、八槻の両社は、発生当初から二社立に構えられた一組織とみる説もある（梅宮茂「白河郡家関和久遺跡と古社」『関和久遺跡』を参照）。
（3）福島県教育委員会『歴史の道調査報告書　水戸街道』。
（4）応永二年近津明神社家契状（『棚倉町史』２七五三頁）。
（5）『福島県史』７　金石文　四九六。
（6）福島県教育委員会『都々古別三社報告書』。なお、「大善院」の名が史料に初見するのは天正一六年（一五八八）であるが、その名実は一五世紀にさかのぼるものとみられる。
（7）修験として八槻別当の勢力は白川領においては絶大であったが、神社としての馬場・八槻の両近津は、それぞれ北郷および南郷の鎮守としてほぼ対等の実体を保って中世末に至ったものかと思われる。すなわち、慶長九年（一六〇四）現在で、「馬場近津は殿舎八宇、御神領三百六十三石」、「八槻近津は殿舎十一宇、御神領三百七十三石九斗余」とあるのは（奥州南郷寺社領帳）、その証となろうか。この数字は、近世領主権力が両社を対等化させた結果、とまで推量する必要はないであろう。

（8）「八槻文書」（棚倉町八槻、八槻淳良氏蔵）は『福島県史』7（中世・小林編）および『棚倉町史』2所収。『棚倉町史』は写真を掲載している。本稿では『福島県史』7の番号によって「八槻文書」を引用する。

（9）『棚倉町史』2七五三頁。

（10）この場合の神人は、一般に神社に隷属して雑役をつとめるいわゆる本社神人ではなく、俗体をもって奉仕するいわゆる散在神人に類似した存在とみてよい。散在の神人は地主あるいは富裕層など地域の有力な階層が多かったとされる（豊田武「中世に於ける神人の活動」豊田武著作集3『中世の商人と交通』）。

（11）馬場都々古別神社文書（『棚倉町史』2七三九頁）。

（12）なお『棚倉町史』6二六〇頁・同1一八五頁をも参照。

（13）前掲『都々古別三社調査報告書』一六―一七頁。

（14）『福島県史』10下一四一〇頁。

（15）『棚倉町史』2六六五頁。

（16）この結城白川歴代（ただし顕頼を欠く）は、それぞれの発給年が歴代の家督相続の直後とは必ずしもみられないことから、結城白川氏の代替りごとに出されたものとは考え難い。あるいは八槻近津別当の代替りごとに出されたものであろうか。いずれにせよ、八槻近津別当がわの要請によって発給されたものであろう。

（17）馬場別当あてには弘治四年（一五五八）二月、結城白川隆綱（義綱）と同晴綱が「近津社人、任先例、可被致成敗候」という、社人成敗についての書下が発給されているが(高松文書)、神人に関するものは伝存しない。

(18)「八槻系図」、藤田定興「八溝山信仰と近津修験」(『日光山と関東の修験』)。「白河古事考」には、「神主古は世世高野氏なり、八郎長広と云者に至て、今の別当廉良廿世の祖二階堂左衛門大夫高盛法名は淳良と云しに譲ると也」とある。

(19)後述のように、文明一六年のころ石河一家の赤坂・大寺・小高が「白川之一姓」となって氏を改め「家之文《紋》」などを改めている。この例のように、白川一家には白川宗家およびその分家である白川小峯・白川山ノ井(北)のほかに、一家として遇される諸氏があり、それぞれ「白川○○」と称したことがしられる。

(20)『棚倉町史』2九四五頁、前下野守直家書状。新城常三『新稿社寺参詣の社会経済史的研究』一七五頁。なお、本稿は白川領に問題を限定したが、より広くは「一門一族」である限り、その成員の居住地は問題でなく、成員はその空間的距離を越えてその御師の掌握下にあった(前掲書一五六頁)と考えるべきである。

(21)このような政治軍事的力関係にもとづく国人＝在地領主の帰属の変更が、直ちに宗教的な先達職の範域の変更を決定するとしても、これに対して旧来の権限＝先達職(旦那職)を政治的関係の変更によって奪われた旧先達職が、新先達との間に紛争をおこすのは当然である。文明一六年九月三日の安堵(八槻文書三四)の直後、一〇月初めまでに、赤坂方の従来の先達職であった竹貫別当と八槻別当との間に赤坂旦那をめぐって紛争が生じている(同三六)。

(22)田村氏と熊野との関係については、小林「陸奥国田村荘における大名権力と荘園制」(『福大史学』二〇)参照。

(23)「八槻文書」三〇・三一・四三などについて、拙編『福島県史』7中世資料編などは「荷物在之」としたが、「荷持在之」が正しい。

(24)「白河証古文書」には、この他にも結城白川氏から将軍家への御馬進上を示す文書が何通か収められている。

(25)文明一五年(一四八三)の「伊達成宗上洛日記写」(伊達家文書)によれば、成宗は上洛による幕府との接触の後、奈良を経由、伊勢に参宮して帰国しており、熊野参詣の形跡はみえない。「結城白川氏朝上洛日記」に、熊野参詣のみがあって伊勢参宮がみえないのと対照的といえる。

(26)　坂東屋富松と伊達・白川両氏との関係などについては、小林「坂東屋富松と奥州大名」(『福大史学』四〇)を参照。

(27)　①は下野宮近津神社に伝存する口宣伝の写しである(近津文書)。他方、八槻の都々古別神社にもその写が伝存する。八槻文書の写は足利義晴花押影はなく、「公方様御字　義晴　御判」と記されている(『棚倉町史』2八四六頁)。なお、「結城文書」にはこの口宣案は収められていない。

(28)　但し天文一四年までには結城白川氏は高野郡内の伝馬課徴権＝検断権を掌握している(八槻文書八五)。八槻別当の交通支配はなお慎重な検討を要する。

(29)　奥野中彦「白河結城氏と修験組織」(『地方史研究』一六五)。

(30)　『棚倉町史』2八三三―四二頁、八槻文書。白川小峯氏は永正七年二月小峯修理大夫朝脩が結城白川政朝に自害させられ、同年九月朝脩の父直常が政朝を走らせ、顕頼が父政朝を嗣いだ。そのころからしばらく小峯家は断絶するという(『結城宗広』・結城系図)。永正一三年の段階の「小峯修理大夫」がだれであるかは未詳である。

(附記)　本稿の主題に関しては、奥野中彦「白河結城氏と修験組織」(『地方史研究』一六五)がある。藤田定興「八溝山信仰と近津修験」(『日光山と関東の修験』)とあわせて参照されたい。

第五部　会津

第一章　中世の会津

一

今日、お話いたします内容は、会津嶺《あいづね》の国について、中世会津の位置づけについて、芦名氏と黒川について、以上大きく三つとなります。

万葉集の東歌のなかに次のような歌があることは、会津の皆さまはすでに御承知のとおりであります。

会津嶺の国をさ遠み逢はなはば
　しのびにせもと紐むすばさね

防人かあるいは衛士として、故郷の会津を離れる若者が愛する人に与えたとみられる歌でありますが、ここで注目されるのは「会津嶺の国」という語であります。

ここにいう「会津嶺」が磐梯山であることは、寛文十二年（一六七二）に会津藩祖保科正之が詠んだ「万代《よろづ》と祝ひきにけり会津山、高天原にすみか求めて」という歌に明らかであります。仙台藩の佐久間洞巌の著「奥羽観迹聞老志」にも「会津山……是所謂《いわゆる》磐梯山也、会津嶺……前ニ所謂磐梯山、是也」と記されています。

ところで、磐梯山が所在する耶麻郡は、十世紀前半の「和名抄」によれば、「山」の郡であります。また、南会津の地域は、鎌倉時代の寛喜二年（一二三〇）の皆川文書に「陸奥国南山」とみえ、江戸時代末期まで南山とよばれるのが普通でありました。つまり、会津盆地をとりまく山々は、総体として「山」とよばれたのであります。「塔寺八幡宮長帳」の応永三十一年(一四二四)の裏書には、塔寺八幡の北門の外で人を殺害した磯部又次郎という者が「山よりとへ」おわれたという記事があります。耶麻郡ではなしに蜷川庄にあった塔寺八幡のその地でおきた事件にかかわる追放でありますから、この「山」が耶麻郡であるはずがありません。やはりこれは、『会津若松史』第一巻に述べるように会津盆地から外への追放と考えるのが正しいと思います。奈良県、大和国は山に囲まれた山処《やまと》の国という意味であるとの説がありますが、会津もまたヤマトの国にほかならなかったのであります。

そして、そのヤマトの国の山々を代表するものが磐梯山であったことは、会津山という別名にも明らかでありますが、しかしそればかりでなしに、磐梯山は会津の国それ自体を代表する存在でありました。最初に紹介した万葉集東歌の「会津嶺の国」という表現は、まさにその事実を示しております。

磐梯山は地質学的には比較的新しく、三、四万年ほど前に成立した山であるといわれます。磐梯山の訓《よみ》であるイワハシ山は、噴煙をはいてそびえ立つこの山にふさわしい呼び名であったといえます。それは、丹後の天ノ橋立が海中に連らなる橋であったのに対して、そびえ立って天に連らなる橋でありました。海も天も、ともにアマであり、トコヨの国、祖霊が所在すると信じられた国であります。それはまた、高天原との間を結ぶ天の浮橋とも考えられたでありましょう。平安時代の斉衡二年(八五五)磐椅《いわはし》神は従四位下を奉授されております。これは、奥羽の神々のなかで、大物忌(鳥海山神社)と月山神の正三位につぐ高い位であります。磐梯山が人々の信仰をひろく集めていたことがうかがわれます。

徳一が開した慧日寺は、この磐梯山信仰を基礎にしてはじめて会津に深く根をおろすことができたものと思われます。『新編会津風土記』にみえる伝説によれば、かつて噴火によって住民に被害を及ぼし、病悩山とよばれた磐梯山を、徳一は修法によって薬師信仰にもとづく恵みの山に転化させたといいます。磐梯町の慧日寺（恵日寺）に現存する建治元年（一二七五）の奥書をもつ「田植歌」は、みどりなす磐梯山が沢水を提供し、農業生活の豊かさをもたらす恵みの山であることを讃えております。

十六世紀初めの永正年間に修理されたという慧日寺古絵図には、おそらく十四、五世紀の現状とみられる壮大な伽藍配置が示されています。会津の大寺《おおでら》とよばれたこの寺は、しかし、天正十七年（一五八九）の磨上《すりあげ》原合戦の際の兵火によって堂塔を焼失したのち、ついに往時の盛観をみなかったのであります。江戸時代初期、保科正之による宗教統制が慧日寺にさらに追討ちをかけます。山崎闇斎に師事し唯一神道をひたすらに信仰した正之は、『会津神社志』を編んで、領内の諸社の由緒を調査し、「新社・淫祠」を廃却し、また諏方神社・伊佐須美神社・塔寺などの社僧・仏具類を取り払い、「唯一の宗源の神式に改め」たといわれます。このようななかで正之は、従来の峯明神《みねのみょうじん》（猪苗代町）を式内社磐椅神社として確認し、これを再興します。そして寛文十二年死去したかれは、かねての遺言によって磐椅神社に隣接する地に土津《はにつ》霊神として祀られました。

このように保科正之は、慧日寺と磐梯山信仰を分離しようとしたのであります。しかし、会津農民たちの磐梯山信仰は慧日寺と切り離されることなく、後世まで続きます。『新編会津風土記』にも記されているように、慧日寺の大頭・小頭とよぶ神体が会津盆地の村々を巡り、人々が秋の初穂をこれに捧げる、イナバツ（稲初穂）とよばれる神事は江戸時代を通じて行われ、さらに戦後にまで及んでいるのであります。幕藩領主の統制によっては律しきれなかった、会津の人々の磐梯山に対する深い信仰をうかがうことができましょう。

二

つぎに中世会津の、その先進性と一国的性格といったものについて話をさせていただきます。

『古事記』のなかに崇神天皇の世の四道［将軍］派遣の記事があり、北陸を進んだ大毘古命《おおひこのみこと》が東海を進んだその子建《たけ》沼河別命《ぬなかわわけ》とここで往きあったために会津の地名ができたと述べられていることは、すでに御承知のとおりであります。記紀の大化改新以前の記事のなかで東北地方の地名が現われるのは、会津だけであります。もちろん記紀は奈良時代になってからの編纂でありますから、必ずしも妥当ではないかと思いますが、この事実は会津の歴史の古さ、また先進性を意味するものといえましょう。東北地方で最も古く、しかも最大級の大塚山古墳を擁するということも、会津の先進性を示すものにほかなりません。ただし、大化改新以前の五、六世紀段階の地方小国家として、白河・石《いわ》背《せ》・阿尺《あさか》・信夫・菊多・石城・染羽《しめは》・浮田《うだ》などの国々が『国造本紀』にみえるなかで、会津に関する国がみえないのはふしぎであります。今後の検討にまつべきところであります。

平安時代、左大臣源俊房の日記『水左記』承暦四年（一〇八〇）の条に「会津・耶磨郡を以て一国となさん事を請《こ》う」という記事がみえます。この場合の「一国」は郡を意味するという説もありますが、私はそのまま「国」とみてよいと考えます。おそらく会津地方を一国にまとめるという案であったと思います。結果としてこれは実現いたしませんが、このような申請が行われていたという事実は、やはり会津の先進性とまた一国的なまとまりを前提とするものに違いありません。鎌倉初期にできた『平家物語』になると、会津地方には会津・耶麻・大沼・河沼の諸郡が成立していますが、これらが「会津四郡」と表現されております。会津の地域的まとまりがすでに定着しているものとみられます。

くだって十五世紀の応永二十三年(一四一六)には興徳寺が天下の十刹に列しております。興徳寺は鎌倉期の弘安十年(一二八七)ころに宋の僧覚円鏡堂が開創したと伝える寺で、同じく鎌倉期に勧請されたという諏方神社と共に、江戸時代にはこのふたつだけが郭内に境地を構えたのであり、このことからも特別の格式を保持する寺であったことが明らかであります。十刹は五山につぐ位であります。これによっても、会津地方の先進性が知られるでありましょう。ただし、このことは、寛文十二年に編まれた『会津旧事雑考』に載っておりますが、さかのぼっての根拠は明らかでありませんので、断定は保留すべきであるかと思われます。その後一世紀をすぎた永正十一年(一五一四)黒川の実相寺が「関東十刹」に列します。これは『新編会津風土記』に文書が収められておりますから、確実と申せます。あわせて、会津の先進性と文化の高さとをうかがわせるものであります。

ところで諏方神社は、中世から近世江戸時代のころに「会津暦」とよばれる独自の暦を出しております。現存する最も古いものは、故五十嵐竹雄氏所蔵の寛永十一年(一六三四)の暦でありますが、その始まりは永享年間(一四二九～四一)のころといいます。そしてこの会津暦は、奥羽の各地から北関東にまで流布したといわれております。古来、一つの国家権力に従属することの表現として、「正朔を奉ずる」ということばがありますが、暦は一個の独立した政治的社会的なまとまりによって担われるものであります。会津暦の存在は、中央との自然的気候的条件の相違が一つの前提であることはいうまでもないとして、少なくとも会津の一定の文化と経済・社会における完結性あるいは独自性と、これが中央からも公認されたことを示すものでありましょう。

天文九年(一五四〇)のころ、後奈良天皇は国家の平穏を祈って日本の各国に宸筆の般若心経を配布しますが、その一巻は会津の蘆名《あしな》盛舜《もりきよ》のもとに下されております。この事実は、会津が一つの国として認められていたことによるか、あるいは蘆名氏が陸奥国の第一の武家と認められていたことによるものか、必ずしも明らかではありません。伊達氏などに般若心経下付の事実がうかがわれないことからすれば、後者と解すべきかもしれません。いずれにせよ、この事実は東北地方における会津の政治・文化の両面における地位の高さを示すものと思われます。

さて、奥州の中世を完全に終幕させたものは、豊臣秀吉の「奥羽仕置」でありますが、その最も基本をなしたものは検地でありました。天正十八年（一五九〇）小田原の後北条氏を滅亡させた直後、秀吉は奥州に出発、八月九日会津黒川に入り興徳寺を宿舎といたします。数日の会津滞在の間に、奥羽仕置の中軸としての検地条目が出されました。現在、陸奥国検地条目は確認できませんが、出羽国と会津とについてのそれを確認することができます。その会津についての条目の最初のところには「奥州会津御検地条々」とあります。会津は数郡を含みながらも一個のまとまった地域として取扱われていることに注目されます。しかし、それは奥州に所属する地域であることは否定できません。これが当時における、あるいは古代以来の長い時代にわたる、会津の客観的な在り方であったかと考えられます。

三

蘆名氏と黒川、という話に移ります。すでにのべたような先進性とまとまりをもった中世会津を領有したのは、元来は相模三浦氏の一族であった蘆名氏であります。

鎌倉時代の会津は北条氏が地頭であり、三浦蘆名氏はその下で地頭代職を保持したということが明らかにされています。その三浦蘆名氏は、真壁文書によれば南北朝の観応三年（一三五二）のころに三浦若狭守という人物が大将となって諸士を指揮しており、また小荒居文書のなかに「若狭守、守護代、同若狭五郎左衛門尉」とみえるのによれば、若狭守はおそらく会津守護であったとみられます。さらに「守護代蘆名次郎左衛門尉朝貞」とあることから、守護とあわせて守護代職も蘆名氏が掌握していたことが知られます。

系図によれば、この若狭守は蘆名直盛とみて宜しいかと思います。ただし系図では直盛は康暦元年（一三七九）鎌倉からはじめて奥州に下向したことになっておりますが、根本史料である古文書によれば、すでにこれより二十数年前に会津において活躍していることになります。

会津の守護という職権によって南北朝期に勢力を貯えた蘆名氏は、十五世紀には名実とも会津の守護として君臨するに至ります。応永七年（一四〇〇）には蘆名次郎左衛門尉満盛が伊達大膳大夫政宗と結んで、鎌倉公方の弟である稲村公方足利満貞に抵抗しております。鎌倉公方と室町将軍の対立を利用しながら、独自に勢力を伸ばして行くのであります。

はじめに申しましたように、応永三十一年（一四二四）塔寺八幡北門のあたりで参詣人を殺害した磯部某が会津盆地の外へと追放刑に処せられておりますが、その刑を命令したのは「公方」すなわち蘆名氏でありました。二年後の応永三十三年にも、塔寺八幡の放生会に刃傷の罪を犯した者が「公方」である「当守護修理大夫盛政」の成敗をうけておりまして、守護蘆名氏による刑事裁判権の行使が明瞭にうかがわれます。ただしこの場合、塔寺の僧侶集団もまた一定程度の刑の執行権を保持していたことにも注意しておく必要があります。

会津一円に支配権を強化していった蘆名氏は、自身の直轄地をどこに領有していたか。大石直正氏が紹介された享禄元年（一五二八）の境沢文書によれば、「門田事は御世躰に付候所ニ候」とあります。御世躰は御所帯とみられますが、所帯は武士の所領のことですから、つまりは蘆名氏の所領、すなわち直轄地であると考えられます。黒川城周辺の地域、門田庄などが蘆名氏の直轄地であったことが推測されるのであります。

十六世紀初頭のころまでに、蘆名氏は独自に棟別銭（家屋税）や段銭（耕地税）を春秋二期に課徴するようになります。本来、守護の職務にもとづいて幕府に進納すべきであった棟別、段銭を自分の収入に転化させたのであります。

また、会津の領主武士たちの土地売買を安堵(公認)する権限を掌握します。武士層の土地領有に対する蘆名氏の権限が強化され、蘆名氏が上級の土地恩給権を握り、家臣武士たちは被給与権をもつという、蘆名氏を頂点とする知行制が形成されます。

蘆名直盛にしたがって会津に下向したという伝えをもつ商人司簗田氏の存在も注目されます。会津地方においてはもとより、さらに越後、安芸などで起きた事件にまで、会津商人に関するものについては紛争処理の権限を与えられた簗田氏を介して、蘆名氏の経済流通統制は浸透したものであります。

天文十七年(一五四八)京都の聖護院通増〔道〕が会津に下向します。通増〔道〕は、蘆名盛舜にあてた将軍足利義輝の御内書を携行しており、その内容は伊達稙宗《たねむね》、晴宗父子の争いを調停せよというものでした。この年、秋に実現した伊達父子の和解が、はたして蘆名氏の調停によるものであったか否かは明らかではありませんが、室町幕府が蘆名氏の政治外交上の実力を高く評価していた事実だけは確実であります。

終わりに、黒川城と黒川の町の問題にふれなければなりません。古来、黒川つまり若松の地域は会津盆地のなかで最も重要な地域の一つでありました。大化改新の以前においては大塚山古墳の存在が、また奈良時代には一箕町瓦窯跡さらには門田町条理遺構の存在が、そのことを物語っております。鎌倉期以来の由緒をもつ興徳寺と諏方神社が、いずれもその境地を大きく移したという伝えをもたないことも、黒川の地が鎌倉期にも文化的、政治的に枢要の地であったことを示すといいえます。

「黒川」の名が史料に初めて現われるのは応永九年(一四〇二)であります。この年九月二十一日の日付をもち「奥州会津黒河大口道金性妙」という刻銘のある鍔口が信州碓氷峠の熊野神社に所在することは『会津若松史』1に掲げるとおりです。『塔寺八幡宮長帳』の文明十年(一四七八)の裏書には、この年黒川諏方の鳥居が立つとあり、また興徳寺・実相寺が焼けたとあります。同じく大永四年（一五二四）の裏書には、七月十三日会津黒川町が馬場が火元で焼け、同十五日大町が火元で焼失したとあり、さらに大永七年十二月九日には会津黒川南町が焼け、翌年大町が焼けたと記されております。

以上の所見によれば、十五世紀初頭までには黒川の町が成立し、十六世紀初頭にはそのなかに大町・馬場・南町などの町々が存在し、家臣団のみならず商人・職人たちの集住が実現していたことがうかがわれるのであります。

系図によれば、蘆名直盛は康暦元年（一三七九）に会津に下向したのち至徳元年（一三八四）小田山城をきずき、町を黒川と名づけたとあります。「築城六百年記念」に当たり、最近市教育委員会および若松の研究者の方々によって、黒川城についての考古・文献の両面からする御調査が進められるなかで、小田山＝東黒川城の実在とその縄張りが明らかにされている御様子を、今日午前中に御教示いただきまして、深い感銘を受けました。

すでにあげました文献的な根拠、また御調査による考古学的な成果によって、所伝としてあった至徳元年説は十分に事実として認められる可能性があるように思うのであります。

ところで、会津に君臨したとはいえ、蘆名氏には戦国大名としての一定の限界がありました。広い会津盆地の一隅である黒川に対して、盆地には喜多方・新宮、あるいは坂下・高田、さらには盆地東の猪苗代など、それぞれに交通・経済上の要衝がありました。喜多方・新宮には一族の新宮氏、坂下には塔寺八幡宮、高田地区は松本氏、猪苗代には一族猪苗代氏がそれぞれ勢力を張っていたとみられます。このうち塔寺八幡は比較的早く守護蘆名氏に服し、新宮氏は応永二十七年（一四二〇）これを落城させて、永享五年（一四三三）滅亡させましたが、のこる松本・猪苗代など、家臣・一族に対する統制支配を確立しきれなかったこと、これが蘆名氏の弱点でありました。天正十二年（一五八四）

蘆名盛隆は松本・栗村の反乱の直後、寵臣の手にかかって黒川城内で死去します。会津蘆名最後の家督となった義広は、常陸佐竹義重の次男でありますが、蘆名旧臣と佐竹方家臣との内輪もめに悩んだすえ、磨上原合戦では猪苗代盛国の寝返りによって敗北し、ここに会津蘆名氏は滅亡いたしました。

しかし中世会津と蘆名氏の重みは、すでにお話して参りましたようにまことに大きなものがあります。蘆名氏を滅亡させた伊達政宗は米沢から会津黒川に居城を移し、また政宗から会津を没収した豊臣秀吉は、会津黒川を本拠として「奥羽仕置」を指令しました。そして日本封建体制の最終的倒壊、つまり戊辰戦争の事実上の終結が鶴ケ城落城であったことはいうまでもありません。それは藩祖保科正之の「家訓」に支えられた会津藩の実力を象徴的に示す事件といえます。しかし、そのような会津の実力と重みは、さかのぼって培われた中世のそれを継受してはじめて成立しえたものであったと考えるのであります。

（本稿は一九八四年十月二八日の会津史学会での講演内容に一部補訂を加えたものである）

第二章　蘆名盛氏と向羽黒山（岩崎）城

はじめに

盛氏とその父盛舜《もりきよ》のころ、蘆名氏は最盛期を迎えていた。天文九年（一五四〇）、ききんと疫病のまんえんのなかで後奈良天皇は宸筆の般若心経を諸国の守護を介して一宮に安置し、国の平安を祈願しようとしたが、蘆名盛舜のもとにその意が伝えられ、盛舜はこれを畏まって承る旨の請文《うけぶみ》を提出している（曼受院文書）。その結果は詳らかでないが、蘆名氏が奥州あるいは会津の守護と認められていたことは確実である。

永禄六年（一五六三）の室町幕府諸役人付には、「大名衆」とされる織田・島津・毛利・大友・武田・北条など五〇数名の錚々たる強豪のなかに、奥州からは伊達次郎晴宗と蘆名修理大夫盛氏が名をつらねている(1)。

このように、盛舜・盛氏の時期に蘆名氏の勢力は頂点に達し、米沢城主伊達氏とならぶ奥羽最強の戦国大名となっていた。その盛氏が築いた向羽黒山（岩崎）城は奥羽屈指の壮大堅固な城砦であり、戦国の山城としては奥羽随一の名城といってよい(2)。

1　元服・家督相続

盛氏は天正八年（一五八〇）六十歳で死去している。逆算すれば、その誕生は大永元年（一五二一）となる。かれが根本史料に初見するのは、天文二年（一五三三）十二月針生七郎屋敷売券（芦名文書『福島県史』7）に父盛舜とともに証判をしているのがそれである。[3] ただし、それは「一」と署するのみである。当年十三歳のかれは、まだ花押をもたなかったことがしられる。売券文中に「御屋形様、同四郎殿御父子」とあるのによれば、当時通称に「四郎」の名を用い、まだ実名をもたなかったものとみえる。すなわち、元服以前であったことが明らかである。

次にみるごとく、十七歳のかれが盛氏の実名を名のり、花押を用いていることは、すでに元服をすませていることを示す。かれの元服はおそらく、当時の例のごとく、十五歳で行われたものであろう。天文四年（一五三五）、十五歳で元服、と推定しておく。はじめて用いた花押（花押第1型）は足利系の型である。

天文六年（一五三七）盛氏の名による、かれの最初の発給文書が現れる。

　被レ任二先例一、隆顕与盛氏甚深、可二申合一之段、
　被レ露二条書一候間、速及二回答一候、
一於二当郡一、慮外之儀出来候者、可レ預二御合力一事、
一（中略）
一於二累代一、不レ可レ有二変化一候、雖レ然、決二断隣郡諸家中之正邪一者、可レ及二其刷一事、此等之篇目、若偽候者
八幡大菩薩・三浦十二天、総者大小神祇等可レ有二昭鑒一者也、仍契状如レ件、

天文六年十二月吉日　平盛氏（花押1）
田村三郎（隆顕）殿
（青山文書『県史』7）

冒頭にみえる「先例に任せられ隆顕、盛氏と甚深に申合せべきの段」という文言は、隆顕と盛氏が田村・蘆名両家の先例どおりに同盟を結ぶ、ということを意味する。隆顕は天文四年までに田村家の当主となっているから[4]、この同盟は盛氏の家督相続を契機とするものと考えてよい。

塔寺八幡宮長帳天文六年の裏書には、「此年松山の御せいはい（成敗）に盛治の直々御判形うたせられ候」と記して、「盛治」がはじめて政治裁判権を行使したことを掲げている。家督相続はじめの裁断を示すものであろう。おなじく同年長帳裏書に「此年、伊達より盛治ノ上（かみ）さま御こゑ候」とある。伊達稙宗の娘が「盛治」の夫人として嫁したことを示す。「盛治」は盛氏をさすとみてよい[5]。

以上、盛氏は天文六年、十七歳で父盛舜から家督を譲られて蘆名家の当主となったものと考える。

2　文雅の深まりと「止々斎」号

盛氏の「止々斎《ししさい》」号はまさに周知のところであるが、これについて新編会津風土記（巻七十二本郷村、向羽黒城趾の項）は「盛氏、其子盛興に家を譲り、永禄四年経営の事を始め、数年の後、城築の功成て此に隠居し止々斎と号せしとぞ」と述べ、葦名系図並古老物語（『県史』1）は「（盛興死後）剃髪号二止々斎一」と記す。

止々斎は隠居、入道しての名のり、とする説である。これに対して高橋充氏は、止々斎は斎号すなわち雅号なりとし、すでに天文二十三年にこの号が用いられていることを実証した[6]。高橋説の根拠はつぎの文書である。

上ニ朱印ヲ押ス

（花押2）

那（耶）麻郡之内上嶋のうき徳分六貫七百文の所、永代武藤中務丞に宛行之也者、守二先例一可レ令三奉公一、於二彼下地一者、末代不レ可レ有二相違一也、仍證状如レ件、

天文廿三甲寅年九月廿八日

（新編会津風土記巻六十九八重窪村）

盛氏が、武藤中務丞に耶麻郡内の知行を充行った文書であるが、袖の花押の上部には朱印が押されていることを示す。ところで、盛氏の朱印の確認されるものは壺形（1）と正方形（2）の二種で、正方形のものはかれの死後に使用されているが、ともに「止々斎」の印文がある。したがって、朱印の形と印文は明示されていないが、これが壺形で「止々斎」の印文を有したことは確実である。すなわち、天文二十三年（一五五四）三十四歳のころまでに盛氏が止々斎を号したことは明らかである。

この文書にみえる花押第2型は、従来の第1型とは全く趣を異にする。当時の那須・結城両氏などの花押の風を思わせるが、自由な雰囲気を感じさせる。この第2型の確実な初見は天文二十年七月十一日（白河証古文書）である。すでに天文十五年、二十六歳の盛氏は雪村周継から画軸巻舒法の伝を受けている。[7] 雪村は常陸（茨城県）佐竹氏の族と伝える。「多年雪舟ニ学ブトイヘドモ画風ノ懸隔セルヲ見ヨ如何」という強烈な自負を持した臨済の画僧である。永正元年（一五〇四）誕生説が正しければ、関東から会津を訪れたこの年、かれは四十三歳であった。

この事実によれば、二十代なかばころから盛氏は文雅の道をたどりつつあったものとみえる。花押第2型の採用とそして止々斎号の名乗りは、かれのその傾倒の現れであろう。大名家臣に斎号を用いる者はしばしばみられるが、大名クラスで斎号を用いた人は多くない。細川幽斎・太田三楽斎の斎号も止々斎より後の称であることを思えば、かれ

の個性は注目してよい。
高橋充氏は、諸橋轍次『大漢和辞典』に拠りつつ、止々斎号の典拠を中国古代の道家の書「荘子」に求め、「止止」は「吉祥止止」すなわち虚心の境地に福善の幸いが集まってくる、という意味とされる(8)。したがうべき説であろう。

止々斎の教養は、まず臨済の禅僧との交流のなかで培われたとみてよい。ときの黒川実相寺住職契悟が天文二十四年に記した「以籌説」一幅にみえる「黙々兮築二真空城一、止々兮耕二涅槃里一」の句(9)に、契悟と止々斎盛氏との交流を認める説(10)は確かであろう。契悟に兄事した天寧寺善恕もまた、盛氏が帰依した人物である。善恕が雲水僧一千人を集めての夏安居《げあんご》に盛氏は永楽銭百貫文を助成したといい（新編会津風土記巻三十二天寧村天寧寺）、また善恕の口添があれば、いかなる重罪もゆるしたという（会津四家合考巻九）。

真言僧との交渉にも注目される。のちにふれる巌館銘の撰文にあたった覚成は勝常寺十世といわれ、また盛氏死後その「木像御影」を造立した宝寿院宥繁も盛氏から「一世の恩顧」にあずかった僧であった(11)。

ところで盛氏は、元亀元年（一五七〇）とみられる田村月斎らにあてた書状(12)（橋本治男文書『県史』7）のなかで、田村隆顕の病気に対して重ねて「快庵之薬」を届けるとし、もし効かなければ「宗意薬」を届けよう、「関左(カ)より医者、今に到来これなく、定めて一両日中に是非お越しこれ有るべく候」（読み下し）と述べている。盛氏と「関左」すなわち関東の医師たちとの深い関わりをうかがうことができよう。

すでに盛氏は弘治三年（一五五七）までに田代三喜斎から調薬の秘伝を受けていた（新編会津風土記巻十六梁〔築〕田仙右衛門の項）。三喜斎は臨済僧、中国明に医を学び、帰国して鎌倉・足利に住み、永正六年（一五〇九）古河に移り古河公方足利成氏に仕え、田代一族は医家として関東で活躍した(13)。

「宗意薬」にふれた書状の翌年にあたる元亀二年（一五七一）、盛氏は向羽黒岩崎と黒川（若松）の間に「あら《（新）》町」をとりたてた。(14) 会津旧事雑考は、この町に医師糟尾宗頤《そうい》の一族が住んだので宗頤町とよばれたこと、宗頤は野州（栃木・群馬）の人、のち盛隆の世に織田信長のもとに使し、その推挙で法眼に任じられたことを記している。宗頤はおそらく、さきの書状の「宗意」と同一人物であり、盛氏が黒川と新城向羽黒岩崎の中間にこれを住まわせて、医事に備えたものとみられる。宗頤に対する重用ぶりがうかがわれる。

およそ禅僧の教養は、京都・鎌倉を中心に盛行した五山文学に基づくものであった。のちにみるように、盛氏は北条・武田・上杉など広い外交関係をもった。盛氏の文雅は、宗教・文化のみならず政事にもかかわる関東さらにこれを超える広がりの交渉のなかで育まれた。それと同時に、この交渉に有効な役割をはたしたこともまたいうまでもなかろう。

なお、蘆名家中の文雅にも注目してよい。猪苗代兼載が永正（一五〇四〜一一）のころ郷里会津を訪れた際、蘆名盛高・盛滋の館のほか富田・佐瀬・平田などのもとで連歌を行っていることが「園塵《そののちり》」にみえる。天文十二年（一五四三）二月の大沼郡中地村天神社の法楽連歌に盛氏と松本舜輔らが参加している（会津旧事雑考）。連歌は当時の武士の普通のたしなみではあったが、兼載を生んだ会津の水準の高さが想われる。平田弾正と天寧寺善恕との交友も知られるところである。(15)

止々斎盛氏の臣には、外交を担当した荒井釣月斎《ちょうげつさい》、近侍した七宮自然斎《じねんさい》［小林：平田是亦斎］など斎号を称する人びとがいた。

3　向羽黒山岩崎の築城

A起工　永禄四年(一五六一)春、四十一歳の盛氏は「今羽黒」とよばれた岩崎山の地を中心に新城を起工した。会津旧事雑考暦応二年(一三三九)条には「或記曰」として、湯上(会津若松市東山湯本)の羽黒権現を暦応二年飯田島に勧請し、のち応永二十一年(一四一四)岩崎山に移した。ために飯田島の地は本羽黒とよばれて旧名を失い、移った先は今羽黒と呼ばれた、との説を掲げている。ちなみに塔寺八幡宮長帳裏書には、応永二十一年十一月の塔寺八幡宮遷宮の請僧十人のなかに湯上羽黒大夫阿闍梨とならんで今羽黒治部卿僧都と今羽黒兵部卿公がみえている。

旧事雑考のこの説を採れば、盛氏は岩崎山今羽黒権現の霊地をトして新城を築くこととしたのである。[16] ただし、霊地もさることながら、その峻険と立地が大きな条件となったものと想定される。すなわち、会津盆地の南部から盆地を一望する天嶮と、関東に通じる下野道を扼し、北西は高田・坂下に通じ、鶴沼川・大川の水運と陸上の道とによって黒川さらに盆地北方にも通じるという立地条件がそれである。

築城に伴って「今羽黒」は岩崎山の北の峯に移された。新編会津風土記巻七十二本郷村羽黒神社の項には「永禄四年葦名氏城築のとき今の地に移し崇敬浅からず、社頭壮麗を極め神官社僧も多かりしに、天正十七年葦名氏亡て後殿宇廃毀せり、近世村民力を勠せて僅に再興す、鳥居拝殿あり」と記している。また、向羽黒城趾の項には「昔頂上に羽黒権現の祠ありて湯本村の羽黒山と相向へるをもて向羽黒山と名く、又今羽黒山とも云しとぞ」とある。

永禄四年春起工の典拠は、のちにふれる巌館銘であるが、起工時の様子を示す史料は未見であり、詳細は明らかでない。

B向羽黒に移る　永禄六年(一五六三)四月十日の熊野新宮葺替《ふきかえ》の棟札(新宮雑葉記『県史』7)に「当時屋形盛氏」の文字がみえ、翌七年六月の勝福寺鐘銘(『県史』7)には「隠居盛氏」とある。永禄六年四月から翌七年六月までの間に盛氏は隠居したのである。永禄六年盛氏は四十三歳、子息盛興は十八歳である。

盛興に家督を譲って隠居したのを契機に、盛氏は新城向羽黒岩崎城に移ったものと推測される。

C雪村在留　永禄四年北条氏の小田原城は上杉謙信の攻撃により危機に瀕した。天文十七、八年(一五四八、九)のころ以来、永らく滞在した小田原を去り、雪村が会津に向かったのはその前後のころであったとみてよい。かれの画の款記には「雪村鶴船」の名が「永禄六年初秋」に初出する。鶴船は鶴沼川に因んだ号といわれる。(17)この説が正しければ、かれは永禄六年秋までに会津に来住したことになる。

永禄六年、七年に雪村は「玉澗小軸」「玉澗大軸」を描いて盛氏に進上し、また向羽黒岩崎城完工のころまでに「鷹山水図」(東京国立博物館)、「花鳥図」(大和文華館)、「四季山水図」(シカゴ美術館)などを描いて城内の諸館を飾ったが、(18)そのなかでも注目さるべきは「瀟湘八景図《しょうしょう》」(六曲一双屏風、紙本金泥墨画、岡山県立美術館蔵)である。(19)

この時期、盛氏は四十歳代、雪村は六十代であった。雪村が日本における最初の自画像とされる自身の肖像(大和文華館)を描いたのはあるいはこの後のことかともみられるが、強烈な個性を持した二つの人格の交流の深まりの程がしのばれる。雪村と共に間宮宗三《そうさん》も来住し、狩野派の豪壮な絵筆を振った。(20)

盛氏が移り住んだ向羽黒山岩崎城には、三ノ曲輪《くるわ》の居館を中心に盛氏と雪村をめぐる僧侶と家臣たちによる文雅のサロンが繰りひろげられたことであろう。

D活動頂点に達す　隠居しながらも従来と変わらぬ活動を続けることは戦国大名にひろくみられる。当主と隠居とによる二頭政治の傾向である。とりわけ盛氏のばあい、その軍事・外交活動は「隠居」以後に頂点に達した。すでに天文十一年（一五四二）から同十七年にわたった伊達稙宗・晴宗父子の内争に、はじめ岳父稙宗を助けのち義兄晴宗にくみして乱に大きな影響を与え、天文二十年にはかつて同盟を結んだ田村隆顕と前年来交戦ののち講和し、白川氏と結んで事実上安積郡を掌握していた。その間に、山内・猪苗代などを抑えて会津一円を制圧していた。「隠居」後の活動圏はめざましい拡大をみせる。

すなわち、永禄六年（一五六三）四月北条氏康と同盟を結び（四月二十五日盛氏書状、遠藤白川文書『県史』7）、同九年一月には岩瀬西方を争った伊達輝宗と講和し、盟約の条件として輝宗息女（実妹）が盛興二十一歳に嫁した（伊達家文書『県史』7）。これと前後して武田信玄・上杉謙信と交信し（四家合考）、元亀三年（一五七二）ころ那須資胤と会見、盟約を結ぶ。いうまでもなく血判誓書の交換である（那須文書九一『栃木県史』史料編中世2）。

北条・伊達との同盟、上杉・武田との友好など、直接間接に常陸（茨城県）佐竹を牽制するためのものである。常陸から奥州白河・岩瀬へと侵攻を進める佐竹義重とは、同じく伊達稙宗の婿《むこ》同士でありながら、盛氏のほぼ最晩年に至るまで厳しい緊張が続いた。この間、石川庄（石川郡）の石川氏は、佐竹と蘆名の抗争に翻弄され、伊達から入嗣した石川昭光（輝宗の弟）は盛氏の大きな脅威にさらされた[21]。盛氏の圧力に屈した二階堂盛義は、すでに盛氏隠居前後のころに子息盛隆を会津にさしだしていた[22]。

（上略）具申候、寺山清顕・盛興馬廻ヲ以テ押置キ羽黒及レ行、作毛苅引除候処、敵二千追添候、返合押崩、山へ追上セ（中略）駼（ママ）五十二、生取十一人、其家内十余人打捨、五百余人打候、南郷在中遂二一戦一如レ之事、老子本望無二申事一候、御大慶令レ察候、次之日羽黒及レ備候、一人不レ出候上、馬上折立両戦、無レ残作毛田畠苅捨候、両日揺刷共懸二御目一度迄候、田衆寺山虎口之仕合被レ申候、是見事之刷不レ及二是非一迄候、尤一人手負等無レ之候、只乍二大切一、揺程面白物者無レ之候、亦自二那須・大関一百騎計打越候、座敷之前軍申勝申候、一期之本望迄候、未那

須与力之儀在馬候、（中略）亦岩崎町前早々入馬念望ニ候、恐々謹言、隆顕病気以ノ外候、一二三日中田へ打越候、

八月廿四日　　止々斎

鵜浦入道殿

（会津四家合考『県史』7）

元亀元年（一五七〇）とみられる(23)この止々斎盛氏書状は、盛氏が田村清顕（隆顕子息）および盛興と共に高野郡（東白川郡）南郷に佐竹方を征して大勝を博し、会津留守居の鵜浦入道にこれを伝えたものである。この年、かれは五十歳となっていた。

「五百余人打ち候、南郷在中一戦をとげ、かくの如きこと、老子本望申すことなく候」、「両日揺（うごき。動＝はたらき、軍事行動の意か）の刷《あつか》いともお目にかけたきまでに候」、「揺ほど面白き物はこれなく候」、「座敷の前の軍《いくさ》申し勝ち申し候、一期《いちご》の本望までに候」、「岩崎町前、早々入馬、念望に候」。

「一期の本望」と記されるごとく、盛氏書状のなかでも最も得意を披瀝したものであるが、およそ数ある戦国武将の手紙のなかでも、最も勇壮なものの一つにかぞえてよかろう。末尾にみえる「岩崎町」は、いうまでもなく向羽黒山岩崎城の城下町をさす。岩崎への颯爽たる凱旋を期する高揚した感情がうかがわれる。

4　向羽黒山岩崎城と城下町

A巌館銘　永禄十一年（一五六八）四月、勝常寺前住覚成の撰による「巌館銘」が成った。

「陸奥会津内一有二巓嶽一、本号名二羽黒一矣」の文言にはじまるこの銘文は、向羽黒山の山容と、これについで盛氏・盛興父子の人物をそれぞれに褒めたたえ、国家国土の安全守護のために羽黒山に城郭を起工したこと、実城・中城・

外構の堅固、二千余家にのぼる根小屋・宿町の盛況、この城郭をめぐる四周の環境をたたえ、「巌館」岩崎城の命名のことに及び、最後に新城を祝いたたえる詠詩をもって結ぶ。およそ一五〇〇字にのぼる銘文である。新城の落成を記念するこの銘は城内に掲げられたものであろう。

最近、高橋充氏はこの銘文について詳細な分析解釈を行い、かつこれが空海の遍照発揮性霊集(へんじょうはっきしょうりょうしゅう、せいれいしゅう)に深い影響を受け、その字句を採用模倣する点の少なくないことを解明された(24)。真言僧覚成が大師空海の文章に学んだのは自然のことであったといえる。

巌館銘について城郭構造の面から具体的に問題としうるのは、「実城・中城・外構」、「根小屋・宿町」の「二千余家」などの表現にとどまる。普請夫役の過重を避けて春秋二季三〇余日に課役期間を限ったため、起工以来約十年に及び、永禄十一年四月現在、「過半為二成就之功一」とあることに注目しよう。

B城郭と城下町の構成　まず、実城《みじょう》すなわち一曲輪《いちのくるわ》(本丸)は、標高約四〇〇メートル、比高一八五メートルの向羽黒岩崎の山頂部に築かれる。東西にのびる屋根上を削平して中核とし、北側斜面に段々と削平地群を設ける。急崖に守られた難攻の要害である。

一曲輪の北、比高五〇メートルほど下がる標高三五五メートルの地(現公園地区)を中核とする二曲輪(二の丸)は、一曲輪との間に空堀を、また北二〇〇メートルに壮大な堀切をほぼ東西に設ける。北側(二北曲輪群)と西側(二西曲輪群)に多数の曲輪が削平され、さらに西斜面に無数の曲輪が設けられる(西上段曲輪群・西下段曲輪群・西曲輪群)。広大な二曲輪は、この城郭において最も周到な構えを呈するといわれる。

三曲輪は、二曲輪北の堀切の北に展開する。西、標高約三〇〇メートルの山陵上に三曲輪、その東一五〇メートルに北東曲輪、この北に伝盛氏屋敷が設けられた。

城郭の大手虎口《こぐち》は二丸の西上段・西下段・西の各曲輪群の下、ふもと地点に設けられ、大手虎口から二〇〇メートルほど下ったところに城下の三日町が展開する。大手虎口と三日町の間には、西曲輪群と同じく家臣屋敷が置かれたものとみられる。

伝盛氏屋敷の北下に家臣屋敷とみられる上町が設けられ、その南辺を三日町から東に上った道が通り、くるみ坂を下って東ふもとの十日町に抜ける。伝盛氏屋敷の北東二五〇メートルの羽黒曲輪は北から伝盛氏屋敷・上町、さらに広く三曲輪を守る。

以上、向羽黒山岩崎城は、大きく一曲輪、二曲輪、三曲輪を構成し、無数の曲輪群をもって守備された城塞である。

なお、新編会津風土記（巻十二諏訪神社の項）に次の文書がみえる。

実城ニ番屋造候吉日、見可レ給候、雪ニ候は今明日成共、疾《（とく）》日見度候、已上、

十月廿二

右衛門大夫殿

いつの年かは明らかでないが、実城すなわち一曲輪に物見の番屋を建設させる際の文書である。その吉日を占うよう諏訪の神職に命じた文書。署名はないが、明らかに盛氏発給のものである。実城の建造物を示す文書として貴重である。

馬屋こぼし候吉日見可レ給候、二三日之内を亦岩崎ニ立申、立吉日見可レ在レ之候、今月之末ニ廿七八日比ニ、其前も、

菊月十八日

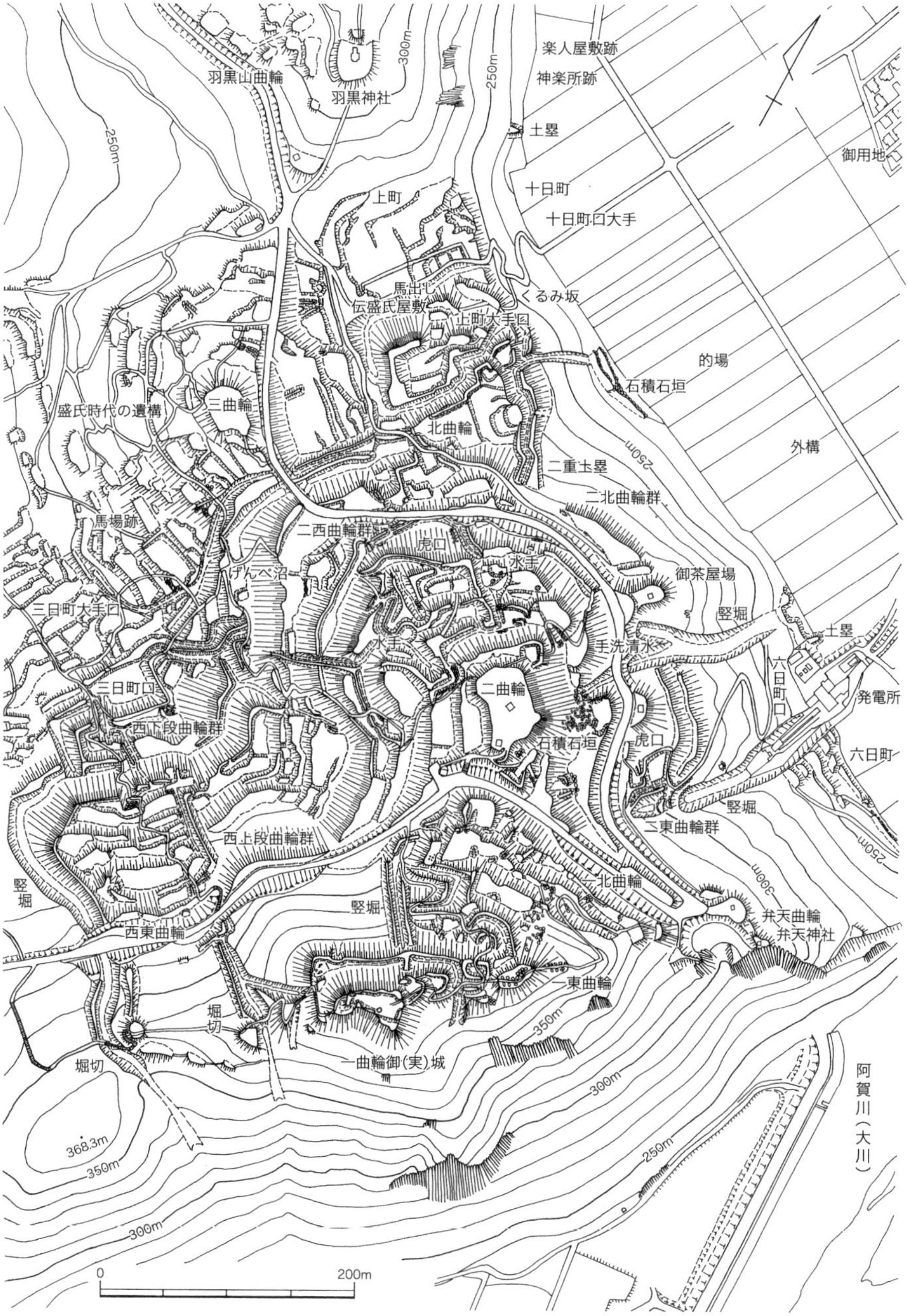

第3図　向羽黒山城跡全体図

右衛門大夫殿
（同　右）

おなじく年未詳ながら、黒川城の馬屋（厩）を岩崎城に移築する際の文書とみられる。岩崎城のどの曲輪に建てられたものであろうか。

さて、城下町は、まず三日町と十日町。十日町の南東に六日町がある。元亀二年（一五七一）、大川の西岸に開かれた宗頤町も城下の延長と考えてよい。大きく羽黒山の北西ふもとに展開する本郷の町場は、旧来の町であるが、今や城下町に編入されたと考えられる。

城郭の西を関東へ下野道が通り、本郷の町からは高田をへて坂下など盆地西部への道が、また宗頤町をへて黒川（若松）さらに北方《きたかた》への道がそれぞれ通じた。大川の流れは豊かで舟運の便は大きかった。一曲輪直下の船場は対岸および上下流域とを結ぶ水上交通の一要地であったろう（以上、向羽黒山城跡全体図を参照）。

この城郭の近辺には、荒井館・丸山館・八重館・大石館などがあって向羽黒岩崎城を守る役割を果たした。そして大きくは、向羽黒岩崎城は蘆名本城の黒川城の詰城の位置をしめたのである[25]。

C岩崎の斎市と日市

岩崎新町立候、其普請可ㇾ申候、日ヲ見可ㇾ給候、雁之一遣之候、万歳々々、

十月四日

祝殿

（新編会津風土記巻十二諏訪神社の項）

「岩崎新町《あら》」を建設するその吉日を占わせた文書。盛氏が諏訪の神職に出したものである。年は明らかでないが、新城起工の永禄四年（一五六一）からおくれても数年後のものとみてよい。この新町は三日町と推測される。あるいは十日町をも含むであろうか。

三日町・十日町および六日町が当時からの呼称であるとすれば、これらの町にはそれぞれ各旬一日、月三日の三斎市が立てられた。すなわち、岩崎町全体としては月九日の市が恒常的に立てられたのである。

天正二年(一五七四)の伊達輝宗日記(伊達家文書『県史』7)の八月二十七日条に「あいつより岩崎日市ニつゐて、当あしな殿より状参候」とみえる。「当あしな殿」はこの年五月死去した盛興のあとを継いだ盛隆である。天正六、七年と推定される[26]七月二十六日の伊達輝宗あて盛隆書状(同)には「岩崎日町付、従二養父一被二申入一候、如二前々一馬無二相違一可レ預二取相通一候、様躰之儀者、遠藤山城守江委細申理候」とある。「日市」また「日町」とは六斎市などの市日ではなく、一定期間連続して開かれる市をいう。書状の文言によればそれは馬市であり、各方面から馬が集まる馬市が日市として行われたのは、また当然であった。史料は天正に入ってからのものであるが、この馬市はおそらく永禄年間から始められていたものであろう。秋の一定期間の馬市は、岩崎城下町の繁栄のために盛氏が行った商業政策の一つであったとみてよい。

なお、盛氏が永禄三・四年、元亀二・三年、天正元・四年の各年に徳政令を発布し、永禄五年に酒造を禁令し、同十年撰銭令を発するなどの商業政策によって、領内支配に意を用いたことはすでに知られている。[27]

5　盛氏晩年と向羽黒山岩崎城その後

天正二年(一五七四)六月五日、蘆名盛興が二十九歳で死去した。酒毒(中毒)によるという。その年を会津旧事雑考は天正三年とするが、これは塔寺八幡長帳裏書を見誤ったためである。[28]盛氏は、これまで証人として会津にあった二階堂盛隆を蘆名の家督にすえた。天正二年の伊達輝宗日記の七月二十日条に「七宮常養被レ参候、合、ミやうたい(名代)、岩瀬二郎（盛隆）へわたし御申候とて」とある。盛隆の家督相続は七月中旬までにすんだのであろう。

新編会津風土記巻七十二の向羽黒山城趾の項には「天正三（二）年六月盛興早世しければ、盛氏再び黒川に帰住し、此城廃せり」と記される。しかし、さきにみた天正二年八月の岩崎日市開催のことをみれば、岩崎町は従来どおりにぎわいを続けている。盛氏は盛隆を家督にすえるとまもなく向羽黒山岩崎城にもどったものと思われる。同二年の輝宗日記十月二十一日条にも「あいつへ内源たて候、たか（鷹）岩崎へ、あしな殿（盛隆）へたち（太刀）」とあり、盛氏の岩崎居住が知られる。「岩崎」が現住にかかわりない盛氏の別名、とまでは考え難かろう。

天正四年、ともに八月二十一日付で伊達輝宗にあてた盛氏と盛隆の両書状(29)が同じ筆跡であるのによれば、当時ふたりはともに黒川城に住んだかともとれるが、黒川と向羽黒岩崎の両城が約六キロメートルの近距離にあることを考えれば、両城に別れ住むふたりが同じ右筆による書状を発給することは不可能ではないだろう。

およそ同時期のもの（天正六年か）とみられる二階堂盛義（盛隆の父）あての盛氏書状（初瀬川文書『県史』7）には、盛義からの鷹所望について盛隆に催促したが埒《らち》があかぬことを記して「盛隆手前ニ四も五も所持候条、差越可㆑進之由、雖㆓催促申候㆒、不通申相越不㆑申候（中略）老子近習之者所持申候を、致㆓所望㆒候而差越進上候」と述べる文面からは、盛氏が盛隆の黒川城ではなしに岩崎城に住むようすがうかがわれる。

つぎの文書（小田切文書『小田原市史』史料編中世3）は、明らかに盛氏の岩崎城居住を示す。

覚

一就㆓越（越後）之儀㆒愚意申達候、被㆓聞召届㆒、可㆑然様御馳走頼入事、

已上

五月十九日　（北条氏印判）

岩崎江

小田原城主北条氏政が蘆名盛氏にあてた文書で、天正六年のものとされる。充所には「岩崎江」とある。これによれば、天正六年ごろにおける盛氏の向羽黒山岩崎在城は確実であり[30]、かつ「隠居」盛氏が、盛隆の世にもなお蘆名家を代表する外交権を保持したことが知られる。

ただし、盛隆に家督を相続させた、五十歳代なかばころ以降の盛氏が、みずから陣頭に臨んだ証跡はみえない。

先日示預候条、自盛隆所使遅々申候間、以脚力喝食殿(白川義広)へ申述候、吾々之事閑居之身ニ候条、不申入候(中略)言語道断令老衰散々ニ候、洞中之者参会申事無之候、(中略)ありき(歩き)も不罷成候、炉辺ニ計送申候、茶之湯道具一ツ、可然を何成共可預候、馬鷹も曽用所無之候、(中略)重而恐々謹言、

正月九日　止々斎(花押3)

白川江

(佐竹文書『県史』7)

天正八年(一五八〇)、最晩年正月のこの白川義親あて書状には、「閑居の身に候条、申し入れず候」、という立場を記し、「老衰散々」「歩きもまかり成らず候、炉辺にばかり送り申し候(中略)馬鷹もかつて用所これ無く候」という近況を述べ、「茶の湯道具一つ」を所望している。もはや政事・軍事・外交の権限を完全に盛隆に譲り渡したようすが、また華やかなかつての文雅のサロンも解体したありさまがうかがわれる。

同年の四月十六日付の越後春日山城主上杉景勝あての書状(上杉文書『県史』7)にも「盛隆事者、重而及出陣候之条、御使別而不及御執成候、如何様帰陣之時分、以使御礼可申述由存候」とある。さきの正月九日書状と同じく、外交権を完全に盛隆に委ねていることが明瞭である。

盛氏が六十歳の生涯をとじるのはその二ヵ月後、天正八年六月十七日である(盛氏厨子銘、葦名系譜『県史』1)。か

れが岩崎・黒川のいずれで臨終を迎えたかについては確証がない[31]。戒名、瑞雲院殿竹巌宗関大庵主。

盛氏没後の向羽黒山岩崎城については、以後盛隆死去の天正十二年（一五八四）十月までの停滞期、以後蘆名滅亡、伊達政宗入部の同十七年六月に至る再発展期、以後蒲生氏郷修築の文禄二年（一五九三）六月までの修築期、以後上杉景勝挙兵合戦の慶長五年（一六〇〇）九月に至る最終期という時期区分と考察がある[32]。

盛氏死後のこの城については、文献による確証はみられない[33]。城郭構造に即した、さらなる調査検討がもとめられる。

おわりに―盛氏の花押―

盛氏の花押には三つの型が継起的に認められる[34]。第1型は前述のごとく天文六年（一五三七）に初見するが、おそらく天文四年、十五歳の元服を機に用いられたものと推測する。

第2型が確認される初めは天文二十年七月十一日の条書二通（白川証古文書下）であり、第1型終見の天文十三年十二月二十七日（境沢文書『東北学院大学東北文化研究所紀要』7）から第2型初見の二十年七月十一日の間が、転換の時期となる。特定はできぬが、盛氏の文雅への傾倒のなかで、おそらく止々斎号の採用（天文二十三年以前）と同じころか、あまり早くないころに第2型花押への転換が行われたものであろう。

第3型は永禄九年正月十日伊達輝宗に呈した起請文（伊達家文書）に初見する。第2型の終見永禄五年二月二日（仁王寺文書[35]『県史』7）から九年正月十日の間に第2型から第3型への転換が行われたのである。おそらく、この転換は、永禄六年四月から七年六月の間に行われた盛氏の隠居、向羽黒山岩崎城への移転（前述）を契機として実現したものと推測する。

以上三つの型による盛氏花押の採用・転換は、元服、文雅への傾倒と止々斎号使用、さらに隠居・向羽黒山岩崎城移転という、かれの人生を大きく画する三つのできごとのなかで行われたのであった。

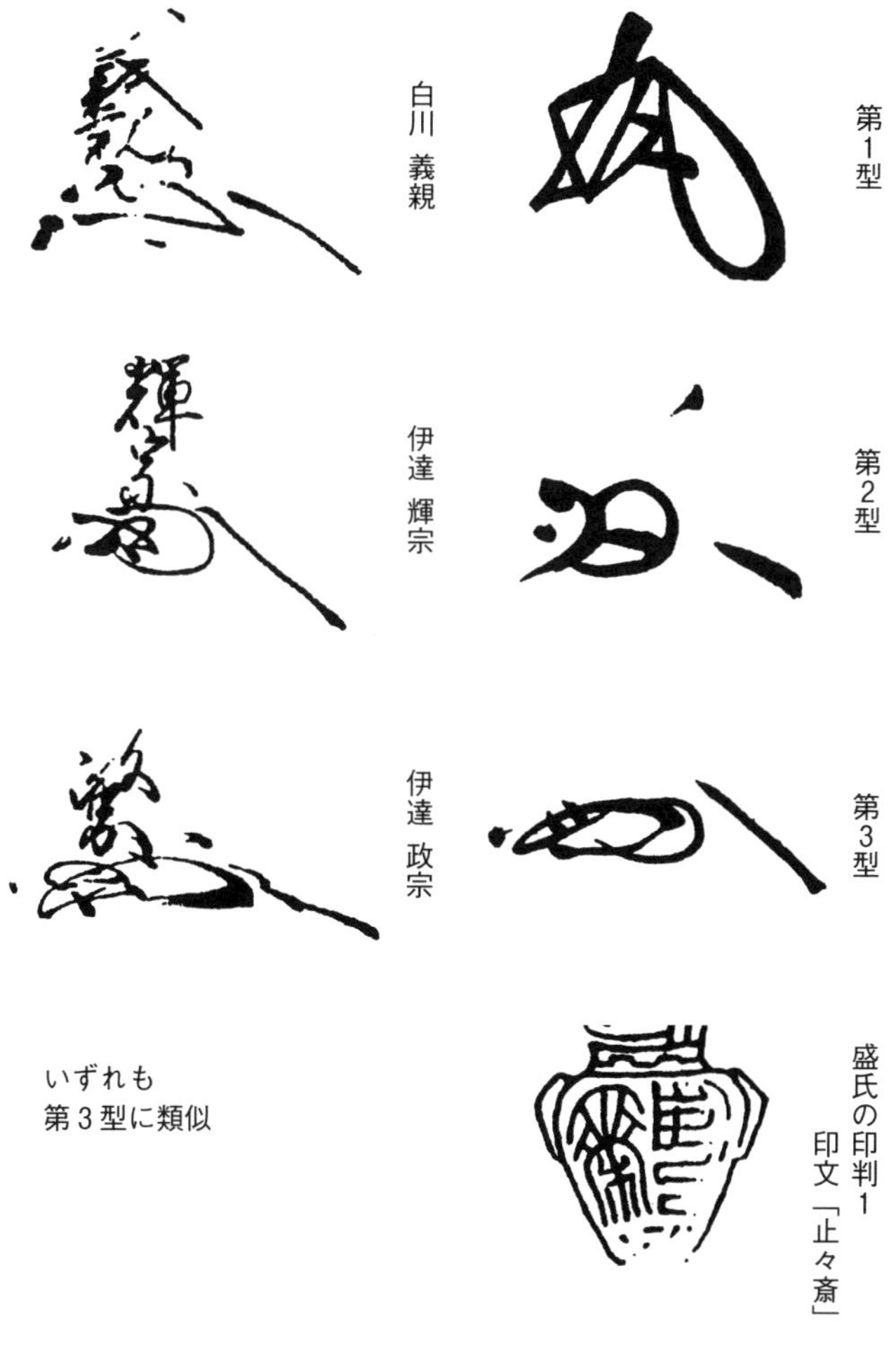

蘆名盛氏の花押と印判

とりわけ第3型は、盛氏四十歳代以降、その活動の最盛期を通じて二〇年近くにわたって用いられた。盛氏花押の代表ともいうべきこの第3型は、白川義親、伊達輝宗・政宗父子、など、南奥州の戦国大名の花押に大きな影響を与えたようにみられる。

また印文「止々斎」の印判2は、盛氏の死後、盛隆によって使用され（天正十二年九月十七日盛隆加判文書、示現寺文書『県史』7）、さらに盛隆の死後の遺児亀若丸の世にも用いられている（天正十四年十二月二十二日蘆名氏加判逸見実能売券、八角神社文書『県史』7）。

奥州から関東に大きな衝撃を与えた止々斎蘆名盛氏は、死後なお蘆名家の内外に生き続けたといえよう。

註

（1）『群書類従』雑部。「蘆名修理大夫盛重」とあるが、盛重は後筆とみられ、明らかに盛氏の錯誤である。

（2）壮大な山城としては出羽安東氏の檜山城・脇本城がある。が、その立地条件と構造および由緒からみれば、奥羽随一の名城としても過言ではないと考える。

（3）この証判にはじめて注目したのは高橋充「葦名盛氏の『止々斎』号」『福島県立博物館紀要』9一九九五年である。

（4）『三春町史』1四二四頁、小林稿。

（5）「盛治」という名は天文十二年二月五日の中地天神の法楽連歌にもみえるが（会津旧事雑考同年月日条、新編会津風土記巻二十九中地村）、根本資料では確認できない。

（6）（註3）高橋論文。

（7）凡青若木集、福井利吉郎「雪村新論」（岩波講座日本文学『水墨画』一九三三年）。画軸巻舒法とは、画軸の取扱いの作法を説いたものか。

(8) (註3)高橋論文。

(9) 新編会津風土記巻十七実相寺の項。

(10) (註3)高橋論文。

(11) 『湯川村史』3、蘆名盛氏像厨子銘、高橋充「葦名盛氏と向羽黒山城—漢詩文『巌館銘』を手がかりに—」(東北中世史研究会例会報告、二〇〇〇年二月)。なお新編会津風土記巻七十三穂谷沢村源慶寺の項に「天正の頃祐玉と云僧あり、彼はもと葦名盛氏の草履を取りし下部なり、後剃髪して僧となり、盛信の霊牌と盛氏の影像を守護し、一宇の草庵を営み瑞雲院と号す、即今の府下天寧寺町宗英寺なり」とある。この祐玉が厨子銘の宥繁と同一人物かとの疑いも残るが、「権大僧都宥繁」の僧階をみれば、「下部から僧となった」祐玉とは別人であろう。

(12) 隆顕の病気にふれた九月七日付のこの書状は、盛氏が赤館(棚倉町)あたりから三春にあてた書状である。隆顕の病死は天正二年(一五七四)九月六日であるが、その死は同日の米沢城主伊達輝宗の日記にもみえるから、かりにこのとき盛氏が出陣中とすれば、七日には棚倉の盛氏の陣中に伝達されたはずである。が、この盛氏書状にはそのことはみえない。天正二年の輝宗日記にも盛氏の出動のことはみえず、この年五月子息盛興を失い、盛隆を跡目に立てたばかりの盛氏が八・九月に南郷(東白川)まで出撃することは考え難い。したがってこの盛氏書状は天正二年のものではなかろう。ところで、塔寺八幡宮長帳の「元亀二年」の裏書〔これは元亀元年の出来事を示す(大石直正「『会津塔寺八幡宮長帳』覚書」『東北学院大学東北文化研究所紀要』創刊号一九六九年)〕に「佐竹ちん《陣》」で七、八月出馬とある。後掲八月二十四日盛氏書状(会津四家合考『県史』7)はこれに関するものであり、末尾に「隆顕病気以ノ外」ともみえる。九月七日盛氏書状はいったん岩崎城に納馬した盛氏が再び佐竹戦で南郷に出馬したことに関する書状と考える。なお、八月十五日伊達輝宗書状(歴代古案『県史』7)を参照。

（13）高橋充「戦国時代の葦名氏と医療」『国史談話会雑誌』三五、一九九五年。佐藤博信『古河公方足利氏の研究』校倉書房一九八九年。
（14）塔寺八幡宮長帳裏書元亀三年。大石直正氏の説（註12）に従い、元亀二年の出来ごとと考える。
（15）（年未詳）六月二十九日天寧寺善恕書状『喜多方市史』4中世資料二〇一、高橋充「天寧寺善恕書状について」『会津若松市史研究』創刊号一九九九年。
（16）この点については、（註11）高橋充氏の報告が詳細を尽くしている。
（17）（註7）福井論文。
（18）林進「遍歴する戦国画人雪村」（三春町歴史民俗資料館『雪村—三春への道』一九八三年）。
（19）川延安直「新出の雪村筆『瀟湘八景図屏風』について」『福島県立博物館紀要』7一九九三年。
（20）中村渓男「雪村とその周辺」田中一松・中村渓男『水墨美術大系七　雪舟・雪村』講談社一九七三年。なお、雪村については右に掲げたほか亀田孜「周継雪村の瀟湘八景図」東北大学『日本文化研究所研究報告』別巻第四集一九六六年、『会津若松史』1一九六七年、大江孝『画僧雪村』福島中央テレビふくしま文庫一九七七年を参照。
（21）小林「戦国期の石川氏」『石川史談』5一九九一年。
（22）盛隆が人質に出されたのは永禄三年（一五六〇）七歳の春とする説がある（藤葉栄衰記）。あるいは、これよりのちか［小林：永禄九年説（蘆名家御由緒）『岩瀬村史』1］。年令については葦名系譜の天正十二年二十四歳死去説もあるが、葦名由緒考証の三十四歳説にしたがっておく。永禄九年蘆名・伊達講和の直接の前提には、蘆名の脅威にさらされる二階堂を伊達が援助して蘆名と抗争するという形勢があったものと考えられる。ちなみに、二階堂盛義もまた伊達稙宗の女婿である。
（23）末尾の「隆顕病気以ノ外」という文言によればまず天正二年も考えられるが（田村隆顕天正二年九月六日死去）、同年五月に死去する盛興が活躍しているのによれば天正二年ではありえない。（註12）にみた八月二十四日書状と同じく元亀元年のものと推定する。

(24)（註11）高橋氏報告。

(25) 向羽黒山岩崎城の城郭構造については『向羽黒山城（岩崎城）跡保存管理計画書』会津本郷町教育委員会一九九五年（西谷恭弘氏稿ほか）を参照。

(26) この書状にみえる遠藤は（天正六年）一月二十五日北条氏政書状から（同七年ヵ）四月二十五日慶忠書状（遠藤山城文書一七・二一号、明石治郎「遠藤山城文書について」『仙台市博物館調査研究報告』13一九九三年）の間に内匠助から山城守に進んでいる。また盛氏の死去は八年六月である。したがってこの書状は天正七年、おそらくは六、七年のものであろう。

(27)『県史』1一九六九年、八九四～五頁、大石直正氏稿。

(28) 天正三年の部分の長帳裏書は、正しくは天正二年のできごとを記したものである（註12大石直正論文）。盛興死去が天正二年六月五日であることは、同年伊達輝宗日記（伊達家文書『県史』7）にみえる。

(29) 伊達家文書二九七・二九八号（『県史』7）。仙台市博物館の原本は、ともに斐紙、折り畳み方も三等分横内折である。この盛氏書状は壺形朱印を用い、盛隆書状は花押をすえている。盛氏が朱印を盛隆に委せたことは考え難い。筆跡によれば、二通の書状の右筆は盛隆相続以前からの右筆であり、少なくとも盛氏最晩年まで右筆を勤めている。

(30)『向羽黒山城（岩崎城）跡保存管理計画書』五四・六〇頁、市村高男氏稿。なお、会津旧事雑考天正六年条に「八月十日盛氏自二岩崎一還二黒川一不幸哉」とあるが、確証は明らかでない。

(31)（天正八年）正月九日書状の「盛隆所」という表現などによれば、同年正月現在で盛氏は向羽黒山岩崎城に居住したとみられる。蘆名盛氏厨子銘（宗英寺蔵『県史』7）に「依二御逝去一奉造二立木像御影一於二当院一令二安置一処也、是偏顕二落命地」（中略）願主権大僧都宥繁東館之内宝寿院」とあるのを限定して解すれば、盛氏は黒川城において最期を迎えたこととなる。これが正しいとすれば、盛氏は病んでのち黒川城に移ったこととなろうか。ただし、落命之地を広く会津の地と解すれば、向羽黒山岩崎において死去、の説が採られよう。

(32)『向羽黒山城（岩崎城）跡保存管理計画書』五五〜五七頁、市村高男氏稿。

(33) 伊達天正日記天正十八年一月三日条に「如二御佳例一、御鷹野むかいはくろ（向羽黒）へ御出キ候、をの〳〵左馬助（原田宗時）・近江守（富塚宗綱）・小十郎（片倉景綱）ヲはしめ、様々出立ヲ被レ申候、きち（雉）十余」とあり、政宗黒川在城の十八年正月に向羽黒山で鷹狩が行われた記事が目立つ程度にすぎない。

(34) 高橋充氏は「葦名盛氏の『止々斎』号」（註3参照）において、盛氏文書の集成にもとづく花押の検討を行い、盛氏花押が四つの型として展開することを論証された。盛氏文書および花押についてのはじめての本格的研究である。ただし、氏による「花押型3」は実は白川隆綱（のち義親）の花押であり（『白河市史』5）、採用し難い。したがって盛氏の花押型は三種となり、かつ併用期はなく継起的に用いられたものと考える。

かつて私は、『福島県史』7一九六六年の編さんに当たって、永禄九年六月吉日白川隆綱・同晴朝連署証状（八槻文書）をその端裏書のままに「葦名盛氏・同盛興連署証状」と誤認し（三六〇頁）、花押一覧（九二三頁）においても、それらの花押を盛氏（二七五・二七六）・盛興（二七一）と誤った。その後、小稿「福島県関係文書の所在及び利用状況」『古文書研究』3一九七〇年において永禄九年連署証状の「盛興花押」を「結城晴綱花押」と訂正し、さらに『白河市史』5中世資料編一九九一年に至って「盛氏花押」を「白川隆綱花押」（六八三頁）と最終的に訂正した。これによって、かつて「盛氏花押」と考えられたもの（高橋氏の花押型3）が除外され、盛氏花押型は三種となる。

なお、例えば会津旧事雑考に収める天文九年二月二十七日盛氏諏方造営棟札にみえる盛氏花押が第1型であるのに対し、新編会津風土記（若松市立図書館本）巻十二諏訪神社の項に掲げる同じ棟札の花押は第3型であり、後者は明らかに誤りである。新編会津風土記（若松市立図書館本）巻十二諏訪神社の盛氏関係文書の花押には検討を要するものがあると考え、ここでは花押型の検討根拠には用いぬこととした。

（35）永禄五年二月三日盛氏袖加判佐瀬大和等二名連署寄進状。袖判は変形しているが盛氏の第2型と認められる（渡部正俊氏提供の文書写真による）。

（補注）アシナには葦名・蘆名の両方が用いられる。鎌倉期（一二世紀末〜一四世紀初め）から一四世紀末ころまでは葦名の文字が用いられ、一五世紀初め以降は蘆名の文字が用いられる。それらは幕府・他家からの称・用字である。アシナ氏自身が名字《みょうじ》を記すことは希有で確認し難い。盛氏厨子銘は死後余り遅くないころのもので重要といえるが、葦名と蘆名を一度ずつ用いている。天正十七年会津大名としてのアシナは滅び、のち嫡流は佐竹の臣となり、庶流（針生氏）は伊達の臣となり、佐竹のアシナは蘆名、伊達のアシナは葦名を用いた。近世会津藩は中世アシナについて葦名を用いた。以上、葦名・蘆名のいずれが正しいかを一義的に判定することは、むしろ正しいとはいい難いであろう。

小稿では、戦国期の上杉・北条・武田など諸氏が専ら用いた「蘆名」が、当時の客観的な用字であると考え、また江戸期においてアシナ嫡流が用いたことも考慮してこれを用いることとした。

なお、城名については、盛氏期の文書では盛氏自身および他家も専ら「岩崎」と称している。近世後期、会津藩あるいは地域においてこれを「向羽黒山城」と呼んだことは、新編会津風土記巻七十二本郷村「向羽黒山城趾」に明らかである。

（二〇〇〇年七月二日の講演筆録を補訂、七月九日）

第三章　会津時代の伊達氏

一

伊達政宗の会津黒川(のち若松と改名)入城は、天正十七年(一五八九)六月十一日である。中世の会津に君臨してきた蘆名《あしな》氏は、この年六月五日、磐梯山麓の磨上原《すりあげかはら》合戦で政宗の軍に大敗し、当主義広は実家である常陸佐竹家に逃げ帰り、名門蘆名は会津から姿を消した。翌十八年五月、政宗は黒川城を出発して小田原の豊臣秀吉の陣に参候して臣従を誓ったが、会津その他の諸郡を没収された。六月二十五日いったん黒川に帰着した政宗は、七月十三日会津を去って旧本城の地米沢に移っている。

このように、伊達氏が会津を支配したのは満一年余にすぎない。この間に伊達政宗は、どのような領国支配を行なったか。この一年は、伊達氏にとってまた会津にとって、どのような意義をもったのであろうか。

二

天正十七年六月、黒川城に入った政宗にとっての急務は、南会津・越後国小川荘および中通り南部地域を制圧することであった。南会津には長沼・新国・横田・山内など旧蘆名勢力が抵抗を続け、越後国小川荘では蘆名旧臣金上《かながみ》氏が津川城を確保していた。中通り南部の岩瀬郡須賀川城には、蘆名義広の父佐竹義重と兄義宣が陣を張り、これと連合する磐城の領主岩城常隆もまた、田村郡に出馬していた。しかし、七月に入ると、佐竹義重と岩城常隆は帰陣し、南会津の攻略も一定の成果をあげた。政宗による会津支配の態勢づくりが本格化するのは、この後のことである。

七月十三日、政宗は簗田《やなだ》藤左衛門《とうざえもん》以下黒川城下のおもだった町人らを謁見し、簗田には商人司としての従来の特権を安堵した。翌日、奉行湯目景康・鈴木秀信に対して、土地問題の処理を指令した政宗書下《かきくだし》は、つぎのように記している。「今日より、盛氏代已来之売地買地之事、皆以可レ為二領所一候、幷に《（カ）》当国退散之衆手作已下、其外百姓作子無レ之所ハ細相誌《こまかにあいしるし》、日記ヲ以可二申上一候也」。蘆名家旧臣の所領については、一般に本領のみを安堵し、蘆名盛氏（天文―永禄期の蘆名当主）以来の売買地は伊達氏の直轄地として没収する、というのである。

この原則にもとづいて土地の整理が進められ、並行して論功行賞が実施された。すでに磨上原合戦後、黒川入城にさきだって、政宗は蘆名家宿老富田美作・平田不休斎および同周防らの所領をすべて安堵してその帰属を認許していたが、その後の宛行のなかでは、このたびの会津攻めに内通して第一の功のあった蘆名一族の猪苗代盛国に五〇〇貫文の地が加増され、一家に準ずる家格が許された。おくれて九月に降服した金上盛実にもその本領の一部と増分とが宛行われた。会津の由緒ある寺社では、黒川の諏訪社・八角社宝寿院、坂下《ばんげ》の塔寺《とうでら》花蔵院その他が領地を安堵された。

伊達家臣では、政宗の一の臣で会津攻めにも功のあった片倉景綱が、耶麻郡塩川など五ヵ所を宛行われた。檜原越えで会津に侵攻した原田宗時にはまず一〇〇貫文の地が与えられ、翌年小川荘の金上氏旧領が加増された。

このときの所領安堵宛行に関する伝存史料は必ずしも多くない。が、現実にはおそらく相当広汎な安堵宛行が実施され、それが中小国人領主にまで及んだことは、南会津の簗取《やなどり》村の土豪である簗取一族にまで政宗の伴物が与えられているのによって知ることができる。『伊達成実《しげざね》記』は、政宗が会津地方の「名主百姓等」にそれぞれ知行を増したので「上下ともにいさみ悦」んだと述べている。そのまま信ずることはできないにせよ、政宗の会津支配が旧態勢を尊重するものであったことがうかがわれよう。

反面、会津地方に対する支配と収奪は、従来よりも強化されたものとみられる。この年八月、耶麻郡新井田村の土豪的百姓田辺五郎左衛門に下された政宗朱印状には、五郎左衛門分の負担として「年貢壱貫文、館之役銭五百文、惣役壱貫仁百三十文、合て仁貫七百三十文」が規定されている(「新編会津風土記」)。かつて天正十一年のころ、置賜郡高山の鹿小屋在家の負担は年貢三貫文、そのうち田銭六百文であった。これに比較して、会津の場合における年貢の二分の一に及ぶ伊達氏への役銭の過重は明白である。旧態勢の尊重と支配収取の強化の両面から伊達氏の会津支配は進められたのである。

三

天正十七年六月十一日以後九月末までの間に、南会津田島城主長沼盛秀、岩瀬郡長沼城主新国貞通、および越後国津川城主金上盛実らが服属し、南会津と小川荘などがおおむね伊達氏の支配下に編入された。佐竹氏の勢力下にあった白河城主白川義親も、政宗と誓書を交換して服属の形勢を決定した。このような状況のなかで、岩瀬郡須賀川城主二階堂盛義後室(伊達氏、政宗伯母)は、依然として佐竹方の一翼をになっていた。

十月二十六日、政宗はみずから出馬して須賀川城を攻略し、石川昭光にこれを守らせた。昭光は政宗の父輝宗の弟で石川氏に入嗣し、従来佐竹氏に従属してきたが、須賀川落城の直後に政宗との盟約をとりかわした人物である。その後政宗は、岩瀬・白河など仙道地方南部の仕置をすませて、十二月一日黒川城に帰還している。

十二月末には、石川一族の石川郡浅川城主浅川大和・同豊純父子も、佐竹氏を離れて伊達方に転じた。

志田郡	松山城	遠藤高康
宮城郡	利府城	留守政景
伊具郡	丸森城	高野親兼
宇多郡	駒嶺城	黒木宗元
宇多郡	新地城	亘理重宗
信夫郡	大森城	片倉景綱
安達郡	二本松城	伊達成実
田村郡	三春城	田村宗顕
岩瀬郡	須賀川城	石川昭光
石川郡	浅川城	浅川大和
白河郡	白河城	白川義親
白河郡	関和久城	白石宗実
置賜郡	米沢城	伊達宗清
置賜郡	鮎貝城	国分盛重
南山	田島城	長沼盛秀
耶麻郡	猪苗代城	猪苗代盛国

会津時代伊達領内主要支城及び守将

　七種《ななくさ》を一葉によせてつむ根芹《ねぜり》

天正十八年正月七日、会津黒川城で行なわれた伊達家佳例の七種連歌における政宗の発句である。「七種」は白河・石川・岩瀬・安積・安達・信夫・田村の仙道七郡を意味する。父祖以来の本領伊達郡および置賜《おきたま》郡などと、あらたに略取した会津諸郡とをあわせて、これら仙道七郡をも制圧した得意を表現したのである。

いま伊達氏の勢力圏は、西は越後国小川荘、南は下野国塩谷郡の一部、北は黒川郡（宮城県中部）および桃生《ものお》郡（同上）に及んでいた。浜通りを除く福島県と山形県置賜郡（米沢地方）および宮城県南半分を包摂する広大な領域である。奥羽の南半分を掌握する伊達氏の勢力は、かつて四世紀前に奥羽の地を席巻した平泉藤原氏以後、はじめて成立した大権力であった。

この時点における伊達領内の主要な支城とその守将は、別表のとおりである。このうち石川・浅川・白川・留守の諸氏は、一応独立の大名領主を保持しながらも、軍事的には完全に伊達氏の支配下に編入され、その領土は、事実上の伊達領であった。そして、高野親兼・黒木宗元・亘理重宗・片倉景綱・伊達成実・白石宗実・伊達宗清・国分盛重などは、いずれも本領の城地を離れて、新たな城の守将として配置された人々である。他方、かれらの多くは、黒川城下にも屋敷を与えられていた。領土の拡大に伴って、政宗の家臣団支配もまた強化されていった様子がうかがわれる。

会津入部後まもないころ、黒川城の修築を進言した家臣たちに対して政宗は、「修築のことはならぬ、ここは欝々として久しく居るべきところではない」と答えたという。当時の伊達氏の日記は、天正十七年七月と翌十八年二月に黒川城要害近辺の普請を命じたこと、および十八年三月の数日に政宗が石垣普請を視察したことを記録している。黒川城下の諸士の下人と町人らとが、この普請の人夫役を勤めた。城内では十七年八月のころに西館が修築されて、政宗の母（最上氏、保春院）がここに移った。しかし、黒川城の修築については、それ以上のことは知られない。本格的な修築は行なわれなかったとみるべきであろう。

城下の侍屋敷はどうか。伊達氏の正史『治家記録』には、田村月斎・片倉景綱をはじめ、諸士の城下屋敷が散見する。自身の知行地に城館を構えあるいは守城を擁した伊達氏麾下の諸士は、また黒川城下にも屋敷を与えられて、その両方に移り住んだのである。

伊達氏ゆかりの寺々も会津に移されたとみられる。伊達氏五山の第一である東昌寺、あるいは九代政宗夫人の菩提寺である名刹輪王寺などは、本来の地伊達郡から移り、いままた会津に移されることとなった。

これに反して、町人が大々的に会津にひき移された形跡は明らかでない。政宗の旧城下米沢の町人たちの主体は、かつて祖父晴宗が米沢城に移った際にこれに従って伊達郡から移住した青山家以下の面々であった。こののち政宗が、玉造郡岩出山さらに仙台と居城を移すに伴って、米沢の大町・肴町・南町・立町・柳町・荒町の六町の町人は、岩出山を経由して仙台に落ちついている。伊達家との古くからの因縁によって仙台城下のこれら六町は、伊達御供の御譜代町とよばれた。ところで、黒川城下の大町は蘆名時代の文明年間以前に成立していた町であるが、伊達政宗が米沢城下から黒川大町などに町人を本格的に引移したことを明示する史料は見えない。米沢城下町の商人司今泉善左衛門が黒川城下町の商人司になろうとしたが果たせず、簗田家の旧来の地位が堅持されたとの伝えがあるが、その経緯はともかく、黒川城下の町人たちの蘆名以来の地位と特権には決定的な変化がなかったとみてよい。

このように、政宗が黒川城とその城下に徹底した改変を加えなかったのはなぜであろうか。旧城下米沢町の町人の引移しを大々的に行なわなかったことについては、ひとつには広大な領土に拡大した伊達領が、会津・米沢などを中核とする複数の単位領域によって構成されるに至ったために、米沢町方の引移しが不可能であったことが考えられる。第二に、蘆名の滅亡はただちに黒川城下町の滅亡を意味するものではなく、旧城下はほとんど解体せずに存続したことを考慮すべきであろう。けれども最も重要なことは、政宗がどの程度まで会津を本格的な根拠地と考えていたかという点にある。

この時点でかれは、常陸佐竹領への進出の機会をうかがっていた。前年六月の黒川入城直後に志田郡の大崎義隆と講和し、また山形城主最上義光《もがみよしあき》との間にもひとまず平和が保たれ、北方の憂いは断たれた。東隣の相馬義胤は、前年五月以降数次の合戦によって、伊達氏に制圧された形となっていた。政宗の鉾さきが南境の佐竹氏にむけられたのは当然である。ここ数年来の政宗の軍事行動の真の敵は佐竹義重であり、会津磨上原合戦も実は佐竹・蘆名連合軍との戦闘にほかならなかった。会津は佐竹攻略―関東進出のための経過的な根拠地として位置づけられていたように思われる。

いうまでもなく、政宗の関東進出は実現しなかった。佐竹をはさんで連繫を強めようとした小田原北条氏は豊臣秀吉の攻囲するところとなり、会津攻略後のきびしい催促にもかかわらず秀吉への臣従を留保していた政宗は、ついに小田原参陣へと追いこまれた。伊達氏と会津との関係は満一年にして断たれたのである。

伊達氏にとって会津時代は、結果としてその勢力の絶頂期となった。他方、会津は伊達氏の入部によって、奥州の覇者の府となった。その後蒲生九十万石、上杉百二十万石の本拠として、奥州一の都城を誇る前提は、この伊達氏時代にきずかれたのである。

第四章　東北織豊大名の領国構造

——会津蒲生領について——

はじめに

織豊期大名領の研究は、戦国大名および近世大名のそれに比較して、著しい立ちおくれをみせている。織豊政権それ自体の究明は近年大いに進められたが、これに対する織豊大名の権力とくに領国構造ないし知行制についての研究としては、藤木久志氏の上杉氏研究[1]がめだつにすぎないのである。

小稿は東北随一の織豊大名蒲生氏を対象とすることによって、織豊大名研究の空白を少しでも埋めようと願うものにほかならない。このばあい、直接的な農民支配あるいは商品貨幣流通などの面からする領国構造の究明はこれを別稿[2]にゆずり、蔵入と給地との分布状況および蔵入の管理方式、端城の配置と蔵入・給地との関連などの面に問題を限定して考えることにしたい。

一　会津蒲生領

まず、会津蒲生領の成立とその推移との概略にふれておこう。天正十八年（一五九〇）八月、会津に下向した豊臣秀

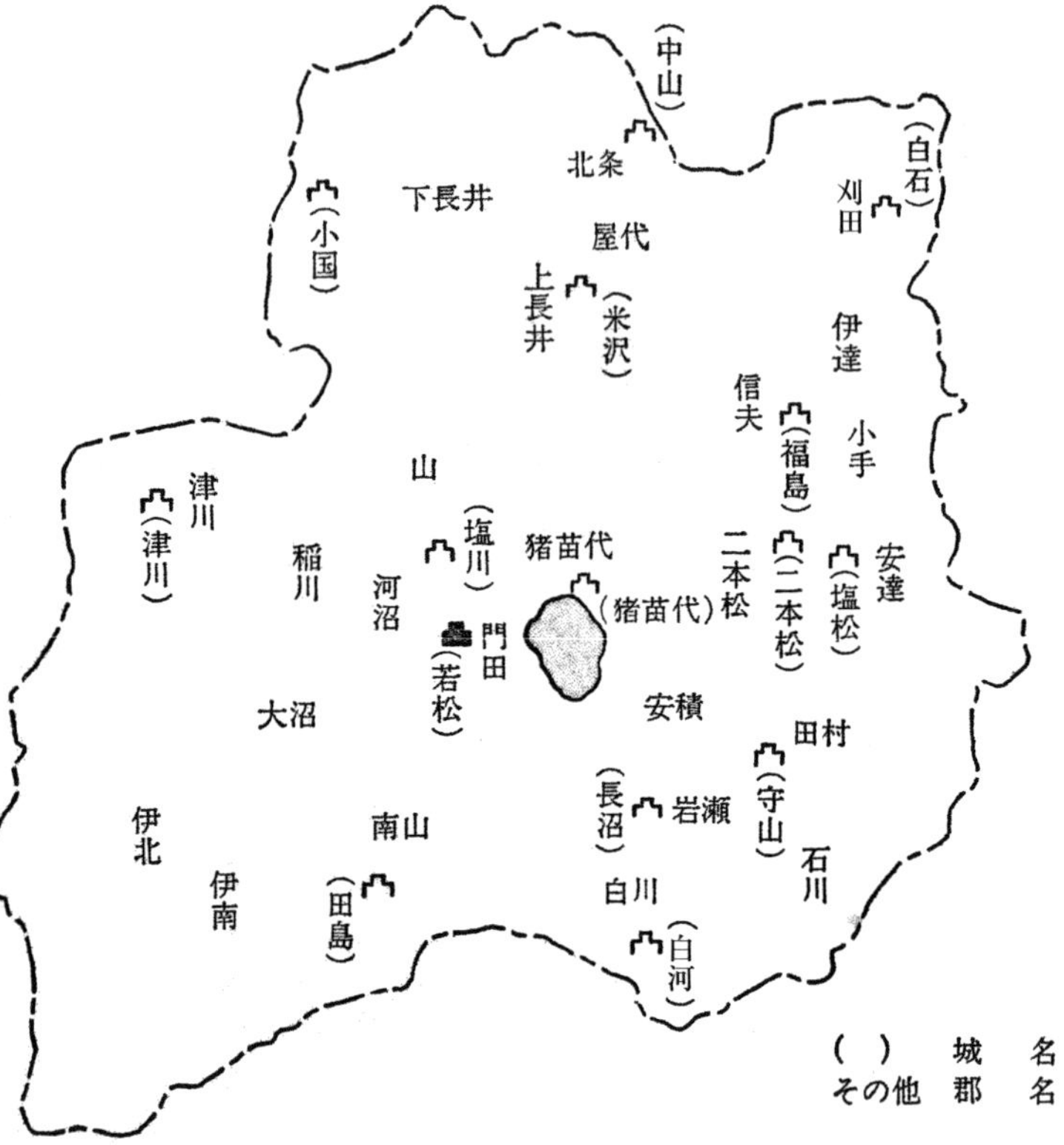

会津蒲生領略図

吉の「奥羽仕置」によって、会津諸郡および白川・石川・岩瀬・安積・田村・安達(塩松)・二本松の諸郡は、伊達政宗の手を離れて、蒲生氏郷の支配するところとなった。それからまもなくおこった大崎・葛西一揆が、翌天正十九年に鎮圧されると、それを契機に秀吉は、政宗から伊達・小手(伊達郡南部)・信夫・刈田・上長井・下長井・屋代・北条の諸郡を収め、かわりに大崎・葛西旧領を与えてこれを玉造郡岩出山に移した。伊達以下北条までの諸郡は氏郷に与えられ、以後慶長三年(一五九八)まで蒲生領が存続する。その領国の総高は、天正検地の高では七三万四二七〇石、文禄検地の高では九一万九千余石であった。

慶長三年、氏郷の子秀行（秀隆）は家中の内訌によって宇都宮一八万石に移されたが、慶長六年関ヶ原役の敗者として上杉景勝が会津から米沢に移されたのち、再び会津六〇万石の主として入部し、以後寛永四年（一六二七）秀行の子忠郷が嗣子のないままに死去して会津領を収公されるまで、二七年にわたって再び蒲生時代が継続する。

小稿が対象とする会津蒲生領は、豊臣時代に属する前者、いわば初期蒲生時代のそれである。

なお、使用される主要な史料は、内閣文庫所蔵「岩代国古文書」[3]に収める文禄三年（一五九四）「蒲生領高目録」および慶長二年分「蒲生氏倉入在々高物成帳」である。

二　領内諸郡の知行状況

文禄三年「蒲生領高目録」（以下「高目録」と略記）は、同年の検地による村高を記載し、また村ごとに蔵入高と給地高およびその給人氏名を記している。したがって、これにより蒲生領各村および各郡の知行状況を知ることができる。ただし、「高目録」は蔵入を管理する代官の氏名を記していないが、この欠は、各代官ごとに蔵入の村高とその物成とを記した慶長二年「倉入在々高物成帳」（以下「倉入高物成帳」と略記）によって、ほぼ補うことができる。文禄三年から慶長二年までには三年が経過し、その間には知行状況の変化、したがって蔵入高およびその代官の変更も部分的にみられるが、大部分については変更がないことは、両史料の比較によって確認することができるので、この二つを右のような形で使用して大過ないと考える。

なお、個別給人の知行高も、「高目録」に記載されたそれを集計することによって出すことができる。

以下、諸郡（郡と表示されないものも含む）の知行状況をみることにしよう。

1　門田郡　五五村

門田郡は蒲生氏の本城の地若松が所在する郡であり、いうまでもなく蒲生領の中枢をなす。総高一万七一七〇石二二のうち、蔵入は一万四一一〇石で八二パーセントをしめ、その率は諸郡のうち最高である。村数でいえば、五五村のうち四五村までが村ごとに一円蔵入となっている。なお、その他の一〇村は給地であるが、すべて一村一給人である。このように、蔵入分をも含めて相給形態が皆無なことは、他郡にみられぬ特徴である。蒲生氏膝下の本郡にまず蔵入が大きく設定されたのは当然であるが、給地もまた、本郡からその知行割が開始されたことが、相給の皆無という事実によって推定できるのではなかろうか。

本郡に給地をもつ給人は、伴八兵衛・茅原田長六・北川久左衛門・内記その他であるが、伴は知行二〇〇〇石、天正十九年「蒲生氏郷配下分限帳」[4]（以下「分限帳」と略記）によれば馬廻、七〇〇石であり、茅原田は知行五〇〇石、「分限帳」に馬廻、五〇〇石と記されている。北川久左衛門は知行一二〇〇石、「分限帳」にはみえないが、津川城主北川平左衛門の一族とみられる。平左衛門は蒲生家譜代の臣であるから、久左衛門も同様であり、おそらくは馬廻組に所属したものかと思われる。内記は知行四一五六石であるが、「分限帳」にみえず、その性格が明らかでない。以上、概して本郡内に知行をもつ給人が旗本馬廻に属する中堅家臣であることが断定できよう。

本郡の蔵入の管理に当たる代官は、「倉入高物成帳」によれば、伴八兵衛（村数一）、大塚自庵（四）、茅原田長六（一）、福西清左衛門尉（二）、岡田吉右衛門尉（二）、池田和泉（一）、寺村孫太郎（一）、浦名久作（四）、本田甚大夫（二）、沢村藤左衛門尉（四）、赤作助左衛門尉（二）、大坂安右衛門尉（一）、伴久三（一）、沢新左衛門尉（九）の一四名で、その

表1　文禄3年「蒲生領高目録」にみえる諸郡石高等

郡　名	石　高	蔵入高	蔵入高の比率	村の数	城と城持衆(「氏郷記」による)
	石		%		
稲　川	35,418.60	10,417.10	29	125	
河　沼	19,926.87	1,609.90	8	43	
門　田	17,170.22	14,110.00	82	55	
大　沼	57,850.98	45,690.46	79	184	
山	78,842.45	16,889.94	21	168	塩川城　蒲生喜内
猪苗代	20,424.82	2,007.52	10	51	猪苗代城(玉井数馬助)
南　山	17,787.69	2,993.25	17	42	南山城　小倉作左衛門
津　川	9,126.91	1,881.15	21	55	津川城　北川平左衛門
伊南・伊北	9,607.37	8,707.37	91	45	
白　川	39,920.48	9,470.71	24	62	白河城　関右兵衛尉
石　川	30,127.97	11,652.84	39	55	
岩　瀬	51,414.32	8,555.64	17	62	長沼城　蒲生主計助
安　積	36,440.74	7,619.62	21	44	
田　村	86,892.97	3,739.21	4	86	三春城　田丸中務少輔
安　達	35,200.88	1,576.91	4	28	塩松城　蒲生忠右衛門
二本松	33,465.94	2,920.47	9	30	二本松城　町野左近助
伊　達	56,683.88	7,353.69	13	66	
小　手	12,960.72	10,462.54	81	21	
刈　田	38,646.35	3,765.84	10	33	益岡城　蒲生源左衛門(白石)
信　夫	53,194.52	41,020.34	77	73	福島城(木村伊勢守)(杉目)玉井数馬助
上長井	45,494.00	11,818.34	26	46	
屋　代	19,720.05	8,923.54	45	29	
北　条	19,602.46	2,379.14	12	29	中山城　蒲生左文
下長井	93,117.25	25,862.97	28	124	松ケ崎城　蒲生四郎兵衛(米沢) 小国城　佐久間久右衛門
	919,038.44	261,428.49	28	1,556	

高は合計一万一一八三石となる(「高目録」より少ないのは、文禄三年以後の変更のためであろう)。一人当たりでは二・四村、高七九九石となる。なお、かれらは本郡以外の蔵入の代官をも勤めており、それらを含めての一人当たり蔵入高は二一八八石となる。また、その知行は伴二〇〇石、茅原田五〇〇石、福西六七石、岡田四〇〇石、寺村一九一石、大坂一五〇石が判明するのみであるが、その平均は二五一石である。旗本馬廻に属する中堅乃至小身家臣が代官を勤めていることがしられる。

2　大沼郡　一八四村

総高五万七八五〇石九八のうち、蔵入は四万五六九〇石四六で、七九パーセントをしめる。一八四村のうち二給(蔵入分をも一給としてかぞえる。以下同様)以上の村は五村、三給(蔵入分をも一給としてかぞえる。以下同様)以上は三村にすぎず、残る一七六村までが一給、すなわち一円蔵入かあるいは一給人の一円知行となっている。蔵入の比率が大きく、また知行分布が単純(一給がほとんど)な点で、門田郡に准ずる地位にあるといえる。

本郡に給地をもつ給人は、茅原田長六・岡左内・結解十郎兵衛その他である。岡左内は本郡のほか諸郡に三六五二石を知行し、「分限帳」では結解の六〇〇〇石とならんで八〇〇〇石の知行となっている。左内は、のち秀行の世に蒲生家の仕置奉行となる岡重政の兄である。知行高は比較的大であるが、蒲生氏の譜代旗本としての性格が濃いとみて大過ないであろう。結解もまた、これに近いと思われる。茅原田は前述のとおり馬廻に属する。その他の給人も、概して譜代旗本的な性格をもつ中堅家臣とみられる。

蔵入の管理に当たる代官は、「倉入高物成帳」によれば、神小兵衛(村数一一)、伴八兵衛(一九)、村田孫太郎(一一)、倉垣修理(一二)、大塚自庵(四)、茅原田長六(六)、七里作助(二)、福西清左衛門尉(一)、池内加右衛門尉(一)、岡田半助(五)、池田和泉(五)、寺村孫太郎(二)、大塚三郎右衛門尉(四)、浦名久作(四)、本田甚大夫(一)、沢村藤左衛門尉(三)、赤作助右衛門尉(二)、洗斎(五)、寿田六兵衛(二)、千光坊(二)、方山半右衛門尉(一)、伴久三(一)、沢新左衛門尉(一)で、一〇五村三万五〇〇三石を二三名の代官が管理している(この蔵入高は「高目録」の集計より約一万石少なくなっている)。一人平均四・六村、一五二二石となる。門田郡のそれの約二倍に近いが、譜代旗本的ないわば吏僚層が、多人数で代官を勤めている点では門田郡と同様といえよう。かれらのうち、「高目録」によって知行高が集計できるものの知行は平均三三三石となる。門田郡のそれよりやや大であるが、大づかみには同程度とみることができよう。

以上、本郡は蔵入の比率が大であること、及びその代官組織のあり方などからみて、門田郡につぐ直轄領的な郡といってよいであろう。

3　稲川郡　一二五村

総高三万五四一八石六〇のうち、蔵入は一万〇四一七石一〇で、二九パーセントに当たる。二給の村一六、三給以上の村は一四で、残る九五村が一給である。給地では、特定の給人の知行が卓越する傾向はみられない。かれらのなかには、町野主水三〇九六石(うち本郡に四一八石。「分限帳」では七手組、六〇〇〇石)のような大身もいるが、他は概して譜代旗本的な中堅以下の士である。

「倉入高物成帳」にみえる本郡関係の代官は、伴八兵衛(村数一)、大塚五郎左衛門(六)、上野田孫七(三)、安井甚尉(三)、高橋彦右衛門尉(八)、寺村孫太郎(三)、浦名久作(二)、滝山平右衛門尉(二)、沢村藤左衛門尉(一)、河副弥五介(一)、堤又蔵(二)の一一名で、三一[二]村一万六六三六石(「高目録」の蔵入より大となっている)が蔵入となっている。一人平均二・八[九]村、一五一二石であり、村数では大沼郡より少ないが、石高では大沼郡とほぼ同じである。「高目録」によってその知行が集計できるものの平均は一七六石となる。門田・大沼同様に、旗本的な中堅以下の層が本郡の代官を勤めたことがしられる。

4　河沼郡　四三村

総高一万九九二六石八七のうち、蔵入は一六〇九石九〇で、八パーセント。全領平均の二八パーセントよりはるか

表２　文禄３年河沼郡高目録

村　名	石　高	蔵入、給人氏名
	石	
浜　崎	672.58	蒲生喜内
代　田	655.65	100中久五、105.65岡勝太、150鳥屋、100辻口安丹、200種村竹松
八田野	405.54	外池甚五左衛門
八日町	740.54	玉井数馬
大和田	690.18	390.18河与五兵衛、300岡助十郎
沼　上	414.71	蒲生喜内
嶋	978.41	倉入
八葉寺	498.93	徒衆
大冷寺	160.68	菅沼助右衛門
六条原	165.98	松甚ノ介
落　合	236.43	岡為兵衛
塩　庭	379.10	結解文右衛門
高　畠	262.47	河勘兵
倉　道	246.25	外池弥六
米　丸	415.84	217.94孫左衛門、200岡田半尉
笠　目	252.02	岡市左
五条目	113.89	野口六郎左衛門
藤　倉	398.20	満田長右衛門
佐　野	479.23	岡左内
中　目	575.25	奥大炊
竹　内	275.81	蒲生喜内
森代椛町	417.49	南久左衛門
堂　島	697.63	神清右
	石	
中　台	252.90	木本熊進
四斗塚	714.20	314.2久原九兵、400高畠
上樽川	255.23	左馬助
下樽川	492.15	内記
田　中	286.32	野口六郎左衛門
上田屋地	222.63	左馬助
熊野堂	807.72	岩吉右
金　川	454.95	岡半右衛門
北　田	395.95	喜介
笈　川	939.20	梅原弥左衛門
熊　川	434.85	83.55奥大炊、350池内小楽
京　出	216.43	松田金七
槻木橋	498.44	岡半兵衛
勝常寺	724.11	蒲生将監
入　倉	330.61	174.65関十兵衛、155.96佃五衛門
浅　野	391.13	町田半介
郡　山	1,222.17	250高長三郎、625.82高木彦右、326.35道家孫一郎
小前田	208.99	西川利左衛門
南小屋	314.63	曾禰
木　流	631.49	倉入
合　計	19,926石87	

に低い。二給の村は七、三給以上は二村で、一給の村が三四村をしめる。蒲生喜内(頼郷、塩川城主)、玉井数馬助(貞右、猪苗代城主・仕置奉行加判)、外池弥六、岡左内、松田金七などの比較的大身もいるが、本郡に知行をもつものは概して譜代旗本的な家臣である。特定の給人が卓越した知行高を本郡にもつという傾向はみられない。

「倉入高物成帳」によれば、本郡の蔵入は四村二〇一七石、代官は大塚大郎介・堤又蔵で、一人平均二村、一〇〇八石となる。「高目録」によれば、大塚は大沼郡一村、岩瀬郡一村に計四〇〇石を知行している。

5　山郡　一六八村

総高七万八八四二石四五のうち、蔵入は一万六六八八九石九四で、二一パーセントをしめる。二給の村二二、三給以上は三五村で、大沼郡に比較すると二給以上の村の多いことが明らかである。したがって、給人の数は多いが、そのなかで塩川城主蒲生喜内の知行分がやや多きをしめている。ただし喜内は、本郡の塩川城主とはいえ、その知行一万九五一二石六三のうち本郡では五村四三八〇石三〇を知行するのみで、その他の知行は稲川(一村)、河沼(三村)、伊達(一三村)に所在し、一万三一三〇石までが伊達郡に集まっている。なお、中世会津の領主蘆名氏の麾下にあった本郡慶徳村の旧地頭慶徳一族の九郎左衛門は本郡中村に二〇石、弥六郎は稲荷の河原村に一〇石の知行をそれぞれ給されている。

「倉入高目録」によれば、倉垣修理(村数一)、大塚大郎介(三)、茅原田長六(一)、大塚五郎左衛門尉(一)、福西清左衛門尉(一)、安井甚尉(三)、吉宮六郎右衛門尉(一二)、本田甚大夫(二)、大坂安右衛門尉(一)、河副弥五介(二)、伴久三(二)の一一人が、二八村一万〇七五九石の代官を勤めている。一人平均二・五村、九七八石で、門田郡のそれに近い。「高目録」によってかれらの知行の集計できるものの平均は、二・三村、二九九石となる。塩川城主蒲生喜内が全く代官を勤めず、譜代旗本的な中堅以下の臣が代官となっているこ

表3　蒲生喜内の知行

郡	村名	知行高
		石
稲川	東河原	119.23
河沼	浜崎	672.58
〃	沼上	414.71
〃	竹内	275.81
山	塩川	816.76
〃	下久保	367.65
〃	遠田	1,682.52
〃	漆	1,855.71
〃	*下利根川	157.66
伊達	関並	1,120.96
〃	舟生	1,534.34
〃	筆甫	420.52
〃	八幡	871.73
〃	簗川	2,259.02
〃	白根	1,056.00
〃	峠懸入	189.14
〃	上保原	1,428.95
〃	下保原	2,094.89
〃	新田	864.30
〃	*大立目	95.85
〃	細屋	407.45
〃	二井田	806.85
合計		19,512.63

註　*印以外は1村一円知行

とが注目される。

6　猪苗代郡　五一村

総高二万〇四二四石八二のうちで、蔵入は二〇〇七石五二をしめ、その率は一〇パーセントと低い。二給の村は六、三給以上の村は四で、多くの給人が本郡に知行をもっているが、それらのなかで目立つのは玉井数馬助の八六八石と、門屋(助右衛門カ)の七〇〇石である。玉井は仕置奉行加判の役にあり、「氏郷記」(5)によれば猪苗代城主である。ただし、「高目録」では猪苗代町と思われる「町分」一五二一石が蔵入となっており、また玉井の知行八二七三石(「氏郷記」によれば一万石)の一〇パーセント余が本郡に所在するにとどまり、その他は稲川・河沼・山・安積・田村・二本松の諸郡に分布し、とくに田村郡三春一三六六石がその知行となっている。この点、玉井の猪苗代在城には全く疑問がないわけではなく、また猪苗代城主であったにせよ、猪苗代城主としての実質的な機能は弱体であったとみられる。

「倉入高物成帳」によれば、玉井は代官を勤めておらず、また猪苗代郡の蔵入五村二〇九二石は、福西清左衛門尉(一村)、池内加右衛門尉(一村)、稲田助兵衛(三村)ら三名が代官に当たっている。が、注目されるのは、三村一八八八石までの代官である稲田が玉井数馬助と同族とみられることである(玉井は稲田氏を称した)。玉井同族という限りでは、猪苗代郡は猪苗代城とあわせて蔵入の大部分が一族によって掌握されていることになる。

表4　玉井数馬助の知行

郡　村　名		知　行　高
		石
猪苗代	堀切 叔父倉	419.59
〃	内　野	448.67
稲　川	大江 おき	579.62
河　沼	八日町	740.54
山	辻　村	277.94
〃	すくれ	299.18
安　積	八丁目	643.48
〃	篠　川	856.66
田　村	大　平	352.32
〃	常　盤	1,605.85
〃	三　春	1,366.97
二本松	苗代田	682.59
合　計		8,273.41

註　各村すべて一円知行

7　南山　四二村

南山は現南会津郡の東部、田島町・下郷町［小林：館岩村］の地域に当たる。総高一万七七八七石六九のうち、［小林：九九布村の］一村二九九三石二五、すなわち一七パーセントが蔵入である。二給の村は二村のみで、その他はすべて一給。給地の大部分は南山城主小倉作左衛門の六三〇〇石と内池喜八郎(6)の五三三二石七七とによってしめられている。

「倉入高物成帳」によれば、南山の蔵入一村二九九三石の代官は岡新兵衛である。

8　津川　五五村

総高九一二六石九一のうち、蔵入(7)は一八八一石一五で二一パーセントに当たる。七九パーセントを占める給地は、一円に津川城主北川平左衛門尉の知行で、その高は七二四五石にのぼる。さらに、「倉入高物成帳」によれば、北川は津川の全蔵入である八村（一筆にまとめられたものを一村に算定）一二五〇石の代官となっている。したがって、津川は全面的に北川の掌握するところとなっているのである。

9　伊南・伊北　四五村

伊南・伊北は現南会津郡西部、只見町および南郷・伊南・檜枝岐の諸村の地域にあたる。総高九六〇七石三七のうち、伊北の布沢の内九〇〇石が布沢勝左衛門(8)の知行である以外は、すべて蔵入である。すなわち、八七〇七石三七までが蔵入であり、その率は九一パーセントにのぼる。布沢村一一〇〇石六六のみが、布沢勝左衛門九〇〇石と蔵入二〇〇石六六に分かれている以外、一円に蔵入というこの形は、天正末年までこの地域の領主であった山内・河原田両氏が秀吉の「奥羽仕置」によって改易となり、これがそのまま蒲生氏郷に掌握されることによって結果したものであろう。布沢勝左衛門は「分限帳」で馬廻に所属しているが、かつて中世には布沢村の在地領主であり、いま蒲生氏に仕える身となったものに違いなかろう。

「倉入高物成帳」によれば、伊南一四村、伊北二九村、計八九五九石の蔵入は、すべて峯村三郎左衛門がその代官となっている。そして峯村は他郡に代官領をもたない。門田・大沼・稲川などの諸郡が、十数名から二十数名の代官によって管理され、またかれらが二郡以上にわたる蔵入の代官を勤めるのが普通であったのとは、全く違った様相を呈する。

10　白川郡　六二村

現西白河郡の地域（現東白川郡は当時高野郡と称して、佐竹領に属した）。総高三万九九二〇石四八のうち、蔵入は九村九四七〇石七一で、二四パーセントに当たる。その他は綿利八右衛門の一村六三一石二一、加藤二郎兵衛[9]の一村二六五五石六八を除いて、五一村二万九五五二石八八までが白河城主関右兵衛尉一政の知行である。本郡の村々は、すべて一給という単純な知行状況を示している。白川の「町分」一二六四六石、「町屋敷」一四五石も一円に関の知行である。

「倉入高物成帳」によれば、白川郡の蔵入高は八四六九石で、これを小沢七郎左衛門尉（村数二）、勝長金右衛門尉（五）、村島甚右衛門尉（一）、野垣吉右衛門（一）ら四名が代官にあたっている。村島の知行は一六〇石（山郡一村）、「分限帳」では馬廻五〇〇石となっており、旗本吏僚的な性格の士であると考えられる。その他の代官については明らかでないが、村島とほぼ同格の士であるとみてよいであろう。

以上、本郡の大部分は白河城主関が知行し、一万石に満たぬ蔵入は旗本馬廻の代官によって分割して管理されているのである。

11　石川郡　五五村

総高三万〇一二七石九七のうち、蔵入は一八村一万一六五二石八四で、三九パーセントにあたる。二給の村は二村、三給が一村で、その他はすべて一円蔵入か一円一給地である。一万八〇〇〇石余りの給地のうちで、一万四二四四石一四までが、白河城主関右兵衛尉の知行である。すなわち本郡は、ほぼ半分が関の知行、残りの三分の二が蔵入、その他が三雲源太郎・伊藤新五左衛門ら四人の知行である。

「倉入高物成帳」によれば、本郡の蔵入は一八村一万〇四一三石で、これを門屋左介(村数一)、村島甚右衛門(一)、山川久右衛門尉(五)、本田甚大夫・野垣吉右衛門(四)ら旗本吏僚的な代官のほかに、関長門守が五村三二四三石の代官を勤めている。長門守は右兵衛尉と同一人である。したがって本郡は、蔵入分をあわせると五分の三に及ぶ高を関が掌握していることになる。白川・石川両郡の地における関の支配力は決定的であるといえる。

12　岩瀬郡　六二村

総高五万一四一四石三二のうち、蔵入は八村八五五五石六四で、その率は一七パーセントとなり、比較的低い。二給の村は九、三給以上は二一にのぼり、複雑な知行状況を呈する。このように、三給以上の相給が村数の三分の一以上をしめるが、本郡西部の長沼地方では、比較的単純な知行状況がみられる。すなわち、長沼町とその周辺の一〇村、計一〇〇〇〇石は長沼城主蒲生主計郷貞の知行であり、かれの知行はこれで完結している。必ずしも大きくはないが、長沼城とその周辺は、一つのまとまった城領を構成しているのである。

「倉入高物成帳」では、本郡の蔵入は一四村八五三一石となっており、その過半の四七〇〇石を北川式部、残りを本田甚大夫・野垣吉右衛門が連名でそれぞれ代官を勤めている。長沼城主蒲生主計は代官となっていない。

13　安積郡　四四村

総高三万六四四〇石七四のうち、蔵入は七六一九石六二で、二一パーセントにあたる。二給の村は九村、三給以上は一三村で、知行の錯雑程度は岩瀬郡とほぼ同じである。郡内で一〇〇〇石余の知行をもつ給人としては、原加左衛門・南久左衛門・細野九郎左衛門らがみえる程度で、とくに卓越したものはいない。

「倉入高物成帳」では、本郡の蔵入は一〇村八二四七石で、その代官は池内加右衛門・吉村半兵衛・久村彦兵衛・村島甚右衛門尉・門屋左介の五名である。その一人平均は二村、一六五〇石となる。池内・村島・門屋は一〇〇石程度の旗本的吏僚である。細野らは代官となっていない。

14　田村郡　八六村

総高八万六八九二石九七、下長井につぐ石高を擁する大郡である。けれども、蔵入は上宇津志など二村三七三九石

表5　細野九郎左衛門の知行

郡	村名	知行高
		石
猪苗代	新在家	614.76
稲　川	村　田	667.78
山	＊柴　城	224.58
安　積	多田野	1,193.43
田　村	横　川	150.96
〃	安　原	133.14
〃	安久津	630.81
〃	南小泉	177.57
〃	北小泉	221.77
〃	常　盤	685.20
合　計		4,700.00

註　＊印以外は１村一円知行

二一で、四パーセント強にすぎず、安達郡とならんで蒲生領で最低の率を示す。本郡の給人では、田丸中務少輔具直が四一村四万九八三一石一四を領し、郡内の過半をしめて、本郡で完結している（「氏郷記」ではかれの知行は五万二〇〇〇石となっている）。田丸は「氏郷記」によれば、はじめ須賀川城主、また三春城主、のち守山城主とある。「高目録」では、守山・守山町ともに田丸領に含まれる一方、三春一村はすべて玉井数馬助の知行となっているから、文禄三年現在では、田丸は守山城主となっていたものと思われる。

二給の村は四村、三給以上は二村にすぎず、田丸以外では、浅香左馬助・真田隠岐守・外池孫左衛門ら五〇〇〇〜一万石級の大身が各村を一円的に知行しており、とくに浅香は知行一万石のうち六〇〇〇石以上を本郡にもっている(10)。

「倉入高物成帳」では、本郡の蔵入は三村二三〇二石で、吉村半兵衛・久村彦兵衛・村島甚右衛門尉が代官となっている。その平均は七六七石であるが、かれらはいずれも安積郡蔵入の代官などをも勤めている。田丸は全く代官となっていない。

15　安達郡　二八村

ここに記す安達郡は東安達、すなわち阿武隈東岸の塩松（四本松）地方である。総高三万五二〇〇石八八。このうち三村一五七六石九一が蔵入で、総高の四パーセント、田村郡とならんで最低の率を示す。二給の村は二村、三給以上は七。一給の村一九のうち、一五までが蒲生彦大夫の知行であり、彦大夫はこ

表6　真田隠岐守の知行

郡村名		知行高
		石
猪苗代	金曲	1,712.97
山	下町	123.79
〃	関柴	1,400.55
安積	横塚	327.80
田村	板橋	193.36
〃	高柴	364.66
〃	土棚	723.07
〃	成田	1,159.84
〃	七草木	514.03
〃	御祭	561.07
〃	荒渡田	559.69
合計		7,640.83

註　各村すべて一円知行

の他に相給の二村を含めて本郡に一万六三一一石六八を知行し、その知行は本郡内で完結し他郡に知行をもたない。なお「氏郷記」では、彦大夫の知行は二万五〇〇〇石となっている。

そして、「倉入高物成帳」によれば、安達郡の蔵入三村一五七六石はすべて彦大夫がその代官にあたっている。「氏郷記」によれば、本郡塩松城主は蒲生忠右衛門尉となっているが、「高目録」および「倉入高物成帳」に記された状況によれば、文禄三年以後は彦大夫が塩松城主であったとみるべきであろう（彦大夫は蒲生源左衛門郷成の女婿にあたる）。いずれにせよ、本郡が蒲生彦大夫の掌握の下にあったことは確実である。

16　二本松郡　三〇村

阿武隈西岸の西安達地方である。総高三万三四六五石九四のうち、六村二九二〇石四七が蔵入で、九パーセントにあたる。二給は一村、三給以上は六村である。一給の村は二三で、そのうち一四までが町野左近の知行である。二本松城主である町野は、本郡の一五村に一万八〇〇〇石を知行し、その知行は専ら本郡内で完結する。

「倉入高物成帳」によれば、本郡の蔵入は二〇五五石で、町野が三村一二八五石、久村彦兵衛が二村七七石の代官となっている。町野は仕置奉行加判の要職にある一方で、二本松城主として本郡の大半を掌握しているのである。

表7　町野左近の知行

郡村名		知行高
		石
二本松	高越	1,193.74
〃	成田	2,823.56
〃	由井	2,219.52
〃	渋川	1,463.94
〃	塩沢	890.51
〃	米沢	373.75
〃	吉倉	493.81
〃	小沢	643.53
〃	沼袋	829.81
〃	上河崎	1,909.12
〃	下河崎	1,555.52
〃	長田	695.51
〃	館村	489.15
〃	原瀬	875.88
〃	＊杉田	1,542.65
合計		18,000.00

註　＊印以外は１村一円知行

17　伊達郡　六六村

総高五万六六八三石八八。このうち、九村七三五三石六九、率にして一三パーセントが蔵入である。二給の村は五村、三給以上は六村で、五五までが一給であるが、その一給の一二までを蒲生喜内頼郷が知行している。喜内は、その他の一村をあわせて、一万三一三〇石を本郡に知行する。ただし、山郡などの項でふれたように、かれは山・河沼・稲川にも、六三八二石六三の知行をもち（計一万九五一二石六三）、「氏郷記」によれば塩川城主六〇〇〇石である。その他の給地については、門屋助右衛門・町野主水・内記ほか多くの給人がこれを知行している。が、喜内はじめ、かれらは本郡で代官を勤めてはいない。

注目されるのは、伊達旧臣の山戸田八兵衛が、山戸田村六二七石六八以下、大石・上郡山などに計二〇〇〇石を知行することである。伊北の布沢勝左衛門とともに、在地領主の本来の形をとどめている稀な例である。なお、伊達旧臣の牛越内膳は、本郡の屋地・箱崎両村と猪苗代・山に各一村ずつ、計一五〇〇石の知行を給されている（「分限帳」では馬廻一五〇〇石）。また、蘆名旧臣のもと長沼城主新国貞通も、本郡に一一九七石八五を知行している（新国はこのほか山郡に二村、猪苗代郡に一村を知行し、その知行は総計二一五八石四二となる）。

「倉入高物成帳」に示される本郡の蔵入は一三村一万〇七六三石で、林一右衛門尉（村数七）、勝長庄左衛門（三）、上坂源丞（一）、大塚大郎介（一）、蒲生源左衛門尉（一）がその代官となっている。白石城主蒲生源左衛門尉は、一村とはいえ、本郡の中枢たる桑折二四九七石を掌握している。

18　小手　二一村

伊達郡南部、川俣を中心とする地域である。本来は伊達郡であり、江戸時代もまた小手とよばれながら伊達郡に属

表８　文禄３年小手高目録

村　名	石　高	備　　考
	石	
小綱木	662.34	倉　入
羽　田	368.39	〃
竜子山	586.10	〃
秋　山	363.61	〃
青　木	372.60	〃
小　国	521.55	〃
大　波	212.70	〃
飯　坂	834.80	〃
大綱木	222.38	〃
小　神	436.46	〃
伊佐沢	609.75	〃
鶴　田	395.21	〃
飯　野	1,318.96	798.18上坂源丞 520.78倉入
大久保	876.48	倉　入
松　沢	489.29	〃
御代田	555.83	〃
上糠田	886.95	317.39須田伯耆 200.00池内作兵衛 369.56倉入
下糠田	635.06	蒲生源左衛門
布　川	547.55	須田伯耆
手　渡	815.43	倉　入
小　島	849.28	〃
合　計	12,960.72	

した。総高一万二九六〇石七二のうち、蔵入は一九村一万〇四六二石五四に及ぶ。八一パーセントまでが蔵入であり、伊南・伊北につぐ高率を示す。二〇パーセントに満たぬ給地には、表8のような給人たちが知行を給されている。伊達旧臣の須田伯耆が八六四石九四を、蒲生源左衛門が六三五石〇六をそれぞれ知行する。須田の知行は小手だけであるが、源左衛門の知行は別記するように刈田・伊達に存在する。

二給は一村、三給以上は一村にすぎず、きわめて単純な知行状況を示し、その大部分が蔵入で占められているが、小手に二〇〇石の知行をもつ池内作兵衛が、「倉入高物成帳」では小手の蔵入一八村九九四一石を一括して代官を勤めている。作兵衛は「分限帳」では馬廻、三〇〇石、典型的な旗本吏僚型代官といえる。

19　信夫郡　七三村

総高五万三一九四石五二のうち、蔵入は四万一〇二〇石三四で七七パーセントにのぼる。二給は一村、三給以上は四村で、のこり六八村までが一給であるが、その六〇村が蔵入である。一万二〇〇〇石余の給地には約二〇人の給人が知行を給されているが、最大の知行を郡内でもつのは、杉山主水の三村一九〇〇石である（杉山の知行はこれで完結している）。本郡の中枢たる福島は蔵入となっている。「氏郷記」には福島城主木村伊勢守吉清五万石とあるが、少なくとも文禄三年「高目録」の時点では、木村は福島城主ではなく、また信夫郡に知行をもっている形跡はみられない。

「倉入高物成帳」によれば、六五村四万三一四〇石が蔵入で、これを大塚大郎介（村数四）、稲田助兵衛（六）、大塚吉衛門尉（六）、宮口左近六（四）、吉宮勘右衛門尉（八）、建部与十郎（五）、林一郎右衛門尉（四）、門屋助右衛門尉の八名が代官として管理している。このなかで門屋助右衛門尉の代官所は二八村一万四八七一石で抜群である。しかし、かれの知行五五〇〇石は信夫郡には所在せず他郡に分布している。(11)「高目録」の段階でみる限り、本郡は蒲生直轄郡の性格が濃厚である。

20　刈田郡　三三村

総高三万八六四六石三五。このうち蔵入は四村三七六五石八四であり、一〇パーセントにすぎない。二給は二村、三給以上も二村にとどまり、一円知行（一給）の村が多く、そしてその大部分が白石城主蒲生源左衛門郷成の知行である。源左衛門は小手に六三五〇石〇六を知行するほかは、専ら本郡に所領をもち、小手分とあわせて計三万〇一五七石二六となる。本郡の中枢たる益岡（白石を改名）一二三九〇石〇一も、当然ながら源左衛門の知行である。

「倉入高物成帳」には刈田郡に蔵入が存在しないことになっているから、慶長二年のころまでに、そのようになったのであろう。ただし、文禄三年「高目録」では、大町八二七石、鷹巣の内六五五石は少なくとも源左衛門が代官を勤める蔵入となっている。

21　上長井　四六村

総高四万五四九四石、そのうち蔵入は一万一八一八石三四で、二六パーセントにあたる。二給は一村、三給以上は四村で、比較的単純な知行分布状況である。一給の村四一村のうち米沢町をふくむ二九村までは、米沢城主蒲生四郎兵衛郷安の知行である。四郎兵衛はこの上長井に二万六三五九石を知行するほか、屋代・下長井にも知行をもち、三郡にあわせて三万八五七三石一六(「氏郷記」では三万八〇〇〇石)を知行する。

「倉入高物成帳」では、本郡の蔵入一五村一万〇〇〇六石の代官を四郎兵衛が勤めている。四郎兵衛は本郡をほとんど全面的に掌握しているといえる。

22　屋代　二九村

総高一万九七二〇石〇五、このうち蔵入は九村八九二三石五四で、四五パーセントを占める[12]。二給が一村あるのみで、三給以上なし、という単純な知行分布状況のなかで、四郎兵衛郷安の知行は、一四村七四五八石一四を占める。

「倉入高物成帳」では、本郡の蔵入は一一村九三二〇石にのぼり、すべて四郎兵衛が代官にあたっている。屋代もまた、ほぼ一円的に四郎兵衛が掌握支配しているのである。

23　北条　二九村

総高一万九六〇二石四六、このうち蔵入は四村二三七九石一四で、一二パーセントにあたる。二給の村が一つあるのみで、三給以上はなく、単純な知行分布状況を示す。このうち一七村一万二八四九石八五(「氏郷記」では一万三〇〇〇石)を中山城主蒲生左文郷可が知行する。その他の給人でめだつのは、漆山一五〇九石、長岡四〇一石、計二〇〇〇石近くを知行している曾禰内匠助である(「氏郷記」では、曾禰の知行は六〇〇〇石となっている)。「倉入高物成帳」では、左文が六村二八一七石、四郎兵衛が一村五〇二石のそれぞれ代官となっている。中山城主である左文の卓越した地位は決定的である。

24　下長井　一二四村

総高九万三一一七石二五。村数では大沼・稲川・山に劣るが、石高では蒲生領内で随一の大郡である。しかも、二給は六村、三給以上は九村にすぎず、単純な知行分布状況を呈する。米沢城主蒲生四郎兵衛郷安は、本郡の五村に四七五八石〇二を知行する。蔵入分は二万五八六二石九七となる。

「高目録」では、五八村八八五五石九七が給人の記載のないままとなっている。「高目録」の記載例では、蔵入を無記載としていることが多いが、この下長井のばあいは、無記載の村々の連続するなかに、「御倉人」と記された村が介在すること、またこれら無記載の村々は慶長二年の「倉入高物成帳」にもみえてこないことなどから、必ずしも蔵入とは考えられない。あるいは蒲生四郎兵衛の知行かともみられるが、四郎兵衛の知行は、これらを別にしても三万八五七三石一六であり、「氏郷記」の三万八〇〇〇石ともほぼ一致するので、これを九〇〇〇石近くも超過する五八村の領有のことは、想定するのが困難である。これら五八村の知行については、後考にまちたい。

「倉入高物成帳」では、一二村二万八一四五石が本郡の蔵入で、そのすべてを四郎兵衛が代官にあたっている。四郎兵衛はその知行および代官所をあわせて三万三〇〇〇石に近く、さきの無記載分を除く本郡の石高八万四二六一石の半ば近くを掌握していることになる。上長井・屋代・下長井にわたって米沢城主蒲生四郎兵衛の支配が及んでいるのである。なお、「氏郷記」によれば、下長井の小国城主は佐久間久右衛門尉盛次一万石となっている。

三　領国の構造

以上、蒲生領内各郡の知行状況の究明によって、つぎのような事実を確認してよいと考える。

(1)初期会津蒲生領は、文禄三年の検地の結果、九一万九〇〇〇石余の総高となったが、その三分の二以上にあたる六五万七〇〇〇石余が給地であり、残り三分の一弱の二六万一〇〇〇石余が蔵入である。一般に給地と蔵入とがほぼ相半ばするといわれる近世大名領との相違が、まずここに認められる。

(2)総高の大半を占める給地は、いうまでもなく給人＝家臣団の奉公を支える再生産のためのものであるが、その奉公の重要なものには領内の支城(端城)の守備がある。そして城持衆に対する給地(知行)は、「城付」[13]とよばれ、その守備のために給されたものにほかならない。戦国末期に往々にしてみられた、城番衆がその「城付」の知行の他に本領を知行するという形は、ここでは解消している。知行＝給地は奉公のためのものという関係が、この「城付」の給地のばあいには直接的に明確に示されるようになっているのである。

城付領としての形がとられているのは、小倉作左衛門の田島城(南山)五四一九石、北川平左衛門尉の津川城(津川)七二四五石、関右兵衛尉の白河城(白川・石川)四万三七九七石、蒲生主計の長沼城(岩瀬)一万石、町野左近の二本松

表９　慶長２年「倉入在々高物成帳」にみえる代官と代官所および文禄３年の知行高

代官氏名	代官所　所在郡と村数	文禄３年「高目録」にみえる知行高と所在郡と村数
	石	石
神　小兵衛	4,483.40(大11)	840(山１、伊達１)
伴　八兵衛	4,743.08(稲２、門１、大19)	200(稲１、門１)
村田孫太郎	4,426.66(大11)	700(山１、二１)
倉垣修理	3,762.08(大12、山１)	700(山１、二１)
池内作兵衛	9,941.76(小18)	200(小１)
峯村三郎左衛門尉	8,959.34(伊南14、伊北29他)	
大塚大郎介	8,390.22(河３、山３、伊達１、信４)	400(大１、岩１)
大塚自庵	3,097.15(門４、大４)	
茅原田長六	5,520.35(門１、大６、山１他)	500(稲１、門１、大３)
大塚五郎左衛門尉	3,024.02(稲６、山１)	
上野田孫七	1,097.88(稲３)	62(山１)
七里作助	925.60(大２他)	130(山１)
福西清左衛門尉	1,550.36(門２、大１、猪１、山１)	67(山１)
岡田吉右衛門尉	1,191.52(門２)	400(山１)
池内加右衛門尉	4,559.38(大１、猪１、岩１、積４)	60(稲１)
岡田半介	1,040.77(大５)	300(稲１、積１)
池田和泉	2,543.68(門１、大５)	
安井甚尉	5,312.36(稲３、山３他)	370(稲１、山１)
吉宮六郎右衛門尉	3,184.93(山12)	136(稲３、山１)
高橋彦右衛門尉	1,986.32(稲８)	155(山１)
寺村孫太郎	2,501.60(稲３、門１、大２)	200(稲１、山１)
大塚三郎右衛門尉	445.49(大４)	180(大１、山１)
稲田助兵衛	8,049.80(猪３、信６他)	
大塚吉衛門尉	3,129.19(信６)	
宮口左近六	3,636.65(信４)	200(大１、岩１)
吉宮勘右衛門尉	4,641.14(信８)	70(稲１)
建部与十郎	5,237.43(信５)	400(積１)
林　一郎右衛門	5,736.87(信４、伊達７)	100(岩１)
吉村半兵衛	2,487.66(積２、田１)	
久村彦兵衛	2,068.32(積１、田１、二２)	
勝長庄左衛門尉	3,262.68(伊達３)	360(稲２、積１)
浦名久作	4,165.34(稲２、門４、大４)	
本田甚大夫	2,629.71(門１、大１、山２)	
滝山平右衛門尉	1,258.03(稲２)	
沢村藤左衛門尉	2,019.74(稲１、門４、大３)	
赤作助左衛門尉	1,303.55(門２、大２)	
大坂安右衛門尉	1,250.37(門１、山１)	150(山１)
洗　斎	1,211.29(大５)	

代官氏名	代官所　所在郡と村数	文禄３年「高目録」にみえる知行高と所在郡と村数
	石	石
寿田六兵衛	245.69(大２)	
河副弥五介	1,035.89(稲１、山２)	70(山１)
千光坊	492.42(大２他)	132(稲１)
方山半右衛門尉	443.91(大１)	
伴　久三	674.69(門１、大１、山１)	
沢　新左衛門尉	1.964.32(門９、大１)	
岡　新兵衛	1.993.25(南１)	
小沢七郎右衛門尉	2,471.96(白２)	
北川式部	4,700.88(岩６)	
勝長金右衛門尉	3,338.51(白５)	
村嶋甚右衛門尉	3,353.13(白１、石２、積１、田１)	160(山１)
山川久右衛門尉	1,579.42(石４)	130(山１)
門屋左介	3,367.91(石１、積２)	150(安達１)
本田甚大夫 野垣吉右衛門	10,308.50(白１、石４、岩８他)	
門屋助右衛門尉	14,871.95(信27他)	5,500(稲１、大１、山１、猪１、田１、安達２、伊達２)
池内権右衛門尉	542.08(？３)	
北川平左衛門尉	1,250.31(津８)	7,245(津48)
蒲生四郎兵衛	48,988.84(上15、星11、北１、下22)	38,573(上29、星14、下５)
堤　又蔵	1,000.00(稲２、河１)	
関　長門守	3,243.45(石５)	43,799(白51、石31)
赤木八左衛門尉	997.74(？２)	
町野左近助	1,285.82(二３)	18,000(二15)
蒲生彦大夫	1,576.89(安達３)	16,311(安達17)
蒲生左文	2,817.44(北６)	12,849(北17)
蒲生源左衛門尉	2,497.51(伊達１)	32,654(伊達１、小１、刈26)
関　十兵衛	98.50(石１)	2,852(河１、山１、猪１、石１、田１、伊達２、刈１)
上坂源丞	520.78(伊達１)	
合　計	251,870.60	

城(二本松)一万八〇〇〇石、蒲生源左衛門の白石城二万九五二二石(「刈田」ほかに伊達・小手に三一三二石)、蒲生四郎兵衛の米沢城(上長井・下長井)三万八五七三石、蒲生左文の中山城(北条)一万二八四九石および田丸中務少輔の守山城(田村)四万九八三一石である。そして、東安達に一万六三一一石を知行する蒲生彦大夫も、おそらく同郡の塩松城の城付を給されたものにほかならぬと考えられる。

これらの諸城はいずれも、「氏郷記」などに蒲生領内の端城としてあらわれるものであるが、その端城としてはなお他に塩川・猪苗代・福島・小国の諸城がある。ところで「高目録」に示される限りでは、「氏郷記」のいう塩川城主蒲生喜内は、その知行一万九五一二石のうち塩川城付近には五村四三八〇石を知行するのみで、一万三一三〇石までを伊達郡で知行している。また、「氏郷記」に猪苗代城主とある玉井数馬助も、猪苗代郡にはその知行の一割強にあたる八六八石を知行するにすぎず、また猪苗代「町分」は蔵入となっている。さらに、「氏郷記」に福島城主と記される木村伊勢守は「高目録」にみえず、福島をはじめとする信夫郡の村々は多く一円蔵入であり、同郡総石高の七七パーセントまでが蔵入である。これらの諸点から推して、文禄三年当時、塩川城はさておくとしても、猪苗代城および福島城は城付を擁する明確な城の形をとっていなかったことが知られるのである。なお、小国城(下長井)については、「氏郷記」は佐久間久右衛門を城主と記しているが、「高目録」には久右衛門の名はみえず、下長井の部分の記載の不備(?)のために、同城のあり方を明らかにすることができない。

城持衆のうちで外様というべきものは関右兵衛尉・田丸具直の二人にすぎないが、これらはともに蒲生氏の姻戚で、純然たる外様ではない。その他は蒲生四郎兵衛尉郷安・同源左衛門尉郷成・同喜内頼郷・同左文郷可・佐久間久右衛門尉盛次・小倉作左衛門孫作など、氏郷あるいはその父賢秀の世に召抱えられたもの(賢秀の世に召し抱えられたのは郷安・孫作のみ)、および町野繁仍・北川平左衛門尉・蒲生主計助郷貞のように蒲生譜代の臣あるいは庶流である。伝統的な旧族大名においては、城持衆乃至侍衆とよばれる大身家臣は多様な性格をもつのが普通であるが、蒲生氏のばあいは、これらの諸士もまた譜代・旗本的な性格を色濃く帯びたのである。そして注目されることは、かれら個々の家臣と氏郷との間に結ばれた堅い主従関係である。したがって、これらの城持衆を配置した支城体制は、少なくとも氏郷の世には、蒲生権力の分散に関連せず、権力の強化集中に適合したものであった。しかし、氏郷の死後、その子秀行の世になると、主従関係は大きく弛緩し、家中騒動乃至家中離散という現象が露呈されるに至る(『会津若松史』第二巻、拙稿)。

(3)蒲生領総石高の三分の一にたりないとはいえ、蒲生家の台所入として財政を支える蔵入地は、会津のうち稲川・門田・大沼・山の四郡だけでも八万五〇〇〇石を超え、領内蔵入総高の三分の一近くを占める。本城若松に接するこれら四郡は、いわば本城の城付という性格をもつといえる。とりわけ門田・大沼は八〇パーセント前後の蔵入高率を示す。山郡には塩川城が存在はするが、それが典型的な城のあり方をとらないことは前述した。慶長二年「倉入高物成帳」によれば、これら四郡の蔵入の管理は一〇〇〇～五〇〇〇石程度、多くは三〇〇〇～四〇〇〇石程度にまとめられて個別に代官の管理に委ねられているが、その代官たちはいずれも知行一〇〇〇石以下の中堅家臣であり、「分限帳」には「馬廻」に属している。旗本吏僚的な家臣によって、これら四郡の代官がつとめられているのである。個別代官ごとにみれば、その管理にあたる蔵入地(「代官所」とよばれる)は必ずしも一郡にまとまらないが、おおむね近接の郡にまたがる程度となっている。また、かれらの知行は概して山・大沼・稲川などの会津諸郡に所在する。

これらに対して、伊南・伊北は最高の蔵入高率九一パーセントを示すが、その蔵入分八七〇七石は一括して峯村三郎左衛門尉が代官をつとめている(峯村の知行高・格式などは明らかでない)。南山の蔵入分一村二九九三石は、田島城主小倉作左衛門の管理とならず、岡新兵衛が代官となっている。反面、津川の蔵入分はすべて津川城主北川平左衛門尉がその代官となっている。

他方、信夫・伊達・小手・上長井・下長井・屋代の諸郡の蔵入も合計一〇万五〇〇〇石を超え、領内蔵入高の三分の一強、二分の一弱となる。これらのうち、本格的な城がみられなかった伊達・信夫の蔵入は、ほぼ旗本吏僚的な代官たちによって管理されている。ひとり知行五五〇〇石の大身である門屋助右衛門尉が信夫郡で一万四八七一石の代官となっているのが例外である。これに対して、小手の蔵入約一万石は一括して池内作兵衛が代官をつとめる。その知行二〇〇石は小手に所在するから、かれが小手に在地して蔵入の管理に当たったことは、まず確かであろう。五万石に近い長井・屋代の蔵入は一括して米沢城主蒲生四郎兵衛が代官となっている。

「倉入高物成帳」にみえる六五名の全代官のうちで、一万石以上を管理するのは、門屋助右衛門尉、本田甚大夫・野垣吉右衛門（連名）および蒲生四郎兵衛である。また、城持衆十余人のうちで、代官をつとめるのは、前述の津川城主北川平左衛門尉、米沢城主蒲生四郎兵衛のほかに、白河城主関右兵衛尉（代官所三二四三石）、二本松城主町野左近助（代官所一二八五石）、白石城主蒲生源左衛門尉（代官所二四九七石）、中山城主蒲生左文（代官所二八一七石）であり、蒲生彦大夫（代官所一五七六石）が塩松城主とすれば、さらにこれが加えられる。これらのなかで、蒲生四郎兵衛の代官所石高は、まさに桁違いの大きさを示している。塩川城主蒲生喜内、猪苗代城主玉井数馬助、南山城主小倉作左衛門、長沼城主蒲生主計助、三春城主田丸中務少輔らは全く代官をつとめていない。

⑷以上を要約すれば、本城若松に近接する門田・大沼・稲川などの諸郡には、いわば若松の城付の形で蔵入が大きく設定され、あわせて馬廻組の直属中堅家臣が知行を給される。かれらのうちには、広く蒲生領内の代官をつとめる吏僚層がまじっている。領内の軍事的行政的要衝は支城＝端城として、大身家臣がこれを守備し、城付の知行を給される。これら城持衆のなかには、その知行地に接する一定の蔵入分の代官をつとめる者もいる。蒲生領の周辺＝辺境

の地域には、中堅家臣の知行が設定されず、城持衆の城付知行と、蔵入とが設定され、城持衆が代官をつとめる。専ら蔵入地のみが設定されたのが伊南・伊北であり、城付知行と蔵入が併置され城持衆が蔵入代官にあたった典型は、津川と長井・屋代および北条にみることができる。中間地域ともいうべき信夫・小手に蔵入が大きく設置されたのは、木村吉清の給地を収めて蔵入としたためではなかろうか。

(5)さらに、地域性を捨象して、蔵入地および給地の構造をみよう。蔵入地の管理に当たる代官の概ねは知行一〇〇〜四〇〇石程度の馬廻組の吏僚的家臣である。かれらの知行は多く会津諸郡（山・稲川・大沼など）に所在し、その代官所（管理にあたる蔵入地）の所在とは必ずしも近接していない。注目されるのは、大身城持衆の一部が、その城付知行に近接した蔵入分の代官となっている点であった。

つぎに、給地の存在形態としては、中堅家臣の知行は、数ヵ村にわたるばあい、一郡にまとめられず、数郡にわたって知行を給せられる傾向の強いことである。この事実は、中堅家臣団の城下集住を暗示するように思われる。これに反して、城持衆大身家臣は、当然ながら城付として一円的な知行を擁している。

文禄〜慶長初年の越後上杉領では、直轄料＝蔵入地の支配管理は、微禄の吏僚代官と、在番機構に基づく大身代官との並存によって行なわれた。また、その在番衆は、「城領」（在番知行地）のほかに「本地」を知行するのが常であった[14]。

おなじ文禄〜慶長初年の会津蒲生領は、中堅（乃至小禄）吏僚層代官と大身城持代官とによって蔵入地の管理が行なわれている点において、同時期の越後上杉領と共通した形をとる。ここに織豊大名の蔵入地管理方式の類型をみることができようか。けれども、会津蒲生領では、代官の概ね、主流はすでに馬廻・吏僚的代官に移っていると認められる。また、城持衆は城付知行と別に「本地」（本領）をもつことはない。ここに、旧族大名たる上杉氏と、新興取立て大名たる蒲生氏との差異、また未だ国替を経験しない越後上杉氏と、すでに幾度かの国替を経た会津蒲生氏との相違をみることができよう。まさにこの直後の慶長三年、蒲生氏の宇都宮転封のあとをうけた上杉氏の会津入部を契機として、上杉領国の構造もまた著しい変容をみせるのである。(15)

おわりに

冒頭にことわったように、小稿は会津蒲生領の蔵入・給地の分布乃至管理方式に対象を限定した。その結果、戦国大名に比較してより集中強化された、また織豊旧族大名たる越後上杉氏よりもさらに集中的傾向の強い、織豊取立大名会津蒲生氏の性格をみることができたと考える。

会津蒲生氏の権力の本質は、なお明らかにされたわけではなく、これは農民支配あるいは流通統制などの究明にまたなければならない。ただ、一つ現象的な指摘をしておくならば、蒲生権力は内政(農民支配)とあわせて、それ以上に外との軍事的緊張に力点を置くものではなかったか、ということである。それは、本文にふれた端城＝支城の配置が、最上・伊達・佐竹・上杉という四隣の旧族大名を意識して配置されたとみられることによる。そのこと自体は、中央から遠く離隔した東北の織豊大名に共通するものであったと思われる。多かれ少なかれ、全国の織豊大名がその傾向をもつなかで、東北織豊大名は特にこの傾向が強かったかと臆測される。そして会津蒲生氏は、旧族大名とは違って、みずからの内発性のみではなしに中央権力からの指示によって、このような対外的な備えをとるに至ったと考えられる。文禄四年五月、秀吉が蒲生領内の端城の破却を命じながら、米沢・白川・田村・二本松・白石・津川の諸城―明らかに最上・伊達・佐竹・上杉諸氏に対する備えとみられる―を残させた事実(「富岡文書」)は、これを示している。ここに、東北織豊大名のうちにおける取立て大名蒲生氏の特性を認めることができよう。

（一九七一年二月）

（1）藤木久志「上杉氏知行制の構造的特質」（『史学雑誌』六九の一二）。
（2）さしあたりは、『会津若松史』第二巻第一章（拙稿）を参照。
（3）「岩代国古文書」は全七冊、その筆蹟および押捺された花押・印章などからみて、原本と判断される。その収めるところは、つぎの諸文書である。なお、かつてこの史料の存在を教示された伊東多三郎教授に改めて謝意を表したい。

天正十九年秋分　永楽銭請取払日記
天正二十年秋分　永楽銭請取払御算用状
天正二十年秋分　永楽銭請取払帳
文禄二年秋分　永楽銭請取払帳
文禄三年　高目録
文禄四年分　御倉入諸浮所務銭色々請取払
文禄四年秋分　上様御倉入御年貢銭請取
文禄四年秋分　上様御倉入御年貢銭御米売銭請取帳
文禄四年秋分　御倉入御年貢銭御米売銭請取帳
慶長二年六月　御新座衆へ相渡ル物成指引御算用状
慶長二年分　藤三郎（秀行）倉入在々高物成帳

右のうち、天正十九～二十年に関わる三文書のほかは、すべて『会津若松史』第八巻に収めてある。ただし、「高目録」は蒲生領全土にわたるものであるが、『会津若松史』では、このうち会津諸郡だけを収め、その他を除いている。

（4）会津若松市立図書館所蔵。この「分限帳」に記される給人総知行高は一〇四万七八五〇石、蒲生領総高は一二〇万石で、事実とあわない。したがって、家臣各人の知行高には一定の水増を加えられたものがあると思われるが、家臣団の人数・氏名・所属組などは、一応信用してよいかとみられる。本「分限帳」は、おそらくは江戸初期に作製されたものかと推測される。

（5）史籍集覧本によれば、「氏郷記」は寛永十年（一六三三）のころに蒲生家の旧臣が編述したものとみられる。そこに記される家臣の知行高なども「高目録」にほぼ合致し、全体として比較的信憑性のある史料とみることができる。

（6）「高目録」には「喜八郎」とのみ記されているが、これは天正十九年「分限帳」に小姓組一一〇〇石とある内池喜八郎であろう。天正十九年に小姓組であった喜八郎は、文禄三年「高目録」の時点では取立てられて五〇〇〇石以上を知行するに至ったものであろうか。

（7）「高目録」で給人氏名が記入されていない村は、「倉入高物成帳」との対比によって、一般に蔵入であることが断定される。ただし、津川のばあいは、その記載のあり方から判断して、無記載のものは北川の知行分と解すべきであると思われる。このようにみて集計される北川の知行七二四五石は、「氏郷記」にみえるかれの知行七二〇〇石と合致する。また、蔵入高一八八二石も、「倉入高物成帳」の北川の代官所（つまり津川の蔵入高）一二五〇石と巨視的には近い数値を示す。

（8）「高目録」には「布勝左」と略記されており、「分限帳」では知行八〇〇石の「布津勝左衛門」がみえるが、布沢村を領する「布勝左」は布沢勝左衛門であり、「分限帳」の布津は布沢の誤写であろう。

（9）「高目録」は「二郎兵へ」と略記しているが、「分限帳」にみえる火矢奉行「加藤次兵衛《ママ》」をこれにあて、加藤二郎兵衛と考えておく。

（10）「高目録」には、「左馬助・真田・孫左衛門」と略記されているが、「分限帳」によってこれを補った。浅香は「高目録」の知行一万石（「分限帳」では小姓組、三〇〇〇石）、真田は「高目録」の知行七六四〇石（「分限帳」では寄合組五〇〇〇石）、外池は「高目録」の知行三六〇一石（「分限帳」では六手組、八〇〇〇石）となっている。

（11）「松藩捜古」によれば、木村吉清は天正十九年六月以後のころに福島（杉目）城に移ったが、文禄三年以前の某年十一月ころに福島城を去って京都に帰ったとみられる（『福島県史』7、六二三ページ）。また、「分限帳」には門屋助右衛門尉が福島城主一万一〇〇〇石として記載されている。ただし、「氏郷記」には、文禄四年二月豊臣秀吉が蒲生家老臣一三名にあてた朱印状を収めているが、そのなかに木村伊勢守がみえている。いずれにせよ、「高目録」のころに木村が福島在城でなかったことだけはまず確実であろう。そして、「高目録」作製後「倉入高物成帳」作製までの間、すなわち文禄三年六月以後慶長二年までの間に、門屋助右衛門尉があるいは福島地方に知行を給せられ、かつ代官に任ぜられたものかとも臆測される。

（12）蔵入の一村として「筆甫金原」がみえるが、当時伊達郡に属するはずの筆甫金原が屋代に属している事情は不明である。なお、「高目録」伊達郡にも筆甫がみえている。

（13）文禄三年八月十四日付で二本松城主町野左近助・新三郎父子に出された知行目録は「二本松御城付分目録」と題されている（『近江日野町誌』）。

（14）前掲、藤木久志「上杉氏知行制の構造的特質」参照。

（15）藩政史研究会『藩政成立史の綜合研究　米沢藩』。

第五章　檜枝岐と舘岩
——南会津の村と村名——

東北六県の市町村の総数は、平成十五年(二〇〇三)八月現在で三九七をかぞえる。そのうちで、江戸時代の村がその範域を保持したまま現在も村であり続けている例は、『角川日本地名大辞典』などをみると僅かに三つにすぎない。青森県北津軽郡小泊《こどまり》村、宮城県栗原郡花山《はなやま》村および福島県南会津郡檜枝岐《ひのえまた》村がそれである。

小泊村は中世以来、蝦夷松前との海上交通が開かれ、江戸時代には弘前藩の城米積み出し、諸国物産の移出入が行われる港であった。小泊の盛期は、相対的には中世から近世であったといえよう。明治から昭和戦前の間、人口は停滞している(『角川日本地名大辞典』青森県、一九八五年)。

花山村は、「吾妻鏡」建久元年(一一九〇)藤原泰衡の弔合戦として挙兵した大河兼任の合戦の条に、兼任が秋田方面から平泉方面をめざした経路に花山の地名がみえるから、平安末期にさかのぼる地名であることは疑いない。江戸時代には境目番所が設置され、仙台藩の秋田口の要衝であった。安永年間(一七七二〜八一)の人口一二二二が、明治三十八年(一九〇五)に二三五七、昭和五十年(一九七五)で二二一二とあるのによれば(『角川日本地名大辞典』宮城県、一九七九年)、花山村の盛期は花山寺の繁栄が伝えられる平安後期はさておき、江戸時代から明治期であったとみられる。

これに対して檜枝岐村は、第二次大戦後早くに只見川電源開発で、また現在は尾瀬観光の福島県がわの入口として知られるようになったが、かつてはまさしく秘境であった。『新編会津風土記』巻四十四の檜枝岐村の条は次のように記している。「此村深山ノ奥ニ住シ、高山四方ニ峙チ朝夕日光ヲ隠シ、寒気列シク雪早ク降レリ、土地広ケレトモ痩薄ニシテ大麦タニ熟セス、只蕎麦ヲ植テ余糧ノ資トス（中略）専ラ小羽板ヲ割テ生産トス、此組（古町組）西南ノ村落此ニ窮リ、四方三里余ノ嶮隘ヲ経サレハ隣村ニ出ルコトヲ得ス、双ナキ幽僻ノ地ナリ、此辺ノ山中ニ黒檜多キ故村名トス」

檜枝岐をはじめ南会津には、高倉宮以仁王が上野国から檜枝岐を経由して南会津に入ったという伝説がある。「明応九年《（一五〇〇）》所書記也」とうわ書にある『会津高倉社勧進帳』（『続群書類従』第三輯下）には、以仁王は南会津の大内に一年余滞在して去ったと記す。が、『勧進帳』の年代は信じ難い。柳田国男が説くように、以仁王伝説は後年、木地師によってもたらされたものであろう（『定本柳田国男集』筑摩書房、一九八〇年、四―一九四頁）。

文化六年（一八〇九）に編まれた『新編会津風土記』には高倉宮に関する記事がいくつかみえるが、寛文十二年（一六七二）の『会津旧事雑考』にはまったく現れない。大河兼任の花山通過がまずは歴史の事実と認められるのに反して、以仁王の檜枝岐経由あるいは南会津滞在のことは、おそらくは、江戸中期にもたらされた伝説であろう。秘境にふさわしい貴種流離譚といえる。

檜枝岐村は文禄三年（一五九四）の会津蒲生領高目録帳に「檜木亦」としてみえるから、その存在は小泊や花山と同じく、また中世にさかのぼるとみてよい。しかし小泊は、こどまり・おどまりのいずれの読みにせよ、蝦夷島との海運に一定の賑わいをみせる港であった。また花山の名は、一帯に群生するアズマシャクナゲの開花時の美観に因るというが（『角川日本地名大辞典』宮城県）、絶景の霊地に建立された花山寺の平安後期の繁栄の伝えもうなずける。

これに対して檜枝岐の名は、『新編会津風土記』に記されたように、鬱蒼として繁るこの地の黒檜に因ると伝える。小泊村や花山村と違って、まさに「双ナキ幽僻ノ地」として近代に至ったのである。

ところで、現在檜枝岐村の隣村となっている舘岩村《たていわ》は、明治二十二年（一八八九）に森戸《もりど》・八総《やそう》・熨斗戸《のしど》・湯ノ花・宮里・中ノ井・塩原の七村が合併して成立し、以来そのまま現在に至った村である。森戸以下の旧七ヵ村は江戸時代にはさらに二四ヵ村に分れ、これら二四ヵ村で会津藩支配下の会津郡熨斗戸組を構成していた。

舘岩が村として初めて現れるのは文禄三年蒲生領高目録帳に「立岩　千百卅六石一斗三升」と記されるのがそれであるが、この地名は応永十一年（一四〇四）の銘のある森戸の虚空蔵堂鰐口（福島県指定重要文化財）に「奥州南山立岩」として初見する。中世後期、現舘岩村の地域は南山（南会津）八郷のひとつ立岩郷であった。これが文禄のころに村として扱われたのである。

立岩（舘岩）の地名は、森戸の西部の山の斜面にそそり立つ「高サ十五丈」（四五㍍）の立岩に由来する。『新編会津風土記』には、「村老ノ口碑ニ、此岩ムカシ一夜ニ涌出ス、郷名ノ由テ起ル所ナリト云、多ク岩茸ヲ産ス、コレヲ取ハ必雨フルトソ」と記している。

森戸の地のみならず、のちの舘岩村の三分の一を占めるいわゆる上郷の一円から望むことのできるこの立岩は、住民たちの畏敬と信仰をあつめた。この地域が立岩の名で呼ばれたのは、当然のことであったといえる。

舘岩村には現在、旧村名の森戸・熨斗戸が行政地名として行われ、また伊与戸《いよと》・押戸《おしど》の旧村名がのこる。「――戸」は、南会津でもとりわけこの地域に多くみられる地名である。これについては、「古語に居住を止と云。山に居住せしによりて山止なりともいへり」（『神皇正統記』上・序論〈『日本国語大辞典』〈と【所・処】〉小学館、一九八一年〉）、あるいは「人ノ居住スルヲ止ト云（中略）昔万民ノ住所スル形ヲ戸ト云」（『日本紀神代抄』〈『古事類苑』地部一―一九頁〉）という説がある。いずれ古い用語に違いないが、村をなす以前の小集落の姿を呼んだ語であろう。いかにも、中世あるいはそれを遡るころの立岩郷の構成・景観をうかがわせる地名呼称である。

江戸期には「立岩」の地名は行政地名としては行われず、立岩(舘岩)地域の村々、二十余ヵ村は行政的には熨斗戸組の名で呼ばれたが、「立岩郷」の通称は続けて用いられた(『新編会津風土記』)。明治二十二年の市制・町村制施行に伴う村々の合併によって、舘岩村が成立した。いわば、かつての立岩村の復活である。以後舘岩村は、現在に至る一世紀余にわたって合併を行わず、舘岩村の名実をそのまま保持してきたのである。

屹立する巨石を〝立石〟〝立岩〟と呼んで信仰することは、広く古来の習わしであった。『角川日本地名大辞典』によれば、立石・立岩という地名は全国であわせて数十にのぼる。そのなかで、現在の自治体として存在するのは唯一、福島県の舘岩村のみである[平成一八年に合併して南会津町]。

檜枝岐や舘岩(立岩)の地名・村名の現在に至る持続が、南会津の開発の遅れの結果であることは否定できないであろう。しかし、近世とりわけ日本の近現代は、開発の名のもとに自然破壊が進められる過程でもあったことを考えれば、この地名や村名の持続は貴重とされるべきではなかろうか。

『新編会津風土記』の檜枝岐村の条には「土産　鷂《ハイタカ》　寛文ノ頃マテハ境内ノ諸山ヨリ産スルモノヲ最佳トス、今ハ産セス」とある。鷹狩に用いられた鷂は、戦国期にはとりわけ珍重されたが、寛文(一六六一〜七三)のころを境に以後は檜枝岐の山から失われたというのである。この地でさえも、江戸前期にすでに自然の衰退が始まっていたのである。

それにしても南会津は、全国的にみても自然の破壊されること最も少ない地域のひとつであろう。イヌワシの保護運動が進められるなかで、最近は檜枝岐・舘岩に隣接する奥只見ブナ自然林が、青森・秋田両県境の白神山地(世界自然遺産)に匹敵する価値のあることが判明した。その世界自然遺産への登録をめざす運動が開始されている。檜枝岐・舘岩の村名と地名は、この南会津の豊かな自然に包まれながら成立し、自然と共に持続してきたのであった。

いままた上から推進されている市町村合併の如何によって檜枝岐や舘岩の村名も失われるおそれが生じてきた。しかし、これらの地名は、それ自体がすぐれた天然記念物である南会津の自然とならぶ、民俗文化財を含む文化財の宝庫である南会津地域社会の、その貴重な所産であった。行政の効率化などを称して地方自治体の合併が行われることに、そして地名の改変・消滅が進められることに、深い憤りを覚える。

初出一覧

第一部　総　論

第一章　東北の戦国時代（仙台開府四百年記念特別展『東北の戦国時代―伊達氏、仙台への道―』仙台市博物館、一九九九年）
第二章　南と北の戦国争乱（大石直正・小林編『陸奥国の戦国社会』高志書院、二〇〇四年）
第三章　戦国期南奥の武士と芸能（小林編『中世南奥の地域権力と社会』岩田書院、二〇〇一年）

第二部　北　奥

第一章　中世の安東（安藤）秋田氏（三春町歴史民俗資料館展観図録『安東・秋田氏展』一九八五年）
第二章　戦国期における大崎氏と伊達氏（大崎シンポジウム実行委員会編『奥州探題大崎氏』高志書院、二〇〇三年）
第三章　葛西晴信黒印状について（『国史談話会雑誌』二九、東北大学国史談話会、一九八八年）
第四章　葛西大崎一揆の背景（佐沼開町４００年記念シンポジウム全記録『葛西大崎一揆の実相』一九九一年）
第五章　九戸合戦―中世糠部郡の終末―（青森県六戸町編・大石直正監修『北辺の中世史―戸のまちの起源を探る―』名著出版、一九九七年）

第三部　浜通り

第一章　相馬市域の歴史的環境（福島県相馬市教育委員会編『史跡中村城跡保存管理計画書』一九九六年）原題：第2章「相馬市の地勢と歴史」2歴史的環境
第二章　佐竹勢力の浸透と岩城氏の衰微（『いわき市史』1原始・古代・中世　中世第三章「戦国大名岩城氏」第三節、一九八

六年）

第四部　中通り

第一章　戦国期の田村氏と三春（三春町歴史民俗資料館特別展示図録『三春城と城下町』一九九八年）
第二章　陸奥国田村荘における大名権力と荘園制（『福大史学』二〇、一九七五年）
第三章　岩代地方史の特質（『歴史手帖』八―六、名著出版、一九八〇年）
第四章　中世の玉川村地方と大寺氏（『多万閑和　たまがわ』創刊号、玉川村郷土史研究会、一九九〇年）
第五章　戦国期の石川氏（『石川史談』五、石陽史学会、一九九一年）
第六章　結城白川氏と八槻別当―戦国大名と修験勢力―（小林編『福島の研究』2　古代中世篇、清文堂出版、一九八六年）

第五部　会　津

第一章　中世の会津（『歴史春秋』二一、一九八五年）
第二章　蘆名盛氏と向羽黒山（岩崎）城（『解説向羽黒山城（岩崎城）跡』向羽黒山城跡検証事業実行委員会、二〇〇〇年）
第三章　会津時代の伊達氏（『歴史手帖』三―二、名著出版、一九七五年）
第四章　東北織豊大名の領国構造―会津蒲生領について―（豊田武教授還暦記念会編『日本古代・中世史の地方的展開』吉川弘文館、一九七三年）
第五章　檜枝岐と舘岩―南会津の村と村名―（『日本歴史』六六八、二〇〇四年）

著者紹介

小林 清治（こばやし・せいじ）

1924年、北海道に生まれる。

1948年、東北大学文学部卒業、1953年、同大学院博士課程満期退学。

福島大学教授・東北学院大学教授を歴任。

福島大学名誉教授。文学博士（東北大学）。

2007年、逝去。

主要著書
『伊達政宗の研究』（吉川弘文館、2008年）、『戦国大名伊達氏の研究』（高志書院、2008年）、

『奥羽仕置の構造』（吉川弘文館、2003年）、『奥羽仕置と豊臣政権』（吉川弘文館、2003年）、

『秀吉権力の形成』（東京大学出版会、1994年）

小林清治著作集編集委員会　本巻担当
阿部 浩一（あべ・こういち）　福島大学
遠藤 ゆり子（えんどう・ゆりこ）淑徳大学
佐々木 倫朗（ささき・みちろう）大正大学
高橋 充（たかはし・みつる）　福島県立博物館

小林清治著作集２　戦国期奥羽の地域と大名・郡主　（全３巻）

2018年（平成30年）６月　第１刷　400部発行　定価［本体8800円＋税］

著　者　小林 清治

編　者　小林清治著作集編集委員会

発行所　有限会社岩田書院　代表：岩田　博　http：//www.iwata-shoin.co.jp

〒157-0062 東京都世田谷区南烏山4-25-6-103　電話03-3326-3757 FAX03-3326-6788

組版・印刷・製本：亜細亜印刷

ISBN978-4-86602-037-2 C3321　￥8800E

コピーOK